屈萬里先生年譜

劉兆祐 著

國立編譯館◎主編

臺灣學生書局 印行

2011 年 2 月出版

屈萬里先生像

屈萬里先生伉儷合影，攝於一九六九年十一月六日

屈萬里先生一九三〇年攝於北平

屈萬里先生一九三二年時之留影

屈萬里先生與夫人費海瑾教授，一九六五年春攝於美國普林斯敦大學

一九九八年，屈夫人費海瑾教授將屈先生手稿遺著捐贈國家圖書館。
左為屈夫人，中為代理館長宋建成先生，右為劉兆祐教授。

國立中央圖書館職員登記片

第　　　號

姓名 屈萬里　別號 翼鵬　性別 男	中國國民黨 黨　　員	三民主義青年團 團　　員
年齡 三十九歲　籍貫 山東魚台縣 已未結婚已婚	黨證號 何黨部	團證號 何團部
通信處　臨時 本館		
永久 山東魚台縣谷亭鎮		

學　　　　　　　　歷		
畢　業　學　校	畢　業　年　月	習　何　專　科
濟南東魯學校高中部畢業	民國十七年六月畢業	中國文學
北平郁文學院肄業	民國二十年一月離校	
受何學位	通何外國文字 粗習英文	

甄　別　登　記　及　考　試		
機關		
證書號		
年月		

著		作（註明名稱及出版處）	
1.明釋藏雕印考	見齊魯大學國學研究所國學彙編第三期	7.先秦漢魏易例述評二卷	中國文化服務社印尚未出版
2.易損其一考	見山東省立圖書館集刊第二期	8.十三經注疏板的述略	已交本館圖書刊尚未印出
3.汲冢竹書考畧	見本館圖書月刊三卷一期	9.諡注滙編殷以殷代論	見國立中央研究院歷史語言研究所六同別錄甲冊
4.我國古代的圖書—竹帛	見讀書通訊五十九期	10.甲骨文从比二字辨	同上
5.周易卦爻辭中之習俗	見中央大學文史哲季刊第二期		
6.國立中央圖書館善本書志	分見本館圖書月刊各期		

服　　　　　務　　　　　經　　　　　歷
山東魚台縣公立圖書館館長（十八年四月至十九年五月）
山東省立圖書館館員（二十一年一月至二十五年七月），又編藏部主任（二十五年七月至二十八年六月）
大成至聖先師奉祀官府文書主任（二十八年七月至三十九年十月）
國立中央圖書館編纂（二十九年十二月至三十二年一月）
國立中央研究院歷史語言研究所助理員（三十二年二月至十二月）又助理研究員（三十三年一月至三十四年十一月）

（此面由本人填寫）

屈萬里先生任職於南京國立中央圖書館時所手寫履歷表（國家圖書館提供）

館長鈞鑒敬肅者頃承展覽各項手續頃已大致畢事

前承

命撰說明書刻已擬就謹寄呈敬乞

誨正後日如有船即可東下也王獻唐先生擬借古泉滙光緒刊友泉志明萬曆辛丑歲甲卌一冊蓋孔達生先生擬借奇觚室吉金文送一書石影印此次並擬帶去國史館將派人到渝擷取該書借期並以歷年底為期限由甲負責想

鈞座當能俯允也曾氏信書目錄已交章兄中華圖協會會報已交章兄並謹奉

崇安

職屈萬里謹上十一月七日

国立中央圖書館用箋

一九四二年十一月七日屈先生致蔣復璁館長信函（國家圖書館提供）

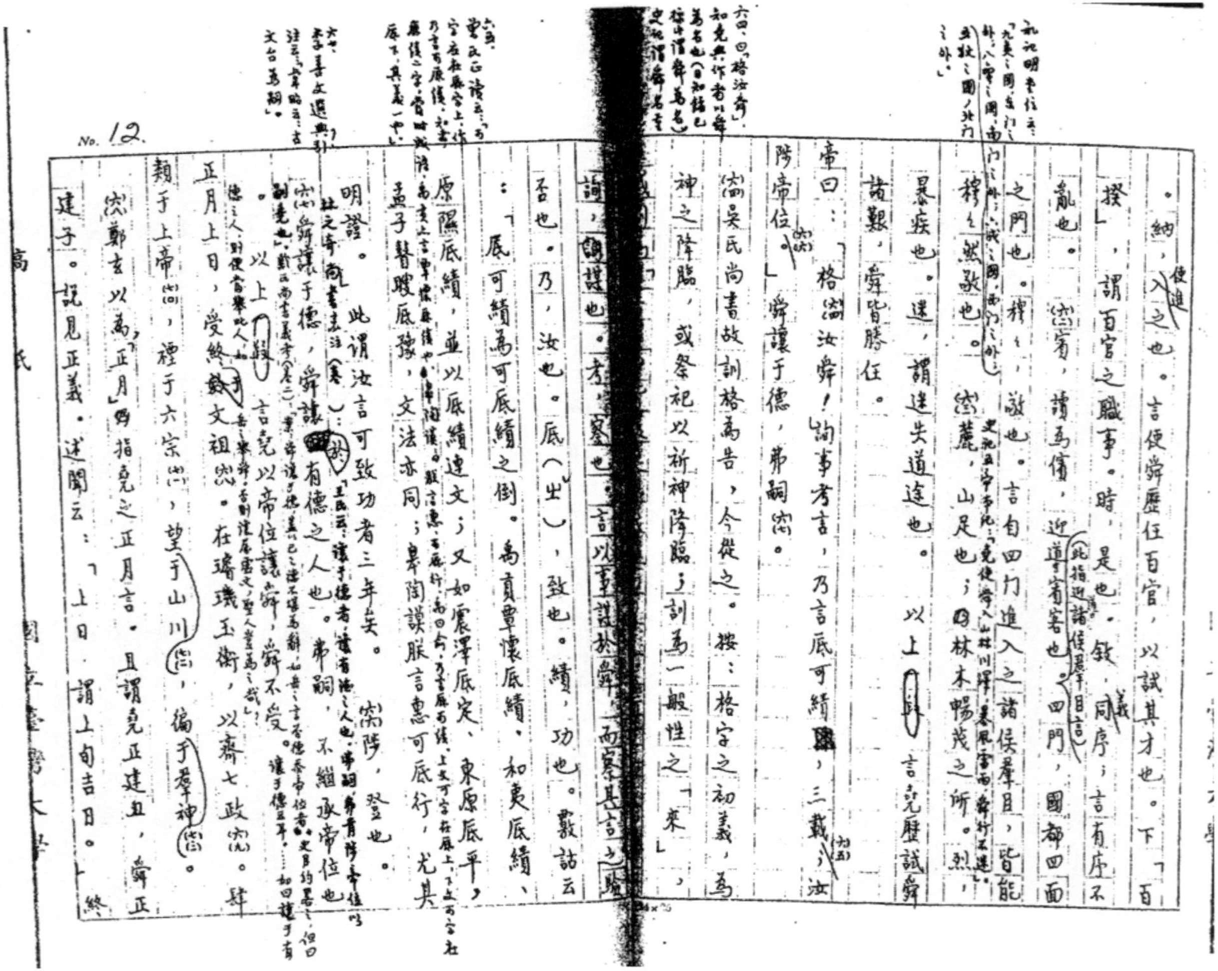

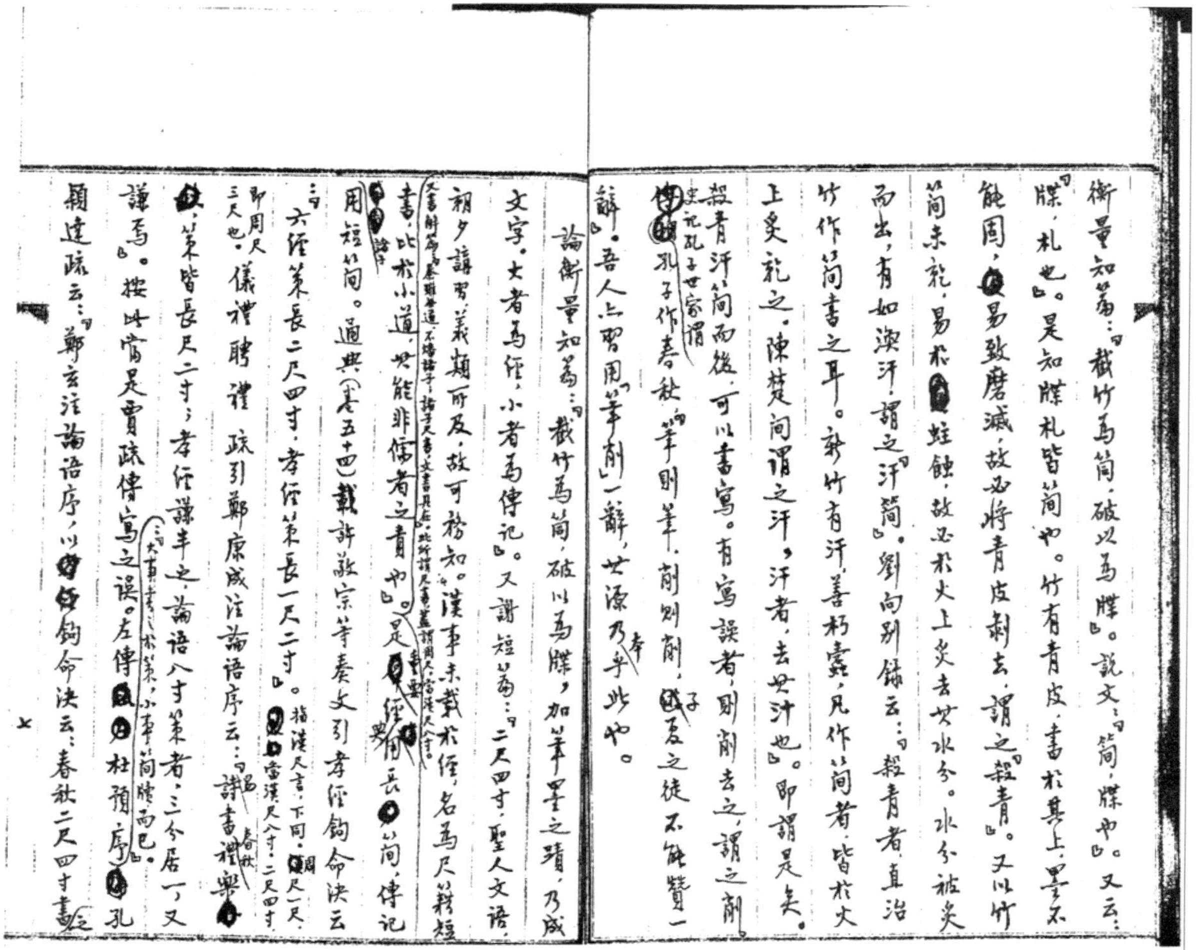

兆祐弟：

　本月三言　來函及論文計劃，均已收悉。計
劃業作修正，茲隨函附還，祈
詧閱。此計劃綱要，只是暫定。他日當視所
收資料情形，再確定綱目。惟清儒經疏，曾
送清林主任審閱。彼另有不同意見，實可
再來育酌也。是在此一切為常，附問以
抒遠系。此復，即詢
近好。並頌
年禧。

　　　　　　屈萬里　敬啓　十二、七、
內人附候

一九七〇年屈萬里先生致本書作者函

序

　　先師屈公翼鵬（萬里）院士逝世已三十一年。每憶及先生風範及學術成就，總有無限感懷。

　　民國四十一年（一九五二），兆祐年方十六歲，是年六月，從臺灣省立宜蘭中學初中部畢業，考入臺灣省立臺北師範學校普通師範科就讀，導師是費海瑾老師。費老師畢業於國立暨南大學教育系，除了擔任導師，還講授「教育概論」、「教材教法」、「教育行政」等課程。民國四十四年（一九五五）六月我從臺北師範畢業，分發到宜蘭縣任教，七月時，先父由鐵路局宜蘭機務段段長調任苗栗機務段段長，於是申請改分發到苗栗縣任教。民國四十七年（一九五八）我在苗栗鎮建功國民小學任教，在臺北市任教的同學寫信來，告訴我一個喜訊：我們的導師費老師結婚了，師丈是臺灣大學教授屈萬里先生。

　　當時我雖沒見過屈先生，但是讀過屈先生的著作。在民國四十多年時，全國規模較大的中小學，教育部都會配送一套《國民基本知識叢書》，叢書裡就有屈先生撰寫的《詩經釋義》、《尚書釋義》、《圖書版本學要略》三書。建功國民小學在當時是苗栗縣最大的一所小學，也是設備最好的小學。我當時在學校擔任文書主任及擔任六年級升學班的作文教師，同時也兼管學校的圖書室。工作之餘，除了寫作，就是讀書，對師丈的著作，自然認真的讀了些。

　　民國四十九年（一九六〇），我考取了東吳大學中文系，於是辭去了小學教師的工作，北上讀書。我除了在外雙溪的東吳大學上課外，我每週都到臺灣大學中文系旁聽師丈屈老師的兩門課：「古籍導讀」及「尚書」。民國五十五年（一九六六）年，我從預備軍官退役，進入師範大學國文研究所就讀，九月，我第一次到南港屈師丈的家，懇請他擔任論文指導教授，從此，屈老師既是我的師丈，也是我的恩師。每當想起這些過程，總覺得自己是多麼的幸運。

　　民國六十二年（一九七三），我在屈師的指導下，完成了博士論文，並先後順利通過了師範大學校內的口試及教育部的口試，獲得國家文學博士學位，那一年屈師六十七歲。在撰寫碩士論文和博士論文的過程中，我常到中央研究院的傅斯年圖書館查資料，如有疑難，則到屈師的研究室請益。有一次屈師告訴我，他早年有些討論版本、辨偽的論文，可供我參考，其中有些早期的刊物，發表年月已不記得，他告訴我一些刊物的名稱，供我循線檢索。當時就想：如果能編一分屈師的著作目錄，不僅我個人方便，對其他學者，也提供方便。於是在完成博士論文後，即開始著手蒐集資料，撰寫屈師的著作目錄，用將近三年的時間，完成了〈屈萬里先生著述年表〉。民國六十五年（一九七六），屈師的門生在臺北市愛國西路的自由之家慶祝屈師七十壽慶，同時獻上壽慶論文集，著述年表也收錄在其中。

　　屈先生去世後，這些年來，除了撰寫數篇闡述其學術成就的論文外，一直掛心的就是早日完成年譜的撰述。經過多年的蒐集資料，不斷的增補，終於完成了這本三十餘萬言的著作。本書分兩部分：「本譜」及「譜後」，由清光緒三十三年（一九〇七）先生出生迄民國六十八年（一九七九）先生逝世，為「本譜」；民國六十九年（一九八〇）迄今，記錄先生卒後所發表的遺著及相關的紀念學術討論會、紀念文章等，是為「譜後」。「附錄」部分，則收錄筆者近年所發表闡述屈先生學術成就的論文。

　　本書寫作期間，多次謁見師母，並承提供甚多珍貴資料及照片。復多蒙好友、門生提供資料：如東吳大學中文系教授兼圖書館長丁原基博士，除提供其所整理的《王獻唐日記》外，又趁多次赴山東參加學術交流之便，代為尋訪屈先生及其後人資料；國家圖書館顧敏館長、國家圖書館特藏組俞小明主任，提供中央圖書館在大陸時期之檔案；前國立中央圖館閱覽組主任張錦郎教授、中央研究院文哲研究所前副所長林慶彰教授、淡江大學漢語文化暨文獻資源研究所前所長陳仕華教授、臺灣大學許進雄教授、洪國樑教授、國立政治大學前文學院院長王文顏教授、國家圖書館漢學研究中心《漢學研究》編輯孫秀玲女士、山東圖書館李勇慧館長等，或提供資料，或提示資料所在；屈先生與友人來往書信，部分行書、草書，承名書法家施隆民教授辨識。臺灣學生書局編輯陳蕙文女士，細心編校。凡此，得使本書力求完善，謹致謝忱。

　　　　　　　　　　民國九十九年（二〇一〇）七月　劉兆祐　序於臺北

屈萬里先生年譜

目　次

年　譜

本　譜

清光緒三十三年（一九〇七）　先生一歲

· 是年九月十五日（國曆十月二十一日），先生生於山東省魚臺縣王魯鎮東華村。

· 父鴻生公，諱名實，為遜清生員。母李氏，江蘇豐縣歡口鄉李莊村人。

清光緒三十四年（一九〇八）　先生兩歲

清宣統元年（一九〇九）　先生三歲

清宣統二年（一九一〇）　先生四歲

清宣統三年（一九一一）　先生五歲

民國元年（一九一二）　先生六歲

· 弟萬通生。

民國二年（一九一三）　先生七歲

· 進私塾，開始讀《四書》、《百家姓》、《三字經》及《詩經》。

民國三年（一九一四）　先生八歲

民國四年（一九一五）　先生九歲

· 入小學。

· 弟萬山生。
　祐謹按：先生有三妹：長妹嫁江蘇省豐縣歡口鄉溫砦劉家；二妹嫁江蘇省豐縣首
　羨鄉袁莊袁家；三妹嫁魚臺縣王魯鎮輐轤屯張家。

民國五年（一九一六）　先生十歲

民國六年（一九一七）　先生十一歲

· 入小學四年級。寒暑假其間，父鴻生公為先生講授《韓昌黎文》及《綱鑑易知
　錄》等書。

民國七年（一九一八）　先生十二歲

民國八年（一九一九）　先生十三歲

民國九年（一九二〇）　先生十四歲

民國十年（一九二一）　先生十五歲

· 參加魚臺縣全縣第一次會考，獲第二名，縣長賞以毛筆一支、墨兩錠、紙一打。

民國十一年（一九二二）　先生十六歲

· 考入山東濟寧省立第七中學初中部。

· 冬，閱上海《時事新報》副刊所載〈八卦與代數之定律〉一文，甚感興趣，於是
　請父親為其講解《易經》。時值寒假，利用十餘日將整部《易經》熟讀背誦。

民國十二年（一九二二）　先生十七歲

民國十三年（一九二四）　先生十八歲

民國十四年（一九二五）　先生十九歲

· 轉入濟南私立東魯中學高中部肄業。該校由齊魯名理學家夏繼泉（溥齋）先生所辦，辦學宗旨為發揚東方文化。該校教師均為當時鴻儒碩彥：著名經學家李雲林（繼璋）先生，講授《尚書》、《禮記》；丁佛言先生講授《說文》，校長夏溥齋（繼泉）先生講授《明儒學案》；呂今山先生教詩文。在此期間，先生課餘研讀《資治通鑑》與《續通鑑》。

民國十五年（一九二六）　先生二十歲

· 夫人劉氏來歸。劉氏魚臺縣李閣鄉張平莊人。

民國十六年（一九二七）　先生二十一歲

· 四月七日（農曆三月六日），長子世鐸出生。

民國十七年（一九二八）　先生二十二歲

· 從東魯中學畢業。

· 夏，在其恩師孔先生家教家館。

民國十八年（一九二九）　先生二十三歲

· 一月二日（農曆為一九二八年十一月二十二日），長女世賢出生。今居黑龍江。

· 四月，應魚臺縣教育局長劉心沃先生之禮聘，擔任縣立圖書館館長，並在師範講習所兼授國文。在此期間，除閱讀新文藝小說外，並讀畢《漢書》、《後漢書》、《三國志》。

民國十九年（一九三〇）　先生二十四歲

· 五月，辭去縣立圖書館館長職。

·入北平私立郁文學院國文系二年級。修讀馬幼漁先生所講授之「經學史」及柯燕舲先生所講授之《文選》。課餘則到中國大學及北京大學聆聽名師演講及講課，包括胡適之先生之「漢代哲學史」。在此期間，閱讀梁啟超所著《國學必讀書及其讀法》、《清代學術概論》及《中國近三百年學術史》等書。

民國二十年（一九三一） 先生二十五歲

·九一八事變起，北平騷動，先生回濟南。當時著名之《墨子》學者欒調甫先生主持齊魯大學國學研究所，先生高中時之教師李雲林（繼璋）先生，亦在該所擔任研究員。先生往謁李先生，得識欒先生。

民國二十一年（一九三二） 先生二十六歲

·元月，經欒調甫先生之推薦，山東省立圖書館館長王獻唐先生，聘先生為該館館員。

民國二十二年（一九三三） 先生二十七歲

·七月二十八日（農曆六月六日），次子世銘出生。

民國二十三年（一九三四） 先生二十八歲

·《漢魏石經殘字二卷校錄一卷》（二冊）一書，由山東省立圖書館出版，王獻唐先生序之。茲編資料，後多著錄於馬衡編《漢石經集存》一書中。

王獻唐先生〈漢魏石經殘字敘〉云：

「去歲六月，遊洛陽，於郭玉堂家，見漢魏石經殘石百五十餘枚，剔其殘碎半字小石，得熹平石經八十一枚，正始石經六枚，內十四枚，上虞羅氏《漢熹平石經殘字》已著錄。正始一枚，羅亦有考，議價歸山東圖書館。先時洛陽韓文卿過濟，屬蒐石經，至是齎四十餘枚來館，適在洛中，未及久待，携歸上虞羅氏，今歲五月，復以三十六枚來，悉數收之，漢石二十七枚，魏石九枚，日昨又得熹平《詩》《書》二石，合前共百二十五枚，去其剔殘者一枚，屬館中同寅孫德予、丁蔭齋、王允強三君，公餘分搨，復屬屈君翼鵬考釋，為《漢石經殘字校

錄》，至七月書成。自洛中輦石歸來，已歲有二旬矣。棐几累積，部別剔洗，氈墨之理董，考釋之甄討，歷碌周章，要無足錄，惟九府圜法之未能周通，寸心低徊，迄今尚有餘喟也。漢刻一字石經，始於靈帝熹平四年，至光和六年工竣，魏三字石經，廢帝正始中刊立，均在洛陽太學，永嘉之亂稍有崩毀，後魏馮熙、常伯夫相繼為洛州刺史，碎石分用，齊神武執政，由洛徙鄴，半淪於水，其得至鄴者，後周復移洛陽，開皇又遷長安，兵燹之餘，廢為柱礎。唐貞觀初，魏徵蒐集殘石，已十不存一矣。梁代祕府，藏搨本最備，唐初已或不完，中睿而後，益復放佚，其原石殘𡉲，除玄成所集，李唐、天水兩朝，洛陽防秋館御史臺長安諸處，尚不時出土，張燾高紳王晉玉，亦各有收集，摹本搨本輾轉傳刻，趙宋一朝，屢見著錄，元明以還，除陳彥理、趙殿撰兩家，略收殘搨，餘都渺無所聞，其原碑殘石益蕩然莫存矣。有清北平孫氏（退谷）、江都馬氏（秋玉）、丹徒蔡氏（松原）、鄒平張氏，各藏殘石墨搨，錢梅溪於書簏得雙勾殘本，與玲瓏諸搨，遞轉撫刻，珍若鴻寶、原本悉出祖石與否，尚在疑似，而鄒平張氏一本，海內且渴望不得一見，翻刻雙勾之本尚如此，原石可知。七百年來，震旦學林，但懸諸夢寐，不敢作親見原石想也。光緒中葉，洛陽黃占鰲，得《尚書·君奭》殘石，歸黃縣丁氏（幹圃）、福山王廉生，考為正始三字石經，或驚奇不信，迨後太學舊址，續出漢魏石經殘石，迄今公私收集，已達六七百枚。北京大學北平圖書館三原于氏，萍鄉文氏熹平石經，河南博物館河洛圖書館正始石經，板片較大，餘多殘石小𡉲。邇歲洛中土人，日事蒐掘，藏石諸家，亦多薈搨為書，上虞羅氏，輯各家墨本，勾印校釋，歲有增益，其專究石經著述，單篇巨帙，亦時有見聞，石經之在今日，已蔚為塼學，嚮之晞想夢寐，不得一見者，忽臚羅眼前，摩娑搨釋，其忻幸為何如耶。熹平石經，所見略有數體，一為東都原石，寬博腴盈，可以當時碑刻，如光和虎函諸石，證其體制，一屬黃初補刻，見魚豢《魏略》栗整脩狹，可以曹魏石刻，如王基、曹真諸碑，明其風規，二體之外，間出別裁，以書石之多人，致體勢之互異，原刻補刊，要皆如此，更不限於熹平正始也。曹魏三體石經，行字略分四式，一上冠以古文，下為雙行，左篆右隸，世謂品字石經；一則古文篆隸，三體直行相承；一只古篆二體，別無隸書，圖書館與黃立猷氏，各藏一石；一則廑出古文，無篆隸二體，柯燕舲、徐森玉、馬叔平、吳宜常

諸氏，均有藏石，韓君文卿，前持殘石墨本，約廿字上下，亦只古文一體，館藏
森字一石，筆畫特肥，又與他體不同，此或別出一手，抑為後世剜刻，石少無以
取證，未能錄為正始別格也。熹平書體，近人略有說解，正始四式之不同，除品
字一式，故書雅記，類無義據，榷其大較，要分減刻補刻二說，品式古文冠上，
獨占一格，兩旁麋餘空石，初意為此，所以標重古文，後時或以費石，及行列不
整，改為三體直行，今存品式經文為〈堯典〉、〈咎繇謨〉殘石，當屬《尚書》
起首二碑，知其刻石在前，而館藏直行三體二石，亦為〈堯典〉，品式既有〈堯
典〉，曷為複刊，此或後日以品式不合，廢而未用，復從〈堯典〉更刻，故經文
重出，未必三體直行，接從品式二碑遞刻也。品式經字，近人考為邯鄲淳書，時
次既不相合，《晉書·衛恆傳》、《水經·穀水注》，明言淳傳古文，正始立三
字石經，轉失淳法，果為淳書，安云轉失淳法耶。三體直行之式既定，書刻日
久，稽時麋工，以今文人盡可曉，無庸贅出，因將隸體刪去，改為古篆二體，又
後以石經之刻，專主古文，下出篆體，仍嫌繁累，復節篆書一格，獨刊古文，刻
經立石，為一代鉅典，不應先後參差若是，此或困於時貨，政出權門，都無經
紀，觀於《左傳》，以未刻成而罷，其操切不卒，可以知矣。《舊唐書·藝文
志》有三字石經《左傳》古篆書十三卷，《新唐書》作十二卷，以三體校覈，合
以《尚書》、《春秋》字數，非《西征記》、《水經注》、《洛陽伽藍記》諸書
碑石之數所能容，若《左傳》後部，為二體一體，字數減刻，尚有迴翔餘地，
《晉書·趙至傳》，至遊太學，遇嵇康寫石經，《世說·言語篇》注，嵇紹亦云
康在太學，寫石經古文，一碑三體，曷以獨書古文，豈古文一體者，為康所書
耶。然如前述減刻之說，二體一體兩式，必為《左傳》後部，以《隸續》所載石
經《尚書》，已至〈文侯之命〉，三體直行一式，當為《尚書》全部，而三體
《左傳》，刻至桓公十七年，上文隱公與《春秋》全部，亦必為直行款式，碑皆
表裏寫刊，此刻《尚書》，彼刻《春秋》，《春秋》既畢，始刻《左傳》，
《傳》既刻至桓公，其以上諸碑，為三體直行之式明矣。今存二體一體殘字，不
能定為何經，韓君所持墨本，文似《春秋》、《左傳》，稍閱輒還，未暇甄覈，
日後出土殘石，若二體一體，悉屬《左傳》後部，減刻之說，略可據以推定。如
或中有《尚書》、《春秋》經文，則例證不合，當取西晉補刻之說。《晉書·裴

頏傳》，裴頏奏修國學，寫刻石經，《唐六典》國子監注引傅暢諸公讚，裴頏為國子祭酒，奏立國子太學，起講堂，築門闕，刻石寫五經，當時已有漢魏二經，立石未久，無須重刻，或其所事，如黃初故事，補修殘缺，更就正始未刻畢者，賡續刻之，婚時減工，改為二體，後又改為一體，都未可知。要此二說，今但懸為疑讞，待後出經字之參證也。熹平石經，時皆畢工，後有校記敘記，得以攷見校寫者姓氏，正始以未藏事，無敘記可稽，《魏志》亦無記載，書石之人，學者各執一詞，謂出邯鄲淳手，或云嵇康，又謂邯鄲淳書，弟子據以上石。今考汗簡略敘，北齊〈江式傳〉，魏初博士清河張揖，所著二字石經，於漢碑之西，書記也，別以正始石經，為張揖書寫。顏師古《漢書敘例》，揖在魏太和中為博士，太和距正始十年，稚讓書石，時次亦正相合，惟郭氏所引多誤，二字當為三字，末句亦有挩譌，〈江式傳〉見《魏書》、《北史》，為魏延昌正光間人，其云北齊江式傳，未識何意，《北齊書》固無式傳也。^{鄭子尹汗簡箋正
據魏書校改。}江氏請修古今文字表，載在本傳，內論正始石經，或為略敘所出，惟文句不符，即《魏書》、《北史》二書，亦多異文。魏書表云：魏初博士張揖，著《埤倉》、《廣雅》、《古今字詁》，究諸《埤》、《廣》，綴拾遺漏，增長事類，抑亦於文為益者。然其《字詁》，方之許慎篇，^{北史無
慎字。}古今體用，或得或失矣。^{北史無
矣字}陳留邯鄲淳，亦與揖同時，^{北史脫
時字}博古開藝，^{北史作博
開古藝}特善倉雅許氏字詁八體六書，精究閑理，有名於揖，以書教諸皇子，又建三字石經於漢碑之西，^{北史無
之字}其文蔚炳，^{北史炳
作煥}三體復宣，校之《說文》，篆隸大同，而古字少異，《魏書》為《北史》藍本，表文不能改易，字句互舛，頗為可疑。餘杭章氏，本《通鑑》胡注，考邯鄲淳黃初二年，年近九十，正始立石，又越二十餘年，宜已前卒，雖在亦老耄不能書丹，是三體石經，非淳手書上石。江式書學，先世傳自衛凱，凱又受自邯鄲淳，師法相承，聞見必確，翫味表文，似以石經為淳所建，他人可誤，江氏不應誤也。淳既未書經石，證以《魏書》《北史》之舛牾，頗疑今本表文，中有脫譌，前後段次，亦或顛倒不合，其有名於揖一句，雖可釋為名亞於揖，究嫌牽附，原本揖字，或連下讀，上文於下脫一世或時字，原為有名於世，或有名於時，接云揖以書教諸皇子，又建三字石經於漢碑之西，以石經為揖所建，與郭氏所引正合，與邯鄲不書石經之誼亦合，江氏詞旨，於以證知不誤，與式之家學身世又合。今本揖字當連上讀，句

讀甚明，上讀則石經為淳所建，下讀則稚讓所建。郭氏如引表文，是直以揖字下讀，必其所見原本，與今不同。上有世或時字，得以連卜讀之，或其所據，別為一書，不為《魏書》《北史》，舊說如此，從而著錄，否則恕先通儒，不至昧於句讀。疏誤若是，要之稚讓既通古今書體，又時為博士，其書寫石經，固在事理中也。江表又云，魏有京兆韋誕，河東衛凱二家，并號能篆，當時臺觀榜題寶器之銘，悉是誕書，凱又嘗寫邯鄲淳古文《尚書》，見《晉書·衛恆傳》。嵇康亦寫石經古文，見《晉書》、《世說》注。審時揆勢，或韋嵇諸人，並在書石之列。正始刻經，與熹平略同，經傳字繁，書出多手，不能舉一概餘，此又屬於書石者也。熹平刻經凡七，曰京氏《易》，曰歐陽《尚書》，曰《魯詩》，曰《大戴儀禮》，曰《公羊春秋》，曰嚴氏《公羊傳》，曰《魯論》，皆今文也。正始刻經凡三，曰《古文尚書》，曰《春秋古經》，曰《春秋左氏傳》，皆古文也。兩漢古文經傳，旋立旋廢，學官所掌，要為今文，故熹平刻石，均用今文經本，光和至曹魏正始，纔五十餘年，相距甚邇，不須別刻，殆以當時古文經傳，先後多立學官，字體殊異，師法別傳。熹平既未立石，故摶刻古文，以補其缺。前者專正經文，後者獨存字體，漢魏兩代刊石，其旨趣在此，其不同處亦在此。故治今文經傳，熹平石經，正萬世經文之宗師也。治古文經傳，則正始石經，又百代經字之式典也。西漢所傳古經，除上三書，尚有《毛詩》，費氏《易》，高氏《易》，《禮》古經，《周官經》，古文《孝經》，《古論語》諸本。正始初或擬刻古文全書，《毛詩》、費《易》、《周官》三經，彼時已立學官，即不全刻，三書必在上石之列，尚書二萬七千一百三十四字，除偽古文二十八篇，孔安國〈序〉八千四百八十四字，凡得一萬八千六百五十字，《春秋》一萬六千五百七十二字，《左傳》隱、桓二公傳九千三百三十九字，《尚書》、《春秋》表裏刻石，《春秋》刻畢，繼以《左傳》，以上字數計之，刻至《左傳》桓公十七年，表碑《尚書》，早已刻畢，當更接刻他經，經文未傳，故書亦無著錄。日後出土正始殘石，如在三書之外，而為他經者，必《左傳》表碑，接《尚書》而刻者也。《左傳》本可表裏同刻，若《尚書》刻畢，接刻碑背《左傳》，表裏一經，文從中起，款式既嫌不整，傳文尤易混淆，今當斷從前說，使正始石經，能全部藏事，其所傳之古文經傳，必溢出三經之外，可斷言者矣。六經為孔子手

定，當以時體寫之，《尚書》、《孝經》、《論語》，均出孔壁，禮經亦然，先時更有淹中一本，亦出東魯，孔壁之書。《漢紀·尹敏傳》，謂為孔鮒所藏，陸氏《經典釋文》則云孔子末孫孔惠，又引《家語》謂為孔勝，雖不能定，要在始皇焚書之際，孔氏子孫，就魯國舊本，鑿屋壁而入之者也。《毛詩》傳自子夏，《春秋》、《左傳》漢初出於張倉，原本由魯太史左丘明，撰受曾申，《易》費氏為東萊人，高氏為沛人，由魯而東而南，流派雖別，淵源則一。《周官》古經，《隋志》但云漢時李氏所得，上於河間獻王，出處今不可知，要亦洙泗之遺，故許君《說文》敘云，孔子書六經，左丘明述《春秋傳》，皆以古文。漢之古文，即魯之時體，六經雖不同出孔壁，其書本之原於東魯聖門則一也。經傳初時，本皆書諸簡策，祖龍燔燼之餘，嚴禁私藏，《漢書·惠帝紀注》，張晏曰，秦律敢有挾書者族，儒者迫不獲已，始以口授傳經，教學口耳之間，泯迹竹素之外，千載苦心，昭然若揭。漢興文景之際，始著竹帛，悉以當時字體書寫，為今文所出，經本雖原東魯，書體已失故步，幸有古文舊冊，出諸嚴壁之間，學者得以窺見洙泗祖本面目，蒙依舊文，逐寫流布，或藏中祕，或傳民間。東漢誦習者眾，高密汝南見之，邯鄲淳、衛凱傳之，魏正始間，迺以刻石，是其所摹古文，皆孔壁東魯之遺，亦即春秋以降秦漢以前，魯國簡冊之書體，刊石以傳經，因經以傳字，尤碑刻之寶典，經傳之淵楸者矣。石經古文筆畫，類多豐中銳末，或豐上銳下，與今兩周金文秦漢篆書，多不相合，學者疑之，福山王氏天壤閣，舊藏鳥篆劍格，亦多豐上銳下，其用自二字，下與石經古文，體勢悉同。吉日壬午劍文，中有數字，筆畫亦然，姬周兵器文字修細繁縟者，用筆時與古文相近，不能以其稀見，謂無此體也。魯介齊楚之間，齊書銳細，楚體尤甚，近歲壽州出土彝器玉鉢文字，最為可證。魯之金文，初時略同王朝，派衍西周，自與俱來，後以齊楚兩地之車書交馳，薰習演變，流為尖銳體式，孔門以之寫書，弈世轉錄，漸漓真形。正始刻石，復拘於科斗一名，故求形似，畫中愈豐，起落愈銳，證以齊楚金文，其體勢筆畫，固嘗息息相通，不可誣也。今傳殷商卜辭，及周代玉鉢金文陶文，出於刀刻者，兩端每多尖峭，以刀劃刺，刀過成畫，鋒隨刃銳，不修不重，簡策出於刀筆，竹木刺刻，與金玉同科，以鉢文陶文之銳鋒，知簡策書體之尖筆，迨後雖改柔毫，仍以刀刻之法行之，筆著竹素，仍為銳首，又後能為迴鋒

逆毫，傳寫古文，不能操用時法，一仍舊條，演為此體。故孔壁古文之豐中銳
末，半由齊楚書體之薰習，半出刀刻筆畫之格禁，終則誤於科斗一名，於中求
法，轉乖古制，《晉書·衛恆傳》，魏初傳古文《尚書》，出於邯鄲淳，至正始
中立三字石經，轉失淳法，因科斗之名，遂效其形。所謂失淳法者，即邯鄲原
本，初不豐銳如石經之甚，因效科斗之形，遂致如此，言極明切。邯鄲古文，原
出壁書，雖非甚銳，終為尖毫，石經特變本加厲，非謂絕無所承，若壁中古文，
亦如兩周金文之圓渾，必不變改若是，往覆推證，其原可觀，故謂石經古文稍失
筆法則可，謂為偽體則不可也。孔壁古文傳本，晉代祕府，尚有古文《尚書》、
呂忱《字林》兼錄古籀，江瓊從衛凱受古文，裔孫文威，杖策入魏，奉獻五世傳
掌之書，古篆八體之法，江式據以撰集《古今文字》，表中所錄書目，固有古文
《尚書》在內也。李唐大曆初年，李士訓得絹書古文《孝經》，傳之李白，白授
李陽冰，後歸昌黎韓氏。〈士訓〉有記，退之有〈科斗書後記〉，是古文《孝
經》，唐代尚有傳本也。宋呂微仲，得古文《尚書》於宋次道王仲至家，見宋景
文筆記，及《郡齋讀書志》，呂大臨《考古圖》敘，亦言有古文《尚書》，今世
傳本，書為贗作。鄭氏《汗簡箋正》，已辨其謬，汗簡雖采古文《周易》、《尚
書》、《毛詩》、《周禮》、《春秋》、《孝經》、《論語》，除偽本《尚書》
全文，餘皆錄自《說文》及以後字書。古文原本，久已不傳。是知孔壁遺書，漢
末曹魏之際，尚有寫本，晉魏隋唐，間存一二，已若斷若續。趙宋以降，蕩滅無
餘。士生千載之下，欲瞻魯壁古文之法象，識洙泗簡策之舊體，除《說文》所引
零字，固舍正始石經莫屬矣。今傳石經古文有三，一為汗簡古文四聲韻諸書所
引，一為《隸續》所錄，一則近歲出土殘石。郭洪二書，遞寫傳刻，已不無違
失，《說文》亦然，惟出土殘石，為正始原刻，虎賁中郎，典型猶在，尤為孔壁
書體之正法眼藏，然以出土石經古文，校與《說文》汗簡諸書，固多相合，其中
亦有不合者，經傳名類不一，書體或異，同為一字，此經作此體，彼經又作彼
體，許書汗簡所引，或各為一經，不盡相符也。_{漢簡引石經古文時作數體可證}殘石又載，又或別為一
經，不必悉同也。姬周東遷以降，諸侯力政，書體各自成風，證以敔壺彝器款
識，即底蓋同文，書出一手，而一字之形，或異其制，以彝器對銘書體之不盡劃
一，知聖門簡策書體之不必相同，字異其形，經異其字，不能執此以繩彼，準彼

以疑此也。石經古文，多與殷商卜辭合，亦多與兩周金文合，間有造字本誼，軼於契文金文，更或軼於小篆，如一二三字，篆以一二三畫出之，壁書則作弌弐弎字，實為後起。古文先於小篆，而字體軼出，綴學者疑之，一二三為古體，秦篆承襲用之，終始未變，弌弐弎為後起，魯國末葉用之，先秦而變。^{此黿君鉼二字作弍，東周已有其體，惟從戈稍異}小篆不變，故書體在前，古文早變，故書體轉軼。是古名之弌弐弎字，雖屬後出，無妨其時次在先，小篆之一二三字，雖同契文金文，無妨其時次在後，地域使然，體變之早軼使然，不能以其後出而疑之，此又治石經古文所當知者也。熹平隸書，出中郎諸儒之手，豐贍高華，為東京官書正則，由篆變隸，至此始造極詣，如日麗中天，不可復加，正始隸書一體，上接熹平，下開兩晉，篆則修整峭勁，周折合符，與新莽量文，同為漢篆正規，陽冰雖云書出斯相，不能脫其窠臼也。故以書學而論，盱衡隸體，當以熹平稱尊，研索篆章，更以正始為上，如驂靳並駕，各無軒輊，而此落落殘石，於以正經文，明書體，求洙泗之遺規，導臨池之先路，雖非全豹，一斑可窺，此又余傳搨之微恉，願揭檠以詒學林者，其有徒娛觀飾，薄殘沴為無華，但慕新奇，以多出為常品，是乃翫物之陋見，販夫之卮談，蕆予寡檮，尚未敢與語斯編也。二十三年七月二十五，日琅邪王獻唐。」

〈《漢魏石經殘字校錄》記〉云：

「殘石凡三種：曰漢熹平一字石經，凡百有九枚；曰魏三體品字石經，三枚；曰魏正始三字石經，十一枚；別有疑似者二枚，都百二十五石。爰次第編錄如後，體例仿羅叔言《漢熹平石經殘字集錄》。其不能定為何經者，則分附於各石經正文之末，仍吳宜常《集拓新出漢魏石經殘字》例也。惟羅吳兩書於熹平石經兼以《易》《書》《詩》《禮》《春秋》為次，案此為古文家數經次第；今文家以《詩》《書》《易》《禮》《春秋》為序，與古文家不同，考諸馬史班書為證滋多。熹平石經為今文，因不揣譾陋，竊易前規。《論語》為聖門弟子所記，《班志》、《七錄》諸書類次諸經後，茲仍舊貫，亦羅書例也。至疑似各石，則殿之編末，以俟知者。民國二十三年七月，魚臺屈萬里記。」

‧〈明釋藏雕印考〉一文，載山東齊魯大學文學院國學研究所出版之《國學彙編》

第二期。

民國二十四年（一九三五）　先生二十九歲

·一月，〈全唐詩所收杜牧許渾二家雷同詩〉一文，載《華北圖書》第十一期。

·三月十三日（農曆二月九日），三子世釗出生。

·七月，〈站在中國圖書館立場上對于圖書分類法文學分類的商榷〉一文，共分上中下三篇，分別於是月二十九日、八月五日、八月十二日，載北平《華北日報》〈圖書周刊〉。

·十一月，〈「漢魏石經殘字校錄」記〉一文，轉載於十一月二十五日出版之《金石書畫》四十四期三版。

·撰〈讀周易古義〉一文，載北平《華北日報》〈圖書週刊〉。
　祐謹按：此據國立中央圖書館所藏大陸時期檔案先生所填寫之〈國立中央圖書館職員登記片〉，未著明發表月日，暫繫之歲末。

·撰〈魚臺馬氏著述記〉，載北平《華北日報》〈圖書週刊〉，轉載於濟南《山東日報》〈學海〉副刊。

·撰〈評楊叔達周易古義〉，載《華北日報》〈圖書週刊〉。

·撰〈陳簠齋先生著述知見錄〉，載《華北日報》〈圖書週刊〉。
　祐謹按：以上三篇，據國立中央圖書大陸時期檔案先生手寫〈屈萬里著述目錄〉著錄，未著出版年月，以先生於是年曾在《華北日報》發表其他文章，因此暫繫於此。

民國二十五年（一九三六）　先生三十歲

·五月，〈齊魯方言雜考〉一文，載《時代青年》創刊號。
　祐謹按：文前先生〈附記〉云：「三年前，曾從事於齊魯方言之編集，已得三

卷。後以改治他業，遂投諸敝簏，不復董理。頃《時代青年》編者來索稿，倉猝
無以應命。爰取曩日所輯，採錄若干條，湊成此篇，聊資補白。拋磚引玉，是所
望於博雅君子。」

・七月，陞任山東省立圖書館編藏部主任。

・十二月，〈《易》損其一考〉一文，載《山東省立圖書館季刊》第一卷二期。
　　祐謹按：茲篇考定〈雜卦〉一篇，乃漢人所作託諸河內女子以欺世者。此論既
　　定，可證漢宣帝以前，易傳僅有九篇，然後〈十翼〉之非孔子所作，不待可辨而
　　可知矣。

・《山東省立圖書館分類法》一書，由省立山東圖書館油印出版。
　　祐謹按：民國二十一年（一九三二）一月至二十八年（一九三九）六月間，先生
　　任職省立山東圖書館。此書印行時，任該館編藏部主任。

・與鄭時同輯《王箓友先生文集》四卷。
　　祐謹按：《山東省立圖書館季刊》第一集第二期（民國二十五年出版），鄭時
　　〈王箓友先生著述考〉云：「安丘王箓友先生，世皆知為小學家。其實先生於書
　　無所不窺，一生著述之富，校訂之精，道咸以來學者，罕有其匹，刊版流傳者，
　　僅十之三四而已。先生歿後。遺稿後裔不能世守，本館及趙丈孝陸所得最多，次
　　則為武進李君祖年，其餘零星小種，散歸各藏書家各圖書館，長指難僂數。今欲
　　將先生著述作一統計，殊不易也。余既與屈君翼鵬同輯先生文集，又為先生編訂
　　年譜，擬附著述考於後。」（參見駱偉〈屈萬里先生著述輯補〉）

民國二十六年（一九三七）　先生三十一歲

・八月三日，母李氏去世。

・十月，是年七七事變起，華北阽危。王獻唐館長為維護文物之安全，擬遷文物於
　遠省。乃囑先生偕工友李義貴，運送十箱善本圖書及金石書畫精品，先遷至曲
　阜。本月十二日晚，赴省立醫院啟行。途經吳村、滋陽等地，數遇敵機轟炸，四

日後始抵曲阜，妥存奉祀官府。

·十月，得王獻唐先生十月十七日來信，云：

「翼鵬弟大鑒：

電函均悉，慰快已極。自弟行後，兄日夜提心吊膽，以劇院運箱件至泰安，中途曾經被炸故也（人未傷亦無大損失）。既未得電，即屢屢詢醫院。次日午後，言已安抵兗州，心稍放下。又隔一日，而弟電仍不至，復極驚惶，即電輯五詢之。是夜兄候回電至二時，終不來。昨日午前始到，其慢幾成快信矣。此次冒萬險而來，在吾輩可能範圍內，不如此，無以對齊魯父老，內疚於心，終吾身不能釋矣。此間日前形勢甚緊，省府及各廳紛紛南遷滋陽、寧陽，惟主要長官尚留於此。敵軍已到禹城一帶，謠言千奇百怪，人心驚惶，前所未有。幸自昨今兩日，前線似無戰事，敵機亦未到，殆雷雨將發，此正濃雲密布時也。館中伯幹等已回家，祇克明、彬候、少亭等十人留此，即以克明等三人代理各部主任，祥農亦留守，業已安排妥貼，並分發生活費。兄日常在館照料。如此間當局離濟，兄亦當隨而南下，如彼一日不走，兄亦一日不走，且心中時時以為尚有轉機，無論如何，亡國奴帽子至海枯石爛，兄決不戴也。此刻各社會教育機關主管人，大約祇有兄一人在此；若省立醫院等，皆以全體南移矣。將來兄南下第一步即至曲阜，曲阜為館中辦事處，遍觀省內各地，無如此間妥者，既有人幫忙，又有特殊之力量無形保護，過此則遍地荊棘矣。兄已留出一部份公款，為辦事處公費，將來如大遷尚費周章，小遷可無問題。弟即與李日貴（按：即李義貴）長川住此可矣。房子已與仲采說妥，彼云可隨意住之，兄擬以為辦事處住址。聞印刷局楊局長有一部分眷屬在此，伊住房無多，楊又與兄至好，均無妨也。蓮舫輯五，已另函伸謝，弟設宴酬之是也。調甫尚在此，鎮靜如恒，兄約其至不得已時，同游曲阜，尚未定也，此請旅綏。愚兄王獻唐頓首。十月十七日中夜。

弟處用款，在兄未來曲阜以前，如不敷用，即覆函告知。

此間工友十月份工資已發。李義貴處可由弟處給之，將來一切支用，在可能範圍內能存一條方好，以欲預備報銷也。」

祐謹按：王獻唐先生（1896.9.24～1960.11.16）初名家駒，後改名鳳琯，又改名

琯，號鳳笙，以字行，晚年別署向湖老人、木石盦主、山東日照人。父廷霖，名醫，酷嗜金石，師承同邑許印林（翰），著有《泉幣圖解》、《續說文日記》。獻唐先生初承家學，經史子集，靡不周覽。年十七，畢業於青島禮賢書院文科。先後為濟南山東日報、商務日報編輯。1922 年任青島督辦公署秘書。1926 年赴南昌，任國民黨中央黨部秘書，及中央訓練部總務科長。1929 年任山東省立圖書館館長，博覽群書，遂長於金石、版本、目錄及考古學。在蒐集整理山東地方文獻、山東海源閣藏書樓藏書及地方出土文物等方面，貢獻甚多。1937 年與先生遷善本書籍及文物書畫精品入四川。1940 年受聘為國史館籌備處總幹事，後辭卸改就編纂。曾任教於齊魯大學及山東大學。1949 年以後，任山東省文管會主任、故宮博物院銅器研究員等職。著有《西漢印帚》、《鄒滕古陶文字》、《臨淄封泥考》、《春秋邾分三國考》、《三邾疆邑圖考》、《山東古國考》、《那羅延室稽古文字》、《古文字中所見之火燭》、《李南澗藏書及其他》、《南澗藏書補遺》、《海源閣藏書之損失與善後處置》、《聊城楊氏海源閣藏書之過去、現在》、《炎黃氏族文化考》、《中國古代貨幣通考》、《公孫龍子懸解》等。主編有《山東先哲遺書考》、《漢魏石經殘字》等。輯五：彭輯五，原濟南聚文齋書店經理。伯幹：秦惟楨，別號伯淦，天津法政學校畢業，時任山東省立圖書館事務部主任。少亭：隋少亭，北平中國大學法科畢業，時為山東省立圖書館事務員。祥農：车祥農，別號半樵，青島大學畢業，時任山東省立圖書館編藏部中文主任。

· 十月，得王獻唐先生十月二十一日來信，云：

「翼鵬老弟左右：

　　昨覆長函，計已收到。字畫書籍金石，尚有一部分佳者，前次不便更動，因未帶來。茲因輯五運紙來曲，又檢裝兩小箱，托其一同運來，並附一函及封條一束，此時想已到達矣。運時未貼封條者，恐有人注意也（因係從搭軍用車）。箱既到來，再加貼之（未標日期並加標之）。其餘之封條，即存弟處，備不時之需可矣。外附來第二次運來各件細目一份，即與第一次清冊合訂，並存弟所，箱件仍移奉祀官府存放。又托輯五之介弟，帶來覆奉祀官一函（內附拓本五種），及

覆孔縣長毅生一函（附聯一付），此刻想已分別送去矣。輯五介弟，此次押運各件來曲，臨行時兄付與十元，作搬運各種費用，如有餘款，則由弟收存，如不足，亦由弟處補給，大約敷用也。此間近日甚平靜，一時當可無事。兄從前日夜焦急者二事：一公一私，自得弟函電，公之任務圓滿矣；又得家電，眷屬亦平安旋里矣。以是中懷曠然，百無牽挂，日讀書半冊，校書一、二卷，安適已極。惟偶欲述作，所有書籍均裝箱外存，不得參考，為可恨耳。看目下情形，十月份經費，尚有半數希望，如無變化，尚欲將善本書目印出，所謂得隴望蜀者矣。宋人有《東家雜記》、《祖庭廣記》二書，記得《四部叢刊》內有之，其書為現存孔氏家譜之最早者，內有一部分記曲阜建設古跡。兄舊有志到曲阜，以書中所載宋代情形，逐條訪求印證，以明今昔異同，可以彙成一文或一書，惜兄所藏舊本，裝入箱中，此刻不在手底，無從檢寄。弟如有意此事，或奉祀官府有此書，可以設法借閱為之，如無其書，由館中檢寄亦可（本有宋槧金槧，舊藏聖公府，錢塘何夢華為孔氏館甥，從而得去，售之黃蕘圃，今藏鐵琴銅劍樓。通行者為《琳琅秘室叢書》本，即從其本鈔出付梓者也）。再古魯城址尚在（土城墻基。周秦漢晉無磚城墻，皆以土版築為之），兄亦有意尋其蹤跡（周大漢次之，日後□小），繪為一圖（若周若漢，若金元以後），借證歷次出土古物所在（多在聖林前。古物出於葬墓中者，十之八九，可以地點考古代叢葬處。魯國文化，兩周分為二期。初期多從王朝蛻出，後期則與齊國混和，兄從文字考之如此。至器物方面，資料太少，未暇致力也。邾齊文化為一支）。前次來此，本欲為之，後匆匆返濟，未得如願。吾弟暇時，何不參考邑志諸書，一踪跡之耶？流離漂泊之中，正不能廢學，學而居此聖賢之鄉，寧非大幸！惜兄一時不能來也。此頌旅綏。愚兄獻唐頓首。廿一日中夜。

戰國書體，分兩大支，一為西土（王朝為之宗），一為東土（齊為主，魯副之），李斯制定小篆，本從西土一支出，漢魏沿之，流為今日之書體。若東土一支，為其削弃不用，其存於今者，為壁中古文，為山左之鐘鼎文，為璽印文，為陶文，故此四者，皆息息相通，多與小篆各異。兄之志願，即在闡明東土書體，調甫亦同此願。

壁中古文，存者為《說文》，為三體石經，為汗簡諸書，而汗簡尤為重要。

調甫初似不信，近則篤信，大致力其書。古人書，安可以意輕視耶？又及。」

· 十月二十三日，山東圖書館更檢次要之書籍文物，裝為二箱，於是日運至曲阜，仍存奉祀官府。

· 十一月，得王獻唐先生十一月十一日來信，云：

「示悉。邇日，魯北情勢又生變化。據觀察，戰爭將恐不免。一二日來，敵機不時到濟投彈，且隱隱聞炮聲。今晨至寫信時，當隆隆不止也。弟如來旋里，可暫稍緩，此刻更不必來濟也。南澗像，有二軸，更正手續，此時亦可暫緩。報銷事，統容後定。輯五近中來曲，詳情當囑其面罄也。此請翼鵬弟大安。獻唐頓首。十一、十一、午前。」

· 十一月，得王獻唐先生十一月十五日來信，云：

「翼鵬老弟左右：

兄來濟後，始知南京不守，如此迅速，則武漢即受威脅矣。商之當局，亦不以南遷為然，因決定不遷。今日曾來一電，計已收到，所有改箱及辦公文二事，即可停止矣。此間，書箱約十五件，已決運曲阜。其運法有二：一曾求友附入他人之車皮中運兗，再由兗轉曲；一借仲采之載重車，直運曲，需今晚或明日方能決定。此次箱不大，將來可移置從前書箱之上，此刻請弟注意以下二事：一，先向奉祀官說知，日內又有十數箱運來。二，此刻在家守候，如運兗，即赴兗接車，並辦運曲諸事。如由汽車直運曲，及幫同辦理一切。大約汽車運，須兩次。輯五之弟可同來為一次，維柄為一次，若兄隨何次車來，當不能定，一切均俟以電通知矣。此請大安。兄獻唐頓首。十五、午。」

· 十一月十六日，王獻唐先生亦到曲阜。

· 十一月，得王獻唐先生十一月十七日來信，云：

「翼鵬弟鑒：

茲與輯五之紙一同運來書箱若干件（寫信時，數尚未定，須到站看情形再說）。到兗州下車，由維柄與輯五之弟押車，希照料，運曲阜存奉祀官府。尚有

多箱，後日由汽車直運曲阜，由其帶洋四十元，備不時之需。但若運曲阜，車費由弟處支用。維柄到達後，即於本日晚車回濟，以便再運押，不必使之到曲阜也。匆匆即請大安。獻唐頓首。十七日。」

·十一月，得王獻唐先生十一月二十一日來信，云：

「翼鵬弟大鑒：

茲再將金石書籍檢裝二箱，托輯五兄帶來，希查收，仍存入奉祀官府為荷。細目清冊，容後俟寄，附上封條一束，希於箱到後貼上再送。匆匆，即請大安。獻唐頓首，廿一日。」

·十二月，得王獻唐先生十二月十七日來信，云：

「示悉。致靜庵一函，希轉去（交其來人即可）。運書原托兩人辦車皮，均失敗，以已無車皮矣。現以決定由汽車裝運，共大小十九箱，須三次運。今日先打聽汽油有無。如有汽油，雖貴亦運。若無汽車，祇有另想辦法矣。大約汽車每次需百數十元，由兄在此挪借。當局已是楊子之態度。何時啟程，再以電達。如由汽車運，內有聚文一部分紙在內，由維柄及輯五之弟押車同行，直達奉祀官府，屆時，弟往照料搬移可也。此請大安。獻唐頓首。十二月十七日。」

·十二月二十日，王獻唐先生返濟南，再檢書籍磚瓦之屬，得十九箱，於是日運抵曲阜，仍存奉祀官府。

·十二月二十七日，當時南京已陷，王獻唐先生乃議圖書文物遠徙之策。適山東省立醫院奉軍政部命改組為第十重傷醫院，將以專車往漢口，乃商得同意，先生以書物五箱託運至漢口。是日南行，過銅山，經汴鄭，出武勝關，凡八日行程抵漢口。

民國二十七年（一九三八）　先生三十二歲

·元月三日，抵漢口。未幾，孔德成先生、呂今山先生亦抵漢口。在漢口居停十餘日。

‧時山東大學教職員，亦在漢口，奉教育部令，將遷至四川萬縣開學。校長林濟青氏，請王獻唐先生任中文系教職。王先生念如是則館藏文物得與大學書物偕存，遂允之。十九日，以箱件交太古渝公司負責轉運。先生等遂登輪西行。

‧元月二十一日，薄暮抵沙市。

‧元月二十三日，抵宜昌下船。

‧元月三十一日，薄暮上輪船，次晨開行。經西陵峽、巫峽、瞿塘峽。王獻唐館長於峽中得詩二十餘首，先生亦得絕句三什。其中〈西陵峽〉一詩云：「西陵深峽書猶冥，急湍掀舟不暫寧。山似濃雲江似危，劃然關斷萬峯青。」又〈巴東夜泊〉一詩云：「峽裡荒城氣凜森，孤舟江上旅人心。愁腸九折難成寐，臥聽波聲到夜深。」又〈巫山暮雨〉一詩云：「十二峯過盡險程，紅羊劫後歎餘生；愁懷那復高唐夢，空負殷勤神女情。」

‧二月一日，夜泊巴東。

‧二月二日，過官渡口而入巫峽。過巫山縣，入瞿塘峽。夜泊盤沱鎮。

‧二月三日，抵萬縣。

‧三月杪，國軍在台莊大勝，先生聞而熱血沸騰，念前綫將士之辛勤，即欲遄赴戰區，參與戎行，以王獻唐力止，未克如願。

‧四月上旬，館中文物，由太古渝公司運到。

‧十月，王獻唐先生，受中英庚款委員會之約，擔任史學研究員，派至樂山武漢大學嘉定分校。館中書物，當局亦准移樂山。十月杪，先生率李義貴下山入城辦理移運事宜，附民生公司之民憲輪西行。

‧十一月三日，抵重慶。十一月十一日，離渝西行，十四日抵宜賓，在宜賓居停三日，換木船溯岷江北上。二時四日抵樂山，居於城內天后宮中。
　　在舟中，賦〈峽江〉一詩，云：「峽裡波光一線明，烟雲渺渺幾千程；羣山廻合

非無意，故讓江流作勢行。」

·十一月，由瀘縣赴宜賓道中，賦〈蜀道難〉詩：

> 滔滔蜀江水，遲遲上行船；旅人多於鯽，嚷嚷聚江干。購票如鏖戰，登舟似登天；決我足下履，裂我身上衫。喘定身自幸，乃得踞舷邊；嗟彼岸上客，羨我儼升仙。笛鳴船駛去，千灘復萬灘；侵晨發瀘縣，抵暮泊江安。下船入城宿，城小如彈丸。雞鳴月未沒，待旦傍危關，城啟船已去，悵望隔雲烟。失舟且徒步，崎嶇陟岡巒；同行人甚眾，囂囂怨語喧。疾趨二十里，渙汗如泉湧；輪舟竟落後，回首一欣然，乃登添頭艇，佇候沙渚間；輪來不我顧，駛疾莫可攀。

> 舍艇復登岸，趑趄不能前；搔首望遠路，渺渺阻重山。何處是棧道，使人彤朱顏，寄語入蜀客，蜀道良獨難。

·寓萬縣其間，賦詩數首，抒思鄉之情：

> **西山晨起即日** 二十七年春寓萬縣西山
> 霧中竹樹半模糊，人語雞聲望卻無；忽地艷陽通一線，麥苗斜看露如珠。

> **憶家** 二十七年春寓萬縣
> 家在湖陵傍水涯，東望烽火淚如絲；昨宵夢到鳧山下，猶見烟波似舊時。

> **書懷** 二十七年秋寓萬縣
> 家亡悵讀北征詩，庾信賦成淚已漸；戈戟禦仇慚我羸，文章報國竟誰欺。江天夜雨驚歸夢，手足秋蓬繫遠思。<small>二弟從軍蘇北，徐州陷後，久不得消息。</small> 大難未知何日了，可憐王燦鬢縈絲。

> **夢二舍弟仲明** 二十七年十二月時寓樂山，用鄉土韻
> 大盜窺神州，山崩川復竭；有弟慨從軍，國仇誓煎雪。彭城古戰場，擐甲於茲託；五月賊合圍，元戎西移節。名城痛沉淪，音訊自此絕；我載東魯書，西蜀遠飄泊，孟冬抵樂山，索居面城闕，昨夜夢弟來，衷懷那可說，顧弟衣

猶單，弟容瘦如劖，對我久無言，不覺涕滂渤，轉幸爾猶存，拭淚復欣悅，脫我敝羊裘，殷勤為爾著。曉鐘驀地鳴，殘月尚未沒，滔滔江聲哀，入耳心如割。

· 先生自去歲十一月抵樂山。日長多暇，每日晨間以兩時治《易》，午後以兩時遨遊，餘時則溫習經子。計五閱月中，除治《周易》外，其他如《周禮》、《公羊傳》、《穀梁傳》、《爾雅》、《孝經》、《國語》、《國策》、《管子》、《墨子》、《莊子》、《荀子》、《列子》、《孫子》、《吳子》、《尹文子》、《韓非子》、《呂氏春秋》、《賈子》、《春秋繁露》、《淮南子》、《大戴禮》、《說苑》、《白虎通》、《論衡》等書，或新讀，或重閱，皆閱覽一遍，得劄記二冊，以備來日撰寫《先秦兩漢五行學說流變史》一書之資。

民國二十八年（一九三九）　先生三十三歲

· 五月，應孔德成先生之聘，於五月十一日赴渝，自七月起擔任大成至聖先師奉祀官府文書主任。

· 六月，撰〈跋胡適之的「跋張元的柳泉蒲先生墓表」一文〉。此文刊載於民國二十八年（一九三九）十月二十二日《重慶時事新報》〈學燈〉五十六期。今謹將此篇全文及當時先生致胡適之先生信函載錄於下：

〈跋胡適之的「跋張元的柳泉蒲先生墓表」〉

在張元的柳泉蒲先生墓表的碑陰，刻有這樣兩行字：

父（按指蒲松齡）生於崇禎十五年四月十六日戌時，卒於康熙五十四年正月二十二日酉時。

母（按指劉孺人）生於崇禎十八年十一月二十六日申時，卒於康熙五十三年九月二十六日未時。

胡適之先生的〈跋張元的柳泉蒲先生墓表〉（《胡適論學近著》第一集下冊，三九六至四〇二頁）說：「這裡分明有三個錯字。蒲松齡死於康熙五十四年（一七一五）正月二十二日，年七十六，見於墓表，很清楚的。從康熙五十四年

推上去，他的生年應該是崇禎十三年庚辰（一六四○）。」並舉柳泉降辰哭母詩的「因言庚辰年……誕汝在北房」為證。因而推定碑陰「崇禎十五年」，當作「十三年」。這是一個錯字。

其次，他說：「還有他的夫人死的月是八月二十六日，不是九月二十六日。」因為柳泉的元配劉孺人行實裡有：「中秋與女及諸婦把酒語……翼日而病，未遽怪也。踰數日，憊不起……二十六日尚臥理家政，燈方張，頻索衣……俄而氣絕」一段話，從而推定「她死在八月二十六日張燈以後，碑刻的『九月』與『未時』都是誤記的」。這又是兩個錯字。

我對於胡先生判決的這三個錯字，認為是毫無疑義的。但此外還有朗如明星的一個錯字而胡先生居然沒檢舉出來，幾乎使我不敢相信我的眼睛。

胡先生的辨偽舉例（《胡適論學近著》第一集下冊，三二三至三三二頁）文中，曾經根據劉孺人行實裡的：「順治乙未（一六五五）間，訛傳朝廷將選良家子充掖庭，人情洶動。劉公……亦從眾送女詣婿家，時年十三」一段話，斷定「劉孺人生於崇禎十六年（一六四三）」，以為「是毫無可疑的」。而這碑陰上煌煌然記著「母生於崇禎十八年……」善疑的胡先生何以竟然沒注意到呢？而且，胡先生考證蒲氏夫婦的生卒年月時，是拿着年表來比對（見《辨偽舉例》三二七頁）。我雖然不曉得胡先生看的是什麼年表，但不管什麼年表吧，那表裡於崇禎項下，是不是有十八年呢？這真可謂目見太山，不見眉睫了！

據《辨偽舉例》的考證，證明劉孺人比蒲松齡小三歲。那麼，蒲松齡生於崇禎十三年，劉孺人生於崇禎十六年，在年歲之差上，固然對了。而碑陰的「父生於崇禎十五年」和「母生於崇禎十八年」，其差也是三歲。以此可之碑陰所記的生年，並不是偶然之錯，而是錯在年代的推算上。

按莊烈帝於崇禎十七年甲申（一六四四）三月十九日自縊於煤山。他臨死時，自己寫的血詔說：「朕在位十七年，薄德匪躬，上邀天罪……捸髮覆面而死，任賊分裂朕屍，勿傷我百姓一人」！那麼崇禎不會有十八年，是不言而喻的。那年五月十五日，福王在南京即位，但沒改元。到第二年乙酉（一六四五），才改稱弘光元年。是年五月，福王被清兵逮去，不知所終。這時南北兩京都陷，明朝算正式滅亡。後來雖然有唐王、永明王等之偏安，但滿清統一的局面

已經形成。大概從此以後，大家才感覺到已經是滿清的天下。福王的歷史很短，聲威未震，消息不靈通的地方本來就不易曉得有個弘光；又況順治、康熙間，對於弘光的年號，諱莫如深，稱道着弘光年號的，就犯死罪。無名氏的記方戴兩家書案（見《古學彙刊》——神州國光社出版）云：「蓋當順治、康熙之間，凡明季遺老，及當時文人著述，凡有涉明季三蕃之事及年號者，均有干屬禁。戴名世《南山集》與余山書，中間有弘光之帝南京一段，實非本朝臣子所宜敢言，大干屬禁。至《子遺錄》則只記明季桐城被兵始末，並無一語有干國朝忌諱，亦不過有弘光年號耳」。我們看了這段記載，知道清初對於「弘光」這年號的禁例，是那麼嚴酷；則康、乾間交通不便的地方，不曉得有弘光年號，乃是意中的事。而南京之陷於乙酉（一六四五），這事實是不會泯沒的。因此，雖然莊烈帝已經死去，而大家心目中，在南京淪陷前既不承認是滿清的天下，又不知道有什麼弘光，則把這乙酉年，仍着崇禎的年號，而稱為十八年，也是意中的事，於是故老相傳，到立碑的時候（乾隆年間），因而致誤。這大約是碑陰上有崇禎十八年的原因。

再看清順治帝之即位，是在崇禎十七年甲申（一六四四），到福王被執時，已經是順治二年（一六四五）。推算蒲氏夫婦生年的時候，既認為崇禎是十八年，又誤以為順治元年，是在崇禎的十八年之後一年，因而把這易代之際的年數，拉長了兩年。而蒲松齡遂不得不生於崇禎十五年，劉孺人也就不得不生於十八年了。這是他兩人生年致錯的原因。

質之適之先生，以為然否？

二八，六，十三，於樂山天后宮內

附錄：

適之先生院長尊鑒：

讀過先生的〈記金聖歎刻本水滸傳裡避諱的謹嚴〉一文之後，改正了我過去認為「明本書不避諱」的錯誤觀念，非常的高興和感激。

昨天忽然想起先生作的〈跋張元的柳泉蒲先生墓表〉（《胡適論學近著》第一集，三九六至四〇二頁），曾經判決了該墓表碑陰裡的三個錯字——其一是柳泉「生於崇禎十五年」的「五」字當作「三」；又一個是劉孺人「卒於康熙五十

二年九月二十六日未時」的「九」字當作「八」；以及「未時」的「未」字不對，這都是非常精確的判斷。

可是，那碑陰記着劉孺人「生於崇禎十八年」。那個「八」字，至今還逍遙法外。謹提起公訴，敬請

先生審判。（先生的《辨偽舉例》裡，也沒提到這個字。）

專此，敬請

道安

晚學屈萬里謹上　　六月廿七日」

・九月，得王獻唐先生九月九日來信，云：

「翼鵬老弟左右：

示悉。此次轟炸，僕居山中，幸安全（此間鄉親友人均安全）。而城中自公園縣街以東，至版場街江邊，北至高北門，南至蕭公咀繁華市街，全成焦土（保育院及絲廠被炸，和尚房屋尚支立，幸也）。此大區域剩餘之破房，尚支立者不過三四所。弟可意想其慘狀矣。死者均在三千，傷者不計其數，已不忍言。所以忽來炸此處者，乃港滬報載，謠言國府遷嘉定所致，敵有傳單可證此謠言，乃起於漢奸之淆亂作用，不知數千人口，數千萬財產，隨之去矣。自抗戰以來，僕所經不少，從未目睹耳聞如此之慘。敵機卅六架同時投彈。僕立大佛頭旁看之。看之烟火轟天，全城通紅，哀號四起。迄今思之，欲墜淚而髮欲衝冠也。孟真一箋附閱。教育部指導事，已請其別派一人，僕但為之編纂民眾讀物，欲自稍盡心力故也。此請大安。獻唐頓首。九月九日。

館物新修理一洞盛之，欲避濕，甚費心力。炸後，不得工人，消耗昂極，今大半完工矣。」

・九月，賦詩數首：〈歌樂山雜咏〉、〈敵機夜襲〉：

歌樂山雜咏　二十八年初秋寓渝西歌樂山

萬頃雲濤沸滿山，蒼芒四顧失塵寰；高峯如島低如艇，點點浮沉天地間。瞰雲小坐窗前趁晚涼，嘉陵江上燦燈光；憐人最是松間月，故掠疏枝照到牀。月夜

萬壑飛泉倒瀉瓶，碧松疏處鳥梳翎；斷雲欲與山爭勝，散作奇峯幾點青。雨後

敵機夜襲　二十八年九月寓歌樂山

車馳人語亂如麻，警報聲中月已斜；聽到敵機心轉靜，防空洞口數棲鴉。

· 十月六日，致書王獻唐先生，云：

「實事求是齋顏額擬裱為橫幅懸諸室內，大小若黃任之先生所書平樂印廬橫幅式，因宣紙不耐摺疊，未便付郵。

尊處如有餘紙，懇即　書就　惠下，否則函示當再寄奉也。日前為李義貴匯去六七八三個月工資三十元，已收到否？並請　示及。此上
獻公館長撰席　　　　　　　　　　　　　　　　　萬里附注十月六日」

· 十月，得王獻唐先生十月十五日來信，云：

「翼鵬老弟左右：

手書奉悉。達公命書匾額已寫就，付郵寄上，未知即用『實事求是齋』五字否？細審大函，詞意似如此，如不合宜或紙幅、字跡過大過小，函示，即當重書。此間轟炸後，紙店蕩然，宣紙更無論矣。如再囑書，幸寄紙來，能寄數幅，尤妙，裁如對聯，以廢紙作軸捲寄，可以無損。邇來百貨俱缺，抬價至不可思議（一普通氈禮帽，從前一元至一元一二角者，現售十八元，購者且紛紛也）。生活程度較前約加一半。僕居山中，尚順適。前以受風寒，小病多日，今始平復。高晉生兄，亦來同寓。彼治《易》甚勤，有獨到處，惜不得與足下共研討也。來注《易經》，早被裝箱封入洞中，專為此事啟洞，則不必。俟晾曬時再取出寄來。李義貴三個月生活費已收到，俟後三月一寄最妥。吾東近中消息如何？閱報，敝邑又成戰場矣。此請著綏。獻唐拜上。十月十五日。」

· 十月二十九日，致王獻唐先生信函，云：

「館長鈞鑒：

手諭祗聆一一，前託彭君文周甫上一函，想荷　鈞覽矣。猥承示以著述之道，誘誨循循，欣感曷似。職日來擬將此次南來經過與攜來物品，以及在此間見聞，雜記為書（書擬定名《播遷雜記》，實不甚妥，敢懇　賜以佳

名）已屬草十餘紙，顧無書參考，實屬遺憾。奉祀官府有《曲阜縣志》二部，
《聖蹟導遊錄》三部，悉為人借去，又聞有明抄本《祖庭廣記》一書，則束諸高
閣，塵封難覓。本館藏書，此時似又未宜外寄，計惟有姑雜綴成編，以待他日就
書質証耳。嗟乎烽火彌天，乃矻矻肆力於此。書生結習自憐，亦復自恨，亦惟嘔
心傾腦，聊當新亭之淚而已。本館第二期季刊，餘存尚多，擬懇
賜寄三數冊，以便分贈此間友好。秋風已屬，尚請
珍攝，耑肅虔請
尊安

職　萬里謹上　十月二十九日」

· 十月，填詞一首：〈攤破浣溪沙　雨〉：

攤破浣溪沙　雨　二十八年十月寓歌樂山
細雨霏霏不肯晴，隔簾時露一峯青；穿戶閑雲過，猶懶繞牀行。　舊事思量
都似夢，他鄉身世太伶俜；愁聽秋江欸乃曲，兩三聲。

· 十一月，得王獻唐先生十一月十九日來信，云：
「翼鵬老弟左右：

舍弟崇五近日即赴修文，盼弟同往，甚殷。於半月前曾來一函，代達此意，
並說明入城辦法。希弟早日到此，迄今未得回信，豈誤於洪喬耶？舍弟為此曾兩
次來歌樂山探詢消息，甚為焦急也。老弟到彼處，祇擔任秘書。若財政、行政各
科，當別延他人，另有安排。並帶其學生數人，幫辦收發等事，並無若何困難
也。僕今日移向家灣國史館內。覆示請寄該處。匆匆，即請近安。獻唐頓首。十
一月十九日。」

· 十二月，賦詩二首：

步莊太史心如猗蘭別墅原韻　二十八年歲杪寓歌樂山
愁對九廻江水曲，厭看萬點蜀山奇；何須更續蘭成賦，都付先生紀事詩。

松杉屋外插天青，眼底江山列帶屏；荒徼又驚歲華晚，還將舊淚哭新亭。

民國二十九年（一九四〇）　先生三十四歲

・五月，身體微恙，賦詩一首：

病中不寐　二十九年五月寓歌樂山

孤客心情百不宜，況當病臥夜深時；穿窗月色明還暗，隔岸鵑聲疾又遲。

為盼家書須忍死，且憑鄉夢慰愁思；官軍何日平胡虜，斗覺蕭蕭鬢有絲。

・五月二十三日，撰〈讀胡適的〈考作象棋的年代〉〉。

祐謹按：《胡適文存》第三集載〈考作象棋的年代〉一文，胡先生云：「象棋之作，不知起於何時，也不知起於何國。看其中有『象』，似起於印度一帶；看其中有『砲』，可知其年代不古。」後來，胡先生翻閱《續藏經》，見僧念常《佛祖歷代通載》（卷二十二）於唐文宗開成己未（八三九）之下大書云：「製象棋」。〈注〉云：「昔神農以日月星辰為象，唐相牛僧儒用車馬將士卒，加砲代之為機矣。」胡先生以為「機」字似是棋字，乃斷云：「據此，中國的象棋，作於西曆八百三十九年，創作者為牛僧儒（生七七九，死八四七）。」屈先生則據牛僧儒《玄怪錄》記岑順之事云：「汝南岑順……旅於陝州，貧無第宅，其外族呂氏有山宅，將廢之，順請居焉。……夜半後，鼓角四發，先是東面壁下有鼠穴，化為城門，壘敵崔嵬，三奏金革，四門出兵……其壁下是天那軍，西壁下金將軍。部後各定，軍師進曰：『天馬斜飛，度三止，上將橫行，係四方，輜重直入無回翔，六甲次第不乖行。』至曰：『善。』於是鼓之；兩軍俱有一馬斜去三尺止。又鼓之，各有一步卒橫行一尺。又鼓之，車進，如是，鼓漸急，而各出物包，矢石□交，……如是數日……其親人潛修鍬鋘……以掘室內，八九尺，忽坎陷，是古墓也。墓有磚堂，其明器悉多，甲冑數百，前有金床戲局，列馬滿秤，皆金剛成形，其干戈之事備矣。乃悟軍師之辭，乃象戲行馬之勢也……時寶應元年也。」屈先生據此，曰：「這段故事裡所敘的棋勢，有馬、車、將、卒、砲石等棋子，可證就是象棋，而事在寶應元年。寶應為肅宗年號，元年當西曆七六二年，下距文宗己未七十七年。那麼，中國象棋之作，當不始於西曆八百三十九年了。」

· 六月四日，撰〈讀《入聲考》〉一文。

　祐謹按：胡適之先生撰〈入聲考〉一文（收在《胡適文存》三集），胡先生主張
　古音平聲字與入聲字互押，因此，胡先生以為平聲字在古時一定也是入聲，後來
　才變為平聲，胡先生並舉《詩經》中「來」、「服」、「棘」、「塞」、
　「思」、「期」、「塒」、「哉」等字互押為例。屈先生此篇，認為胡先生忽略
　了方音之不同及平入可以互押兩個問題。屈先生謂：現存與古音有關之文獻，多
　半是黃河流域之產物，而黃河流域之方音，至今猶是讀入聲如平聲。而元曲中亦
　是平入為韻，因此，屈先生之兩點結論為：一、入聲字黃河流域讀平聲，並非古
　時之入聲字，後來變為平聲。二、平入可以通押，不必拘泥同聲字方能為韻。

· 秋，教育部徵求社教工作人員，先生寫信應徵，錄取後派至成都教育工作團工
　作。該團設在一職業學校，先生之工作為管理該職業學校圖書館，並兼授兩小時
　歷史課。

· 冬，由財政部參事李青選先生之推薦，中央圖書館館長蔣復璁先生聘先生為編
　纂，管理善本書。

· 十二月六日，致函國立中央圖書館蔣復璁館長，云：「館長鈞鑒：敬肅者，里以
　樗材，辱荷　栽植，仰沐　知遇，銜感曷極。本月二日，接奉　大純先生手示，
　囑趨謁聆　訓，次日到城，　鈞駕已返白沙，山中郵遞稽遲，致未獲面承　誨
　示，歉仄何似。承　大純先生轉囑里於就近赴職，故自城歸來，即料理行裝，惟
　此間經手諸務，尚須略事結束，計時本月十五日前後，當能就道也。恐縈　鈞
　念，謹以奉　聞，肅此，敬請　鈞安。　晚學屈萬里謹上　十二月六日。」

　祐謹按：大純，李青選先生字也。

民國三十年（一九四一）　先生三十五歲

· 一月，〈「性命古訓辨證」〉一文，載是月三十一日出版之《圖書月刊》一卷一
　期。（以筆名「鵬」發表）。

　祐謹按：《性命古訓辨證》一書，係傅斯年先生所著，民國二十九年（一九四

〇）四月，　商務印書館印行。

・二月，〈「鄭冢古器圖考」〉一文，載是月二十八日出版之《圖書月刊》一卷二期。

按：《鄭冢古器圖考》一書，關葆謙先生所著，線裝四冊，民國二十九年（一九四〇）二月，中華書局印行。此係書評。

・三月，〈說易〉一文，載國立中央圖書館《圖書月刊》第一卷三期。

祐謹按：茲篇〈引言〉略謂：「歷代說《易》之書，存於今者，幾近千種。大抵或尚象數，或務義理。尚象數者，又有漢學及圖書之分；尚義理者，亦有玄談與性理之異。門戶之爭，斷斷不已。然就孰得《周易》之真？吾人治《易》之目的為何？如何而可以達此目的？本文之作，即所以討論此問題者。」要目有：一、〈易學之演變〉；二、〈各派易例略評〉；三、〈今後治易之目的與途徑〉。

・三月，賦詩〈書懷〉二首：

書懷　三十年春寓江津白沙鎮國立中央圖書館

備書原是舊生涯，脈望蟫魚願匪奢；孤客莫吟王粲賦，木天深處足為家。

拚將身世等長恩，衣紫腰金那足論；好是攤書小窗靜，古香冉冉勝蘭蓀。

・五月，賦詩〈家困〉一首：

家困　三十年五月于役成都

十金噉一飯，百金著一衣，我無狷頓富，敢望免寒飢。

我飢何足道，家困繫憂思，十口淪寇區，四載無寧時。

藜藿恒不給，室廬半廢墟，治家仗季弟，辛勤苦支持。

今春有書到，語語潛悲悽，為言寇域眾，生命如懸絲。

我聞長太息，相慰竟無辭，家困亦勿念，太平終可期。

總戎不世傑，謀定足攘夷，行見化日下，一一消羣魑。

・七月一日，顧頡剛先生來訪。

按：《顧頡剛日記》（第四卷）一九四一年七月一號星期二條云：「與樹幟到中央圖書館，晤屈翼鵬、樊樹圃、彭道真、紹英等。」

·十一月十三日，與顧頡剛先生晤面。
按：《顧頡剛日記》（第四卷）一九四一年十一月十三號星期四條云：「到圖書館看教育部所開展覽會，晤黎東方、吳士選、劉英士、屈翼鵬等。」

·十一月十七日，訪顧頡剛先生。
按：《顧頡剛日記》（第四卷）一九四一年十一月十七號星期一條云：「到組織部演講『中國之史學』一小時。……歸看偽組織職員表。王淡久來。屈翼鵬來。」

·十一月十九日，顧頡剛先生來訪。
按：《顧頡剛日記》（第四卷）一九四一年十一月十九號星期三條云：「到慰堂、翼鵬處。與慰堂同訪子杰，不遇。」

·十一月二十一日，與顧頡剛先生晤面。
按：《顧頡剛日記》（第四卷）一九四一年十一月二十一號星期五條云：「訪段淑賢，未遇。遇孔德成、屈翼鵬。」

·十二月，〈「易學討論集」〉一文，載是月三十一日出版之《圖書月刊》一卷七、八期合刊，以筆名「尺蠖」發表。
按：《易學討論集》一書，係李證剛等撰。

民國三十一年（一九四二）　先生三十六歲

·任國立中央圖書館編纂。

·一月，〈汲冢竹書考略〉一文，載國立中央圖書館《圖書月刊》第二卷一期。
祐謹按：茲篇旨在探討《竹書》之情形及其流傳之緒與夫其書對於我國學術之影響。要目有：一、〈竹書之內容及其流傳之情形〉；二、〈竹書於學術上之影響〉。

· 是年任職國立中央圖書館，該館在白沙鎮，賦〈春夜〉一詩：

　　春夜　三十一年春寓白沙

　　十日何曾一日晴，江村風物太淒清，年來我是傷春客，怕聽深宵杜宇聲。

· 五月十六日，致函蔣復璁館長，云：

　　「館長鈞鑒：敬肅者，里於十二日到達此間，沿途平安，請紓　鈞念。因行李到達甚遲，故暫寓吉祥旅館，明日即移往省立圖書館也。書板事因川大總部全在峨眉，在蓉負責人農學院長王堯臣先生，渠於此事不甚詳悉，故僅於昨日派員共里至皇城作非正式之察看，至詳細辦法，須候程校長信。書板凡四萬餘片，為書近二百種，預計檢查當費不少時日也。今晨赴茶店子教育廳謁　郭廳長，值在省府開會，下午又未到廳，故未克晤面，擬明日再趨訪之。此間書籍情形，木板類之普通參考書，大致應有盡有，書價則學道街一帶最昂（高於重慶三分之一至一二倍）（惟重慶無此處完備），皇城後一帶較廉（與重慶相似，亦有低於重慶者）。就中有亟應買者數種：㈠《正續清經解》，木刻本，六百八十冊，價約千元左右（尚有點石齋本，正編四十冊，索價百五十元。鴻寶齋石印本正續編共六十四冊，索價四百元，字太小，價又昂，似不宜買），似不可失此機會。㈡同文本《全唐詩》，三十二冊，價約一百二十元左右。㈢《金石萃編坿續編》，石印尚精，共二十四冊，索價百六十元，尚可酌減。此書價雖過高，然殊急需。以上數種，如　鈞座以為可購，里即購置，過時恐又漲價矣。此外可購之書尚多，購否，統請　諭示。再　郭廳長處如借款過多（明日擬暫借五百元或三百也），恐不甚便。前書如決定購置，似仍以酌匯款若干來為便也。肅此，恭請　鈞安。職屈萬里謹上　五月十六日」

· 六月，得王獻唐先生六月九日來信，云：

　　「翼鵬老弟左右：

　　　昨上一函，並寄還大著《圖書分類表》等二冊，計已收到。今午，又得大函並書識三篇，籀讀兩過，深佩弟考驗之細，徵引之博，識解之確，為不可拔也。兩年以來，弟從事於此，究心探討，深詣獨造，真可驚嘆。至文筆愈謹嚴愈雅

馴，尤其解事也。僕近來都無好壞，病後沉沉。昨日閱報，美軍戰勝敵軍於中途島而一喜焉；今日又讀尊文而一喜焉。吾東自孝陸先生歸道山，能真知版本者，已罕其人。能鑒別者，未必能考據；能考據者，未必能鑒別，弟今兼之矣。文俶女士所繪《金石昆蟲草木狀》，真令人神往。題下弟署『底稿本』，可否改署『原本』或別易他名。因以畫言，稿本，祇為墨筆所畫之規模；以書言，祇為草稿。此係彩繪，似為正本。至《漢隸分韻》，書識『證知印林之說』，『印林』二字，擬改『許氏』，凡此皆無關重要也。《方輿勝覽》，僕於十六年初到南京，在狀元境，見一元槧初印本，乃結一廬舊藏，索二百番，落一百五十番。當時，力不能致，而時繞夢寐，亦建刻也。明善堂書清末散出，一大部分歸海源閣楊氏，未暇著錄，多度置於後房中。舊藏劫後又散出，每多驚人祕籍，惟每未蓋楊氏印章。因憶及本館善本書及未蓋章而三嘆焉。又憶及人言濟南賈人以書畫圖籍，偽加本館章出售而三歎焉。晉生作序，殊不必報，必欲贈書，可以《國語》、《國策》寄之，（在樂山時，記得向僕借此書，時未有也）。若《古史辨》，編者能贈也。凡作書序，必使真知其學者為之，以僕所見，彼之書，正好求弟作序，彼此交換，豈不大妙乎。餘詳昨函。大作三篇奉還，希詧入。

　　邇來戒酒，今午又少飲之，遂拉雜奉覆。敝會會刊，經僕編好，約十二萬言，甚如僕意，環境逼人，祇有勉強將就交出，已由蔣館長面允，在《圖書月刊》五、六兩期合刊矣。劉叔逐在金大研究所來信，言近著頗富，當未見也。此請大安。獻唐頓首。六月九日。」

· 七月，〈關於周易之年代思想〉一文，載《讀書通訊》第四十六期。

· 八月，〈我國古代的圖書──竹帛〉一文，載《讀書通訊》第四十八期。

· 八月二十二日，得顧頡剛先生來信，云：

「萬里先生著席：別來半載，時時想念，而事務苦冗，竟未能作函為悵。前承賜《周易》一文，解詁精確，出人意外，入人意中，實為不刊之論。嘗以《文史雜誌》為一般人讀物，不如載入中央大學──《文史哲季刊》為宜。業已送交，想荷　同意，大約第二期中可以發表也。此後有作，乞隨時　惠賜，通俗性者入

《文史》，學術性者入《中大季刊》中，請　先生決定批明可也。　貴館所藏《邵武徐氏叢書》中，有《春秋世族譜》一種，_弟擬假閱，已與慰堂館長言之，渠囑_弟直接向　先生接洽，便中乞　交郵寄下是荷。匆上，即請　著安。_弟顧頡剛拜。八月廿二日。」

按：信中所稱《周易》一文，即〈周易爻辭中之禮俗〉，此文刊載於民國三十二年（1943）十月出版之《國立中央大學文史哲季刊》第一卷第二期。

又按：《顧頡剛日記》（第四卷）一九四二年八月二十三號星期日條云：「趙宏宇、劉起釪、李德生、凌霜來。劉國思來辭別，吳蘭亭同來。寫樊漱國、楊遇夫、謹載、屈萬里、叔信、賓四、書銘、厚宣、小緣、王德亮、子植、一山信。」當即此信。

· 秋，聽聞中央研究院歷史語言研究所，需要一位研究甲骨文之助理員。先生心中一直不忘《易經》、甲骨文、鐘鼎文等方面之研究，乃央請王獻唐先生寫推薦信，傅斯年先生欣然惠允。但是由於先生在中央圖書館勤奮負責，深得蔣館長信任，堅不放人。本年冬，乃以「借調」方法，進入歷史語言研究所。

· 九月，得王獻唐先生九月二十九日來信，云：

「翼鵬老弟左右：

　　賜函及孟真箋，均悉。孟真求賢愛才之意甚殷，此種精神，今人豈易得哉！僕反覆思之，弟仍是到孟真處好。孟真為人熱腸，又無閥人習氣，為學問、為交友，此機會不可失也。孟箋並交達生閱過，茲附還。僕所借之書，在交代前必奉還。《史記·平準書》記白金三亦謂：天用，莫如龍；地用，莫如馬。《索隱》謂：《易》云：行天，莫如龍；行地，莫如馬。其文不見於經。李氏《集解》引干寶注有之，以〈平準書〉求之，知本西漢經師舊義，干氏沿用之。頃解白金，偶及此，並以附聞。此請著祺。獻唐拜上。九月廿九日。」

· 十月二十九日，得國立中央圖書館（總沙卅一）第三九六七號委任令，云：「茲派編纂屈萬里代理特藏組主任。」

· 十月，〈「職官分紀」五十卷，明鈔本〉（善本書志）一文，載《圖書月刊》二

卷三期。

· 十月，〈「王建詩集」十卷，明崇禎間上黨馮氏鈔本、馮己蒼、鄧孝先遞校〉（善本書志）一文，載《圖書月刊》二卷三期。

· 十一月七日，致函蔣復璁館長。云：

「館長鈞鑒：敬肅者，關於展覽，各項手續，頃已大致畢事。前承　命撰說明書，刻亦擬就，謹寄呈，敬乞　誨正，後日（九日）如有船，即可東下也。王獻唐先生擬借《古泉匯》（清光緒刊本）及《泉志》（明萬曆本，係購自河南周鍊百者，四冊）兩書。孔達生先生擬借《奇觚室吉金文述》一書（石影印本），此次並擬帶去，國史館將派人到渝攜取，該書借期，並以廢曆年底為期限，由里負責，想　鈞座當能　俯允也。《曾氏售書目錄》已交童兄，《中華圖協會會報》已交查兄，並謹奉　崇安。職屈萬里謹上。十一月七日。」

· 十一月，得王獻唐先生十一月十九日來信，云：

「翼鵬老弟左右：

日前晉城晤蔣慰堂，彼對弟事，言已見孟真及朱先生，允許暫不調李莊。又言弟如何精進勤奮，在館工作，絕不妨礙。弟之研究學問，弟欲如何則如何。其言甚長，大抵如弟所聞。惟言孟真曾介紹一人代弟，彼不同意。最後又言，求得一研究版本者，尚非甚難，求如弟之忠信可靠者，則無其人。館中以善本為最重要財產，非得弟掌理，即不放心，囑僕轉求弟勿萌去志。情詞甚切，其最後數言，僕甚動心，以為其事確也。僕意，在可能範圍之內，不宜過於決絕。孟真處，隨時可往，能至日後可行之時再行，亦是處世一道，請弟裁之。僕在此，已幸得擺脫一切，定一星期內回樂山，能往李莊與否，尚不可定。因會中尚有一顧問名義，擬並此一並去之，專心在樂山完成個人著作。《貨幣考》已十成其九，過此則為《殷周名制甄微》。在抗戰中，能餓不死，且賺得兩部書，勝於奔逐於無聊之環境中，結果一無所有也。人要算總賬，願共勉之。日前再與達生訪孟真，又未見。彼本言到山一談，以有便輪遂返李莊，臨行時來信，甚歡迎。僕往李莊，亦不知聞何人語也。《古泉匯》仍須續借，擬帶往樂山。如弟交代時，僕

可函蔣借之，負責寄回也。此請大安。王獻唐頓首。十一、十九。」

・十一月，〈「新編婚禮備用月老新書」二十四卷，南宋末年坊刊本，黃彭年、葉昌熾等題記〉（善本書志）一文，載《圖書月刊》二卷四期。

・十一月，〈「滄浪嚴先生吟卷」三卷，元前至元二十七年刊本〉（善本書志）一文，載《圖書月刊》二卷四期。

・十二月，〈「漢隸分韻」七卷，元刊本〉（善本書志）一文，載《圖書月刊》二卷五期。

・十二月，〈「精選名儒草堂詩餘」三卷，元刊清江陰繆氏藝風堂鈔補本〉（善本書志）一文，載《圖書月刊》二卷五期。

・十二月，〈「唐音輯注」十二卷，明初建安葉氏廣勤堂刊本〉（善本書志）一文，載《圖書月刊》二卷五期。

民國三十二年（一九四三）　先生三十七歲

・是年，先生由國立中央圖書館借調至中央研究院歷史語言研究所擔任助理員。有詩四首記其事：

將之夔道留別道真先生　三十二年一月將離白沙

二載木天辱見知，溫文敦厚是吾師，花開歲暮春零葉，絕異風光絕妙辭。_{先生咏蜀中物候有花開知歲暮葉落是春深之句}

天涯久歎飄蓬身，又挂征帆別故人，我比先生更惆悵，江聲咽處是前津。

　　黑石山，白沙勝境也，尤以梅著。壬午殘臘，予將離白沙圖書館編目組，全體同人攜斗酒隻雞邀往暢遊，盡半日之歡而歸，十一月十三日也。彭道真、蔡珣若諸先生，各有詩紀之，予亦勉賦一絕。

　　為訴離衷結伴來，烟雲勝處共徘徊；春梅也有留人意，故冒寒風爛漫開。

舟過白沙

一月十八日東下江津候船，四月二十二日復轉而西上，是日傍午舟過白沙，感舊有作。

依舊灘聲接市聲，遊踪記得最分明；故人只在雲深處，指點峯巒不勝情。

· 一月，〈「南唐書」三十卷，清嘉慶間黃堯圃門僕鈔本，黃堯圃過錄馮己蒼批校並跋〉（善本書志）一文，載《圖書月刊》二卷六期。

· 一月，〈「南唐書」十八卷「音釋」一卷，明虞山毛氏汲古閣重校刊本，過錄陸敕先校語，又黃堯圃手校〉（善本書志）一文，載《圖書月刊》二卷六期。

· 二月，〈「新編方輿勝覽」七十卷，宋咸淳三年建安刊本〉（善本書志）一文，載《圖書月刊》二卷七期。

· 二月，〈「桯史」十五卷，明覆元刊本〉（善本書志）一文，載《圖書月刊》二卷七期。

· 二月，〈「金石昆蟲草木狀」二十六卷，明萬曆間著者彩繪原本〉（善本書志）一文，載《圖書月刊》二卷七期。

· 三月，〈「廣韻」五卷，南宋初年婺州刊巾箱本〉（善本書志）一文，刊《圖書月刊》二卷八期。

· 三月，〈「新定續志」五卷，宋景定三年刊本〉（善本書志）一文，刊《圖書月刊》二卷八期。

· 三月，〈「賈浪仙長江集」七卷，明初奉新縣刊本〉（善本書志）一文，刊《圖書月刊》二卷八期。

· 十月，〈「周易爻辭中之禮俗」〉一文，載國立中央大學《文史哲季刊》第一卷二期。

· 十一月，〈「盤洲樂章」三卷，明虞山毛氏汲古閣影鈔宋刊盤洲文集本〉（善本書志）一文，載《圖書月刊》三卷一期。

· 十一月，〈「梅屋詩餘」一卷「石屏長短句」一卷，明虞山毛氏汲古閣影宋精鈔本〉（善本書志）一文，載《圖書月刊》三卷一期。

· 十一月，〈「權載之文集」五十卷存八卷，南宋初年刊本（善本書志）〉，載《圖書月刊》三卷一期。

· 十一月，〈「清史研究初集」〉一文，載《圖書月刊》三卷一期。（以筆名「翼」發表）

祐謹按：《清史研究初集》一書，吳相湘先生所著，民國三十二年（一九四三）二月，長沙信義書局印行。此文為書評。

民國三十三年（一九四四）　先生三十八歲

· 一月，在歷史語言研究所陞任為助理研究員。

· 一月，〈五月子——兼論同音字的附會〉一文，載中國民俗學會印行之《風物志》第一期。

· 二月，〈「注東坡先生詩」四十二「目錄」二卷「年譜」一卷，宋嘉泰二年淮東倉司刊本〉（善本書志）一文，載《圖書月刊》三卷二期。

· 二月，〈「昌黎先生集」四十卷殘存二卷，宋刊本〉（善本書志）一文，載《圖書月刊》三卷二期。

· 四月二十九日，致函蔣復璁館長。云：

「慰公館長勛鑒：十四日　手諭拜聆袛悉。致彥堂先生函，當即轉達矣。　公穀先生葬期在即，里以阻于遠道，不克趨奠，曷勝歉仄。側聞　尊座因感脊鴒之痛，又以館務煩劇，以致違和，企念彌殷，此時想已康復，仍乞為道葆衛，多在白沙休養若干時日也。館藏卷子本《文選》，前未能定為何本，頃見羅叔蘊影印本《文選集注》，實即此書，惟該本未將館藏之卷影入（館藏之卷，殆是張菊生先生故物），據羅氏考證，是書名曰《文選集注》，當係晚唐人所編，惟撰人未詳。全書凡百二十卷，天壤間僅此一本（係唐人所寫，抑日本人所寫，不能斷

定，舊皆以「古寫本」稱之），而又殘缺太半，向在日本，流傳中土，僅張菊生、羅叔言等各有殘卷一軸，故其書殊可寶也。請　飭特藏組同人將「登記冊」、「善本書目」及「善本書草卡」改正，無任企盼。又此間友人逯君，喜治謝靈運詩，《方輿勝覽》卷九〈溫州〉下載有謝詩〈北亭別吏民詩〉一首，擬懇囑樊漱圃先生惠予鈔示。善本書裝箱明密碼對照冊，前曾交繆先生轉陳，想在鈞處，此事如荷　賜允，並懇將該書所在何箱，告知樊君，至感至盼。匆匆不能盡意，敬請　崇安。　　　　　　　　　　　　　　　舊屬屈萬里謹上。四月廿九日。」

· 五月，〈「偽齊錄」二卷，穴硯齋抄本〉（善本書志）一文，載《圖書月刊》三卷三、四期合刊。

民國三十四年（一九四五）　先生三十九歲

· 冬，教育部派蔣復璁館長為京滬區接收圖書文物特派員，急需人員協助。蔣館長數度寫信催先生回館，先生於是離開歷史語言研究所，回中央圖書館。

· 十二月初，中央圖書館回南京復員人員首批八人，離渝赴京。八人為：屈萬里、蘇瑩輝、王省吾、黃祝貴、潘世和等。

· 十二月，〈十三經注疏版刻述略〉一文，載國立中央圖書館《圖書月刊》第三卷五、六期合刊。

民國三十五年（一九四六）　先生四十歲

· 一月一日，傍晚，自渝抵南京，住南京頤和路館內宿舍。先生任特藏組主任，在中央圖書館「北城閱覽處」負責善本書之典藏考訂工作。

· 三月二十日，致函徐森玉先生，云：
「森翁先生道席：拜別多日，比維　道履綏和為頌無量。頃接　慰公函，以朱世民先生即將東渡，本館在港遺失之圖書，既在日本發現，　慰公擬託朱先生就便查勘，特囑同事楊全經先生將香港裝箱目錄面呈，俾因　先生以轉致於朱先生，茲謹修函作介，敬乞　賜見，並祈　費神指示為感。又曩日在京承　囑之件，里

由滬歸後已抽暇細檢，僅有長春閣展覽目錄等一二書，注有收藏物品處所，他皆缺焉不載，未諗　尊處仍需傳鈔否？敬祈　示及，以便遵辦為盼。肅此，敬請大安。　　　　　　　　　　　　　　　　　　　晚學　屈萬里謹上。三月廿日。」

· 三月二十日，致函鄭振鐸先生。云：

「西諦先生箸席：

　　二月二十八日肅上一函，計登典籤。本館前郵寄香港之圖書，已在日本發現，茲因朱世民先生東渡，擬請其携帶香港裝箱目錄，就便查勘，以備收回。查該項目錄，尚有三十餘箱，未能鈔畢。茲謹托楊全經先生赴滬，繼續趕鈔。因朱先生行期已迫也，楊先生晉謁時，至乞費神指示為感。曩年李寶棠先生由滬帶港之圖書兩箱計五十一種，其中《甲申紀事》、《廎齋考工記》、《老學庵筆記》、《鹿門詩集》四種，已于一九四一年承馬季明先生帶往重慶，交付本館。故尚餘四十七種在港。前接香港大學陳君葆先生函，云已有十九種覓獲，承以目錄見示，並謂原書已交文物損失委員會簡又文先生代收。至是，尚有廿八種，下落不明。日前已開列目錄，函請君葆先生費神訪尋。因繫厪念，敬以奉聞。至所覓獲之十九種目錄，謹另紙鈔呈，並祈詧照是荷。又此間以霪雨兼旬，前在滬運來之書箱，迄未得開，今日放晴，始得開箱歸架，三數日內，如不再窒陰雨，當能全數開畢，將箱運滬也。專此，敬請大安。屈萬里謹上。卅五年三月廿日。」

按：鄭振鐸（1898～1958），福建長樂人，生於浙江溫州。筆名西諦、郭源新。1921 年畢業於鐵路管理學校，後由沈雁冰推薦入商務印書館編譯所工作。1922年創辦《兒童世界》，為中國最早之兒童讀物。1923 年主編《小說月報》，同時在上海大學任教。1949 年後，歷任全國文聯常務委員、文化部文物局局長、中國科學院考古研究所、文學研究所所長。1958 年 10 月 17 日率中國文化代表團訪問阿富汗等國，飛機在蘇聯境內失事遇難。鄭氏為著名文學家、目錄學家、藏書家，著有《佛曲敘錄》、《西諦所藏彈詞目錄》、《善本戲曲目錄》、《散曲目錄》、《中國小說提要》、《西諦書目》、《劫中得書記·續記》、《西諦書話》、《插圖本中國文學史》、《中國俗文學史》、《中國版畫史目錄》、《取火者的逮捕》等，輯有《玄覽堂叢書》三集。

· 五月，〈關於龍木勛〉一文，是月四日載《首都晚報》〈寒山寺〉副刊。（以筆名「屈軼」發表）

· 五月，〈跋舊拓本大王莊二郎廟碑〉一文，載是月九日《首都晚報》〈寒山寺〉副刊。（以筆名「學者」發表）

· 八月十九日，致蔣復璁館長簽呈，云：

　　「謹簽呈者：竊查北城閱覽室清點工作，約半月以內、大致可以畢事。清點目錄，已僱工開始繕寫，約三星期內，亦可完成。接收澤存書庫之圖書，總計約近三十萬冊，益以接收同文書院之裝線本圖書約十五萬冊，又本館在上海收買之圖書，約六七萬冊。故截至現在止，北城閱覽室所存圖書，已達五十萬冊以上。此五十餘萬冊圖書，除善本外，將來悉應交採訪組登記。即北城閱覽室所藏圖書，百分之八十以上，應屬於採訪組管理。萬里前奉　命管理北城閱覽室事宜，勉竭棉薄，差幸無大隕越。今清點工作將竣，而特藏組事務，亟待進行。擬請辭去北城閱覽室事務，俾得專心整理善本圖書。至北城閱覽室事務，似應交採訪組兼管。如此，於採訪及特藏兩組工作之進行，似屬更便。是否可行，敢懇
鈞裁。謹呈
館長蔣。

　　　　　　　　　　　　　　　　　編纂兼管北城閱覽室事務屈萬里謹呈。
　　　　　　　　　　　　　　　　　　　　　　三十五年八月十九日」
館長批示「緩議」。

· 九月，接受《上海文匯報》記者黃裳先生之訪問。黃裳撰〈關於澤存書庫——南京的文化之一〉一文，分上下兩篇，刊載於是月二十四、二十五日之《上海文匯報》。
祐謹按：先生時任國立中央圖書館特藏組代主任。特藏組設在南京市山西路口之「中央圖書館北城閱覽處」，該處即陳群「澤存書庫」之遺址。

· 十月五日，鄭振鐸先生邀宴。
按：《顧頡剛日記》（第五卷）一九四六年十月五號星期六（九月十一）條云：

「徐森玉先生來。揆初先生來。李英年來。出外買藥。歸後又出，忽憶昨稿未取，退回。寫雁秋、壽彝信。與起潛叔同到振鐸家赴宴。……今午同席：蔣慰堂、李濟之、魏建功、錢默存、吳宗濟、屈翼鵬、張蔥玉（珩）、徐森玉、起潛叔、王以中（以上客）、鄭振鐸（主）。」

· 十一月十八日，與顧頡剛先生等人赴樊漱圃先生晚宴。

　按：《顧頡剛日記》（第五卷）一九四六年十一月十八號星期一（十月廿五）條云：「寫留言、參政會會計處信，接洽汽車。漱圃邀至南軒吃飯。……今晚同席：予、周軼賢、屈萬里、童君（以上客）、樊漱圃（主）。」

· 十二月，〈一個搶購圖書的故事──國立中央圖書館大部分善本圖書的來源〉一文，載是月三日《上海文匯報》。（以筆名「書傭」發表）

· 十二月十九日，國立中央圖書館送來（京人）第七〇三號聘書，云：「茲聘請屈萬里先生為本館特藏組主任。此聘。」

民國三十六年（一九四七）　先生四十一歲

· 任中央圖書館特藏組主任。同時擔任「中央圖書館事業研究委員會」委員。

· 一月三日，與顧頡剛先生等，共遊南京半山寺。

　按：《顧頡剛日記》（第六卷）一九四七年一月三號星期五（十二月十二）條云：「屈萬里來。王天木歸，又看天木數年來工作成績。與萬里、天木共遊半山寺。」

· 三月三日，致函王獻唐先生，云：

　「獻翁先生賜鑒：里於廿六日晚由滬歸來。日前接維本兄函，附寄拓片一份，囑轉呈，謹奉上。又接李德貴一函，並以附呈。承
　介紹之同鄉石君，星期日已來過矣。肅此，敬請
　崇安。

　　　　　　　　　　　　　　　　　　晚學屈萬里謹上三月三日」

· 三月，〈漢石經周易為梁丘氏本考──跋張溥泉先生藏漢熹平石經周易殘石〉一

文，載《國立中央圖書館館刊》復刊一號。後收入《書傭論學集》。

祐謹按：熹平石經之祖本，近人或主京氏本。民國三十三年，張溥泉先生獲漢熹平石經《周易》殘石一，正反兩面。正面為經文，存二十八字；反面為校勘記，存二十四字。先生以此殘石，佐以山東省立圖書館所藏殘石，論定熹平石經《周易》所據祖本為梁丘氏本。此說既定，則由於誤以為京氏本，又從而引伸以證〈說卦傳〉及〈繫辭傳〉中，「尚象制器」一章為京房之徒所偽作等說，其是非可不待言而解。

又按：此文寫於三十四年（一九四五）三月五日，時先生寓四川南溪之李莊。文末先生附記云：「前國立西北圖書館，擬出版週年紀念專刊，來函徵稿，因艸成此篇應命。乃紀念刊未及付印，而該館奉令停辦。此稿藏諸行篋已逾週歲。今復檢出付印，用就正於博聞君子。三十五年八月九日萬里自記，時寓南京中央圖書館。」

· 三月，撰成〈曲阜散記〉一文，分上下兩篇，載是月二十四日及四月二十一日《天津民國日報》六版〈史與地〉周刊第十四、十六兩期。篇前有小序曰：「民國二十六年十月，避倭寇之難，攜山東省立圖書館所藏善本圖書及金石器物，僦居於曲阜城內玉虹樓旁民舍。索居多暇，遂得暢遊城內外諸勝蹟。荒冢廢墟，足迹殆遍。夕陽烟外，敗草叢中，摩挲殘碑，興酣忘倦。人或以癡目我，我亦以癡自居。柔奴語云：『此心安處是吾鄉』。書生結習，聊自怡悅而已。時業師呂先生今山，方任至聖奉祀官府西席。居此既久，於淹中勝蹟，瞭若指掌。課餘則召予偕遊。嘗同登古城，望丘壟，相謂曰：『足之所履，目之所及，處處周情孔思。讀書人得居此鄉，真乃大幸。』因相視而笑，渾忘新亭之痛矣。爰就所見所聞，拉雜錄之。管窺所及，間作辨證。匪曰有補於志乘，亦聊以發思古之幽情而已。今事隔十年，滄桑洊更；回首前塵，都如夢寐。而黃天倡亂，烽火未熄。言念聖城，殊不勝愴惻之情也。三十六年三月七日記於金陵。」

· 四月七日，與顧頡剛先生晤面。

按：《顧頡剛日記》（第六卷）四月七號星期一（閏二月十六）條云：「漱圃來，邀至國民酒家吃點。到圖書館，晤尹石公、屈翼鵬、沈仲常等。」

・四月二十一日，得顧頡剛先生來信，云：

「翼鵬先生：剛以教部召開課程標準會議，又來南京。惠批《呂氏春秋》，帶來頭冊，請　明覽。此書日前曾携上海，交森玉、揆初兩先生看過，的確係元版，惟係明印，又有明補版，故版本之價值不甚高。硃筆係惠半農評，墨筆係定宇評，又有大成硃評，則吳江沈大成也。日前得　尊函，知　貴館一時無購書資力，此書係蘇州吳氏得自常熟趙氏者。以蘇州田業之不景氣，世家紛紛出其所藏，懇剛為之推銷。　貴館如不購，恐將如落花之墮茵，馴至亡失，故剛意，擬請先在　先生處登記一下，俟後有錢再購。剛以開會，不克親來，特囑舍親汪安之前送上，乞　賜洽為荷。匆此，敬祝　著祺。　弟顧頡剛頓首。四月廿一日。」

按：《顧頡剛日記》（第六卷）一九四七年四月二十一號星期一（三月初一）條云：「寫屈翼鵬、拱宸、冠一、又曾、社教院、李祖桓信。」當即此函也。

・四月二十三日，顧頡剛先生致函於先生。

按：《顧頡剛日記》（第六卷）一九四七年四月廿三號星期三（三月初三）條云：「出，與澤民道遇，同到山西路天津館吃點。……歸，寫靜秋、屈翼鵬信。」此信今未得見。

・十月十七日，致蔣復璁館長簽呈，云：

「謹簽呈者：萬里以患失眠及神經衰弱，懇祈自本月二十日起，　賜假二十三天，俾資休養，業蒙　照准。在此期間，關於特藏組及北城閱覽室萬里經管事務，擬託請王編纂兆麟代理，並請蘇編輯瑩輝佐理。是否可行，懇祈　鑒核示遵，實為公便。謹呈

館長。

特藏組主任
兼管北城閱覽室事務　屈萬里　三十六年十月十七日」

館長批示：「照准」。

・十月，〈周易卦爻辭利西南不利東南說〉一文，是月二十七日載《中央日報》〈文史周刊〉第六十五期。

· 《國立中央圖書館善本書目初稿》第一輯五卷，由南京中央圖書館油印出版。

　祐謹按：是編卷一經部，卷二史部，卷三子部，卷四集部，卷五叢書。是時先生
　任國立中央圖書館特藏組主任。此書未著出版月日，繫之歲末。

民國三十七年（一九四八）　先生四十二歲

· 在南京國立中央圖書館任特藏組主任。

· 四月，一日在「文物展覽會」中演講「中國刊本前的圖書」。《中華日報》記者
　報導該次演講內容，撰成〈甲骨簡帛紙圖書演變史——屈萬里講中國刊本前的圖
　書〉報導新聞一篇，載是月二日《中華日報》四版。

· 九月，〈諡法濫觴於殷代論〉、〈㠯不跟解〉、〈甲骨文从比二字辨〉等三篇論
　文，載《中央研究院歷史語言研究所集刊》第十三本。

　祐謹按：右三篇並撰於民國三十四年（一九四五），時先生任中央研究院歷史語
　言研究所助理研究員，寓四川南溪李莊。原載《中央研究院歷史語言研究所六同
　別錄》，後載入《集刊》第十三本。民國五十八年（一九六九），收入《書傭論
　學集》。

　又按：自來言諡法者，率據《逸周書·諡法篇》，以為始於周初。王國維氏則謂
　當在宗周共懿諸王之後。近人郭沫若則謂當在戰國之時。先生〈諡法濫觴於殷代
　論〉一文，則論證諡法之成為定制雖晚，而諡法之發生實始於殷代末葉。本篇要
　目有：一、〈前說〉；二、〈殷王日干之號皆後人所追命〉；三、〈諡法濫觴使
　於殷代之證〉。此說既定，則故籍等著成之年代，如《尚書》〈高宗肜日〉、
　〈盤庚〉等篇，皆可資以辨證。〈㠯不跟解〉一文，乃釋甲骨文之㠯為師，師
　者，眾也，或指恆人，或謂軍旅。釋跟震同聲，義亦相通，震者，驚也，警也，
　亦騷動也。此二字既得其解，卜辭中所習見之「今夕㠯不跟」、「今夕㠯亡跟」
　等語，其義乃明。〈甲骨文从比二字辨〉一文，蓋以說甲骨文者，率謂从比二字
　不分，先生乃辨此二字字形雖相似，然字義則異。比字作親近解，从字或訓㠯或
　訓于，二字既解，然後卜辭中習見之比某人，或勿比某人等語，乃可渙然冰釋。

・秋，賦詩〈讀莊子〉一首：

讀莊子　三十七年秋於南京

風雨飄搖屋似船，挑燈危坐撿陳編；年來涉盡人間世，愛讀南華第四篇。

民國三十八年（一九四九）　先生四十三歲

・春，中央圖書館疏遷善本書及重要文物到臺北，先生奉教育部命，膺任臺灣辦事處主任。

・三月，〈臺俗求野錄〉一文，是月十九日、二十三日載《臺灣新生報》。

・四月，國立臺灣大學校長傅斯年先延聘先生為該校副教授兼文書組主任。後又兼講義組主任、校長室祕書。

・夏，賦詩〈感懷〉一首：

感懷　三十八年夏臺灣

歷盡滄桑意氣消，海疆忍淚話南朝；夢魂忘卻興亡恨，猶傍蓮花第五橋。南京前中

央圖書館左近有
蓮花第五橋故址

・八月，得董作賓先生八月二十七日來信，云：

「翼鵬兄：

茲因小兒玉京新來，須辦臨時戶口登記，請沈剛伯先生作保人，因沈係臺大文學院院長，故又非由臺大加蓋關防不可，擬請校中為蓋關防，以便進行。可否辦理之處，希卓奪！即頌公祺！弟董作賓。卅八年八月廿七日。」

按：董作賓（1895.3.20～1963.11.23），原名作仁，後改作賓。字彥堂，一字雁堂，別署平廬。河南南陽人。1922 年，在北大初學甲骨文。1923 年，為北大研究所國學門研究生。1927 年秋，任廣州中山大學副教授，識傅斯年。1928 年春，受國立中央研究院歷史語言研究所籌備處聘為通信員。秋，受史語所聘為編輯員。主持試掘小屯遺址工作。是為殷墟發掘第一次。1930 年冬，參與頌齋之會，與會者尚有臺靜農、魏建功、莊尚嚴、顧頡剛、胡文玉、唐立庵、孫海波、

商錫永諸人。1932 年秋，以〈西廂即事小詩〉二首示胡適。1933 年，隨史語所南遷上海，1934 年，隨史語所南遷南京。主持第九次殷墟發掘工作。秋，受中央古物保管委員會聘為委員。冬，與元配錢女士離婚。1935 年春，監察第十一次殷墟發掘工作。冬，與熊海平女士結婚於南京。1937 年，「七七事變」，隨史語所遷長沙。冬，遷桂林。1940 年，隨史語所由昆明遷四川南溪。1944 年，兼代史語所所長。1945 年 4 月，當選中研院第一屆人文組院士。1949 年 1 月，隨中研院遷臺北。春，接臺灣大學文學院教授聘，於中文系授古文字學，於歷史系授殷代史。秋，文學院考古人類學系成立，轉該系教授。1950 年夏，創辦《大陸雜志》，為發行人。1951 年春，任史語所所長。1952 年，獲選美國東方學會榮譽會員。1955 年 5 月，偕朱騮先、傅心畬赴漢城講學。8 月，辭史語所所長，向臺大請假，赴香港就任香港大學東方文化研究院研究員。1957 年 4 月，當選中研院第三屆評議員。秋，任新亞書院甲骨鐘鼎文兼任教授。1958 年秋，返臺，繼續任臺灣大學考古人類學系專任教授。11 月，史語所設甲骨文研究室，院聘為主任，主持研究工作。1959 年 5 月 10 日，中風不能言語，入臺大醫院三個月。秋，《中國年曆總譜》上下編在香港出版。1960 年 8 月，任臺大甲骨學研究講座教授。9 月，《中國文字》第一期出版。1963 年 3 月 19 日，心臟舊疾復發，入臺大醫院，至 11 月 23 日午逝世。葬臺北市南港中研院，與胡適墓為鄰。

· 十月，〈鴉鳴的凶兆〉一文，載是月二十日《自立晚報》三版〈風物志〉。（以字「翼鵬」發表）。

· 十二月，〈牝雞司晨在臺灣〉一文，載是月二十二日《自立晚報》三版〈風物志〉。（以筆名「書傭」發表）

民國三十九年（一九五〇）　先生四十四歲

· 一月，〈鳥啼和鵲噪〉一文，載是月二十九日及二月一日《自立晚報》三版〈風物志〉。（以筆名「書傭」發表）

・四月，〈山東魚臺婚俗志〉一文，分上下兩篇，載是月十七日、十九日《自立晚報》三版〈風物志〉。（以「屈翼鵬」之名發表）

・六月，〈周易卦爻辭成於周武王時考〉一文，載國立臺灣大學《文史哲學報》第一期。後收入《書傭論學集》。

　　祐謹按：《周易》卦爻辭之著成時代，昔人或謂卦爻辭皆周文王所作，或謂卦辭作於文王，爻辭作於周公；迄清末，皮錫瑞、廖平、康有為諸家，以為孔子所作。先生此文，由器用及習語覘之，證卦爻辭之作不得遲至東周；由其專用字及其一貫之體例證之，知其成於一手，係創作而非纂輯；由〈晉卦〉卦辭及〈隨〉上六、〈益〉六四爻辭覘之，知其成於周武王時。此說既定，則若干費解之《易》辭，皆可得而說矣。

・七月，〈罔極解〉一文，載《大陸雜誌》第一卷一期。後收入《書傭論學集》。

　　祐謹按：《詩經・蓼莪》「欲報之德，昊天罔極」一語中「罔極」一詞，歷來皆以無窮釋之。然「罔極」一詞，詩經中數見，若並以「無窮」為訓，終覺扞格難安，固非其本義。先生尋繹上下文義，釋「罔極」義猶無良，昊天罔極，乃詈天之語，非狀父母深恩之辭也。此說既定，則《詩經》中「罔極」一詞，得其本義，《詩經》旨義，可暢說無滯礙矣。

民國四十年（一九五一）　先生四十五歲

・一月，〈敬悼傅孟真先生〉一文，載《自由中國》四卷一期。

　　祐謹按：傅斯年先生，字孟真，山東省聊城縣人，生於光緒二十二年（一八九六）。曾任中央研究院歷史語言研究所所長暨國立臺灣大學校長。民國三十九年（一九五〇）十二月二十日逝世，年五十五。

・二月，得蘇瑩輝先生二月二十七日來信，云：

　　「翼公道長史席：

　　　　奉昨日手教，敬悉一一。並蒙將拙稿挂號擲還，及王君來信與呈彥老原函，均謹收到。瑩前年震怒云云（似非對公言），純係出諸一時之過份疑慮，跡近以

小人之心度長者之腹，宏達如公，本勿介懷而有所誤會也！猶憶在蜀時，張師曾囑以師禮事公，雖經左右撝謙婉拒而易其稱謂，然瑩輝固始終以師長視公，而公之視瑩，亦殊異於其他屬員。過去童年習氣未改，有時覺公督導稍嚴（指公務言），迄今追憶，獲益良多。由於燕居論學時，公之和藹可親，瑩或忘其所以，時以煩瑣冒瀆，公則有求必應，循循善誘，終無慍色，此意每一念及，汗顏無地者也。他日仍祈視若生徒，以為可教而辱教之，則幸甚矣。拙作承示再加推敲，無任銘感！已將舊作〈跋唐宣宗賜沙州僧政敕〉一篇，寄王君轉交□□□□社塞責，並代將原文索回矣。聞該刊因經費拮据，徵稿不易（第十期尚未問世），加以內部糾紛甚多，可能停刊之虞。瑩頃將彥老近作細讀一番，其所引成王時代諸器中，並未將獻侯鼎列入，新引恭王時器，亦無趞曹鼎在內，苟非彥老先有所見，即以謬論（詳寄《大陸》之拙文）為然矣。私心竊自欣幸！惟遹殷毀穆穆王重文說，彥老似仍否認也。瑩於王靜庵謂『文武等號均係生稱』之說，雖蓄疑已久，但遹殷銘發現『穆穆王』重文，則係偶然翻閱《商周彝器通考》時而得之。經檢視拓片而益信，猶恐佐證不多，故尚待公等之教誨耳。自傅公作古後，我公悵觸前塵，心緒料已欠佳，加以參與治喪及籌印遺著等事務，備極辛勤，偶攖感冒，致令玉躬違和，本意中事；復因豪飲（想亦舉杯澆愁耳）而鼻孔出血（料係火氣），瑩等今始聞悉，不禁怵惕！最近俟貴校易長後，當可摒絕秘書職務而專心執教矣。瑩等尚祈努力加餐，為道珍衛，倘遇公共宴會時，至乞於杯中物加以節制，是所叩禱！近讀大著〈卦爻辭作於周武王時考〉，中論康侯毀與黃氏（紹箕）釋毀（即簋）之作，皆可謂天衣無縫，實人間奇製也！佩倒無既。又《清華學報》中載有楊遇夫氏釋匕、七諸文，不卜我公曾否見過？其立論足信否？便祈賜示是幸。肅覆，敬請撰安！後學蘇瑩輝拜上。二月廿七日晚。

今晨昌兄奉示後，曾開總務箱查看檔卷，多係在川卷宗，關於贈送西北圖書館善本書發文簿，尚未發現。容再續聞。瑩又及。」

按：蘇瑩輝（1915～）江蘇鎮江人。私立無錫國學專修學校畢業。1940 年秋，由上海卦滇西入雲南大理民族文化書院經子學系肄業。1942 年夏，任職重慶國立中央圖書館。1943 年冬，應聘國立敦煌藝術研究所研究員。1945 年，戰後，由蘭州、成都返重慶中央圖書館任職，未久，伴運部分文物還都復員，1949 年

冬，奉派護運善本、文物渡臺，並應聘為中央博物圖書院館聯絡處編審暨編纂。1966 年冬，應馬來西亞大學漢學系之聘，赴吉隆坡講學十四年。1969 年，於哥倫坡代表中華民國出席聯教組織召開之世界佛學美術會議。1979 年，於巴黎代表馬來西亞大學出席首屆巴黎舉辦之敦煌、西域文獻國際研討會。1980 年，於臺北代表馬來西亞大學出席中央研究院召開之國際漢學會議。1981 年起，任香港大學亞洲研究中心名譽研究員，暨珠海文史研究所專任教授。曾任國立故宮博物院特聘研究員，國立臺灣師範大學美術研究所、輔仁大學歷史系、圖書館系兼任教授。著有《敦煌學概要》、《敦煌論集》、《敦煌》、《瓜沙史事叢考》等。

· 三月，〈媽媽經和經學〉一文，載《暖流》第一期。

· 四月，〈十三經注疏版刻述略〉一文，載《學原雜誌》第三卷三、四期合刊本。後收入《書傭論學集》。

祐謹按：此篇述《十三經》經文集注疏合刻諸本之源流及優劣，俾學者知擇善本讀之。文末先生〈後記〉云：「三十三年（一九四四）春初，僑寓於四川南溪李莊，艸述此文。曾刊於本館《圖書月刊》第三卷第五、六合期（三十四年十二月出版。）手民率爾排版，致行格錯亂，訛謬百出，幾使余亦不能自校。還都後得博觀本館所收圖書，頗獲新知；因增損舊文，重為寫定。時三十五年（一九四六）十一月二十八日，窗外雪花如掌，手指欲僵，入冬來第一寒日也。萬里記於首都國立中央圖書館。」

· 〈讀古書為什麼要講究版本〉一文，載《大陸雜誌》第二卷七期。

祐謹按：茲篇述說辨版本優劣之方法外，先生以為讀古籍者欲辨圖書之真偽、欲知圖書有無殘闕、欲免受錯字之欺，須知擇善本而讀。

· 五月，〈從信口雌黃說起〉一文，載《暖流》第三期。

· 六月，〈傅孟真先生軼事瑣記〉一文，載《傅故校長哀輓錄》。

· 八月，辭去祕書等所有行政工作，專事教學與研究工作。

· 十二月，〈唐寫本史記伯夷列傳校勘記〉一文，載是月十六日出版之《學生導報》三版。

· 〈回憶傅先生在臺大的往事〉一文，原發表刊物、日期待查。後收入蔡尚志所編《長眠傅園下的巨漢》一書（民國六十八年（一九七九）三月，故鄉出版社印行）。

· 十二月，〈傅故校長之安葬文〉一文，是月廿一日載《中央日報》第一版。

民國四十一年（一九五二）　先生四十六歲

· 二月，賦詩一首：

題某君所繪綠萼梅　四十一年二月於臺灣
獨標高韻冠羣芳，尺素飄浮有暗香；莫向武林懷舊事，海天風雨斷人腸。

· 三月，〈中文舊籍目錄板本項著錄舉例〉一文，載《大陸雜誌》第四卷六期。
祐謹按：先生本文刊布後，昌彼得先生曾著〈中文舊籍目錄版本項著錄舉例補訂〉一文（見《大陸雜誌》四卷十一期，一九五二年六月），訂補數條。後先生匯合兩文略加修改，題曰〈善本書目板本項著錄舉例〉，輯入與昌先生合著之《圖書板本學要略》一書中。

· 四月，《詩經釋義》一書，由臺北中華文化出版事業委員會出版，列於《現代國民基本知識叢書》第一輯。
祐謹按：茲編分上下兩冊，上冊為十五〈國風〉，下冊為〈小雅〉、〈大雅〉、〈頌〉。先生之撰寫此書，不專主一家，亦無今古文或漢宋等門戶之見；要以就三百篇本文以求探得其本義為旨歸。於訓詁方面，採於漢人、清人及近人者為多；於篇旨方面，採於朱傳者為多。其有感於舊說之未安者，先生則加按語。書前有〈敘論〉，末附詩地理圖及古器物、星象等圖，以助瞭解。
　　書前又有〈例言〉七則：
「一、本書分（一）（二）兩冊，（一）冊為十五國〈國風〉。（二）冊為〈小

雅〉、〈大雅〉及〈頌〉。

二、本書為集解性質，既不專主一家，亦無今古文或漢宋等門戶之見；要以就三百篇本文以求探得其本義為旨歸。於訓詁方面，採於漢人、清人及近人者為多；於篇旨方面，採於朱傳者為多。其有感於舊說之未安者，則以鄙說入之。

三、本書注釋，以簡明為主。凡採用舊說之屬於通訓性質者，一概不著出處。其屬於創見性質者，則但著結論，非遇不得已時，不著其繁徵博引之語；凡此則皆著明出處，讀者欲知其詳，自可檢閱原書。

四、著明出處時，或但著人名，或但著書名，或併著人名及書名（或論文題目），惟視行文之便。其但著人名者，要皆其人傳世著作之關涉《詩經》者，僅有一種；或雖非一種，而僅有一種為世人所習知者也。凡遇鄙說，則加「按」字以別之。

五、古韻之學，歷清至今，已甚昌明。然亦僅能知其字所隸之韻部，而不能確讀其本音者仍多。古韻既為專門之學，本書則為初學而設，故於此概未述及。讀者欲深究古音，自須讀顧江以下諸書；如欲略知所謂「叶韻」者，則有朱子之《詩集傳》在。

六、本書附有古器物、星象等圖，以助瞭解。至於鳥獸草木蟲魚之類，其習見者，則無庸附圖；其罕見者，則又異說紛紜。餘如衣裳宮室制度，舊說亦不盡可從。如是之類，雖有舊傳之圖，此亦不取。惟古代山川城邑，今雖未能一一考證確實，然有一簡圖，究可略知其方位。故附詩地理圖。

七、鄙人學殖譾陋，本書復出於急就，紕繆知所不免。如承大雅匡其不逮，則片言之錫，皆吾師也。」

・五月，〈「偷青」和「摸秋」〉一文，載《臺灣風物》二卷三期。（以「屈翼鵬」之名發表）

・六月，得鄒樹桂先生六月十八日來信，云：

「萬里仁兄大鑒：

交來之件已轉生。收條乙張奉上，請檢存。學《易》亦大不易，持其一端者

焉能得全體大用哉。陳立夫長教育部長時，曾見有數人以論述《易經》手稿進呈者，尚附有八卦圖新解數種。前在臺中卷宗箱尚發現殘本一冊，未及詳其內容。此學不絕如縷，今日治學方法較勝于古，苟有志于斯學者，極多新路可走也。專此叩請箸安。弟鄒樹桂頓首。六月十八日。」

　　附收條一紙：收到鄒先生轉來《周易新解》一本及審查意見一紙。郁漢雲。六月十四日。」

·九月，得孔德成先生九月二十六日來信，云：

「翼兄：

　　手教奉悉。轉來之件，亦收到。弟明晨即北上。老酒得到，至喜！時間現尚不敢定，以多處早已有約，兄可電話 23311 或 25008 找弟再定可也。費神之處，敬謝（餘面罄）。專覆。即候著綏。弟德成敬上。九月廿六日晚。」

按：孔德成（1920.2.23～2008.10.28），字達生。山東曲阜人，孔子七十七世孫。1920 年，受北洋政府大總統徐世昌令，襲封第三十二代衍聖公。1936 年，受國民政府特任大成至聖先師奉祀官。1948 年 3 月 29 日～1991 年 5 月 16 日，任中華民國國民大會代表。1955 年 8 月始受國立臺灣大學中文系聘為兼任教授。1957 年 7 月～1964 年 4 月，任國立故宮博物院聯合管理處主任委員。1968 年 8 月受國立臺灣大學中文系及考古人類學系合聘為兼任教授。任中華民國總統府資政。1984 年 9 月 1 日～1993 年 4 月 24 日，任中華民國考試院院長。

·十月，得李炳楠先生十月十二日來信，云：

「翼兄道席：

　　聞劉啟民兄言，吾兄箱籠被竊，既不循俗慰問，亦不矯情稱賀，之乎者也一概免去。時近冬令，必須夾衣毛織等類，已酌量尊體尺度，尋找舊料，做成夾長袍一件，單長衫一件（冬可當外罩），小褲褂一套（做襯衣），絨褲褂一套，毛背心一件（弟有兩件），謹以奉上，敬祈賜收。內中除心繫舊存平分外，餘皆專為兄製，與弟之身量並不相稱，不收，弟亦無用處。事出非常，不避冒昧，萬勿以清高自賞，不分交誼，一味拒人於千里之外也。幸矣。專此，並請大安。弟李炳南頓啟。十月十二日。」

按：李炳南（1891.1.16～1986.4.13）名豔，字炳南，以字行。號雪廬，法號德明，別署雪僧、雪叟。山東濟南人。1912 年，與濟南學界組成通俗教育會，當選會長。1917 年，更名私立通俗教育研究會，設講座於西門月洞，日日講學，並編印通俗詞曲。1920 年，長莒縣監獄。1934 年，莒縣重修縣志，任分纂。1937 年，因莊心如推薦，入孔府任大成至聖先師奉祀官府主任秘書，隨孔德成遷重慶。1946 年～1949 年，隨奉祀官府在南京。1950 年，與董正之、徐灶生、朱炎煌、張松柏等，籌組臺中市佛教蓮社。1952 年 2 月，在蓮社開講佛學。4月，成立國文補習班，請孔德成等人講授《論語》、國文等。1961 年 11 月，創慈光圖書館之國學講座與佛學講座。精通佛學、書畫，在臺中成立蓮社講堂，自稱雪廬老人，弘揚佛法，佛教弟子尊奉李炳南先生為『雪公』，以九七高齡圓寂。著有《阿彌陀經摘注接蒙暨義蘊》、《大專學生佛學講座六種》、《佛學問答類編》、《弘護小品彙存》、《內經摘疑抒見》、《內精選要表解》、《詩階述唐》、《雪廬詩文集》等。

・十月，得李炳楠先生十月十八日來信，云：

「翼兄大富翁箱右：

奉讀手教，祇悉財衣兩豐，皆勝於弟。果爾，自足稱慶，唯疑虛而為盈，約而為泰也。以實相告，弟毛衣却有三襲，昨贈者，尚是下品耳。明乎此，可知弟之富饒，並不相遜，勿復作昔日吳下阿蒙觀也。本日已由郵寄下退件，檢點無訛，祈釋富注。至寫稿求財，無傷于廉，勸進仍須努力。處今之世，但能富潤於尾，便是德潤於身矣。又何封步自畫，若兄受老子傳染之病，以知足為富，則是自掌其面，冒腫以為胖也。恐兄之號富，如是而已。其然乎？其不然乎？千里明月，兩心會當印耳。一粲。專覆。並請富安。亞富弟、雪僧和尚頓首。十月十八日。」

・十一月，〈談詩經〉一文，載是月二十五日出版之《民間知識》革新第八號（三十七期）。

・十二月，〈國風〉一文，載是月一日出版之《國風半月刊》三期。

・十二月，〈詩三百篇成語零釋〉一文，載臺灣大學《文史哲學報》第四期。後收入《書傭論學集》。

祐謹按：此文釋《詩經》成語十事：一曰周行，二曰不瑕，三曰德音，四曰不忘，五曰九皋，六曰有北，七曰匪人匪民，八曰無競，九曰昭假，十曰敦。

・十二月七日，孫女秀芹出生（為世鐸長女）。

民國四十二年（一九五三）　先生四十七歲

・五月，先生予路邊小攤，購得一把扇，求書於諸好友，先後於扇面書者畫者計有孔德成、董作賓、黃君璧、勞榦、黃異、李霖燦、臺靜農、張敬等人。孔先生題一詞詞云：「風來啦，雨來啦，老和尚背着鼓來啦。癸巳五月廿一日。」並撰題記云：「翼鵬兄來北溝參加清點工作，出劣扇屬書，時風雨將作，故錄此詞如右。達生孔德成。」董先生以甲骨文書一「風」字。黃君璧先生畫一人像。勞先生題云：「彩鳳看虹妒，交鴛對鏡迷；新詩做不得，畫個大公雞。翼鵬先生正之。勞榦。」黃異先生題畫一幅，題款云：「吐綬雞為臺地習見之物。寫似翼鵬鄉兄正之。岱北黃異。」李先生題云：「此麼些文之必雞也，不知比起臺灣火雞又是如何？霖燦借題發揮。」臺先生摹漢《說文》九字。張先生題云：「鳥禽中逞英雄，霞冠彩佩腰圍重。羽翼翹張意態工，威儀赫，喬裝弄鴉兒學鳳。《詠火雞（撥不斷小令）》一章奉呈翼鵬先生郢正。清徽。」

・六月，《圖書版本學要略》一書，由中華文化出版事業委員會出版。先生〈自序〉云：

「自葉郋園《書林清話》問世，言吾國圖書板本者，始有專書。葉氏書網羅宏富，用力甚勤；然係長編性質，而非簡明之論著，故讀之者或不免感其繁蕪。爾後孫毓修氏有〈中國雕版源流考〉之作，然以專述雕板源流，命題既隘，取材復略，故又失之太簡。近年坊間雖亦偶有言板本之書，然率皆因襲葉書為之，作者又非能鑒別板本之人，顧殊未足饜學林之求也。

萬里服役圖書館界，先後歷十餘年；因司中文舊籍考訂編目之事，欲覓一簡明適用之板本學書，而迄不能得。乃發憤搜集材料，擬編輯為書，以就正於國

人。此意動於抗戰之前，在山東圖書館執役時也。八年期間，雖未克悉在圖書館界服務；而搜集材料之事，則未嘗或輟。至勝利還都，以任職中央圖書館之便，所見異本益多，所得材料漸富；於是董而理之，開始屬稿。殆三十七年秋，稿成甫半，而中原板蕩，京華騷動；又復流寓臺灣。由於職業之更易，遂無暇及此；舊稿擱置篋中，蓋四年於茲矣。

友人昌彼得先生，英年積學，相與共事於中央圖書館同司考訂善本圖書之事者多年。昌君於此道學驗既豐，於明本書之鑑別，尤具隻眼。既亦避地在臺，故時獲賞奇析疑之樂。客冬談及此稿，承其慨允為之續成。於是抒其卓識，匡我不逮；爬羅疏通，甫半年而全稿以定。故此書能於今日問世者，昌君之力，實足多也。

本書凡分四卷。首曰〈前篇〉：述吾國歷代書籍名稱、形制，及與雕板術相關之諸問題。次曰〈源流篇〉：述雕板源流。復次曰〈鑑別篇〉：述鑑別板本之事。殿之〈餘篇〉：則略舉考訂善本圖籍應用之參考書，與夫板本項著錄之則例，以及板本術語、年表等。意在供初習考訂善本圖書者之參考與應用也。〈前篇〉及〈源流篇〉所述，皆屬『常識』範圍。〈前編〉諸論，時下言板本學之書多未之及；〈源流篇〉論雕板起源節，亦未因襲成說：故皆頗費經營。〈鑑別篇〉及〈餘篇〉所述，皆屬『應用』範圍；尤皆時賢之作所未言者。卷末附列圖板二十餘幅，用供參閱。庶幾初習此學者，就此書而於吾國歷代圖書形制，板刻源流，得一概略之常識；於審辨舊刻，獲知初步之途徑；則是作者之微意也。

本書所採圖板，大都取材於前國立中央圖書館所藏之本；謹誌於此，不復於圖板下一一注明。

中華民國四十二年四月十一日屈萬里序於臺北臺灣大學。」

祐謹按：此書與昌彼得先生合著。書分四卷：卷一〈前篇〉，述吾國歷代書籍名稱、形制及與雕板術相關之諸問題；卷二〈源流篇〉，述雕板之始、歷代刻書之狀況及各種印刷術；卷三〈鑑別篇〉，述鑑別板本之事；末卷〈餘篇〉，則列舉考訂善本圖書應用之參考書，與夫板本項著錄之則例以及板本術語、年表等。先生抗戰前任職省立山東圖書館時，已有著此書之意。勝利還都，先生任國立中央圖書館特藏組主任，所見異本益多，所得材料漸富，於是董而理之，開始屬稿。

迨民國三十七年（一九四八）秋，稿成甫半，而大陸淪陷，先生避難臺島。任教於國立臺灣大學中國文學系，於是與昌彼得先生共同續成之。昌先生字瑞卿，昔先生任國立中央圖書館特藏組主任時，昌先生亦任職於該館。昌先生後任國立故宮博物院副院長。

· 七月，撰〈「木皮散客鼓詞」序〉。

祐謹按：《木皮散客鼓詞》，清賈應龍著，劉階平考證，民國四十三年（一九五四）五月，正中書局印行。先生〈序〉曰：

「晚近三百年來，在我國純文學的園地裏，曾經開放了一朵奇葩。它燦爛地怒放於滿清初葉，但卻在一般文人學士所謂文學的領域裏，寂寞了兩百多年。這也難怪，因為它雖被家傳戶誦地在山東民間流傳着，雖然也被一二學者見到，嘆為『石破天驚』之作；但因為自滿清末葉以前，一直沒有刻本傳世，所以沒能夠普遍地登入大雅之堂，而為縉紳大夫們所共見。晚清以來，雖然已經有了幾種刻本和鉛石印本，但又因為一般讀者不知作者為何如人，以致流傳不廣。這一朵不幸的奇葩，便是賈鳧西的《木皮詞》。

這部書是用有說有唱的鼓兒詞體材，根據正史的材料來做翻案的文章。它的文辭是通俗的，它的聲調是激越的，它的見解是超人的，它的議論是驚世的。作者滿腔亡國之痛，憑藉着史實，來發揮自己的一肚皮牢騷，所以才能那樣地慷慨激昂。就文體來說，它是繼唐詩，宋詞，元曲之後的別開生面之作；就內容來說，它是和庾子山的〈哀江南賦〉一樣地沈痛。

友人劉階平先生在二十年前，便着手整理這部書，他搜集了許多不同的本子，他辛苦地找尋與作者有關的史料；結果他考定了《木皮詞》的作者，就是賈應龍。他並且用了許多本子校得一個定本，編印了一本『木皮詞』。於是《木皮詞》纔多流布在人間；於是學林纔知道《木皮詞》的作者。這是抗戰以前的事了。

十餘年來，階平雖在烽火中流浪，但他仍是隨時隨地搜集有關《木皮詞》的新材料，來訂補它，校正它。最近又把舊編的《木皮詞》重加校訂，改名為《木皮散客鼓詞》。對於鼓詞本文校勘得更精確；關於著者身世，考證得更詳細了。

　　我和階平有同好，二十年來，常共賞奇析疑之樂。日前我拜讀了這新編訂的稿本，真如『醍醐灌頂』，醒脾快心。這部書在臺灣殊少流傳，我很希望能早日印行，讓大家都有機會來欣賞這部『石破天驚』的奇文。中華民國四十二年七月三日屈萬里序。」

·七月，賦詩二首：

題隻鴻所繪重慶海棠溪儺舞圖　四十二年七月於臺灣

　　三巴儺舞記依稀，歲歲元宵月上時；悄對畫圖思往事，夢魂又繞海棠溪。

　　西南飄泊悵前塵，對此渾疑夢裡身；劫後渝州元夜月，料應不似舊時春。

·八月，晉陞為國立臺灣大學教授。

·十一月，得韓國沈瑌俊先生來信，云：

「萬里、彼得恩師賜鑒：

　　十月十五日、十月十三日賜函拜悉。

　　生因帶同畢業班學生作為時一周之環島旅行，返抵舍宅，獲見惠函，捧讀不勝欣喜。承蒙賜允付梓，無任感荷。

　　譯稿已交出版社印刷中，俟完成時，當遵命奉上，並請斧正。謹檢覆生於《東大新聞》十月卅一日刊出簡介剪報乙份，藉供指教。耑此覆聞。並頌公綏。生沈瑌俊敬啟。十一月三日。」

按：沈瑌俊，時任職於韓國東國大學圖書館。

·十一月十二日，中國圖書館學會在臺北市國立臺灣大學法學院禮堂舉行成立大會，屈先生膺選該會第一屆監事。

民國四十三年（一九五四）　先生四十八歲

·元月，賦詩二首：

題蔣穀孫先生所藏知不足齋圖　四十三年元月於臺灣

　　　老屋三間書萬卷，縹緗清望動天衢；百年歷盡紅羊劫，猶幸人寰見此圖。

　　　村外夕陽繞碧流，長塘風物足清幽；海天對此添惆悵，苦憶君家密韻樓。

・四月，〈擬拓片編目規則〉一文，是月十三日載《中華日報》第六版。

・五月，賦詩一首：

　　題溥言女士繪雪山圖　四十三年五月
　　雪花如掌壓峯低，故國物華歲暮時；目斷黃天歸未得，憑君墨妙慰鄉思。

　按：裴溥言（一九二一～　），別號普賢，山東諸城人，國立臺灣大學教授，著有
　《詩經欣賞與研究》、《詩經評注讀本》等書。

・五月，〈讀孟逆志〉一文，載《這一代》月刊一卷五期。

・六月，〈丁鼎丞先生對於學術之貢獻〉一文，載《中央半月刊》三十七期。
　祐謹按：丁惟汾（1874～1954），字鼎丞，又字鼎臣，山東日照人，著有《毛詩
　韻律》、《詩毛氏傳解詁》、《爾雅釋名》、《爾雅古音表》、《方言音釋》、
　《俚語證古》等書。

・七月，〈殷周篇〉，載中華文化出版事業委員會出版之《中國歷史地理》一書。

・十一月，〈周誥十二篇中的政治思想〉一文，載《中國政治思想與制度史論
　集》。
　祐謹按：此文據《尚書》〈大誥〉、〈康誥〉、〈酒誥〉、〈梓材〉、〈召
　誥〉、〈洛誥〉、〈多士〉、〈無逸〉、〈君奭〉、〈多方〉、〈立政〉、〈顧
　命〉等十二篇，闡明西周初年周朝君臣之政治思想，實為後來儒家政治思想之濫
　觴。

・十一月十二日，中國圖書館學會在臺北市舉行第二屆年會，先生膺選監事。

・十二月，〈仁字涵義之史的觀察〉一文，載《民主評論》第五卷二十三期。後收

入《書傭論學集》。

祐謹按：此篇要目有：一、〈引言〉；二、〈殷代及西周文獻中無仁字〉；三、〈孔子以前仁字的涵義〉；四、〈論語中仁字的涵義〉；五、〈孟子言仁和孔子不同〉。

· 〈孟子的民本學說〉一文，載《幼獅月刊》第二卷十二期。

民國四十四年（一九五五）　先生四十九歲

· 一月，〈善本圖書之編目〉一文，載《主義與國策》第四十二卷。

· 一月，〈石敢當碑和指路碑〉一文，載《臺灣風物》第五卷一期。

· 三月，〈「中國目錄學史」〉一文，載《學術季刊》第三卷三期。

祐謹按：《中國目錄學史》一書，許世瑛先生著，中華文化出版事業委員會出版，先生為文評介。

· 三月，得孔德成先生來信，云：

「翼鵬兄左右：

屬書之件，以過度矜持，竟爾寫錯，一時又無佳紙，可以補書，罪該萬死！

弟下星期一（十四日），擬在鹿鳴春請客，請兄代訂三百元席一桌。列有請帖數份，乞轉致。耑此奉照，即候著安。弟德成敬上。三月十日。

張公之帖，乞酌發。以其日前曾叫弟請客，故不能不踐約，且十四日座上，尚有其他女客也。又及。」

· 五月，《詩經選注》一書，由國立編譯館出版，正中書局印行。先生書前〈敘論〉云：

「一、

孔子曾告訴他的兒子伯魚（名鯉）說：

汝為〈周南〉、〈召南〉矣乎？人而不為〈周南〉、〈召南〉，其猶正牆面而立也與！

他是把〈周南〉、〈召南〉（《詩經》的一部份）看得如此重要；而且不但〈周南〉、〈召南〉，他對於全部《詩經》，也是同樣地重視。《論語》裡記載著這樣一個故事：

陳亢問於伯魚曰：「子亦有異聞乎？」對曰：「未也。嘗獨立，鯉趨而過庭。曰：『學《詩》乎？』對曰：『未也。』『不學《詩》無以言！』鯉退而學《詩》。」

《詩》，就是後人所謂《詩經》。從這段故事裡，知道孔子教伯魚學《詩》，是為了練習說話。然而孔子認為《詩》的功用，卻不只此。《論語》又說：

《詩》可以興（感發志意），可以觀（考見得失），可以群（和人們共處），可以怨（因為雖然抱怨別人，但不至於發怒）。邇之事父，遠之事君；多識於鳥獸草木之名。

《詩經》有美麗的文藻，有豐富的辭彙；在練習語言上，固然是最好不過的書。又因為各首詩多蘊蓄著濃烈、真摯、溫柔而又敦厚的情感，最容易感化人。人們受了它那溫柔敦厚的感化，所以『可以群，可以怨』；可以事父，可以事君。至於多識鳥獸草木之名，那不過是次要的事。所以孔子總是用《詩》教人。從孔子起，一直到民國初年，這兩千年來，《詩經》幾乎是每一個讀書人所必讀的課本了。

二、

《詩經》是我國最古的詩歌總集，在它裡面，保存著三百零五首詩歌（另外有六首，只有題目，沒有詩。）這些詩歌，乃是民國紀元前二千五百年以前到三千年左右的作品——有民間的歌謠，有士大夫的吟咏，有祭祀用的頌神之辭。

《詩經》是後起的名字；古時只把它叫做《詩》或『詩三百』。據《史記》說，《詩》本來有三千多篇，經過孔子刪削以後，只剩了三百多篇。但這話是靠不住的。不過孔子曾經整理過《詩》，則是事實。因為孔子自己說過：『予自衛返魯，然後樂正；〈雅〉、〈頌〉各得其所』。

《詩經》分作三部分：㈠〈國風〉：是從各國（地方）採集來的詩；以民間

歌謠佔多數。㈡〈小雅〉、〈大雅〉：二者多半是士大夫的詩，以王朝（中央）
士大夫的作品為多。㈢〈頌〉：多半是祭神的頌辭；但也有頌揚時君的詩。這三
百零五篇的分佈情形，是：

〈國風〉：共一百六十篇

㈠〈周南〉十一篇　㈡〈召南〉十四篇　㈢〈邶〉十九篇　㈣〈鄘〉十篇
㈤〈衛〉十篇　㈥〈王〉十篇　㈦〈鄭〉二十一篇　㈧〈齊〉十一篇　㈨
〈魏〉七篇　㈩〈唐〉十二篇　㈪〈秦〉十篇　㈫〈陳〉十篇　㈬〈檜〉四
篇　㈭〈曹〉四篇　㈮〈豳〉七篇。

〈小雅〉：七十四篇；另有有題無詩的六篇。

〈大雅〉：三十一篇。

〈頌〉：共四十篇。

㈠〈周頌〉三十一篇　㈡〈魯頌〉四篇　㈢〈商頌〉五篇。

　　〈國風〉裡面最精彩的作品，是憂勞者、流亡者等的哀歌；感傷離別的婦
女，或被遺棄的婦女等的幽怨之辭；以及男女言情之作。〈大小雅〉裡面，則以
諷刺時政、感傷時事的作品最為精彩。〈頌〉，在文藻方面說，比〈國風〉和
〈大小雅〉都不如；但就作品產生的時代說，〈周頌〉三十一篇，在三百零五篇
中，算是最早的了。

三、

　　在秦以前，沒有人給《詩經》作過註解。經過秦始皇焚書坑儒之後，傳授
《詩經》的人已經很少了。西漢初年，傳授《詩經》而最著名的人有三個：一個
是魯國的申培，一個是齊國的轅固，一個是燕國的韓嬰。他們三個人，先後被政
府任為博士，讓他們傳授《詩經》。經學史上把他們的詩學叫做三家詩。他們所
傳的《詩》，都是用隸字寫的；隸字是當時的通行文字，所以後人把他們三家叫
做今文家。

　　古人對於經的觀念和今人不同。古人把經看做金科玉律，認為它的一字一
句，都有教訓人的作用；人們對於經裡的話語，絕對不應該持反對意見的。因
此，三家要使《詩經》在政治上發生作用，於是便假桑喻槐地用《詩經》去說政
治。因而穿鑿附會，自不能免。後來三家詩都已失傳（只有《韓詩外傳》存

著），幸而清代人從他書裡一鱗片爪地收集了些三家詩遺說，因而我們今日還可以略知三家詩的大概。

三家詩以外，又有《毛詩》。《毛詩》，據說是河間獻王的博士毛亨所傳的，他給它作了註解，叫做《毛詩故訓傳》。因為它的經文是用古文（秦以前東方諸國所通行的文字）寫的，所以《毛詩》是古文家。漢時，朝廷所提倡的是今文家的學說，因而《毛詩》僅在漢平帝時一度立過學官（在中央政府設置博士），而且只是很短的時期。所以，在漢代，《毛詩》的勢力遠不如三家。東漢末年，經學大師鄭玄，因為《故訓傳》還不易懂，於是又加以註解——叫做箋。我們今天所見到的《毛傳》《鄭箋》，就是這個本子。

《毛詩》雖然也喜歡比附政治（如說某詩是美某人，或某詩是刺某人等，用為後代君臣的鑑戒），但比起三家詩來，究竟平實得多。所以，自漢以後，三家詩漸漸衰微，而《毛詩》獨盛。永嘉之亂以後，三家詩全亡了，《毛詩》更是『只此一家』。到了唐代，因為《毛傳》《鄭箋》，也非人人能看得懂了；於是孔穎達等，又替《傳》《箋》作了一番註解，叫做《正義》，或叫作《疏》。《十三經註疏》裡的《毛詩註疏》之『疏』，就是孔穎達的《正義》。

從漢末到南宋之初，在這近乎一千年的綿長時期裡，可以說是《毛詩》的獨霸時代。到了朱熹，他感覺到《毛傳》所謂美這個刺那個的詩，大都沒有史實的根據；而且，許多活生生的情歌，都在『美』、『刺』之下，把真相給埋沒了。因此，他作了一部《詩集傳》，把許多被埋沒了真面目的詩，都給發掘出來。這在詩學上，是一個革命，也是一個很大的進步。從元代起，把朱子的《詩集傳》作為『國定教本』，一直到清末，它的優越地位，繼續保持了六七百年之久。

關於各首詩的大意，《詩集傳》的確有不少地方能夠撥雲霧而見青天。但它對於字句的解釋，卻往往不求古義；因而，也不少牽強附會的地方。清代學者，對《詩經》的字義，有很多精確的解釋；但因為不是宗毛氏，便是宗三家；因而在說每首詩的大意方面，反多不如朱子。

近年來人們對經的觀念改變了；而且甲骨文、鐘鼎文大量出土，可以作比較研究的材料既多；又有社會學、民俗學等學說，來給《詩經》作一番新的註釋，照理講，應該是後來居上的。作者雖曾試作了一部《詩經釋義》，但因為註解太

簡略，又因為自己的學識不夠，所以不滿意的地方還很多。

四、

　　《詩經》是我國純文學的鼻祖，是兩千多年以來國人所必讀之書。我國歷代的書籍，時時在引用它；因而它的辭彙，至今還活在人們的文章裡、信札裡，以及口語裡。所以，為了欣賞文藝，固不能不讀它；為了常識，也不能不讀它。至於作語言學、考古學、古代史、社會史……等學術性研究的人之必需讀它，更不用說了。

　　本書乃為一般初讀《詩經》的人而作。目的是介紹他們知道我們的先民有些如此卓越的文化遺產，讓他們知道一些至今還活在文章裡、信札裡和口語裡的常識，讓他們有機會而且能夠無師自通地欣賞一些絕妙好辭。

　　因此，本書是選取了《詩經》的大部分而非全本；註解則完全用白話。本來，全部《詩經》，篇篇都重要，實在沒法子去選；但詩的意境有些彼此近似的，詩的涵義有些不能確知的，文辭有些特別古奧難通的，以及一些不太適合於青年的興趣的。這些都是不被選入的對象。不過，選詩選文，是很難絕對客觀的。本書的編選，雖然採取了臺灣大學中文系好多位同學的意見，但主觀的成分，總不能免；如果讀者樂意指教，那是編者非常高興的事。

　　本書共選了一百三十八篇，佔全部《詩經》的半數而弱。〈周南〉、〈召南〉，是孔子最著意的部分，也都是最膾炙人口的作品，本書把它們全部收入了。此外，〈國風〉部分，入選的較多；〈小雅〉和〈大雅〉次之；〈頌〉，選取的最少。取捨的情形，如下表所列：

篇名	原有篇數	選取篇數
〈國風〉	一六〇	九七
〈周南〉	一一	一一
〈召南〉	一四	一四
〈邶〉	一九	一〇
〈鄘〉	一〇	六
〈衛〉	一〇	六
〈王〉	一〇	七

〈鄭〉	二一	一一
〈齊〉	一一	四
〈魏〉	七	五
〈唐〉	一二	五
〈秦〉	一〇	五
〈陳〉	一〇	六
〈檜〉	四	二
〈曹〉	四	二
〈豳〉	七	三
〈小雅〉	七四	二八
〈大雅〉	三一	一四
〈頌〉	四〇	一三
〈周頌〉	三一	八
〈魯頌〉	四	二
〈商頌〉	五	三

　　本書和拙著《詩經釋義》，雖有全本和選本的不同，註解也有文言和白話的異致；但本書中所選取的諸篇，其每篇的大意和字句的解釋，都是根據前書的。前書以程度較高的人為對象，所以註解較略；而於所採的各家之說，則都註明出處。為的是：有志對《詩經》作進一步研究的人，可以依照註文所標舉的出處，按圖索驥。此書既是對初習《詩經》的人而設，則完全以教學為目的，所以註解較前書為詳；而於所採用的各家之說，則以不註明出處為原則。

　　說到這裡，不能不感謝中華文化出版事業委員會代表人張曉峯（其昀）先生。本書的內容，雖然和拙著《詩經釋義》不同，但究竟是同類的東西。當我將要編註這本書的時候，曾經寫信給曉峯先生，詢問是否有礙於《詩經釋義》的版權。他回信說：同屬整理文籍，自可不必拘泥《詩經釋義》之契約。本書雖然沒有什麼好處，但曉峯先生這種熱心文化事業的態度，是值得欽佩的。此外，友人周天健先生，和臺灣大學中國文學系同學龍宇純、羅邦楨、何佑森、韋雲生諸君，對於本書的選註音讀各方面，都給予不少的寶貴意見；謹並致感謝之忱。

中華民國四十二年九月一日，颱風怒吼聲中，屈萬里識於臺北。」

祐謹按：先生於民國四十一年，曾撰《詩經釋義》一書，以為初步研究《詩經》者而作，由中華文化出版事業委員會印行，前已著錄。茲編則為初讀《詩經》者而作，註解力求簡單明瞭，共選注一百三十八篇。

・八月，仍專任臺灣大學教授，並受聘為中央研究院歷史語言研究所兼任研究員。

・八月三日，孫女秀麗出生（世鐸之次女）。

・十二月，〈今本尚書的真偽〉一文，載《幼獅月刊》第三卷十二期。

・十二月四日，中國圖書館學會第三屆年會在臺北市舉行，先生膺選該會監事。

民國四十五年（一九五六）　先生五十歲

・四月，〈說易散稿〉一文，載國立臺灣大學《文史哲學報》第七期。後收入《書傭論學集》。

祐謹按：茲篇收錄先生解說《易》義之稿八則：一曰貞，二曰利西南不利東北，三曰即命，四曰三驅，五曰包荒用馮河不遐遺朋亡得尚于中行，六曰先甲三日後甲三日先庚三日後庚三日，七曰噬腊肉遇毒，八曰載鬼一車。先生多引甲骨卜辭，以正前人之誤。篇前〈引言〉自謂：「幼喜讀《易》，而持論往往與舊時經師之說不合。非故立異以鳴高，要亦求其心之所安而已。」

・〈易卦源於龜卜考〉一文，載中央研究院《歷史語言研究所集刊》第二十七本。後收入《書傭論學集》。

祐謹按：前人多謂八卦為伏羲所畫；至於重卦之人，則諸書紛紜，或謂伏羲，或謂神農，或謂夏禹，或謂文王。先生此文，以甲骨刻辭比勘《易》卦爻畫，頗多相似之處，如：一、卦畫上下之順序與甲骨刻辭之順序相似；二、《易》卦反對之順序與甲骨刻辭之左右對貞相似；三、《易》卦爻位之陽奇陰偶與甲骨刻辭之相間為文相似；四、《易》卦九六之數與龜紋雷同。乃論證《易》卦（八卦及六十四卦）乃源於龜卜，與卦爻辭並成於西周初年。此說既定，《周易》中之史

料，始足資正確引用。

· 六月，得王世杰先生六月八日來信，云：

「萬里先生惠鑒：

　　尊著世杰已讀完一半，復承惠贈一冊，日內當可全讀，讀畢當珍藏參考，先此佈謝，並頌時祺。王世杰敬啟。六月八日。」

按：王世杰（1891.3.10～1981.4.21），字雪艇，一字東湖長，湖北崇陽人。王氏五歲至十一歲入家塾，讀中國經書，九歲並開始讀時務文字。十二歲，赴武昌省應童子試，未畢，適逢張之洞提倡興學，在武昌創辦第一座現代式之高等小學名南路高等小學，遂棄童子試，往應小學試，入該校小學肄業，時為前清光緒廿九年。後入湖北優級師範理化專科學校（係就舊有兩湖書院改辦者），畢業後考入北洋大學之採礦冶金科，未滿一年，辛亥革命事起，回武昌，參加革命政府。1913 年由稽勳局資送英國留學，入倫敦大學，改習政治經濟，民國六年得政治經濟學位。旋赴法國巴黎大學，1920 年得法學博士。是年十二月應北京大學蔡元培校長之聘，回國任北大教授，講授比較憲法等科目。1929 年夏赴武昌，任國立武漢大學校長，在職約四年，創設武漢大學新校址于武昌城外東湖之珞珈山。民國廿二年四月至廿七年一月，任教育部長，並為當時「廬山會議」之負責籌備人。力主對日抗戰，原與汪精衛甚洽，因此遂不協。對日抗戰時期，先後任國民參政會秘書長及主席、兩任宣傳部長、訪英團團長。抗戰結束任外交部長，1950 年任總統府秘書長。1958 年任行政院政務委員，旋並主持中國古藝術品赴美展覽事宜。1962 年任中央研究院院長，1970 年退職。編著有《故宮名畫三百種》、《藝苑遺珍》、《不平等條約之廢除》等。

· 八月，〈子部雜家類之新的分類問題〉一文，載《中國圖書館學會會報》第六期。

· 《尚書釋義》一書，是月由中華文化出版事業委員會刊行。

祐謹按：據書前〈凡例〉，茲編篇第，依孫星衍《尚書今古文注疏》。惟孫疏以綴輯之〈泰誓〉，列入正文，此則剔出之，以入於附錄一之〈尚書逸文〉中。此

書注釋義例，與《詩經釋義》略同。書前有〈敘論〉，要目有：一、〈尚書釋名〉；二、〈尚書之編集與篇目及書序〉；三、〈今文尚書〉；四、〈古文尚書〉；五、〈偽古文尚書〉；六、〈歷代尚書學之演變〉。書末附錄三種：一、〈尚書逸文〉；二、〈書序〉；三、〈偽古文尚書〉。先生此書，除多引漢人、清人及近代人之說外，尤多徵引近世出土之鐘鼎彝器及甲骨刻辭為說，是以多超越前賢之處。

此書〈凡例〉云：

「一、本書篇第，據孫星衍《尚書今古文注疏》。惟孫疏以綴輯之〈泰誓〉，列入正文；本書則剔出之，以入於附錄一之〈尚書逸文〉中。

二、本書附錄凡三：散見諸書中之《尚書》逸文，雖皆斷簡殘編；然就史料而言，則具有重大之價值，茲以為附錄一。百篇書序，出自孔壁。其釋《尚書》，雖間有未合；然究係先秦文獻，茲列之為附錄二。偽古文《尚書》二十五篇，雖無史料價值；然傳誦既千有餘年，已成為學人所應具有之常識，故以為附錄之殿。

三、本書注釋義例，與拙著《詩經釋義》略同。注語不主一家之言，而以取於漢人、清人及近人者為多。凡義訓之習見者，則不著其出處。凡取用諸家之說，但著其結論；非不得已，概不舉其論證之辭。讀者欲知其詳，可就所舉之出處檢閱原書。至於鄙說，則加按字以別之。

四、引用諸家注語，凡用原文者，則以引號（「」）括之。凡隱括其義者，曰「某某說」。凡本其義而有所引申者，曰「本某某說」。凡參用其義而小變之者，曰「參某某說」。惟以行文之便，亦未盡守上述之言，讀者諒之。

五、難字注音悉用國音字母，而以教育部所公布者為準。惟入聲字則仍其本音而不改；凡國音字母間有一圓點（·）者，皆入聲字也，又國音與習慣讀法，遇有懸殊過甚之字，則亦間有採用習慣讀法而未依國音處。

六、〈堯典〉等篇為晚出之書，近今學人，雖多公認；然好古之士，或猶有以為真當時之書者。按：〈堯典〉等篇成書之時代雖遲，而吾國文化自古。由今日已發現之考古學材料驗之，吾國文化之古，蓋遠出好古之士所想像

者之外。著者固愛吾國文化，而尤愛真理；故凡晚出之書，皆推證其著成之約略時代，而不曲為隱諱。

七、本書所用參考書，多承中央研究院歷史語言研究所友人設法轉借，心感無似。復蒙蔣穀孫先生以秘藏吳汝綸手批本《尚書》惠假，尤感雅誼。

八、《尚書》奧衍難究；本編雖已寫定，而注釋之不自安處尚多。繩愆糾繆，謹寄望於博雅君子。」

· 八月，撰成《讀老劄記》一書。

祐謹按：此書未單獨刊印。後收入《屈萬里全集》中，全書計八十一篇：〈體道〉、〈養身〉、〈安民〉、〈無源〉、〈虛用〉、〈成象〉、〈韜光〉、〈易性〉、〈運夷〉、〈能為〉、〈無用〉、〈檢欲〉、〈猒恥〉、〈贊玄〉、〈顯德〉、〈歸根〉、〈淳風〉、〈俗薄〉、〈還淳〉、〈異俗〉、〈虛心〉、〈益謙〉、〈虛無〉、〈苦恩〉、〈象元〉、〈重德〉、〈巧用〉、〈反朴〉、〈無為〉、〈儉武〉、〈偃武〉、〈聖德〉、〈任成〉、〈仁德〉、〈微明〉、〈為政〉、〈論德〉、〈法本〉、〈去用〉、〈同異〉、〈道化〉、〈偏用〉、〈立戒〉、〈洪德〉、〈儉欲〉、〈鑒遠〉、〈忘知〉、〈任德〉、〈貴生〉、〈養德〉、〈歸元〉、〈益證〉、〈修觀〉、〈玄府〉、〈玄德〉、〈淳風〉、〈順化〉、〈守道〉、〈居位〉、〈謙德〉、〈為道〉、〈恩始〉、〈守微〉、〈淳德〉、〈後己〉、〈配天〉、〈玄用〉、〈知難〉、〈知病〉、〈愛己〉、〈任為〉、〈制惑〉、〈貪損〉、〈戒強〉、〈天道〉、〈任信〉、〈獨立〉、〈顯質〉。

· 九月，〈明夷待訪錄論君權〉一文，載《民主評論》第七卷十七期。

· 十二月，〈尚書皋陶謨篇著成的時代〉一文，載中央研究院《歷史語言研究所集刊》第二十八本。後收入《書傭論學集》。

祐謹按：〈皋陶謨〉之著成時代，既非虞舜時，而近人則有以為作於戰國末年者。先生此文，以〈皋陶謨〉所敘史實，與〈堯典〉頗有關連；其語句多抄自〈堯典〉，其字辭則與〈堯典〉一致，乃論定〈皋陶謨〉之著成時代，當在戰國

初葉，略晚於〈堯典〉。

・十二月七日，孫曉季出生（世釗之長子）。

・十二月十六日，中國圖書館學會在臺北市舉行第四屆年會，先生膺選該會理事。

民國四十六年（一九五七）　先生五十一歲

・一月，得徐復觀先生一月五日來信，云：

「翼鵬我兄大鑒：

久未晤教，積念何已。茲有兩事，奉懇如下：

一、《老子》第三章王弼注：……唯用是施，貴之何為？尚賢顯名，榮過其任。為而常校能相射貴，貨過用貪者競逐……《老子》第五章多言『數窮不如守中』，王弼注：物樹其惡，事錯其言，不濟不言不理，必窮之數也。……加處作何解釋？

二、商務印書館曾印行先師羅田王葆心先生所編之《虞初支誌》，乞便中向貴校圖書館一查，如有此書，乞設法借弟一閱。此外，毛子水先生在《中央日報・學人》上曾發表〈考據與義理〉一文，弟原未詳看，後經人告見，謂係對弟而發之，乃找出詳讀，覺此位前輩自視過高，措辭過火，乃以一文相答，在《民主評論》八卷一期刊出。現僅航空寄到一冊，錯落有二十四處之多，俟船運者到達時即當寄奉一冊。敬乞原諒並乞指教。專此敬頌著安。弟復觀上。元月五日。

戴公返東大在此間已成定局。」

按：徐復觀（1903.1.31～1982.4.1）名秉常，字佛觀。湖北浠水人。1923 年，畢業於武昌第一師範。1926 年，投考武昌國學館。1929 年，受湖北省政府資助，赴日留學。1944 年，於重慶北碚金剛碑勉仁書院謁熊十力。1949 年，定居臺中，任教臺灣省立臺中農學院。1955 年～1969 年，任教於東海大學中國文學系。曾任系主任。1958 年元旦，與張君勱、唐君毅、牟宗三共同發表〈中國文化與世界宣言〉。1969 年，赴香港新亞書院任教。

· 二月，〈甲骨文金文與經學〉一文，是月二十六日載《中央日報》第六版。是年
　十月《學人》（《文史叢刊》第一輯）轉載。

· 三月，〈哀中學國文教員〉一文，載《民主評論》第八卷六期。

· 四月，〈論出車之詩著成的時代〉一文，載《清華學報》第一卷二期。後收入
　《書傭論學集》。
　　祐謹按：〈出車〉之詩，《毛傳》以為周文王時之作品。先生以詩中有玁狁一
　名，而伐玁狁，事在周宣王時；又詩中所載南仲，乃周宣王時人；復以〈出車〉
　一詩，句法多襲〈草蟲〉之詩，乃論定〈出車〉之詩，實作於周宣王時。此說既
　定，則〈出車〉一詩，可為研究周宣王時史事之資料。

· 五月，〈論語解題〉一文，是月七日載《中央日報》第六版〈學人〉三十二期。

· 六月，〈詩國風曾經潤色說〉一文，載《幼獅月刊》第五卷六期。

· 七月，〈闕里聖蹟述證〉一文，載《孔學論集》第二冊。四十七年六月《孔道季
　刊》第七卷轉載。

· 八月，改任中央研究院歷史語言研究所專任研究員，並與國立臺灣大學合聘為教
　授。

· 十月，十二日同奉祀官孔德成先生赴日本講學。
　　按：孔先生此次赴日講學，乃應日本「道德科學研究所」及「廣池學園」之邀
　請。先生隨同前往。

· 十一月，得裴溥言女士十一月十四日來信，云：
　　「屈先生：
　　　今早在中文系第五研究室看到您時，因時間匆匆，又有他人在座，不便講
　話，而又恐日後沒有遇到您的機會（您白天到南港，去宿舍也不會找到您的），
　所以來寫這封信給您。就是文開和我預備在最近幾天給您和孔先生洗塵，另外沈
　昌煥等也剛訪問中南美歸來，我們預備一起請，不過是由家父出面，因為他同

沈、孔二位先生都很熟，同時對您也很敬佩，很欣賞您的大作，而且同您也不陌
生，所以我們就決定順他老人家的意思給他來做這個面子了。至於請客的確定時
間和地點，決定後再送請帖給您，千萬希望您一定要到。近幾日晚間，如您已有
任何不可變更的應酬約會，請賜知，以免時間衝突。此請教安。文開附筆致候。
後學溥言敬上。十一月十四日晚。」

按：裴溥言（1921.2.29～）別號普賢，山東人。初中就讀天津南開女中，抗日軍
興，南開中學遷渝，裴氏即隨家人返鄉避難。二年後始再度赴津轉讀英租界耀華
中學，同時助乃父裴鳴宇先生從事抗日工作，為我地下工作人員傳遞消息、收發
及翻譯密碼電報。1942 年春末，化裝逃離天津，以時值戰事最激烈之際，交通
工具多已為軍事所用，裴氏則冒漫天烽火，於槍林彈雨中艱苦跋涉，歷時三、四
月，始抵陪都重慶。得山東省政府之保送進入國立女師學院。1946 年畢業後應
其師魏建功先生之邀，來國立臺灣大學中文系任教。1959 年隨其夫糜文開先生
赴菲工作之便，任教馬尼拉中正學院。1965 年返國後仍任教臺大，1991 年七月
退休。著有《經學概述》、《中印文學研究》、《詩經研讀指導》、《詩經相同
句及其影響》、《詩詞曲疊句欣賞研究》、《集句詩研究》初、續集；《詩經評
著讀本》、《歐陽修詩本義研究》、《詩經比較研究與欣賞》、《中國文學欣
賞》。與其夫合撰《詩經欣賞與研究》一～四集等書。

· 十一月，〈《殷虛文字丙編上輯（一）》〉一文，載國立臺灣大學《考古人類學
刊》」第九、十期合刊本。

祐謹按：《殷虛文字丙編上輯（一）》一書，張秉權先生著，民國四十六年（一
九五七）八月，由中央研究院歷史語言研究所出版。先生撰文評介。

· 十二月，得梶原清先生十二月二十四日來信，云：

「屈萬里先生：

　　前幾天收到您的賀年片，十分感激。

　　這次您來日，因我漢語不熟練而照顧不周，實在是失禮了。我想以後專門用
一段時間學漢語，這樣也許才能和先生親密交談，領教先生的淵博學識。屈先生
從羽田出發已近兩個月，每天當看到您在日時的照片，就不禁懷念、想念先生。

義兄廣池所長、大竹先生現在在臺灣，他們活動的情況我都知道。日本現在完全是冬天的景色，到處下大雪，是滑雪愛好者的季節，正在陸續迎接聖誕節和正月的日本真是不得了，聖誕之夜，銀座大街人山人海，堵得水泄不通。我想臺灣現在是既溫暖又安靜，如果有機會我一定去參觀遊覽。廣池學園從二十日到來年一月十日休假，最近出版的廣池學園雜誌上登載了孔德成先生為主的各種各樣的照片和文章，屈先生演講的內容也刊登出來。在您出發前受到招待名叫『香港團』的飯店裡我們舉行了過日忘年宴，大家一晚上交談的都是孔德成先生一行的情況。

我們道德科學的會員為了能在日本的復興和全世界人類和平的實現而努力，希望今後先生能對我們的工作給予指導和鞭策。

今年春天我八十五歲高齡的母親去世，按日本風俗，新年問候就失禮了。

用日語給您寫信非常不禮貌，敬請見諒。

最後遙祝先生精神愉快地迎接新的一年。

梶原清。昭和三二年十二月二十四日夜。」

按：梶原清（1921.11.2～）日本兵庫縣人。1950 年，日本東京大學法學部畢業。歷任日本運輸省課長、部長、大臣官房參事官、自動車局局長等職。1980年，當選參議員，曾任參議院運輸委員會理事、預算委員會委員。

民國四十七年（一九五八）　先生五十二歲

・一月，〈我所認識的李濟先生〉一文，載《幼獅月刊》第七卷一期。

・一月，得鄭毅庵先生元月七日來信，云：

「翼鵬尊兄賜鑒：

久未晤教！近中喬遷新居，又未能前來幫忙，至感疚愧。弟欲請名家廿四人書司空《詩品》，將來裝裱成冊，朝夕玩誦。茲謹寄上宣紙一幅，懇即寄予，大筆一揮，以為光寵。為避免重複，特另紙鈔詞一首，萬望不吝墨寶，抽暇揮毫，寄下為感。賤況仍舊，無足陳述。耑此，敬頌撰安。並賀年禧。弟毅庵謹啟。元月七日。

　　是有真跡，如不可知。意象欲生，造化已奇。流水花開，清露未晞。要路愈遠，幽行為遲。語不欲犯，思不欲痴。猶春於綠，明月雪時。縝密。

　　敬求墨寶，賜呼毅庵。」

按：鄭毅庵（1904.12.29～1972.10.19），名培稢，以字行，山東日照人，畢業於山東省立法政專門學校。1931 年前後任縣立中學教員，後至南京應山東革命黨史稿修纂之聘。抗日戰爭其間，供職於山東省政府暨任第十戰區臨泉徐州兩指揮部祕書。1945 年，赴南京任國立中央圖書館編輯。來臺後，先是執教於大甲、桃園兩中學，1954 年，任國立中央圖書館編纂，1969 年八月退休。善書法，篆隸行楷皆工，受知於鄉前輩丁鼎丞先生。著有〈論語古文字金文疏證〉、〈大學改訂本通考〉、《韋蘇州詩注》，又撰《不其山房藏書目》存於家。

· 一月，得鄭毅庵先生一月十四日來信，云：

「翼鵬尊兄賜鑒：

　　奉到手教並墨寶，無任感幸。碩學大師書法另有一種淵懿秀雅神味，數百年後將如館藏二戴手札之為人寶貴矣。感謝感謝！耑覆，順頌撰安。弟毅庵謹啟。元月十四日。」

· 二月，得廣池千英先生二月一日來信，云：

「屈萬里先生謹啟：

　　值春寒乍暖之時，真誠地祝先生身體健康！

　　去年秋天，孔德成來日訪問時，有勞您了。我們不敏，招待不周，失禮了。敝研究所能如此順利地舉辦這此盛會，多虧了先生的幫助，深感敬佩。

　　能有幸接待衍聖公，敝會會員永不忘懷。為了紀念孔德成先生來園，出版《社會教育資料》（特集），別箋寄上三部，請您賜教。敬具。廣池千英。二月一日。」

按：廣池千英，1938 年任日本道德科學專攻塾第二代塾長，1948 年 4 月 3 日，任道德科學專攻塾高等部校長。1959 年 4 月 1 日，任日本麗澤大學校長。

· 二月十二日，與費海瑾女士結婚。費女士，民國三年（一九一四）九月五日生。

出身江西奉新望族，父費子登先生，曾任會昌縣長、崇仁縣長。母陳香芹太夫人。國立暨南大學教育系畢業，任教於臺灣省立臺北師範專科學校（後改為國立臺北教育大學），講授「教材教法」、「特殊教育」、「教育哲學」、「教育概論」、「教育行政」等課程，著有《兒童訓導》（1962 年 5 月，臺北六藝社出版）、《特殊兒童教育》（1977 年 5 月，臺北正中書局出版）等書。屈師母弟妹甚多，師母居長，依次：大妹海瑜，二妹海璿，大弟海璣，二弟海琅（一名文中），三妹海玲，四妹海瓏，三弟海琦，四弟海珂。其中海璿、海璣、海琅，先後來臺，其餘留在家鄉。來臺三弟妹，師母多所照顧，學問事業，均有所成。

· 二月，〈孔德成先生應邀訪日散記〉一文，載《民主評論》九卷四期。（以筆名「書傭」發表）

祐謹按：民國四十六年（一九五七）十月十二日，孔德成先生應日本「道德科學研究所」與「廣池學園」之邀請，赴日講學，先生與鄭清茂先生隨行。本文記訪日期間之所見所聞。

· 二月，得朱家驊先生來信，云：

「萬里吾兄大鑒：

　　接奉十二日惠翰，欣審是日為兄大婚嘉禮，可勝忭賀。因事後獲知，未克躬申賀忱，良為惜歉。而兄謙抑為懷，尤以為佩。謹怖微悃，常頌儷安，並賀春禧。弟朱家驊頓首。二月廿五日。」

按：朱家驊（1894.4.15～1963.1.3）（一說生於 1893 年 5 月 20 日）別號騮先。浙江吳興人。1912 年，入同濟醫工學校電機系。1917 年，柏林大學採礦工程學系畢業。1922 年，柏林大學哲學博士。1924 年～1926 年，北京大學地質系教授兼德文系系主任。1926 年～1927 年，中山大學地質系係教授兼系主任。1927年，廣東省政府教育廳廳長兼中山大學副校長。1927 年～1931 年，中山大學校長、中央大學校長。1932 年～1933 年，任中華民國教育部部長。1932 年～1935年，任中華民國交通部部長。1936 年，任中央研究院總幹事。1936 年～1938年，任浙江省政府主席。1938 年，任國民政府軍事委員會參事室主任。1938 年～1939 年，任國民黨中央執行委員會祕書長兼代青年團書記長。1939 年～1943

年，任國民黨組織部長。1940 年 9 月～1957 年 10 月，代理中研院院長。1941 年～1943 年，任中華民國考試院副院長。1943 年～1944 年，任國民政府委員。1948 年 4 月，當選中研院數理組第一屆院士。1949 年～1950 年，任行政院副院長。1950 年～1963 年，受聘為中國民國總統府資政。

- 三月，得孔德成先生三月十四日來信，云：

  「翼兄：

  　　今晨諒可得大示，而竟未到，當即電達。頃奉昨日手書，敬悉一一。當即函穀老，請其作罷矣。並將兄之謝意轉告。十八日晚，當可一晤也。專此，即頌儷安。弟成頓首。三月十四日夜。」

  祐謹按：函中「穀老」，蔣穀孫先生也。

- 四月，〈陶潛〉一文，載《中國文學史論集》第一冊。是書由中華文化出版事業委員會出版。

- 四月，得孔德成先生四月二十三日來信，云：

  「翼兄：

  　　昨談甚快，大□□有來信，廿八晨九時起飛（民航機），知注特聞。即頌儷安。弟成頓首。四、廿三夜。」

- 四月，得廣池千英先生四月二十八日來信，云：

  「屈萬里先生謹啟：

  　　已是青草茵茵、花開飄香的季節。真誠地祝願先生身體更加康健。

  　　孔德成先生來日紀念影集已經做出來了。當我們看到孔先生在日期間的許多照片，就不禁回想起當時的每一幕，感到十分親切，也非常愉快。影集將另箋寄上一冊，敬請查收觀賞。敬具。昭和三十三年四月二十八日。道德科學研究所所長廣池千英。」

- 五月，〈「滕王閣序」的兩個問題〉一文，載《大陸雜誌》第十六卷九期。後收入《書傭論學集》。

祐謹按：王勃〈滕王閣序〉一文，其題目及王子安作此序時之年歲，前人多不詳考。俞正爕嘗謂〈滕王閣序〉當題作〈秋日登洪府滕王閣餞別序〉，惜未明所以；至於其作序之年齡，相傳為十四，俞氏則以為當在十九至二十二歲間。先生此文，於文題方面，據《文苑英華》，證俞說之不誤；於子安作序之年齡，則據《新、舊唐書》本傳、《王勃集》及楊炯〈王子安集序〉等文獻，論定子安作序時年二十六。此論既定，然後文中「童子何知」、「三尺微命」、「等終軍之弱冠」等語，斯可得而解。

·六月，〈先秦漢魏易例述評（上）〉一文，載《學術季刊》第六卷四期。

·〈周初的刑法思想〉一文，是月載《民主評論》第九卷十二期。

·六月十八日，致函劉真先生。云：

「白如先生廳長勛鑒：

　　今晨閱報，欣悉自本年八月份起，中小學教員月增研究費一百元。此乃社會有心人士喁喁然望之數年而未獲實現者。今則事前並未聞任何宣傳，而一朝即經決定。

　　先生實事求是之精神，教育界人士，同聲欽佩；蓋不僅六萬餘中小學教員額手稱慶也。溯自驥從榮長教廳以來，善政實多；此一措施為利尤溥。謹具蕪函，用申欽佩之意。專此，敬請

勛安

弟屈萬里　敬啟

六月十八日。」

按：劉真（1913.10.17～），字白如，安徽鳳台人。安徽大學教育系畢業後，復在日本東京高師研究科及美國賓州大學研究進修。抗戰時曾任中央訓練團主任祕書、國立湖北師範學院教授。1948 年當選行憲後第一屆立法委員。1949 年四月應聘為臺灣省立師範學院院長，四十四年師院改制為師範大學，奉派為首任校長。1957 年八月出任臺灣省教育廳長。任內創立教師福利制度，修建教師會館，創辦實用技藝訓練中心，設置教育建設基金，均屬教育史上之新猷。1963

年起應聘為國立政治大學教育研究所教授，並曾兼所長十年。著有《辦學與從
政》、《歐美教育考察記》、《清白集》、《教育即奉獻》（英文）等書十餘
種。劉先生在臺灣省教育廳長任內，為提高教育素質，乃建請政府提高教師待
遇，俾教師能專心從事教育工作。乃從 1958 年 8 月份開始，中小學教師研究費
加發一百元。先生特具函致意。

‧七月，得昌彼得先生七月二日來信，云：

「翼公道長賜鑒：

　　昨奉手教，拜悉一一。宋君退返廿元，則其處所餘之數恐不敷蓁款。此廿元
請暫存公處，便於來日結算為感。晚所借任簡先生款，已於上月承館長墊借《金
元本圖錄》編校費償還矣。石經拓本，公閱畢後，請便中交本館特藏閱覽室徐玉
虎君，俾移送北溝，或交蘇先生轉亦便也。匆肅，敬請道安。晚昌彼得再拜上。
七月二日。」

按：昌彼得（1921.2.22～），字瑞卿，湖北孝感人。三十四年（1945）畢業於重
慶國立中央大學歷史學系。入國立中央圖書館服務。累陞特藏組主任，五十九年
（1970）改任國立故宮博物院圖書文獻處處長，1983 年，任國立故宮博物院副
院長。長於版本目錄之學，知名海內外。精於鑒別賞訂，能探賾索隱，於中國目
錄學之潛德，發蔀剖蒙，紹介於世。自 1965 年後，迭在國立臺灣大學、輔仁、
淡江、東吳、東海諸大學兼任教授，以其所學，啟迪後進。著有《說郛考》、
《中央圖書館宋本圖錄》、《金元本圖錄》、《中國圖書史略》、《中國目錄學
講義》、《蟫菴群書題識》、《版本目錄學論叢》一、二兩輯；主編有《宋人傳
記資料索引》、《明人傳記資料索引》等。

‧七月，得戴君仁先生七月二十二日來信，云：

「翼鵬我兄大鑒：

　　久違雅教，惟儷祺佳勝為祝！弟近忽患胃腸出血，調養半月已漸愈，惟尚不
知出血原因，此須返臺北檢查方知究竟也。茲有拜托者二事：

　　一、周予同之《經今古文學》小書，臺大中文圖書室有之否？如無，史語所
有否？可否代為借出，一讀為荷！

　　二、皮錫瑞《經學歷史》（在第七篇〈經學統一時代〉末尾）引《說郛》令狐澄《大中遺事》云：『大中時工部尚書陳商立春秋左傳學議』云云，周予同注語：『今見陶宗儀《說郛》卷四十九。』東海圖書館僅有涵芬樓本《說郛》，弟檢得《大中遺事》而無陳商。史語所藏書較多，兄能為一查見示否？

　　弟現定廿七日回臺北，病後體力尚弱，未能造謁，故以函續。兄惠覆請寄潮州街一九〇號敝寓為幸！匆匆奉托，即請著安。嫂夫人坤福。弟戴君仁頓首。七月廿二。」

按：戴君仁（1901.8.16～1978.12.9），字靜山，浙江省鄞縣人。1923 年，北京大學中國文學系畢業。曾任北平女子大學、輔仁大學教授。1947 年來臺，任教於臺灣省立師範學院，1948 年，轉任國立臺灣大學中文系教授。1955 年，任東海大學中文系主任，1956 年回臺灣大學任教。1973 年起，並應聘輔仁大學中國文學系講座教授及東吳大學中國文學系研究所研究教授。著有《中國文學構造論》、《談易》、《閻毛古文尚書公案》、《春秋辨例》等書。

·八月，同奉祀官孔德成先生赴越南講學。

·十一月，〈尚書文侯之命著成的時代〉一文，載中央研究院《歷史語言研究所集刊》第二十九本。後收入《書傭論學集》。

祐謹按：〈文侯之命著成之時代〉，〈書序〉以為周平王時，文侯為晉文侯仇；《史記》則以為周襄王時，文侯為晉文公重耳。其後注《尚書》者，或從〈書序〉，或從《史記》，卒無定說。先生此文，就下列三項，加以疏通證明：一、〈文侯之命〉中之義和為晉文侯，晉文侯非晉文公；二、〈文侯之命〉所表現之情勢，與晉文侯合，與晉文公不合；三、〈文侯之命〉所載錫賜之物，與周襄王賜晉文公者不合。據此三項論說，以證〈文侯之命〉為周平王錫命晉文侯之書，而非周襄王錫命晉文公之書。此說既定，〈文侯之命〉中，「閔予小子嗣，造天丕愆」，「汝多修，扞我於艱」等史事，始可得而說。

·十一月，得蔣穀孫先生十一月十六日來信，云：

「翼鵬吾兄有道：

得來示，並賜大著二篇，拜登，謝謝。尊著有數十篇之多，自宜彙成一集，早日刊行，此乃為人，非為己也，引領而望。湘老處已為先容，當即送去，請書此卷，得諸公文翰，益足珍重矣。即此並頌撰安。弟穀孫頓首。十一月十六日。」

按：蔣穀孫，時任國立臺灣大學教授。

· 十二月十四日，中國圖書館學會第六屆年會在臺北市舉行，先生膺選理事。

民國四十八年（一九五九）　先生五十三歲

· 一月，〈跋國立中央圖書館藏宋刊本注東坡先生文集〉一文，載《圖書館學報》第一期。

祐謹按：本篇前，先生〈識語〉云：「民國三十一年，余執役於中央圖書館，草述此文；至三十三年二月，始於中央圖書館出版之《圖書月刊》三卷二期刊佈。時在抗戰期間，後方出版事業，至為艱難；此文雖經刊佈，而排印訛誤，幾於不堪卒讀。且諸家題記，復因文繁而未刊登。每念及此，於吾心有戚戚焉。今夏偶暇，爰取舊作，重加訂補，並備錄原書中各家題記，附諸篇末。關於此本之文獻，庶幾略備於茲云。四十七年八月五日，萬里附記。」

· 一月七日，孫男耀雷出生（世鐸之長子）。

· 二月三日，獲劉真先生所寄其在臺灣省參議會之報告。次日，致函劉真先生。云：

「白如先生廳長勛鑒：
　　前於報端拜讀
先生在省參議會之報告，因報紙紀載簡略，讀之未能盡興。日昨接奉
惠賜報告書全文，讀之如飲醇醪，欽佩曷似！
驥從長教廳以來，雖僅年餘，而弊革廢興，一片蓬勃氣象。諸友好每一談及，無不讚佩備至，固非弟阿私之言也。春節將至，氣候寒暖無常，維望
為國葆衛，無任企幸。專此覆謝，順頌

勛綏。

^弟屈萬里　敬啟

二月四日。」

按：劉真先生時任臺灣省政府教育廳廳長。函中所稱「在省參議會之報告」，指
民國四十七年（1958）八月二十七日劉廳長在臺灣省臨時省議會所作之施政報
告，題為〈當前臺灣教育的重要問題及其解決途徑〉。此篇報告收在劉先生所著
《辦學與從政》一書中。

·四月，〈先秦漢魏易例述評（漢魏部分）〉一文，載《幼獅學報》第一卷二期。

·五月，得昌彼得先生五月十二日來信，云：

「翼公主任道席：

　　手示拜悉。履歷表二份已填就，茲並契約一紙，隨函陳上，敬乞詧收。購稿
紙餘款承賜，晚不客氣收下，敬謝。唯關稿費事，晚甚覺未安。此稿之得整理成
帙，皆賴在公之指導下，晚實無所勞也。承公厚愛，晚得僭名，已感過分。而稿
費亦欲晚分享，則實不敢受也。晚意僅取其三分之一，即此數在晚已覺太多，敬
乞公勿再客氣，以免益增晚之不安也。晚此次得享名並得稍分潤稿費，皆公之賜
也，無任銘感。此稿付印時，校對之事，可由晚任之。此處工作輕鬆，兼居鄉
間，無應酬娛樂，閑暇較多，如公有所囑辦，乞賜示可也。晚前閱日人長澤規矩
也《宋元刻工表》，其中著用刻工之書甚少，書之時代及刻地亦均不詳，無甚大
用。茲晚擬先研究宋代刻工，區別其地域，依時代排比，唯此處參考書不多。著
刻工較詳之《寶禮堂宋本書錄》及《文祿堂訪書記》二書均無，不悉公處藏有此
二書否？聯處現已招商承建防空山洞，其容積幾六百箱，中圖分配八十箱，除善
本甲庫外，前孔達生先生建議提選明人文集存入洞中，關此乞公有所指示。晚意
以明代史料為主，兼及宋元人文集及詞曲，或及雜家小說之罕傳等，不知公意以
為如何？乞賜示為禱。肅此，敬頌教祺。晚昌彼得再拜。五月十二日。」

·五月，〈習俗與經義〉一文，是月二十九日載《新生報》第六版〈讀書周刊〉。

·六月，〈答覆讀者的一封信〉，是月十二日載《新生報》第六版。先生於五月廿

九日在該報〈讀書周刊〉發表〈習俗與經義〉一文，此答覆讀者之疑難者也。七月十七日又有一信，亦釋讀者之疑。

・六月，得朱家驊先生六月十九日來信，云：
「萬里先生几席：
　　頃者猥以賤辰，辱蒙親朋存注，或函電遙頒，或高軒狂臨，或寵禮有加，拜荷隆情，匪可言宣，肅此申謝，敬祈垂察是幸。順頌時綏，朱家驊頓首。」

・夏，賦詩一首：〈四十七年仲秋，隨孔達生先生赴越南，於永隆眉公河畔得斷句。越歲仲夏，足成小詩，用呈越南孔學會阮副會長瑇〉。詩云：「平原遼闊訝天低，一帶青葱晚稻齊；椰葉輕搖風細細，荔枝亂點雨絲絲。俗猶儒化人遵古，時到秋深草未知；雒越從來多俊彥，與公相識副虛期。」

・十月，〈河字意義的演變〉一文，載中央研究院《歷史語言研究所集刊》第三十本。後收入《書傭論學集》。
祐謹按：茲篇要旨在論證先秦經籍中之「河」字，概指黃河而言，乃專名而非通名，以證後人對先秦文獻中河字之誤解。要目有：一、〈引言〉；二、〈甲骨文中的河字〉；三、〈先秦經籍中的河字〉四、〈先秦地名以及和河字有關之名詞中的河字〉；五、〈河字被用作普通名詞之始〉。

・十月五日，孫男戰東出生（世銘之長子）。

・十二月二十二日，中國圖書館學會第七屆年會在臺北市舉行，先生膺選理事。

民國四十九年（一九六〇）　先生五十四歲

・五月，〈岳義稽古〉一文，載《清華學報》第二卷一期。後收入《書傭論學集》。
祐謹按：茲篇旨在論定先秦典籍及甲骨文中之岳字，非指後人所稱之四岳或五岳，以正後人於岳字之誤解。

・五月，撰〈「陳簠齋先生手拓毛公鼎銘」跋〉一文。

按：《陳簠齊先生手拓毛公鼎銘》一編，由劉階平先生編印，先生〈跋〉云：

「毛公鼎腹漸淺，足已款曲，花紋與斛攸從鼎同，字體與矢令彝、孟鼎等絕遠，銘中又有『畮：四方，大從不靜』之語，可知非西周初年物。說者謂乃宣王時器，蓋可信也。銘文五百字，足抵〈周誥〉一篇，且字無隸定之譌文，無傳刻之異是，其史料價值尤在今本《尚書》〈周誥〉之上也。此簠齋舊搨精本，尤足珍貴。四十九年五月十六日階平先生屬題。翼鵬弟屈萬里。」

・七月，〈釋「尤」〉一文，載中央研究院《歷史語言研究所集刊》外編第四種，後收入《書傭論學集》。

祐謹按：第三期甲骨文中有貞人曰「尢」，多數甲骨學者隸定作「尤」，先生則廣徵文獻，論定尢隸定應作仿，即何字。

・十月，〈中等學校的國語文教學問題〉一文，載《教育與文化》第二四六、二四七期合刊。

・十一月，〈木厔〉一文，載《大陸雜誌》第二十一卷十期。

・十二月十一日，中國圖書館學會第八屆年會在臺北市舉行，先生膺選監事。

民國五十年（一九六一）　先生五十五歲

・三月，〈尚書中不可盡信的材料〉一文，載《新時代》一卷三期。

・六月，《殷虛文字甲編考釋》一書（上下兩冊），由中央研究院歷史語言研究所出版。

祐謹按：民國二十四年（一九三五），中央研究院歷史語言研究以第一次至第九次發掘所得之有字甲骨，編為《殷虛文字甲編》，民國三十七年（一九四八）出版。四十五年（一九五六），先生以《甲編》為基礎，從事考釋。先生於〈凡例〉中謂此書之作，其旨在於：㈠拓片不清晰者，可藉釋文而辨其字；㈡不專習甲骨文者，可藉釋文得利用其材料；㈢已有創見，藉以質正於學林。先生之撰此書也，辛勞備嚐，單就將近四千片甲骨拼綴為二二三版，即費時數載。先生

嘗以辛稼軒詞句「眾裡尋他千百度，驀然回首，那人只在燈火闌珊處。」以況其拼綴甲骨之甘苦情景。其考釋即以拼綴後之甲骨為依據。拼綴工作尚且如此艱辛，其考釋精博詳密，則其攻苦殫精可知矣。書前有〈自序〉及〈凡例〉，末附〈引書簡表〉及圖版。先生〈自序〉云：「《殷虛文字甲編》，是民國二十四年（一九三五）秋天編定的。可是，由於戰亂的關係，經過三次付印，直到三十七年（一九四八）四月，才得出版。從編定到出版，歷時十三個年頭。那些一波三折的情形，在董彥堂先生的自序裡，已經概乎言之了。

當初的計畫，本打算著《甲編》和《甲編考釋》同時出版。後來因為胡厚宣君只作了《甲編》的釋文，沒作考證；不久他又離所他就。考釋工作既沒有完成，所以先印了《甲編》的版圖。而且，《甲編》出版之後不到半年，戰禍又熾，中原鼎沸。經過多次播遷而喘息甫定的史語所，又遷移到臺灣。所裡的全部圖書和標本，都堆積在楊梅鎮中的一個倉庫裡。箱篋充棟，沒有隙地，自然無法開箱工作。民國四十三年（一九五四）冬天，史語所又遷到南港，才漸能開箱工作。而研究工作的全面展開，則是在四十四年（一九五五）秋天李濟之先生接任所長之後。於是擱置了多年的《甲編》考釋工作，也於此時計畫著恢復。

在未做考釋之前，李濟之先生命我先作拼綴工作，希望把可能拼合的甲骨，儘量拼合起來，然後傳拓付印，附於考釋之後。這是一個非常化費時間的工作。那時，我是以兼任的名義，每星期來所兩天，專門從事拼綴工作。這樣工作了近乎兩年，拼合的進度，還不到全書的三分之一。四十六年（一九五七）夏，改在本所專任，工作的時間較多，拼合的速度稍快。又因為胡占魁兄助我工作了兩個多月，終於在四十七年（一九五八）底，才全部拼合完畢。

拼綴的甘苦，不是局外人所能想像得到的。每次擺出了幾百片甲骨之後，便凝神注目地去尋找它們的『姘頭』。有時聚精會神地看上幾天，而結果卻一無所獲。但有時卻於無意之中，拼合起一版來。『眾裡尋他千百度，驀然回首，那人只在燈火闌珊處』。辛稼軒的詞句，正可以替拼綴甲骨的情景寫照。當在『眾裡尋他』時，那種焦急的心情，不知曾經多少次搔首蹙頰；但當忽然拼到一版的時候，那種愉快的心情，又簡直地會使人不知手之舞之足之蹈之了。

拼綴的結果，共得到二二三版。其中的十六版，是全用《甲編》未著錄的甲

骨碎片拼合而成的。它們雖然被綴合，但大多數仍無足取。因而本編只拓印了其中的四版；另外的十二版，就沒收入本編。故本編著錄了新綴合的甲骨，是二一一版。（另有補遺十版，未計入。）這二一一版當中，包括著：根據新獲卜辭寫本拼合的二版（《殷虛文字綴合》已著錄），根據董彥堂先生所拼合的七版（其中六版《殷虛文字綴合》已著錄），根據嚴一萍君所拼合的六版（其中一版《殷虛文字綴合》已著錄），完全採用《殷虛文字綴合》的七十四版，因《殷虛文字綴合》而有所增補的十四版，取用嚴一萍君增補《殷虛文字綴合》的二版。除了上述的情形之外，本編所收這次拼綴的甲骨，不過一〇六版而已。

關於《殷虛文字綴合》一書，這裡也值得一提。這書屬於《甲編》部分的，共綴成一一二版。其中因襲新獲卜辭寫本的二版，因襲董、嚴兩家所綴合的共七版，可以遙接而不相連屬的三版（本編未採用），以上共計是十二版。下餘的一〇〇版之中，已確定它是拼錯的計十一版，可能是拼錯的一版。它們的號碼如下：

甲、確知拼錯的

199（1.0.0413）＋271（1－0－0493）

247（1.0－0466）＋277（1－0－0503）＋279（1.0－0505）

310（1.2.0016）＋2242（3.2.0004）

449（2.0.0002）＋450（2.0.0003）

490（2.2.0001）＋495（2.2.0003）

594（2.2.0136）＋795（2.2.0411）

959（3.0.0047）＋963（3.0.0051）

1167（3.0.0496）＋2029（3.0.1744）

2244（3.2.0006）＋2663（3.2.0560）

3011（4.0.0072）＋3032（4.0.0098）

3149（4.0.0234 反）＋3320（4.0.0739）

乙、可能拼錯的：

2799（3.2.0731）＋佚存257＋佚存266

要證明它們被拼錯的理由，是：骨（包括甲）版厚薄不同，或骨質堅朽各異，或

部位不合。而最重要的條件，則是骨縫不能密接。拿一〇〇和十一來比，它的拼錯率達百分之十一。這對於以拓片或影摹本互相拼合的甲骨學者，實在是一個嚴重的警告。因為，如果稍一大意，便有偽造史料的危險。

在釋文方面，本編是參考着胡厚宣君的底稿而重作的。因為胡君的釋文，是作成在二十年前；那時所不能識的字，所不能瞭解的文義，現在已有許多可以認識，可以瞭解了。況且本編拼合了二百多版，又有補遺的十版；再加上背面有刻辭而原來被忽略的，背面有書寫之辭而原來沒注意到的種種情形，所以原來的釋文，已不適用。至於考證方面，則着重於辭義的瞭解。這點，在〈例言〉裡已有說明。對於舊所未識或舊識未安的字，本編中妄逞臆說的，共計有七十多個；其中較敢自信的，約有四十個字左右。至於字義的解釋，不同於舊說的，也所在多有。這些究竟有無是處，是著者殷切地盼望著方家們給以指教的。

關係重大而需要特別提出來一說的，是董彥堂先生所定的第四期貞人的問題。貞人的發現和斷代研究，是彥堂先生在甲骨卜辭方面的重大創獲。但，關於他所認定的第四期貞人，則頗有討論的餘地。當彥堂先生作甲骨斷代研究例的時候，以為第四期是『不錄貞人的時期』。後來才知道：

> 第四期不是沒有貞人，因為省去貞字的關係，當時未能認出來；又因為以前出土的四期卜辭較少，發掘所得武乙時卜辭大部分出土在小屯村中，果然沒有貞人。現在知道：有些貞人誤入第一期，有些省去貞字而不認識，原因又在分辨不清第四期的卜辭。（《甲骨學五十年》，一一四頁）

到了他作《殷曆譜》時，已認清了第四期的卜辭，並已找出了第四期的貞人。又後，他在《殷虛文字乙編》的〈自序〉裡，舉出了十七個第四期貞人的名字，那就是：

　狄　自　卤　叶　取　我　喬　史　車　衒　勺　医　衙　辛　萬　余　子

民國四十二年（公元一九五三）日本的貝塚茂樹和伊藤道治發表了〈甲骨文斷代研究之再檢討〉一文（《東方學報》京都第二三冊），以為彥堂先生所認定的第四期卜辭，都應該屬於第一期；由於字體的不同，他們認為是另一貞卜機關的作

品。四十三年（一九五四）胡厚宣君在他的《戰後京津新獲甲骨集》的自序裡，對於所謂第四期卜辭的安排，雖然煞費猶豫；但終於把它們暫時放在武丁以前及以後。四十四年（一九五五），他的《甲骨續存》出版，又把那些所謂第四期的卜辭，姑附於武丁之後。換句話說，也就是都列入了第一期。四十五年（一九五六），《殷虛卜辭綜述》出版。在這書裡的斷代上部分，曾經用了很多的篇幅，來討論此一問題。關於彥堂先生所舉的十七個貞人，它以為除了『匚』和『史』不是卜人外，其餘的十五個，都應該屬於武丁晚期；也就是說，他們都是第一期的卜人（《綜述》把貞人叫作卜人）。《綜述》論據的要點，是：

一、從稱謂上看，自組（自，扶——即大——勹）和賓組（賓，殼，爭，亘，古，品，韋，永，內，春，充，吾，箙，掃，共）很多相同的。其中如父甲，父乙，父庚，父辛，母丙，母丁，母庚，母壬，兄丁，兄戊，子癸，子伐等稱，尤堪注意。

二、由字體來看，自組一方面遵守賓組的舊法，一方面已產生了新形式。

三、自組的記時法，和賓組大同而小異。

四、自組某種卜辭形式，或同於賓組，或謂自組所特有，或下接祖甲卜辭，與字體的情形一樣，足以表示自組當武丁之晚葉，開下代之新式。

五、自組祭法見於賓組，而『㞢』『又』通用，亦顯示交替之迹。

六、子組（子，徙，我，余）在稱謂方面，主要的是同於賓、自兩組。

此外，關於坑位問題，《綜述》也有所討論。原來彥堂先生在《甲編》自序裡，曾說坑的圓井，是塌陷在祖甲時（這圓井裡出土了自組的卜辭很多），因而說：『井中只有一、二期的卜辭』。後來作《乙編》自序的時候，又以為自組貞人，屬於文武丁的時代。《綜述》指出了這個矛盾之後，於是以為如果把自組等卜辭，列在武丁晚期，『就不會產生這種矛盾與一致』（《綜述》一五五頁）。

除了《綜述》所舉的例證之外，在《甲編》裡，還有更重要的證據證知大（大，扶）是第一期的貞人，因為：

一、2361 片，大貞的卜辭和賓貞的卜辭，同見於一版。（本《殷代貞卜人物通考》六五七頁已論及。惟該書又謂《甲編》236 片大和內同見一版，誤。）

二、280 片，貞的卜辭有『子咸』，子咸是武丁之子。

三、3483 片，大貞的卜辭，字體既和第一期的相同；又有侯𢀛，侯𢀛是武丁時人。（此條《殷代貞卜人物通考》六五七頁，也曾說到。）

四、3281＋3285，臼貞的卜辭有『子宋』，子宋是武丁之子。

又如大貞之辭裡，曾有𠂤（後編下二四，一○）和陕（前編八，八，一）兩人，他們都是武丁時人。臼貞之辭裡有陕（續編五，一，四）和帚瀝兩人都曾見於㱿貞之辭；陕又見於大貞之辭。子貞之辭，除兩見武丁之子子𡙕之名（後編下四一，九，綴合編三三○）外，並曾和武丁時的貞人𠂤所卜之辭同見於一版（金璋六二二）。余貞之辭，和爭（𣊒）貞之辭同見於一版（乙編六八七九，背六八八○）。以上都是《殷代貞卜人物通考》曾經舉出來的證據（奇字的隸定，都依照原書。）有了這些證據，可知原來所認為第四期的貞人，實際上應歸入第一期。日本島邦男氏的〈貞人補正〉（原刊於《甲骨學》第四、五合併號，後收入《殷墟卜辭研究》），雖然還主張彥堂先生之說；但對於上述的問題，有的沒曾注意到，有的雖曾注意到，但也無法給以圓滿的解釋。因而他的議論，對於彥堂先生之說，也沒有很大的幫助，所以，本編關於原所謂第四期的卜辭，大部分都改入了第一期。原來認定為第四期的卜辭，一旦歸入第一期，那麼，許多史料，都不能不另作安排。尤其對於彥堂先生的『武乙，文丁父子復古』之說，具有重大的影響。

在考釋方面，最感困難的，是關於祭祀的問題。『祀統』的發現是彥堂先生繼斷代研究之後，又一驚人的創獲。雖然彡，翌，祭，𥔵，肜這五個字的意義，是否全完如彥堂先生所說，還不能絕對肯定。但，他把那些散落在滄海裡的珍珠，從深水淤沙裡揀出來，再穿貫成恰到好處的項圈，這真是一個偉大而又精細的工作。可是，除了這五種祭祀之外，那許多有關祭祀的名詞或動詞，它們所代表的實際情形究竟怎樣，從事甲骨文研究的人，對於這些問題，還大多數弄不清楚。甚至於有些是祭名或是用牲之法，都還無法斷定。這點，作者謹以至誠，寄望於《三禮》有深切研究的學者們。

其次的麻煩問題，便是地名。雖然有些地名，可以就它們的連索關係，推測到它們的約略所在；但，能夠確實斷定是後來什麼地方的，真是少而又少。原因是地名很多奇字，有些簡直地不能認清它們的偏旁；字形、字音，目前都無法辨

識，自然就沒法子確定它們的地望了。這些，也不能不寄望於並世及將來的學者們。

《甲編》共計著錄了三九四二張拓片，其中如象頭刻辭，鹿頭刻辭，和鹿角器刻辭，都是人們所共知的。另外還有人頭骨刻辭（3739），象牛或象肋骨刻辭（3629），則非人們所素知。又如：整個龜背甲（未從中間鋸開）刻辭（959＋962＋963＋964＋2042，此乃嚴一萍君所發現，說見〈中國書譜殷商篇序〉）；以及鑽灼痕在腹甲中縫的左方及右方各自相向，而非隔中縫左右相向的（3575，3576）。這些，都是罕見的例子。

在刻辭方面，《甲編》所著錄的拓片中，有很多是習書者所刻的，例繁不勝枚舉。此外，還有：

脫文的，如：444，486，1522，2106＋2122 之 17……等。

衍文的，如：32，756 之 2,1261，2490 之 3。

添注的，如：27，213，238，261，264……等。

誤字未經剷改的，如：2，60，476 之 1，3409，……等。

剷改誤字的，如：2214，2218，2593，2964，……等。

缺刻筆畫的，如：221，284，305，661，787，……等。

字倒刻的，如：1174，1209，1510＋1515……等。

這些都是值得注意的特例。

在字形方面，也有不少是最常見的熟字而貌似奇字的，如：

用字作中，見 182，202＋205 等；又作屮，見 2630。

在字作才，見 206；又作才、才，見 2908。

辰字作𩵋，見 1666。

兩字作𠬞，見 2314。

歲字作𠂤，見 2278。

勿字作𢎛，見之 2471＋2491＋2501 之 9 及 10。

沈字作𡿧，見同上片。

毓字作𠫓，見 2693。

這些，如果不從它們的上下文義去推證，就簡直地無法證明它們是些什麼字。

　　在行文方面，也有值得一提的。它們有的順著卜兆橫出之紋所指的方向而行文的（一般的都是逆兆行文），如 221，256，475，1228，1450 等。有同在一個部位，而刻辭則或左行或右行的，如 497，1467，1495 等。有其辭本為右行，又轉而左行的，如 214，795，1158 等。也有其辭本為左行，又轉而右行的，如 3014 之 14。這些都不是常例。至於一般通例，如刻辭的先後之序，則多是由下而上，和《周易》卦爻之序相同。一事數卜，而相間刻辭和《周易》陰陽爻的相間一樣。龜甲刻辭及牛骨刻辭的左右對貞，又和《周易》內外卦的相應一樣。尤其是 3917 卜夕的那個完整的龜腹甲，刻辭的順序，是先內後外，再先下後上；它和《易卦》的重內輕外，先下後上的意味，完全相同。我曾說《易卦》是由龜卜衍變而來的（見拙著〈易卦源於龜卜考〉，《集刊》第二十四本），這些常例，都可以替鄙說作證。

　　就《甲編》所著錄的甲骨數量而言，可謂前無古人。這近乎四千片圖版的一部大書，在編輯時自然難免有疏略的地方。如：

　　有已登記而未收入《甲編》的整個龜甲腹，見本編圖版貳壹貳（原登記號：3.0.2049）。

　　有未登記也未收入《甲編》的字數較多的龜甲和牛骨刻辭，見本編圖版貳壹參至貳貳壹。

　　有把拓片倒植的，見 3265，3312，3408，3564。

　　有拼合錯誤的，見 3106。

　　有把龜甲誤作牛骨的，見 916，922，2284，2390。。

　　有把牛骨誤作龜甲的，119，1661，3023。

　　有把三次發掘所得誤作二次發掘所得的，見 922。

　　有背面有字未拓印的，見 1976，2278，2293＋2324 等。

　　有背面有朱書之字未影印的，見 2500，2506，2698，3312。

　　有骨臼刻辭未拓印的，見 2908，2935。

這些當是助理編輯者百密一疏的地方。

　　我的興趣，本來不專在甲骨文方面。這本考釋的作成，完全由於李濟之先生的鼓勵與督促，這是首當感謝的。只是本編紕繆粗疏，自己不滿意的地方很多；

這，使我對於李先生及讀者們，又不能不深感歉疚。脫稿之後，復承病後體力還沒康復的董彥堂先生，審閱一過；使我又感激又不安。還有，勞榦先生曾應著者之請，細閱本稿一遍，提出了很多寶貴的意見。臺灣大學動物系主任王友燮先生，惠予鑑定 3629，3630，3739 三片骨骼。兩位先生的高誼，也都是著者銘感在心的。此外，胡占魁兄助我拼合；劉淵臨兄，助我黏貼圖版；在寫作其間，又得到洛克斐勒基金會（Rockefeller Foundation）的資助，謹併誌感謝之忱。

中華民國四十九年（一九六〇）八月二十三日　屈萬里」

· 六月，得孔德成先生六月十六日來信，云：

「翼兄：

今晨得手書，當即裁答。弟為天毅所印《丁丑秋詞》所作之跋，已請天毅鈔寄（供參考之需）。意有未盡，又作小詩，鈔呈斧正。化臣適來小坐（去臺北），胡扯一陣而去。匆候儷安。弟成。十六。

題丁丑秋詞

泪盡胡塵賸一詞，愴懷老去動秋思。

海天風雨凄凉夜，正是盧溝殲寇時。」

· 九月，得孔德成先生九月十一日來信，云：

「翼兄：

手教並大作均奉悉。兩文均佳，可繕也。猗圖跋，寫入綾邊即妥。專謝。即請秋安。弟德成敬上。九月十一日。

兄有好墨否？如無佳者，乞示知。弟當檢一碎者奉上。以綾上萬，不可用劣墨也。」

祐謹按：先生為孔德成先生《猗蘭別墅圖》題識云：

「松杉屋外插天青，眼底江山列帶屏。

荒徼又驚歲華晚，還將舊泪哭新亭。」

此二十二年前，余為達生上公伴讀，居猗蘭別墅時所為俚句也。憶昔倭人犯

順，公流寓渝州，政府築館於渝西歌樂山主峰之側，先師呂先生今山命之曰猗蘭別墅。公挐讀其中，昕夕無間。未幾，向湖老人亦來，卜居山坳，為繪此圖。余以索米去渝，未之見也。比亂定東歸，甫三載，值□□□□，公復邂地臺員，余亦先公東渡。今夏，公出此幅命題，爰錄舊作，請正。□□□□□□。五十年九月□日同學弟屈萬里並識。」

〔孔德成先生覆示〕：「日」下，請寫「魚臺」如何？

・九月，〈周易古義補〉一文，載《孔孟學報》第二期。

・〈讀書須求甚解〉一文，是月載《新時代》第一卷九期。

・十月，〈案〉一文，載《大陸雜誌》第二十三卷八期。後收入《書傭論學集》。
祐謹按：「舉案齊眉」之「案」，前人或釋為几案，或釋為椀，皆未的。茲篇除考定案者乃實食之器，猶日本人就食之具御膳者也；復據文獻及近世出土之器物，詳論「案」之起源與演變。

・十月，得高鴻縉先生來信，云：
「翼鵬我兄惠鑒：
　　十月十二日奉到十月五日手示，敬悉尊駕有往加拿大之約，行止俟明春四五月方可決定。如不能赴加，即可去星等因，經報呈南大莊校長，囑勸駕南來，分項說明如次：
一、南大一年分二學期，以春季為上學期，秋季為下學期，故年假較長。凡舊生畢業、新生招考皆在年假行之，是以一年之計在於春，而教師之徵聘亦在此時辦理。
二、先生南來之計若早定奪，則聘書即可致送。功課春季排定，先由他人代授或暫時停缺。俟台駕秋季到來，再行補授。
三、先生碩學，名高北斗，此間師生仰慕異口同聲。傳道授業之事，自較其他工作愉快（整理甲骨固賴碩學，然研究究屬下竈工作，何如他人編號分類印書之後，再由碩學考證之，之為愈也）。且《詩》《書》兩經既經先生注釋，而印刷公司重利慳版，致正字過小，讀者苦之。何如南來避囂，再行修訂，

自以大字、疏行再版，以利各大學之教學。是碩學據民國經師之位，超宋代文公之席也。

四、星政府資助南大教師待遇可望增加，惟消息久傳，迄未公布，容隨時再報佳音。

五、承賜大作《甲編考釋》已寄到，弟拜讀未竟，即覺珠玉滿紙，若前祇印材料而云某某著、某某自叙者，遺譏大方。先生此舉足為研院灑之也。精粹處，弟擬札記留作質疑，請益之用。

六、先生來此一游，嫂夫人允宜隨從，以弟推之，此間氣候和而物品備，生活定覺愉快。

七、俟先生決定受聘後，如何出入境及應帶或不須帶各物各情節，弟將作詳函奉陳參考。

八、承薦吳緝華君任歷史課一節，側聞通史此間已有人，弟不便多言。吳君或可直接申請一試。肅此，敬頌道安，並叩，嫂夫人請吉。地高鴻縉頓首。一九六一年十月二十八日。

凡以前在此先意者，諉過之言，多不可信。

瑣瑣一切，懇勿為他人道。

華人深愛固有文化，在困難環境中創立華文大學，此有志之士所為。倘台旌南指一助，其勇非盡為個人計也。」

按：高鴻縉（1891.7.28～1963.6.18）字笏之。湖北沔陽人。1902 年，就讀武昌公立東路高等小學堂及普通中學。1915 年～1919 年，入國立武昌高等師範學校英語部。1919 年，任職湖北省立小學、中學及教育廳。1923 年春，奉派美國舊金山出席第一屆世界教育會議，任中國代表團代表。1923 年～1926 年，補公費差額，留學美國哥倫比亞大學，專攻教育。曾任教於國立武昌大學、國立武昌中山大學、湖北省立教育學院。抗戰期間，任教於國立社會教育大學、四川省立教育學院、國立杭州藝術專科學校。1947 年夏～1961 年夏，任臺灣省立師範學院國文系系主任，講授文字學、古文字學、訓詁學、《詩經》、《論》《孟》等課程。1952 年暑假，任中央及故宮博物院聯合管理委員會古物清點委員。1961 年夏～1963 年 6 月 18 日，任新加坡南洋大學教授。葬於新加坡基督墓地。

·十一月，得孔德成先生十一月一日來信，云：

「翼兄：

　　足病纏綿，十有餘日，臥榻仰天，殊覺悶損。晨得手書，諸承關垂，曷勝感謝！緣上月廿日左右，既覺小有不適，惟以校中既不願缺課，加以故宮在此展覽，瑣事又繁，乃硬撐三數日。孰知足腫愈甚，體溫亦高，寸步難移。不得已，返家休養。本期三、五日當可復原。詎料竟而化膿，遂至『不起』。苦哉！再有一周，或可痊愈也。乞釋遠念。

　　臺公份子（二百元），昨已逕寄張公。

　　病中為臺公謅壽聯一副，錄希郢正。

　　匈蟠五色文章老，
　　神秉九秋風月清。

　　匆此覆謝。即頌儷安。弟德成伏枕草上。十一、一日。」

·十一月十六日，先生致書加拿大多倫多大學 A.D. Tushingham 博士，云：

「尊敬的 A.D. Tushingham 博士：

　　我很高興接到了你十月二十日的來信。史景成先生的來信，我也收到了；在他的來信裡，曾談到我們赴加拿大的飛機票的問題。我的助手和我的薪金及旅費，既承你和史景成博士商定，我自然樂意接受你們兩位的意見。我的太太隨我赴加，承你表示歡迎，我更感謝你的盛意。

　　我打算找我的一位學生作我的助手。他的名字叫薛鳳生，他是臺大外文系畢業，又在臺大中國文學部研究所得到碩士學位的。他是一個精明幹練的青年。我相信他會願意作我的助手。等到洛氏基金會通過這一計劃後，我將正式邀請他，並且請他開始練習傳拓甲骨文和有關的工作。

　　我作的《殷虛文字甲編考釋》一書，已於十月九日付郵寄贈貴院美術考古部一部，此時可能已經到達，希望你和 Trubner 博士指教。

　　複本送 Trubner 博士及 C.C. Shih 博士。屈萬里。一九六一年十一月十六日。」

·十二月，《漢石經周易殘字集證》（三卷）一書，由中央研究院歷史語言研究所出版，列為該所專刊之四十六。

祐謹按：漢代《易》學之立於學官者為施、孟、梁丘、京氏四家，西晉以後，先後亡佚，今所傳《周易》經文，為王輔嗣本，是以漢代《易經》面目，已不可得見。先生據近世陸續出土之石經殘字，撰為斯編。全書分三卷：卷一〈論證〉，分論漢石經之刊刻及經數碑數、漢石經之毀廢與隋唐時代所傳之舊榻本、唐宋時代漢石經殘字之發現與著錄、漢石經《周易》殘字之發現與著錄、漢石經《周易》之篇第、漢石經《周易》為梁丘氏本；卷二〈校文〉；卷三〈漢石經碑《周易》部分復原圖〉。茲編既出，不僅可見漢時諸博士所傳《易經》篇第之真象，他如論證漢石經與今本《周易》篇第章次之異同、漢石經實據梁丘本上石、漢石經每行皆七十三字等說，皆燦然可徵，於《易經》之研究，裨益甚鉅。

先生〈自序〉云：「漢代《易學》之立於學官者四家，施、孟、梁丘、京氏是也。《隋志》謂施氏及梁丘之學，亡於西晉；孟、京兩氏，至隋時亦已有書無師。爾後不久，孟、京之書亦並亡佚。大抵自六朝以來，《易》學惟鄭康成、王輔嗣二家之注盛行。而鄭、王之學，皆出於費氏（說見《隋志》）。漢時費氏之學，傳諸民間，未嘗立於學官。然則六朝以來所盛行之鄭、王兩家《易學》，皆費氏之支裔，而非政府官定之本也。唐初撰《五經正義》，於《易》用王氏注，而鄭學浸微；至南北宋之際，鄭注遂亡。蓋自唐初迄今，說《易》之書雖眾，而其經文幾無不用王氏之本者。朱子《本義》，雖依呂氏所定，分經傳為十二篇，而經文故仍王氏之本。然則就經文言之，千餘年來，為王輔嗣之本孤行人間也。

漢石經所刊七經，除《論語》為諸家所通習，漢時不專置博士外；其餘諸經，皆立於學官之本。惜石經歷經摧毀，至唐初已十不存一；武后而後，竟毀廢淨盡。宋代雖有漢石經殘石之發現，然未見《周易》隻字。民國十一年（一九二二）後，漢石經《周易》殘石，始陸續出土。迄抗戰軍興之前，眾家所著錄者，已達千字以上。一千七百餘年前之故物，沈霾亦復千有餘年，一旦復出人間，宜學林詫為奇緣而珍為環寶也。

抗戰勝利後，國立中央圖書館奉命接收南京澤存書庫圖書，其中有《舊雨樓藏漢石經》拓本四冊，余粗閱之，見其《周易》部分，收殘字三千有餘，皆世人

所未見者。余且驚且疑，曾先後請徐森玉、蔣穀孫兩先生鑒定，皆謂其非偽。旋以共黨倡亂，中原鼎沸。國立中央圖書館奉命移運所藏善本圖書於臺灣。余時執役斯館，乃請於館長蔣慰堂先生，攜此拓本與善本圖書俱來。惟所謂舊雨樓者，遍詢時彥，迄無人知。前歲偶閱某書，其書為方若題籤；方氏提名下，鈐有『舊雨樓』方印。又後未久，閱民國二十六年（一九三七）天津博物院所出畫刊，載有漢石經《儀禮》殘石二段，為是方藥雨所藏。乃恍然悟曰：所謂舊雨樓者，必方藥雨之齋名無疑也。

客歲，余將綜合所見漢石經《周易》殘字，草述此書。承蔣慰堂先生惠假《舊雨樓藏漢石經》拓本，並許影攝照版。會李濟之先生遊美歸來，購得馬叔平遺著《漢石經集存》一書。其所收《周易》殘字頗備，凡諸書所著錄者，除方氏外，馬氏既盡收之；且頗有溢出諸家之外者。合此兩書所著之《周易》殘字，共得四千四百餘，約佔《周易》全書五分之一而弱。千餘年來，世人欲見其隻字而未得者，今乃有此眼福，不可謂非厚幸矣。

於董理既竟，乃知此四千餘字，關係《易》學至巨。要而言之，則有以下數事：

《漢書藝文志》，著錄《易經》十二篇。自鄭康成、王輔嗣承費氏之緒，先後以〈象傳〉、〈象傳〉及〈文言〉混入經文，後世學者遂不知十二篇本之真面目。且既混象象等傳於經，遂不能不加『象曰』、『象曰』、『文言曰』等字以別之；於是於原本經文外，平添一千零二十字，而後世亦未之省。宋人試圖恢復《周易》古本，至東萊呂氏而論定。朱子取其本以著《周易本義》，既復十二篇之舊，復刪除『象曰』、『象曰』、『文言曰』等字。然已無他佐證，世人多不之信。今就此四千餘殘字證之，確知所謂《易經》十二篇者，為：〈經上〉、〈下〉、〈象上〉、〈下〉、〈象上〉、〈下〉、〈繫辭上〉、〈下〉，〈文言〉，〈說卦〉，〈序卦〉，〈雜卦〉：與呂氏所定十二篇本正同。於是見漢時諸博士所傳《易經》篇第之真象：此其可述者一也。

自來論漢石經者，皆未言《易》據何家之本上石。近年漢石經《周易》殘字陸續發現後，馬叔平始據以推論其為京氏《易》。然馬氏所論實誤。余曩曾證其當為梁丘氏《易》。惟彼時所見《周易》殘字尚少，常欲得更多之實證，以堅余

說。今以此四千餘字證之，知漢石經《周易》為梁丘氏本，斷然無疑。夫《隋志》謂梁丘氏《易》亡於西晉，而志中則著錄一字石經《周易》一卷；是不知一字石經即梁丘之本。《經典釋文》，著有孟、京兩氏異文，且曾一及石經，然亦不言為梁丘氏《易》。是亦不知漢石經即梁丘氏本也。今於千載之後，乃得就此殘字而證明之：此其可述者二也。

王輔嗣《易經》篇第異於漢石經，既如上述。其章次亦有不同者：〈繫辭〉上『天一』至『地十』二十字，王本在『易有聖人之道四焉者此之謂也』下，下接『子曰夫易何為者也』一段。朱子《本義》從程子說，改此二十字於『天數五地數五』一段之上；而並移此兩段（共六十四字）於『大衍之數五十』一節之前。今以漢石經覘之，其以『天一』等二十字接『天數五』等四十四字，是也；而移此兩段於『大衍』一節之上，則與石經不合。又：〈說卦傳〉『震為雷、為龍』以下六節，王本以震、巽、坎、離、艮、兌為序，漢石經本則以震、坎、艮、巽、離、兌為序，章次之不同如此：此其可述者三也。

近人言漢石經者，咸謂碑無定行。夫謂碑無定行，是也。至於每行字數，於他經吾不能必知如何；至於《周易》，則每行皆七十三字，可無疑也。蓋以文、于兩氏所得大段《周易》殘石、及復原後之方氏殘石覘之（方氏拓本，均經割裂；復原後始見石經之原貌。），縱視之既皆成行，橫視之又皆成列；且行中無夾注，行外無添注；各行上下兩端，又絕無參差不齊之處。是其每行之字數相同，絕無可疑。復就漢石經殘字所佔之位置，以推前行至後行之字數，知其每行為七十三字又無疑。然以今本核之，各行字數時有多寡不等之現象者，則非漢石經《周易》每行字數之不齊一，實因今本有衍文奪文之故也。今據此四千餘殘字所能推知者，計唐石經本較漢石經本衍文凡七十字（今本衍文六十九字），奪文凡十二字（今本同）：此其可述者四也。

此外如經文之異字，同字之異體，則不勝僂指數。既具列於卷二〈校文〉中，此不復述。

欲知今本《周易》與漢石經本篇第章次之異同及有無衍文奪文，必先從事漢石經碑圖之復原。而此乃最為繁劇之工作。幸有張氏《漢石經碑圖》一書，俾為藍本，乃省卻不少日力。然校核修正，亦頗費經營。又：本書所收殘字，悉見於

《舊雨樓藏漢石經拓本》及《漢石經集存》兩書；故於各殘字之出處，不復一一
注明。

　　本書首卷及〈漢石經碑周易部分復原圖〉一卷，乃分別倩友人繕錄，故字體
未能劃一。其卷二部分，因須剪裁石經殘字，嵌入經文，又須隨文校注，故不得
不手字繕寫。而余本不善書，且久不用毛筆作字，復因病後手顫，遂致醜惡刺
目：敢望讀者曲諒之也。

中華民國五十年（一九六一）八月十四日屈萬里自序」

・十二月十日，中國圖書館學會第九屆年會在臺北市舉行，先生膺選監察人。

・致函加拿大多倫多博物院 Compton 先生。云：

「Mr. Compton:

　　多倫多博物院收藏了八千多片甲骨，由明義士整理研究，可惜這工作沒做
完，明義士便去世了。還在二年以前，多倫多博物院曾托多倫多大學教授史景成
（C.C. Shih）先生寫信來問我：願不願意到多倫多博物院去繼續明義士的工作？
我答應他可以考慮。去年五月間，李濟先生到多倫多博物院參觀時，該院中國部
主任 Mr. Trubner 又和李先生談及此事。當時因為該院沒籌妥經費，而且我也因
事當年不能出去，所以延緩下來。

　　最近，我又接到史景成先生的來信說：本年七月初間，Mr. Trubner 曾接到
你的信，你問起我是不是因病不能到多倫多去了？Mr. Trubner 除回了你一封信
外，並和史景成先生商量，讓我直接寫封信給你，說明我的立場。所以我現在寫
這封信給你。

　　我簡單的說：㈠多倫多博物院請我去整理研究甲骨文，我願意去做這工作。
㈡我在今年三月間，曾因胃潰瘍施行過手術，現在已經復原。㈢我已商得中央研
究院和臺灣大學當局的同意，從一九六二年的秋天起，可以准我兩年假到多倫多
博物院去做此項工作。

　　另外，附有李濟先生給你的一封信，說明我的情形。

　　最後，請你原諒我冒昧的寫這封信給你。

　　致以親切問候。屈萬里。」

按：此函未署日期，細審內容，約在本年下半年。

民國五十一年（一九六二）　先生五十六歲

‧一月，得加拿大多倫多大學教授 A.D. Tushingham 來信，云：

「屈博士：

非常感謝您十二月十八日的來函。沒有即時回信是因為一些非人為的因素。我們本打算準備寄給您一些照片，但圖片部一直在全力以赴地為今年的五十年館慶所出新書《博物館珍寶》準備材料，別的事情他們無暇顧及。無論如何，我們會盡快地找到一些圖片寄送與您。

我已經就您的來信與我們遠東系館長亨利‧特魯勃納先生進行了商討。他有資格對您對照片適當性（或不適當性）的評論發表意見，我以讓他就此事直接給您寫信，不久您就會收到的。

對這件讓人失望的事的反應您極富忍耐力。希望和您一起將這項工程推向前進。如果不能如前所願，我們可能會找到另外一些辦法。A.D. Tushingham。一九六二年一月二十二日。」

按：A.D. Tushingham，時任加拿大多倫多大學教授。

‧二月，〈曾伯霂簠考釋〉一文，載中央研究院《歷史語言研究所集刊》第三十三本。後收入《書傭論學集》。

祐謹按：傳世之曾伯霂簠，器蓋並有銘文，前人考釋此器，多重文字句讀，而於銘文中所述史事，則未之及。茲篇即在考釋銘文之意及其中所涉史實。本文要目為：一、〈前說〉；二、〈銘文釋義〉；三、〈鄣的地望和有關的史實〉；四、〈由器的本身看曾伯霂簠鑄成的時代〉；五、〈克狄淮夷的故事〉。

‧〈對於「與五行有關的文獻」之解釋問題敬答徐復觀先生〉一文，是月載《新時代》第二卷二期。

祐謹按：民國五十年（一九六一）十月，《民主評論》第十二卷十九期至二十一期，載徐復觀先生〈陰陽五行觀念之演變及若干有關文獻的成立時代與解釋的問題〉一文，文中於先生所著〈尚書中不可盡信的材料〉一文，表示異議，此先生

撰文答覆者也。

· 二月十三日致函加拿大多倫多大學 Tushingham 教授，云：

「尊敬的 Tushingham 博士：

　　你於元月 22 日來的很客氣的信，和 Tuilenei 博士的來信，我已先後收到了。你們打算選擇一部分甲骨攝成照片寄給我看，我很樂意看到那些甲骨照片。我希望你們所攝的照片，最好能包括一些字體最小的，以及其他最不容易照得清楚的甲骨，如果你們方便的話。至於寄照片的時間，即便遲兩三個月也沒關係；因為我現在正從事一項研究工作，在兩三個月內，也沒有充分的時間去做別的事情。我將靜候你們的照片。祝好，屈萬里。」

· 二月十三日，致函加拿大多倫多大學 Tuilenei 博士。云：

「尊敬的 Tuilenei 博士：

　　你於元月 31 日來的很客氣的信，和 Tushingham 博士的來信，我已先後收到了。你們打算選擇一部分甲骨攝成照片寄給我看，我很樂意看到那些甲骨照片。我希望你們所攝的照片，最好能包括一些字體最小的，以及其他最不容易照得清楚的甲骨，如果你們方便的話。至於寄照片的時間，即便遲兩三個月也沒關係；因為我現在正從事一項研究工作，在兩三個月內，也沒有充分的時間去做別的事情。我將靜候你們的照片。祝好，屈萬里。」

· 三月，〈祭胡適博士文〉，載是月三日《中央日報》四版。

· 五月，〈尚書甘誓篇著成的時代〉一文，載《大陸雜誌》特刊第二期。後收入《書傭論學集》。

　　祐謹按：〈甘誓篇〉之著成時代，〈書序〉及《史記》以為夏后啟所作；《墨子》及《呂氏春秋》等書，則以為夏禹或夏后相時所作。近世以來，諸說尤為紛紜。先生此文，據六卿一辭及「威侮五行」、「怠棄三正」等語，論定〈甘誓〉之著成，當在戰國晚葉、秦併六國之前。

· 五月，得劉階平先生五月十日來信，云：

「翼鵬吾兄研席：

千書與大著於前日先後拜領。承詢鼓詞稿，因疏懶竟數年未鈔成，言之慚愧也。昨今兩天捧讀大著，吾兄之淵博精審研治學問，弟欽仰之下，何感贊一詞。而在《漢石經周易殘字集證》之第二部全部，除一小部分為拓片字之外，餘皆為吾兄手寫，字體結構端正謹嚴，吾兄治學之精神，溢於墨楮，捧誦之下，不勝無限敬佩也。專此道謝。順頌研綏。嫂夫人並請代候。弟階平拜上。內子附候。五月十日鐙下。」

按：劉階平（1910.8.26～1992.3.5）原名廷芳，山東濰縣人。國立中央大學商學院畢業，南開大學經濟研究所研究員。先後任軍事委員會國民經濟研究所專員、華中經濟調查社主任、軍政部兵工署會計處長、財政部火柴專賣公司會計處長。嗣任財政部祕書，兼國立中央大學與重慶大學教授。1948 年當選行憲第一屆立法委員。著有：《成本會計實踐》、《工業調查統計》、《中國新工業建設近世史觀》、《戰時中國工業概論》、《從白陽傳疏論晚明軍政》、《木皮散客鼓詞》、《清初鼓詞俚曲選》、《蒲留仙傳》、《聊齋全集選注》等書。

· 七月，得孔德成先生七月四日來信，云：

「翼鵬兄：

久違至念。頃友人送弟烟絲兩合，謹以一合奉贈，已交郵寄上，希哂收。劉生文獻，已代申請東亞獎金（已通信，伊已到臺大與臺先生晤面）。知注並聞。專此，即頌儷安。弟德成敬上。七、四夜。」

· 八月，得毛子水先生八月二十日來信，云：

「翼鵬兄：

星期二上午（八月廿一日）兄如有暇，請來羅斯福路科學會再談一下關於補助費事。如星期二上午不便，星期三上午亦可。弟當於明天及後天上午九時前到會。專此，順祝箸安。弟毛子水。五十一年八月二十日。」

按：毛子水（1893.4.11～1988.5.10）名準，以字行。浙江江山人。1913 年，考取北京大學理預科。1917 年，升入本科數學系。1922 年，前往德國留學。1929 年回國，受聘任教北京大學史學系，講授「科學史」、「文化史」。1949 年 2

月，受臺灣大學聘為教授。1973 年 8 月，自臺大中文系退休，改聘為兼任教授。1986 年 7 月，自臺大中文系兼任教授離職，受推薦為名譽教授。著有《毛子水文存》、《子水文集》、《理想和現實》、《荀子訓解補正》、《論語今注今譯》等書。

· 十月，〈中國傳統古史說之破壞和古代信史的重建〉一文，載《第二屆亞洲歷史學家會議論文集》。後收入《書傭論學集》。

祐謹按：是月六日至九日，亞洲歷史學家協會第二屆大會，在臺北舉行，此先生會中所提論文也。要目有：一、〈引言〉；二、〈破壞傳統古史說興起的原因〉；三、〈傳統古史說的破壞及其反應〉；四、〈古代信史的重建〉。

· 十一月，撰〈《中國文學史選例》跋〉。

祐謹按：《中國文學史選例》一書，為胡適之先生撰，民國五十二年（一九六三）二月，臺灣商務印書館出版。先生〈跋〉曰：

「約在去年八月間的一個下午，我到適之先生那裏請益，他拿了這本書給我看。封面上有他題的兩行字：

一九五〇年六月十三夜，在宋以忠夫人應誼女士處，得見此冊，我請他送給了我。

胡適　紐約市

適之先生笑着說：『這是當年我在北大教文學史時所印的補充講義，我自己也沒有了；所以向應女士要回來這一本。在臺灣，它恐怕是孤本了。』當時，我就借回去，細讀了一遍，然後還給適之先生。

這本書簡單扼要，把先秦各種文體的例子，蒐羅無遺。對於初習文學史的學生來說，固然是一本非常適當的參考書；對於教文學史的教師來說，有此一書，也可以省下他們的許多精力和時間。

有一天，我和臺靜農先生談起了這本書。靜農先生近年來正在臺灣大學教授文學史，他聽說之後，覺得很有重印以供各大專學校中文系師生參考的必要，囑我轉請適之先生允許重印；幸承同意。適之先生命我再仔細校對一遍，並教我把

卜辭部分換幾個字數較多的例子。我都遵命做了。

我們原打算請適之先生作篇序文或跋語，然後付印。但因他在養病的期間，不便於打擾他；希望等到他的健康恢復之後，再請他命筆。那料到今年二月二十四日的下午，他竟在中央研究院歡迎院士的酒會上，突然與世長辭了。

本年十一月六日，胡故院長遺著整理委員會的編輯委員會舉行第一次會議，當決定依照適之先生的遺志，把這本書先交書店重印。在起初，我們本擬交開明書店出版；現在遵照胡夫人的意思，交由臺灣商務印書館印行。

原印本上面，有適之先生親筆加的註語，共計六處。此次重印，已全部補入。另外，原印本的誤字，我能够校出來的，約近二十處，現在也都改正了。至於適之先生命我掉換的卜辭部分，是把原印本第 3、4、5 三條省去，把原第 6 條改為第 3 條，而另加第 4、5、6 三條。還有原印本金文部分第 12 條的叔夜鼎，它的銘文裏有『饙』、『鬳』兩個字；由於諸家解說這兩個字，還沒有一致的意見，因而改換了史免簠。關於這些改變的意見，去年我曾向適之先生陳述過。只有《呂氏春秋》部分（第 127 條）的『貴生』節裏，在『利於生者則弗為』句下，我僭加了這樣的一個附註：

萬里案：許維遹《呂氏春秋集釋》引陳昌齊說云：『弗字衍。』

不知道這個附註，能不能符合適之先生的意思。可悲的是他離開了人間已經八個多月，我們已無法再向他請教。想到這裏，我那不輕易流下的眼淚，又禁不住奪眶而出了。民國五十一年十一月十七日晚學屈萬里謹識。」

· 十二月十六日，中國圖書館學會第十屆年會在臺北市舉行，先生膺選監事。

民國五十二年（一九六三）　先生五十七歲

· 四月，《史記今註》（第一冊）一書，由中華叢書委員會出版。
　祐謹按：此書與勞貞一（榦）先生同著。先生所注釋計：〈夏本紀〉、〈殷本紀〉、〈周本紀〉、〈項羽本紀〉等四篇。

· 七月，得蕭繼宗先生七月一日來信，云：

「翼鵬先生著席：

　　拙文慌陋，辱承藻獎，愧悚之至。十年來未嘗作詩，因奉手教，率成一章二事，均非所任，貿然命筆，真可謂勇於用短者矣。書之紙尾，聊博一粲，並乞教正。

　　千載騷魂不可尋，空持菰黍費沈吟。

　　蟲魚補綴非吾事，蘭茞幽馨賸此心。

　　漫記江鄉招楚些，安排粉墨唱巫音。

　　祇今三姓惟公健，願共蒲觴細細斟。

弟蕭繼宗貢拙。七月一日。」

按：蕭繼宗（1915.3.19～1996.3.11）字幹侯。湖南湘鄉人。中央政治學校法律系畢業。韓國東國大學榮譽文學博士。曾任報社社長、新聞處長、大學教授。至臺灣，任私立東海大學中文系教授、系主任、研究所長、教務長。曾任臺灣國民黨中央黨史委員會主任委員、中央委員會副秘書長。1964 年，應邀至韓國延世大學、日本國際基督教大學講學。1965 年～1966 年，應美國國務院之邀，任洛杉磯加州大學（U.C.L.A）客座教授，主講中國文學。曾任正中書局董事長。1977 年，受臺灣大學及國立政治大學聘為兼任教授。著作有：《澹夢集》、《友紅軒詞話》、《評校霏塵蓮寸集》、《蕭齋夜話》、《實用詞譜》、《友紅軒詞》、《孟浩然詩說》、《先秦文學選注》、《中華民族詩歌》、《評校花間集》等。

· 七月，《漢石經尚書殘字集證》（三卷）一書，由中央研究院歷史語言研究所出版，列為該所專刊之四十九。

祐謹按：先生既撰《漢石經周易殘字集證》，復據今見漢石經殘字撰為斯編。是書亦分三卷：卷一〈論證〉，其目為：〈漢石經尚書之發現與著錄〉、〈漢石經尚書所佔碑數〉、〈舊雨樓本漢石經尚書殘字之偽〉、〈漢石經尚書篇數之篇第〉、〈泰誓問題〉、〈漢石經尚書為小夏侯本〉；卷二〈校文〉；卷三〈漢石經碑尚書部分復原圖〉。此書既出，則不僅漢石經《尚書》確為二十九篇，〈康王之誥〉確合於〈顧命〉，確有後出之〈泰誓〉，〈泰誓〉及〈盤庚〉皆確為一

篇；偽古文本之〈舜典〉確自〈堯典〉析出，而又妄增二十八字；偽古文本〈益
稷〉確自〈皋陶謨〉析出等問題，得以確證，他如論定漢石經《尚書》所據者為
小夏侯本，以石經復原校證唐開成石經之衍奪字等，皆有功於《尚書》之研究者
也。先生〈自序〉云：「客歲予撰《漢石經周易殘字集證》既畢，次及《尚
書》；荏苒經年，董理斯竟。爰序其端曰：《尚書》在羣經中，最為繁劇難理。
但就其傳本言之，自漢以來，則有伏生所傳二十九篇本，有歐陽、大小夏侯增入
〈泰誓〉且併〈康王之誥〉於〈顧命〉本，有孔壁古文本，有張霸偽百兩篇本，
有東晉偽古文本。百兩本旋生旋滅，於經學無多影響。東晉偽古文本，自閻百詩
《古文尚書疏證》問世，其二十五篇之偽，已成定讞。其後治《尚書》者，除拘
墟之儒及三數逞臆好辯之士外，幾無不以伏生二十九篇本為準則。然伏生本既經
歐陽及大小夏侯所增併，而此三家之本又皆亡於西晉。後人但憑傳述之文獻，以
推斷漢代今文家傳本之原面目；倘無漢代直接材料為之佐證，究未能必其悉符漢
世傳本之真象。漢石經《尚書》殘字，所存雖無多（並《隸釋》所著錄、及近今
發現之殘石合計，約近八百字。）；然就此直接材料，以證清人之說；則若干問
題，可以確定。而後知此區區八百字，其關係實至鉅也。

　　蓋以殘石證之，知漢石經《尚書》確為二十九篇，〈康王之誥〉確合於〈顧
命〉，確有後出之〈泰誓〉，〈泰誓〉及〈盤庚〉皆確為一篇；偽古文本之〈舜
典〉確自〈堯典〉析出，而又妄增二十八字；偽古文本〈益稷〉確自〈皋陶謨〉
析出：凡此皆清人所曾考定，而可以漢石經殘字證實者也。

　　以言經文，則偽古文本與漢石經本尤多歧異。顧自宋以來，凡以漢石經殘字
校勘諸經者，率不從事漢石經碑之復原工作。故僅能就殘字以證經字之異同；而
不能就行款以證經文字數之多寡。羅振玉雖曾注意漢石經每行字數有時與今本不
同，張國淦氏雖有漢石經碑圖之作；然均未明言今衍文若干或奪文若干：故猶未
盡其致也。茲以《隸釋》所著〈盤庚〉『命何及』、『其或迪』、及新出『于厥
居』三殘石合校之結果為例，除異文外，自〈盤庚〉開首至『汝悔命何及』，唐
本共衍五字：自『毋起穢以自臭』至『予念我先神后之勞爾先』，唐本欠二字；
自『暨予一人猷同心』至『汝罔能迪』，唐本衍一字；自『乃斷弃汝』至『迪高
后丕乃崇降弗祥』，唐本衍六字；自『乃有不吉不迪』至『永建乃家』，唐本衍

三字；唐本『人惟求舊』，漢石經無『求』字；唐本『無戲怠』，漢石經作『女
罔台民』；唐本『爾謂朕』，漢石經作『今爾惠朕』。合計〈盤庚〉一篇中，唐
本共衍十六字而欠四字。除『人惟求舊』以下三事曾經昔人校證外，其餘唐本尚
衍十五字而欠二字，諸家皆未注意及之。舉此一例，可見其餘。然則孳治石經
者，必當以復原工作為先務也。

　　惟《尚書》復原工作，煞費日力。《隸釋》所著《尚書》殘字，雖達五百五
十以上；然以不著原石行款，又未注明孰在碑陽，孰居碑陰。近出殘字，多零碎
小石；其中必有一石兩面有存者，而著錄家亦未明言。以是而定其在原碑之位
置，殊費周章。往往沈吟竟日，而不能安一拳石；亦或布置既定，又牽一髮而動
全身。稿經數易，終改張氏碑圖《尚書》部分之五碑十面為四碑八面。然已否與
原碑相符，亦未敢遽定。是所望於碩彥教正者也。

　　至於舊雨樓本漢石經殘存，予於撰《周易殘字集證》時曾疑之，而無以確證
其偽；今已知其實為贗鼎。卷一既有專章論之，此不複述。《尚書》殘字既偽，
則舊雨本他經殘字之偽可知。茲細檢河北博物院畫刊，知自九十五期（民國二十
四年八月二十五日出版）起，即斷續刊載漢石經《詩經》、《論語》、《春
秋》、《公羊傳》、《尚書》、《儀禮》諸經殘石拓本照片，然但題曰『本院陳
列品』，不言何家藏石。直至百三十六期（二十六年五月十日出版）之《尚書》
〈費誓〉至〈文侯之命〉殘石，及百三十八期、百三十九期之《儀禮》殘石（一
石兩面），始注明『方藥雨先生藏石』。《尚書》及《儀禮》殘石，皆見於《舊
雨樓藏漢石經拓本》無論矣。其所藏《詩經》、《論語》、《春秋》、《公羊
傳》等殘字，亦悉在此書之內。復檢《舊雨樓藏漢石經拓本》，於《論語》卷
末，鈐有白文方印曰『方若之印』。由此可確知此大批偽石經，出於方藥雨家。
方氏精研石刻，故工於作偽，幾至亂真也。然後之治漢石經者，當不復更受其愚
矣。

　　他如漢石經《尚書》所據者究竟為何家之本？宋代及清中葉以前之治漢石經
者，都未言及。皮錫瑞氏首謂其為夏侯氏本，而語焉未詳。陳夢家氏曾申皮氏
說，而論多未諦。吳維孝據漢石經敘殘石『尚書小夏侯』等字，定為夏侯建本；
又因片詞孤證，未為學林所注意。今參考三家之說，而以《尚書》殘字及石經敘

殘字證之，知漢石經《尚書》所據者，確為小夏侯本。歷代懸案，賴此殘字而決，亦快意事也。

中華民國五十一年八月十一日屈萬里自序」

此書前有〈凡例〉八則，云：

「一、本書為繼拙著《漢石經周易殘字集證》而作，亦分三卷，即〈論證〉、〈校文〉及〈漢石經碑《尚書》部分復原圖〉。

二、《漢石經周易殘字》所存較多，故前書於〈校文〉部分全錄經文，而以殘字嵌入。《尚書》殘字所存較少，故略變前例，而以殘石為主，不復全錄經文。

三、校文部分所著殘石，凡見於馬氏《漢石經集存》者，皆不著其出處；餘則一一注明。

四、校文部分，凡見於《隸釋》及《漢石經集存》等書之殘字，皆頂格著之。舊雨樓本殘字，雖已知其偽；然為使世人知其實況，並為逐石辨其偽迹起見，故仍著之。惟悉低一格，以示其不得齒於真者。

五、校文以張氏皕忍堂覆刊唐開成石經本為主，而參以今本。凡但言唐本而不言今本者，明今本與唐本同。

六、復原圖部分，經文悉依張氏覆刻唐石經本，而將漢石經殘字嵌入。殘字之出於《隸釋》與清人傳刻者，以綠色書之；見於《漢石經集存》等書者，以朱書之；見於舊雨樓本者，以黃色書之。餘悉以墨書。

七、校記兩殘石共二十一字，未能確知其在石經碑中之位置。姑附於碑圖之末，以俟知者。

八、舊雨樓本〈皐陶謨〉至〈禹貢〉殘石、及〈費誓〉至〈文侯之命〉殘石，其未經割裂之拓本，曾分載於河北博物院畫刊第一百三十四、及一百三十六期，固可覘知其行款。然既知其偽，故本書復原圖仍據唐本以推漢石之行款，而不依此偽本之行款著錄。」

・八月十五日，孫女秀娟出生（世銘之長女）。

・八月，得臺靜農先生八月十九日來信，云：

「翼鵬吾兄著席：

　　昨日手書奉悉。今晨與沈公談周先生改專任事，以此時文學院各系人事已定，已無餘額，此種事實，沈公云彼當告黃德馨先生，請其轉達周先生。再者據弟看來，周先生職員資歷長而教員資歷短，非若一般教員由兼任改專任者可比，如無充分準備，即使有機會能提出，難保學校審查必能通過，且教部審查亦頗注重教學年資，此皆事實也（普通有講師證書者始能請副教授）。中文系兼任教員，弟已向學校提出，周先生所任之課仍為應用文。草草即詢儷福。弟臺靜農頓首。十九日晚。

　　此信昨未付郵，頃又晤沈公說及，云已向黃總務長詳談矣。又記。」

按：臺靜農（1902.10.20～1990.11.9），安徽霍邱人。1922 年，赴北京，初在北京大學國文系旁聽，繼入北京大學研究所國學門肄業。當時所中師長有陳垣、馬衡、沈兼士、劉復諸先生，同學有董作賓、陸侃如、馮沅君、莊嚴、常惠諸先生。1924 年，先生應歌謠研究會主持人常惠之請，回鄉蒐集當地民謠百餘首，編為《淮南民歌集》。1925 年春，先生經由張目寒介紹，初識魯迅。同年八月，與李霽野、韋素園、韋叢蕪、曹靖華等組「未名社」，從事文學創作與外國文學作品之翻譯。先生早期小說集《地之子》、《建塔者》及所編《關於魯迅及其著作》，皆此時之作。1927 年夏，先生任北京中法大學中文系講師。1929 年，轉任輔仁大學國文系講師，講授現代文學。旋升任副教授，並兼陳垣校長祕書，時年二十八歲。1933 年，轉任北平大學女子文理學院文史系國文組副教授。1935 年秋，由胡適先生介紹，任廈門大學中文系教授，講授文字聲韻學。1936 年北上，在青島山東大學任教，講授中國文學史及歷代文選，與舒慶春（老舍）同事。1937 年，抗戰伊始，先生舉家赴川。初居江津白沙鎮遛馬崗，兩年後，遷至黑石山梁漱溟先生舊居，與好友魏建功夫婦同住。任職國立編譯館，偶以寫作補貼家用。1940 年，教育部在白沙鎮新設國立女子師範學院，時胡小石先生任國文系主任，聘先生為教授。1946 年 10 月，先生應臺灣大學之聘，渡海來臺，任中國文學系教授。1948 年 8 月，先生接掌系務，建立規模，在任二十年間，奠定臺大中文系學術自由之傳統，貢獻卓越。1973 年夏，先生自臺大退休，校方贈予名譽教授榮銜。復應私立輔仁大學及東吳大學兩校禮聘，

擔任中文研究所研究教授，至 1983 年。著有《靜農論文集》、《靜農書藝集》、《龍坡雜文》、《楚辭天問新箋》等。主編有《百種詩話類編》。

· 八月，得孔德成先生八月二十九日來信，云：

「翼兄：

手示奉悉。諸承關垂，至感！恩綺事，已函政院主管及主辦六組姜參議增發矣。請兄通知恩綺，於卅一日（星六）中午十一時半，到瑞三一晤為盼！專此奉覆，即頌勛安。弟成敬上。八、廿九日。

卅一日午，亦盼兄來瑞三一晤（同飯），因有許多話要說也。又及。」

· 十二月，〈論國風非民間歌謠的本來面目〉一文，載中央研究院《歷史語言研究所集刊》第三十四本。後收入《書傭論學集》。

祐謹按：本篇旨在說明十五國風多是潤色之歌謠。要目有：一、〈引言〉；二、〈國風篇章的形式不類民間歌謠的本來面目〉；三、〈從文辭用雅言看國風不是歌謠的本來面目〉；四、〈從用韻的情形看國風不是歌謠的本來面目〉；五、〈從語助詞的用法看國風不是歌謠的本來面目〉；六、〈從代詞的用法看國風不是歌謠的本來面目〉；七、〈國風諸詩是怎樣形成的〉；八、〈餘說〉。

· 十二月十五日，中國圖書館學會第十一屆年會在臺北市舉行，先生膺選監事。

民國五十三年（一九六四） 先生五十八歲

· 二月十三日，孫男耀文出生（世鐸之次子）。

· 三月，撰〈先秦兩漢之陰陽五行學說序〉。

祐謹按：《先秦兩漢之陰陽五行學說》一書，李漢三先生撰，民國五十七年（一九六八）一月，維新書局出版。先生〈序〉云：

「二千多年以來，我國的政治、學術，乃至於民間習俗，幾乎都受到了陰陽五行之說的影響。受影響最重的，雖然莫過於漢代；但到了二十世紀科學昌明的今天，我國民間的許多習俗，依然還受着它的支配。其勢力之大，幾乎可以和儒家的學說，分庭抗禮。

　　但，陰陽之說，到底起源於什麼時候？五行之說，到底起源於什麼時候？陰陽和五行兩說之合流，又在什麼時候？先儒很少討論到這些問題。一般人都認為《周易》是陰陽之學的始祖，太史公也說：『《易》以道陰陽。』可是，《周易》卦爻辭裏，只有中孚九二爻辭『鶴鳴在陰』的一個陰字；而這個陰字，卻是陰暗之處的意思。古書中又說『黃帝起五行』；而事實上殷代和西周可靠的文獻裏，還都沒有五行的影子，更不必說殷商以前了。像這樣重大的課題，清代以前的學者，都沒有人仔細研究過它，豈不可怪？

　　民國以來，梁任公作了〈陰陽五行之來歷〉一文，刊登在《東方雜誌》裏。他根據比較可靠的材料，作實事求是的推斷。這是研究此一問題的開山之作。他這篇文章，雖然內容較為簡略，論證也不無可議之處；但已澄清了過去的許多錯誤觀念。梁氏這篇文章發表之後，接着還有些人曾經討論過這個問題；不過，卻都沒得到使人滿意的結論。

　　友人李漢三先生，本來是專門研究《周易》的。後來他發現了所謂道陰陽的《周易》，在卦爻辭裏，根本不談什麼陰陽；談陰陽的話語，都在〈十翼〉裏。於是他發奮追究這個問題。先追究了陰陽之說，又追究了五行之說，接着更追究到陰陽和五行之說的合流。這時，他對於此一問題，已經欲罷不能；於是索性追尋到陰陽五行之學，對於兩漢政治和學術的影響。他費了四年半的時間，完成了六篇論文。

　　從他這六篇文章裏，我們不但很清楚地知道了陰陽五行之說的來歷和演變的情形，並且糾正了兩千年來學人對於先秦史料若干錯誤的看法。尤其是關於漢代政治方面許多怪誕的措施，和學術方面數不清的謬悠之說，如果不讀他這幾篇文章，又怎能知道那些離奇的措施和言論，都是陰陽五行之學在背後作祟呢！

　　現在，他把這六篇文章集攏起來，打算出一部專書，這是非常有意義的一件事。我和李漢三先生有同樣的興趣；而且，這些年來，我們經常地共同討論這一類的問題。所以當他這部大著編定之後，我很高興地來作這篇序文。我相信，關於研究陰陽五行的著作，這部書雖然不敢說後無來者，卻的確是前無古人了。中華民國五十三年三月一日屈萬里序於南港。」

· 三月，得戴君仁先生、臺靜農先生來信，云：

「翼鵬吾兄惠鑒：

李棪先生本星期五之約，弟等適於是日晚與達生諸君為查勉仲先生祝壽，身為主人，不能分身，至以為歉，請代謝李先生是感。專此即請著祺。弟戴君仁、臺靜農頓首。十八日。

今日上午見面時悉談及。靜農。」

· 四月，〈孟子七篇的編者和孟子外書的真偽問題〉一文，載《孔孟學報》第七期。

· 四月，得孔德成先生四月七日來信，云：

「翼兄：

手書奉悉，敬謝關垂，得遂初願，其快可知。將來定多把酒論文時矣。專謝，即頌著安。弟德成敬上。四、七。」

· 六月，〈甲骨文資料對於書本文獻之糾正與補闕〉一文，載《大陸雜誌》第二十八卷十一期。

· 八月，〈宋人疑經的風氣〉一文，載《大陸雜誌》第二十九卷三期。後收入《書傭論學集》。

祐謹按：此篇為先生於是年三月二十二日在「宋史座談會」第四次集會之報告摘要。

· 九月，〈論禹貢著成的時代〉一文，載中央研究院《歷史語言研究所集刊》第三十五本。後收入《書傭論學集》。

祐謹按：《尚書》〈禹貢〉篇，前人或謂大禹任土作貢之實錄，或謂孔子所作。近人論說尤為紛紜。先生此文則論定當成於春秋晚年。其要目有：一、〈引言〉；二、〈以梁州貢鐵鏤證之禹貢成書不得早至西周之世〉；三、〈以五服證之禹貢成書不得早至周穆王以前〉；四、〈以梁州疆域證之禹貢成書不得早至春秋初年以前〉；五、〈以九州證之禹貢成書不得早至春秋中葉以前〉；六、〈以

揚州三江證之禹貢成書不應早至春秋以前〉；七、〈以揚州及徐州貢道證之禹貢
之著成不應遲至戰國之世〉；八、〈以五行、五岳及大九州等說證之禹貢成書不
應遲至戰國之世〉；九、〈餘論〉。

· 《古籍導讀》一書，是月由臺灣開明書店出版。

祐謹按：此編為民國五十二年（一九六三）秋，先生在國立臺灣大學中國文學系
講授「古籍導讀」一課所編之講義也。書分上中下三編：上編曰〈古籍概略及初
學必讀古籍簡目〉；中編曰〈明板本與辨偽書〉；下編為〈經書解題〉。先生此
書〈自序〉云：「臺灣大學中國文學系裡，很多好學的學生。他們都希望能在課
外讀些本國的古書，但也都感到下列的諸問題：

一、我國的古籍浩如烟海。究竟那些是最基本的書，而決不可不讀的？

二、每一部重要的古書，都有多種的注解；初學的人，勢不能全都閱覽。如果只
　　能讀一二種，究竟以讀那種注解為最方便？

三、每一部古書都有許多刻本；刻本有好的也有壞的。究竟那種刻本的錯字較
　　少？

以上三點，是學生們常常感到的問題。另外還有幾點，雖然一般學生不容易感
到，但卻也是應該使他們注意的問題：

一、傳世的古籍刻本，有些因為若干版片爛壞或失掉，以致有許多缺葉；有些因
　　為若干版本漫漶以致印本模糊，不堪卒讀；有些是任意刪節原文，而以刪節
　　的本子冒充原本。

二、古籍中的偽書很多，而其情形卻不盡相同。有全部是偽作的，有一半真一半
　　偽的，有既有真本又有偽本的。

三、古籍中最重要的經書，它們大部分都不是一人或一時的作品；其中也有些不
　　可盡信的資料。如果不把它們著成的時代弄清楚，就必定會影響到史料的運
　　用。

由於上述的那些原因，從去年秋天起，中文系主任臺靜農先生，便讓我開了一門
新課──古籍導讀。因為這一科目很少有人開過，我只得自我作古地一面編寫講
義，一面試教。一年下來，學生們的反應似乎還不壞。所編的講義，就是這本

《古籍導讀》。

　　試教時，我經常地鼓勵著同學們發表對於這　科目的意見，並鼓勵著他們糾正講義中的錯誤。他們替我改正了不少的誤字；對於講義的內容，也曾提出了一些可取的意見。試教的結果，我自己也感覺到所編的講義，有些地方並非學生所急需，而應當予以刪汰；也有些地方不夠充實，而應當予以補充。於是趁暑假之暇，把它修訂了一遍。為了便於請教方家，同時也為了省卻講義組繕印的麻煩，所以現在決定把它出版。

　　因為想盡量減少篇幅，所以這本講義，是用最淺近的文言文寫的。好在，這本書是為了習讀文史之科的大學生們寫的，他們閱讀起來，在文字方面，當不會有吃力的感覺。

中華民國五十三年八月五日屈萬里」

・十月，〈王獻唐先生事略〉一文，載《大陸雜誌》第二十九卷八期。

　祐謹按：王獻唐先生（1897.9.24～1960.11.16），初名家駒，後改名鳳珀，又改名珀，號鳳笙，以字行，晚年自號向湖老人。山東日照人，生於清光緒二十二年八月，民國四十九年十一月卒。王先生於民國十八（1929）年任省立山東圖書館館長，銳意蒐羅鄉邦文獻，兼及鐘鼎彝器、泉幣、鉥印、封泥、甎瓦、石刻、書畫之屬，闢羅泉樓以展覽泉幣，建奎虛書藏以儲書籍文物，復傳拓所藏石經、封泥、甎瓦等以廣流傳，於是山東圖書館之名大振。民國二十六年（1937），抗日軍興，濟南垂危，時先生任該館編藏部主任，王先生命先生選善本經籍暨文物書畫樣品，播遷入蜀，先生嘗撰〈載書播遷記〉記其事。先生與王先生共事多年，於其生平知之甚詳。是期《大陸雜誌》以王先生像為封面，先生為之撰事略。

・〈談談甲骨文〉一文，是月五日載《新生報》第五版。

・〈國立中央圖書館藏元刊本漢隸分韻題記〉一文，載《宋史研究集》第二集。

・十二月十日，致書美國普林斯頓大學葛思德東方圖書館館長 William S. Dix 博士，云：

　「Dix 博士：

感謝您 1964 年 11 月 27 日的來信。我非常願意接受您的邀請，作為普大葛思德圖書館的訪問目錄學者來繼續胡適博士的工作，這對我是莫大的榮幸。

我希望能於 1965 年 8 月 20 日以後抵達普大，至遲不會超過 31 日。若關於我的抵達日期有何不妥的話，請來函告知。

您以前寄予我的表格已填完，附於此信中。對您對住房問題的解決，深表感謝。屈萬里。中文系教授。一九六四年十二月十日。」

・十二月，〈甲骨文簡介〉一文，載《中美月刊》第九卷十二期。五十四年（一九六五）十二月《新境界》第一期轉載。

・十二月二十日，中國圖書館學會第十二屆年會在臺北市舉行，先生膺選該會監事。

・本學年度由先生指導之論文，獲碩士學位者：

國立臺灣大學中國文學研究所碩士班研究生李緒光。碩士論文為《孟子著述及孟學顯晦考》。

國立臺灣大學中國文學研究所碩士班研究生潘美月，碩士論文為《三朝本考》。

民國五十四年（一九六五）　先生五十九歲

・一月二十三日，致函美國普林斯頓大學高級研究班主任 Oppenheimer，云：

「尊敬的 Oppenheimer 博士：

謝謝你在一月十四日寄給我的信，以及附來的小冊子。承你邀我加入貴校高級研究班 1965～1966 學年度的教授會，我感到很高興，而且很光榮。

我打算在本年八月下旬到達貴校。那麼，再過七個月，我就可以見到我久仰的你和這個教授會裡的諸位教授了。多謝你的厚意。屈萬里。一九六五年一月二十三日。」

・二月，〈寫本、稿本、和校本〉一文，載《自由談》第十六卷二期。是年三月《中美月刊》第十卷三期轉載。

・二月，得孔德成先生二月十日來信，云：

「翼兄：

　　李文承費神審閱，至感！尊屬注意之點，已轉前途。新年酒趣如何？想闔令嚴，當不敢暢飲也。專此並謝。即頌儷安。並賀春釐。弟德成敬上。二、九。」

・三月三十一日，致函中央研究院歷史語言研究所所長，云：

「歷史語言研究所：

一、前接美國普林斯頓大學圖書館館長狄克斯來函，以該館所藏中文善本圖書頗多，曾經本院胡故院長為之整理，但未完成。因擬約萬里於本年秋季前往，繼續從事此項工作，言明為期一年。

二、查萬里自四十六年秋任本所專任研究員以來，迄本年夏季已滿八年。依照本院規定，於去年秋間，已屆休假之期。

三、擬請自本年八月起休假一年，俾往美國。出臺其間，萬里在本所所應享受之待遇，並准予依照本院近年來所規定之辦法給與。

四、敬請鑒核賜准，並請轉陳院長鑒核，無任感荷。

謹上所長。專任研究員屈萬里謹上。」

・四月二日，為應聘赴美國一事，致函臺灣大學中國文學系主任臺靜農先生，云：

「敬啟者：

　　前接美國普林斯頓大學圖書館館長狄克斯來函，以該館所藏中文善本書頗多，擬編印目錄，約里於今秋前往，從事此項工作，言明為期一年。查該項圖書，曾經胡適之先生為之整理，而未克畢功。茲承該館之邀，里甚願前往，完成胡先生此一未竟之工作。按：里自四十二年起，任本校教授，至本年暑假，已滿十二年；依照本校規定，早屆休假之期。擬請於下學年度（五十四學年度），休假一年，俾往美國，從事上述工作。如蒙賜准，里所任課程，當再與系方妥商代課人選。謹附上複製本狄克斯函一紙，敬請鑒核。倘核賜准，無任感幸！」

・夫人費海瑾女士任教於臺灣省立臺北師範專科學校（今為國立臺北教育大學），

為隨同前往，四月二日致書該校請假，云：

「臺灣省立臺北師範專科學校：

一、海瑾之夫屈萬里，應美國普林斯頓大學之邀，將於本年八月起赴美，為期一
　　年。該校並邀海瑾隨往，往返旅費，由該校供給。

二、海瑾在本校服務，已近二十年。歷年以來，多擔任教育課程。本年教授『特
　　殊兒童教育』，深感臺灣所見之資料有限，擬藉此機緣，考察美國東北部各
　　州之特殊兒童教育，故擬隨夫前往。

三、擬於下學年度（五十四學年度）請假一年。如請假或有不便，擬懇准予停薪
　　留職一年。

四、敬請鑒核，並懇轉呈教育廳鑒核，無任感荷，

謹呈校長

附呈：複製本普林斯頓大學聘函一份。講師費海瑾謹呈。」

・四月八日，中央研究院同意先生赴美國一年，函云：

「受文者：歷史語言研究所

一、貴所五十四年四月一日（54）歷南字第四一一號函為專任研究員屈萬里先生
　　擬於今年秋季應美國普林斯頓大學圖書館之邀，前往整理中文善本圖書一
　　年，請准自本年八月休假一年，並支領全薪事，敬悉。

二、經奉院長批示：『可照辦』。

三、函復查照。

四、副本送屈萬里先生。

　　　　　　　　　　　　　　　中央研究院總辦事處。五十四年四月八日。」

・四月十四日，為出國手續事，致函歷史語言研究所，云：

「中央研究院歷史語言研究所：

一、萬里前請於下年度（五十四年八月起）休假一年，藉以赴美國普林斯頓大學
　　工作，業蒙賜准在案。出臺手續，擬請本所函請本院總辦事處惠予辦理。

二、普林斯頓大學圖書館館長 Dix 致萬里聘函中，言明同時邀約內人費海瑾陪伴
　　前往。內人往返旅費，亦由該校提供。內人本習教育，現任臺灣省立臺北師

範專科學校講師，擔任教育學科課程。亦願趁此機緣，隨萬里赴美，藉以考察美國東北部各州之特殊兒童教育。故擬申請萬里夫婦二人之護照。

三、里及內人在美期間定為一年。惟擬藉此機會轉赴日本、加拿大、英、法、德、意等國，參觀各學術機關；並擬經印度、香港返回臺灣。因是，擬㈠申請經由上述各國之護照；㈡護照期限，請自本年八月中旬起，迄一九六六年九月下旬止。

四、謹附呈複製本普林斯頓大學圖書館聘函壹式肆份，萬里及內人費海瑾簡歷表各壹式貳份。除請本所留存複製本聘函壹份外，其餘各件，請轉送本院總辦事處。

五、另附普林斯頓大學圖書館聘函原件壹份，及該校高級研究班主任 Oppenheimer 來函原件壹份，請轉陳院長鑒核後擲還。

六、敬請鑒核轉函本院總辦事處，無任感荷。

謹上所長。附件如文。專任研究員屈萬里謹上。」

·四月，得美國普林斯頓大學高深研究院助理 Ruth W. Barnett 四月十七日來信，云：

「屈博士：

後附一張下學年的住房預訂申請表。緊挨着院家屬區，高等研究院正維修一項住房工程。這些花園式的公寓包括帶衛生間和小廚房的單人間和適合家庭居住的單臥、雙臥、三臥套間。除單人間外，每套公寓包括起居室（帶餐廳）、小型書房、臥室和衛生間。另外，我院附近還有十套老式公寓。

新式公寓租金從單人間的 70 美元到最大套間的 110 美元不等，幾套老式公寓租金從 75 美元到 95 美元不等。我們為公寓的裝修投入了大量的精力和金錢；為確保它們的正確使用，每學期我們需要一個月租金的押金，到時支付；若除正常使用外無損壞，離開時全額退款。

所有公寓裝飾一新。所以院裏的成員不需要攜帶自己的家具。如果您需要從現在的住所搬動家具，普大裡面和校園附近有幾處可靠的倉庫，您可安排存放那裡。

　　我們不提供居家物品，例如亞麻織物、毛毯、碟子、銀餐具和廚房用品。但我們仍為來自國外的成員提供一定數量的居家物品，他們不必將這些東西運送過來。我們也存有有限數量的吸塵器、熨衣板和上蠟器。這些都可借用；因它們為全體家庭而設，所以用完需返還。那些不想負擔立即返還這些設備責任的成員，我們建議攜帶自己的物品。

　　對那些住在小型公寓的單身成員，我們提供保姆和清潔服務。這些費用包括在租金中。

　　我們的住房工程包括裝備完整的中央洗衣器，配有自動洗衣機和烘乾機，供全體成員及其家庭使用。為減少該裝配工作強度，我們不允許用此洗滌床單和毛毯。當地也有洗衣店，它們接送洗滌這些重物。廚房無法安置下家用洗衣裝置，請勿攜帶。

　　本院學年開始於 1965 年 9 月 27 日星期一，結束於 1966 年 4 月 8 日。但學院成員通常帶著孩子於 1965 年 9 月 8 日來參加開學典禮。上學期成員須至遲於 1 月 1 日前騰出公寓。下學期（1 月 10 日開學）成員於 1 月 1 日後報到。若他們願意，那些全年或下學期成員可以不顧學年限制安排續租公寓。所有這些延期最遲於 8 月 28 日結束。一旦您確認到達日期，請告知於我。知道您的計畫後，我們會更容易作出安排。

　　若我能為您在本院的停留事宜有所幫助，請別客氣，告訴我。期待著與您在普大相逢。Ruth W. Barnett 總經理助理。一九六五年四月十七日。」

·四月二十二日，致函美國普林斯頓大學高深研究院助理 Ruth W. Barnett，云：

「尊敬的 Ruth W. Barnett 女士：

　　你四月十七日的來信，我已收到。你如此地熱心幫忙，和考慮得如此周到，使我非常的高興和感謝。

　　你們的新公寓，四個房間的，也就是月租九十元的，最和我居住之用。因此，我希望你能夠替我預定一幢。我到普林斯頓的日期，預定在本年八月二十三日到八月三十日之間。離開的日期，預定在 1966 年的七月十日以前。所以，如果你們方便的話，我希望我要租的房子，能從本年八月二十三日開始，到明年的

七月十日為止。假若八月二十三日開始對你們有所不便，則從八月三十日開始，或者從九月初開始都可以。為了你們的方便，這一日期，我想拜懇你替我決定，可以嗎？

另外的兩張表格，我已填妥，隨函附上。

請你原諒我，因為為了我的事來打擾你。

致安。屈萬里。一九六五年四月二十二日。」

· 四月，撰〈甲骨文字集釋序〉。

祐謹按：《甲骨文字集釋》一書，李孝定先生編著，是年五月中央研究院歷史語言研究所出版。先生〈序〉云：

「殷人用為占卜之龜甲牛骨，出現於洹水之濱者，不知幾歷歲年。安陽土人，初本用為藥物。自清光緒二十五年福山王懿榮氏識為古文刻辭以來，於今六十有六載矣。學者由識字而正《說文》之失，與夫經說及史事之訛；進而斷代分期，作多方面之稽討。於是藏甲骨刻辭者遍寰宇，摯治之者，亦旁及殊方之士。約略計之，六十餘年來，甲骨文專書已刊布者得百八十餘種，論文得九百七十餘篇。可謂極一時之盛矣。

但就識字一端言之：劉鶚之印《鐵雲藏龜》也，自謂能識四十餘字。然今日覘之，彼所釋而不誤者，實僅三十四字；其中且有數目字二，干支字一十有九，凡此皆最易辨認者也。光緒三十年，孫詒讓著《殷契舉例》，所釋而可信以及近是之字凡百八十餘。民國四年，羅振玉作《殷虛書契考釋》，已得四百八十五字。十六年，羅氏增訂前書，收字五百七十有一。厥後治斯學者漸眾，識字亦漸夥。孫、羅二家所釋，今已證知其誤者頗多。然啟之辟之，以導先路，其功實不可沒也。

以字書之體例輯編甲骨文字為書者，初有王襄之《簠室殷契類纂》、及商承祚之《殷虛文字類編》。前者乃王氏一家之言，且其書雜有偽刻文字；後者亦僅著羅雪堂、王靜安二家之說，且所收可識之字不及八百。故其用皆未弘。嗣後如朱芳圃之《甲骨學文字編》，雖集錄眾家之說，而其時能識之字究尚無多。孫海波《甲骨文編》繼出，收錄之字較夥；吾友金祥恆先生《續甲骨文編》，蒐羅尤

備。然二書以限於體例，但列各字異體，不著諸家說解之辭。學者欲究某字何以釋某，初釋其字者何人，至何人而成定讞，凡此，皆不克於二書得之也。

解釋甲骨文字之作，以論文為多。殷虛專書，流傳既已不廣；論文散見於期刊，檢閱尤難。故治斯學者，每以為苦。友人李陸琦先生，欲為學林釋此憾，乃發憤著是書。經始於民國三十年之秋，越三載而脫稿。時戰亂初定，稿遺北平，未及梓行。迨赤氛既張，中原鼎沸，乃隨中央研究院歷史語言研究所播遷臺員。近歲以來，重理舊業；既網羅眾家之說而折中之，又或獨抒所見創為新解。爬羅剔抉，又五年而葳事。卷帙倍於舊稿，陳義邁乎前修。自有甲骨文字書以來，斯可謂集成之作矣。

夫治文字之學者，固不容不識甲骨文字；治古史者，尤不容不參稽此殷代之直接史料。甲骨文不同之字，今可知者，數逾三千，可識者亦達千餘。其足以訂許君之舊說，正古史之野言者，比比皆是。而拘墟之士，猶獨抱《說文》與傳說之古史，硜硜自守。推原其故，蓋以臺瀛公私家藏殷契之書者既罕，且無便於初學研習之作以導之，遂致學者多昧於此三千年前之真文獻，而不得不墨守陳說故步自封耳。今陸琦此書出，既可為初學者升堂之階，又足為續學者商兌之資。奇字異體並陳，得比勘之便；定論歧說駢列，省檢索之勞。行見家藏斯編，人識龜文。此不僅治文字學者之寶筏，其影響於學術風氣者，蓋尤大焉。中華民國五十四年四月二十九日屈萬里序。」

· 六月，得美國普林斯頓大學高深研究院助理 Ruth W. Barnett 六月十二日來信，云：

「屈教授：

現在我們終於能將今年秋天您來我院所住公寓的地址告訴您了。我們為您預定了一套雙人間，地址是：普林斯頓愛因斯坦大道 50 號。租金為每月 100 美元，包括取暖費和公共設施費。

還有家具設施損壞費，這需要預交兩個月租用費，可分四次付清。租用結束，除正常使用外，若無損壞將會全額返還。

我院學年開始日期是 1965 年 9 月 27 日，星期一，於 1966 年 4 月 8 日結

束，但學院成員通常帶著孩子於 1965 年 9 月 8 日星期三來參加開學典禮。

後附指導規則和信息。若需預寄東西，請按上述地址，寫上您自己的名字，並告知於我，我將確保它們存放於您的公寓。但我們建議從國外來的我院成員不要提前運送行李，因為我們無法保證它們通過海關。

期待九月和您在普林斯頓相見！Ruth W. Barnett 總經理助理。一九六五年六月十二日。」

·六月二十三日，致函 Ruth W. Barnett，云：

「尊敬的 Ruth W. Barnett 夫人：

六月十二日你的來信，以及附來的《住房須知》我已收到，多謝你替我安排好了一幢非常合適的房子。

將來也許還有一些小事情請你指教，為了方便起見，我打算拜託葛斯德圖書館主任（館長）童世綱（Shih-kang Tung）先生向你接洽，希望你不要介意。

為了我的事情，給你增加了許多麻煩，我很抱歉。秋天到普林斯頓的時候，一定來拜望你，並且向你道謝。屈萬里。一九六五年六月二十三日。」

·七月，得于大成先生七月十一日來信，云：

「鵬公老師函丈：

敬肅者，生前請面昌彼得先生時，便詢其所著〈說郛板本考〉一文尚有否抽印本，未知近曾睹彼得先生否？附呈舊紙一幀，求去臺前，賜墨寶一、二行。邇來氣喘復發，晝夜不得安枕，遲當趨謁請益耳。恭敬夏安。惟祈垂詧。生于大成叩。七月十一日。」

按：于大成（1934.2.15～2001.1.27）字長卿，山東省章邱縣人。1948 年來臺，1955 年入國立臺灣大學中國文學系，1962 年以論文《文子集解》獲國立臺灣大學中國文學研究所碩士學位。後入國立臺灣師範大學國文研究所博士班，1970 年以論文：《淮南子校釋》，獲國家文學博士學位。曾任淡江大學、國立中央大學等校中文系主任，1983 年應國立成功大學之聘，任文學院長。著有《淮南論文三種》、《古典文學研索》、《理選樓論文稿》、《文字與文化》、《中華藝術大觀——書法》、《書法教師手冊》等。

・七月，撰〈周易卦爻辭釋義序〉及〈毋忘在莒〉二文。

祐謹按：《周易卦爻辭釋義》一書，李漢三先生著，民國五十八年（一九六九）由中華叢書編審委員會印行。先生〈序〉云：

「《易》本占筮之書；而二千餘年來，五行家依附之，天文家依附之，乃至兵家、道家、神仙家、釋家，亦無不依附之：多歧亡羊，莫知其極，此全謝山所以有《讀易別錄》之作也。

即以傳義章句言之，漢人尚象，於是而有互體、升降、飛伏、納甲、爻辰等說；宋人泥數，緣是而有河圖、洛書、先天後天之學：凡此皆《易》學之變，而非《易》義之本然。圖書之學之無當於《易》，胡朏明既詳辨之；予曩亦草述《先秦漢魏易例評述》二卷，以明互體、升降諸說，亦非《易》義所固有。然今之言《易》者，猶多不佞漢，則佞宋，甚矣積習之難除也！

友人李漢三先生，治《易》垂十餘年。初習圖書先後天之學，既悟其非；復窮五年之力，專稽陰陽五行之說，乃深察漢人求象之術，亦非《易》道之真。於是返而尋繹經文，矻矻孜孜，昕夕不倦，泊乎今春，遂成《周易卦爻辭釋義》三卷。以上下篇為《周易》之本經，故是書專釋卦爻辭。其於義例也，則盡摒漢宋謬悠之說，而一以經文為斷；其於訓詁也，則必求夫於古有徵，而不為張皇侈泰之說。以經證經，探源返樸，蓋實事求是之學，非譁世取寵之作也。

夫解說羣經之書，以《易》類為最多；而歧說誣經，亦以《周易》為特甚。讀者於是書之詮釋，容或有見仁見智之不同；然而掃歷代之塵氛，導《易》學於正軌，其嘉惠於學林者蓋亦多矣。中華民國五十四年七月十六日屈萬里序於南港。」

・八月，〈跋李棪齋先生綴合的兩版「用侯屯」牛骨卜辭〉一文，載《大陸雜誌》第三十一卷三期。後收入《書傭論學集》。

・九月，〈讀周書世俘篇〉一文，載《慶祝李濟先生七十歲論文集》。後收入《書傭論學集》。

祐謹按：《周書》〈克殷〉〈世俘〉兩篇，同為記載武王伐紂之事，惟二書記事不盡相同，先生此文共考四事：一、〈周武王伐紂出兵之日期〉；二、〈用俘馘

祭祀〉；三、〈燎祭與用牲〉；四、〈世俘篇著成之時代〉。

·九月十三日，孫女耀紅出生（世釗之女）。

·九月，得李田意先生九月二十二日來信，云：

「翼鵬我兄左右：

　　前聞我兄抵美消息後，曾托因百兄面致歡迎之意，今又得惠書，藉悉種切，倍覺欣慰。初抵此邦，一切不慣，乃自然之事。然我等東西南北之人，即不慣說蠻語，亦可游歷四方，千萬不必顧慮。兄等安定之後，隨時來此，均所歡迎。如能事前賜知，必能赴站迎接。大作已收到，極佩卓見，學報下期應可刊出，請勿念。楊慶儀於開學時不能到達，本年即不能再入學。按此間慣例，下年之新生必須由學校另開會議決定。伊之英文如及格，將來應仍有機會也。此事俟見面時再詳談。匆頓時安。嫂夫人安好。不另。弟李意田拜上。一九六五年九月廿二日。」

按：李田意（1915.3.14～2000.3.17），字文心，河南伊陽縣人。1933 年畢業於北平第四中學後，先入北京大學攻讀，後轉南開大學，1937 年獲文學士學位。抗戰期間曾先後在國立西南聯合大學及國立中央大學任教。民國卅四年（1945）前往美國，入耶魯大學研究院，專攻歷史，翌年獲碩士學位，五〇年獲哲學博士學位。繼即留耶魯任教。1969 年接受俄亥俄州大學之聘，為該校中國歷史及文學墨香講座教授，並於 1971 年至 1975 年兼任該校東亞語文系主任。由 1976 年 1 月起至 1977 年 7 月止，曾在香港中文大學任客座教授，並兼任該校中國文化研究所所長及歷史系務會議主席。著有《哈代評傳》、《一九一三年至一九一七年之威爾遜對華政策》、《中國小說研究論著目錄》等。

·九月，應美國普林斯頓大學之聘，擔任該校高深研究所研究員。

·十月，得楊聯陞先生十月二十二日來信，云：

「翼鵬教授吾兄史席：

　　奉到十月十四日惠書收悉。

　　兄嫂安抵普城，起居康吉，至以為慰。英語普通話祇須數百字即可顛來倒

去，最重要是臉皮厚，敢瞎說。片斷不成句，文法不通，袛要聲音大體不差，即能呼風喚雨。旅行購物，初試似難，行之再三，亦不過爾爾，請嘗試之！先到紐約數次，認得車站，在北游即無困難。哈佛、耶魯既有友人，又有門徒，不可不來也。

　　大稿《乘不解》已拜讀，考證精確，極佩。覆閱《葛斯德善本書目》，時如有新得，亦盼隨時寫示，以廣見聞。

　　弟在國外開漢學雜貨鋪，交游雖廣，自己工作則不夠堅實，講座乃不虞之譽，賜賀甚不敢當，惟有更加努力而已。

　　近作絕句數首，附呈以博一笑，不足為外人道也。專覆，敬請儷安。弟楊聯陞再拜。一九六五年十月二十二日。」

按：楊聯陞（1914.6.4～1990.11.16），字蓮生，河北清苑人。1959 年 7 月，當選中央研究院人文組第五屆院士。

· 秋，賦詩二首：

普大校園秋色 五十四年秋於普林斯頓大學

寒花紅樹點秋光，一樣穠華似故鄉；最愛侵晨林下路，履痕箇箇印輕霜。

落葉敲窗晝有聲，霜林掩映晚霞明；桃源只在名城外，誰信人間有虐嬴。

· 十一月，〈史記殷本紀及其他記錄中所載殷商時代的史事〉一文，載國立臺灣大學《文史哲學報》第十四期。

祐謹按：此篇據文獻及近世出土之甲骨，考訂殷商史事。要目有：一、〈殷的先公〉；二、〈殷代的帝王〉；三、〈殷代的年數〉；四、〈屢遷的殷都〉；五、〈殷代的名臣〉。

· 十二月十二日，中國圖書館學會第十三屆年會在臺北市舉行，先生膺選監事。

· 本學年度由先生指導，獲碩士學位者：

國立臺灣大學中國文學研究所碩士班研究生陳舜政，碩士論文為《論語異文

集釋》。

　　國立臺灣大學中國文學研究所碩士班研究生黃然偉，碩士論文為《殷禮考實》。

　　國立臺灣大學中國文學研究所碩士班研究生李聖愛，碩士論文為《崔致遠及其著述》。

民國五十五年（一九六六）　先生六十歲

・一月，得高化臣先生一月十七日來信，云：

「翼鵬我兄道鑒：

　　手教均奉悉。欣知尊況佳勝，至以為慰。昨日奉閻部長告知，中央圖書館長一職，因蔣復璁先生轉任故宮博物館，而王省吾先生又決定留澳不返，不可再事久懸，擬延聘我兄出而主持，囑弟函詢尊意。此項決定因閻部長平素欽佩我兄之道德文章所使然，絕非弟從中作祟於我兄。萬祈勿罪。如蒙荷允，教育部可先行發表，俟七月我兄返臺後再行到職。依弟愚意，此事並不損及我兄清德，可做，可做。如何？祈速示。敬頌道安。嫂夫人安。弟高化臣敬上。元月十七。」

按：高化臣（1913.12.10～1995.2.14）山東滕縣人。出身日本京都帝國大學法學部及國防研究院第八期。對日抗戰期間，曾任西安中正中學校長、教育部洛陽進修班班主任及西安市政府教育局長等職。1949 年來臺，先後任教於臺灣省立師範學校、國立臺灣大學及國立政治大學。1958 年 7 月，任教育部總務司長，1966 年 6 月出任教育部常務次長，1970 年 11 月應中央研究院之聘擔任該院總幹事暨評議員。著有《法學緒論》、《公司法論及票據法論》等書。

・一月，得孔德成先生一月二十九日來信，云：

「翼鵬兄：

　　臺中快聚，聆益殊多，真覺有空谷足音之感，喜可知也。茲有一事，敬詢尊意。《禮記》中有關宅室者，是否列圖？有圖於讀者多便，然寫者則難，蓋本之請人所繪，或大致不差，然考其實，恐難作據（為堂其一也）。不列，則語焉難詳。兄意如何？願以示我。專候著祺。弟德成敬上。壹月廿九日夜。」

·一月，得閻振興先生一月三十一日來信，云：

「翼鵬吾兄大鑒：

　　前以慰堂兄出長故宮博物院，對中央圖書館館務勢難兼顧，因托化臣兄代達鄙意，亟盼吾兄出而主持，庶使慰堂兄多年心血得以保持。頃化臣兄轉來尊示，敬知著述計畫尚未完成，不願分心於行政工作，高風亮節，欽遲曷任。惟弟念中央圖書館藏書數十萬冊，善本圖書庋藏尤富，主持中央圖書館實與主持一大學不盡相同，對吾兄研究工作亦將大有裨補。今慰堂兄必不可留，此間友人所望於吾兄者益為殷切，用特專函致意，至祈惠允屈就，無任翹企，臨書不盡欲言，敬頌道綏。弟閻振興拜啟。元月卅一日。」

按：閻振興（1912.7.10～2005.1.7），字光夏，河南汝南人。國立清華大學土木學系畢業，美國愛阿華大學工學碩士、博士。歷任滇緬公路工務局正工程司、黃河堵口復堤工程局工務處長、清華大學教授、河南大學工學院院長、高雄港務局總工程司、臺灣大學工學院院長、臺灣省教育廳廳長、國立成功大學校長、教育部部長、行政院青年輔導委員會主任委員、原子能委員會主任委員、國立清華大學校長、中山科學研究院院長、國立臺灣大學校長、中央研究院評議員。

·二月，賦詩二首：

讀溥儀著《我的前半生》一書有感　　五十五年二月

十載囹圄賸此身，玉樓瑤殿悵前塵，平生慣作黃粱夢，不用邯鄲枕上尋。

憐他薄命作君王，瞬息榮枯事可傷；倘使生為田舍子，也應冷眼看滄桑。

·二月，得李濟先生二月十五日來信，云：

「翼鵬吾兄：

　　前後來示，均如期到達，謝謝。陰曆年前接多朗多友人函，得悉兄將有坎拿大之行。私衷深以為慰。如此，庶可略補三年前未償之願望也！昨奉二月五日手札，敬悉已定於五月中旬前往，並將住六周之久，想必能抽暇將該處所藏之甲骨文字及青銅器，作一檢查也。中央圖書館事，俟見閻部長時當遵囑代達尊意。文史哲報抽印本，見許君時即托速寄，勿念為幸。臺北學府，自兄去臺，愈深寂寞

之感。就弟個人說，無論公事私事，偶有所疑，輒念吾兄切磋之益，昔日得兄片言而決之事，今日則使弟躊躇數日，而工作能力有限，每日數小時轉瞬即逝，案上積牘盈尺，友朋函件多不按時答覆，心之不安，愈使此有限精神，不能盡量利用也。近日臺北電台，常播曹氏〈對酒當歌〉之詞，使人若有所悟也。但臺灣政治之不上軌道，實緣患袴大狂如曹氏者過多也。餘不盡，耑此，敬頌儷安。弟李濟頓首拜覆。內人附筆。二月十五日。」

按：李濟（1896.7.12～1979.8.1）字濟之，湖北鐘祥人。1921 年，入美國哈佛大學，治人類學，獲博士學位。1923 年返國，執教於南開大學。1929 年，任中央研究院歷史語言研究所考古組主任。多次參與河南安陽小屯之考古工作，成績卓著。1948 年 4 月，當選中央研究院第一屆院士。1950 年，創辦國立臺灣大學考古人類學系。1955 年 8 月～1972 年 12 月，任中央研究院歷史語言研究所所長。著有《西陰村史前的遺存》。《殷虛器物甲編——陶器》、《中國文明的開始》等。

· 三月，得楊聯陞先生三月二日來信，云：

「翼鵬先生史席：

拜讀二月廿七日手示，快如面談，獲益良多，極感極感。仍有餘義，略陳如次：⑴⑵古籍以婦為妻之例，似亦不少。如詩『三歲為婦』、『同我婦子』皆是。來示之『武丁不置其愛妻於恍惚，乃屏之於國門之外』，立說甚巧。然如『愛妻』能領兵作戰，如遼后之領『屬珊軍』，則亦無妨內外兼資。又如所封者為子婦而又無因婦及子之證，則子婦分居亦屬不妙。另一可能是子婦之封，或皆似後世之湯沐邑，封君不必居其封地（如後世『不在地主』）。如此亦無世襲必要，或亦可備一說。又此事與商人之外婚內婚（先生對張光直商王名號新說有何意見？）關係亦大。無論如何，此『帝』字之解釋極關重要，甚盼甲骨專家能早有定論也。⑶商周『子』『侯』陞降之說，乃由傅孟真論五等爵引伸而得者。傅先生特別指出，周代往往以蠻夷或他族之後為子，姬姓子爵者絕少，且多不可信。弟謹試以子爵之子與子某之子（prince）作一搭截題耳。甲骨侯爵（如『命周侯』）之例似不多，是否多在邊地？⑷周以前人王稱帝，是戰國以來追稱，固

是可能。但甲骨文既有『帝乙』、『帝某』，則亦非全然無據。惟周王不稱帝，仍然需要解釋。《史記·殷本紀》云『於是周武王為天子，其後世貶帝號，號為王。』令人難信。又關於占卜，弟有二假說：⑴甲骨文『隹』『勿』或象鳥之首（身）、尾，疑古有鳥占（可能投之空中），以得首為吉，尾為凶。『不』字下半可能亦象鳥尾。《說文》『鳥飛上，不下來』之『不』字或是雙關，指鳥已高飛，但見其尾（不）。⑵商代大墓中之『柶』上有花紋，疑亦可作占卜用。（四個一套？）韓國有『擲柶占』，此法與珓杯等皆有關係。此兩說有幾分可能？請切實指教。四月來訪極為歡迎，日期有定更盼早示。王夢鷗先生《禮記校證》，哈佛如尚無有，自當購買也。敬請大安。地聯陞頓首。三月二日。」

· 三月，得楊振寧先生三月十五日來信，云：

「屈先生：

　　謝謝您的複印本和您的詩。可惜我不會做詩，不能和您二首。

　　附上 Scientific America 一本。此雜誌甚好，各種科學文章都有，都是專家寫的，例如此本中 118 頁上為上古人類學的文章。即頌撰安。後學楊振寧謹上。三月十五日。」

按：楊振寧（1922.9.22～），安徽合肥人。1929 年～1933 年，北京清華園內成志小學。1933 年～1937 年，北平崇德中學。1938 年～1942 年，國立西南聯合大學。1942 年～1944 年，西南聯合大學研究所畢業。1944 年～1945 年，任教於西南聯大附中。1945 年 11 月，抵美國。1948 年，美國芝加哥大學博士。1949 年，普林斯敦大學研究。1957 年獲諾貝爾物理獎。1958 年，當選中央研究院數理組第二屆院士。1966 年，主持美國紐約大學石溪分校理論物理研究所。1971 年 7 月，返臺。1986 年 7 月，參加中央研究院院士會議。

· 四月，得孔德成先生四月八日來信，云：

「翼兄：

　　弟昨午自臺南歸，得讀手教，費神至感，以轉達前途。

　　近讀趙甌北諸書，甚佩此老史學工力之深，更覺近人（各大師當例外）所見

之淺矣。

　　總統府內部改組，弟又蒙續聘為資政，此乃總統最高之顧問。不悉將何以以答聖明也。匆謝，即候著安。弟德成。四、八夜雨窗。」

· 五月十三日，孫男煥新出生（世鐸之三子）。

· 五月，得楊振寧先生五月二十五日來信，云：

「屈先生：

　　研究所的設立歷史在 A. Flexner 之自傳中有很詳細的描述。該書我自研究所借出，暫存童先生處，閱畢請還研究所圖書館。

　　您在加拿大一切何如？請問屈太太好！楊振寧。一九六六年五月二十五日」

· 六月，〈我的讀書經驗〉一文，載國立臺灣大學中國文學系《新潮》十二期。

　　祐謹按：本文為先生接受「新潮社」之訪問稿，由陳瑞庚先生記錄。

· 八月，得史景成先生八月十一日來信，云：

「萬里尊兄：

　　前函所案之甲骨卜文，想已達到。

　　此地博物館骨文之隹字，第一個為人名，第二個為住軍旅之地。此屯軍旅之隹在見，見為地名。此隹地可能為住兵之重要區域，且離邊境不遠，故武丁命隹去巡省。如此骨文卜於武丁與呂方、土方戰爭時期，此隹區更為重要，但是否與否此戰事有關不易斷定，因卜文無日期可案。弟奉董君作賓所綴骨文關於戰事之隹，恐非人名，而為整個出征之師團，或戰區某一師團之據點。本館骨文第一隹為人名，可從『隹老隹人』四字決定。從文義來看，隹為武丁重要之老臣，所以武丁卜問『途邁若』之一路平安之辭。

　　今釋義如下：

　　在丙午這一天，卜人殼貞問令隹去見地巡察，這扎隹地師旅之吉凶。王（武丁）親占後就說，你老人家此去一路平安，不遇什麼危險。（若字下似有干支字，我想不是同日卜）再卜之後，斷定此去不吉，『隹其凶』。繼之云：『二旬之八日㽱』。㽱字不易懂。但自他處所見㽱字論之，多為不吉之事。最後王字下

想有干支字樣，而結語則為『𠂤☉』二字，亦不易解。死龜或龜死二字，則未見過先例。骨之背面後重述一遍：『王占約：隹老隹人，途邁若，茲卜。』可見『𠂤屮往見屮𠂤』師之行之重要性。從《遺珠》之同日反卜『丙午卜㲼貞勿乎𠂤往見屮𠂤』看來，似對此巡視一事很關心。

　　寫到此處，忽然想到白川靜先生之〈釋師〉一文，待去校讀後再續談。

　　白川先生𠂤釋作『祭肉』之初文，其視祭肉自有其見地。弟未深究，不敢贊同。但先生亦引此《遺珠》反卜之文，與『癸巳卜□貞，令𠂤涉東』（甲1929）並列。並解云：『𠂤在卜辭為王家師旅之稱，行動平安與否，為龜卜對象……』可見其釋此卜文很籠統，未作人名解。

　　匆匆奉上，兄意如何？暇時賜教。此上，順頌雙安。弟景成敬啟。八月十一日。

　　《山海經》仍在研究中。」

按：史景成，加拿大多倫多大學教授，研究經學，兼及中國上古史。

· 八月，得楊振寧先生八月二十二日來信，云：

「屈先生：

　　接來信知道您已於廿一日飛臺，旅途想一切安適，希望不久可以再見。即頌研安。弟楊振寧。八月廿二日。」

· 八月，得王世杰先生八月二十六日來信，云：

「萬里先生：

　　聞先生已返院，甚慰。得便當圖晤談。科學會人文社會科學專門委員會擬聘先生為委員，想承慨諾。茲有張光遠君來信一件，及《石鼓存詩考》，煩先生大致閱後，見示尊見。聞此君係一青年，杰略略閱其序文，似確曾做過若干研考工作。弟杰尚未及細閱耳。王世杰敬啟。五五年八月廿六日。」

· 八月，〈幽靜的普林斯頓高深研究所〉一文，是月廿八日載《中央日報》第九版。

祐謹按：民國五十四（一九六五）年夏，先生應美國普林斯頓高深研究所（The

Institute for Advanced Study at Princeton）研究員及普林斯頓大學（Princeton University)之聘，為該校圖書館訪問書誌學者。此文略記高深研究所之藏書與研究設備。

· 九月十一日，中央研究院總辦事處致函歷史語言研究所，同意先生停薪留職一年，擔任國立中央圖書館館長，云：

「歷史研究所：

一、貴所轉來屈萬里先生本年九月十八日函，已經院長察閱決定。茲奉達如下：

　　1.屈先生就任中央圖書館職務，本院自本年十月起，當予停薪留職一年。

　　2.關於屈先生申請講座教授事，本院現已致函國家長期發展科學委員會撤銷。

二、除以副本送達屈先生外，敬希查照為荷。

中央研究院總辦事處。五十五年九月十一日。」

· 九月，得孔德成先生九月十六日來信，云：

「翼鵬我兄侍史：

　　魚雁之疏久矣，然無時不念我故人也。日昨奉到大箸，尚未拜讀，即以開會赴臺北者兩次，均以匆匆，未趨教益，至悵至罪。日來無事，正課之暇，將大作細讀一過，立論精微，徵引詳博，的是佳作，敬佩！敬佩！以其文法、體例及專用字定卦爻辭，係出一人之手；以其習語、用器名稱歸諸西周之作，洵不刊之論也。康侯之為康叔，證更確切。就文論文，洵不可易。然以康侯二字之一見，必定《易》辭成於武王之時。以引用俘事而必作者必於克殷之際，則弟竊有疑焉。《周易》卦爻辭之成於西周，前人多是其說，吾兄更定其論，後之有研及此者，絕不能再致其疑矣。若必定於武王之世，則兄下引證以成其說者，乃康侯二字與用俘一事耳。衛侯封即曾封康，當可以康叔、康侯稱之。『然以曾封於康而為叔也，故康叔一名猶或沿用之。』康侯之稱，何獨不可（如今人猶有稱『蔣委員長』、『蔣主席』者，蓋《易》辭作『公文』也）。若無其他力證，則似有孤政無徵之嫌（若以稱康叔，必在武王時，則作辭者，其為康人乎）。用俘一事，克殷定鼎以後，在現今可見之文獻上，確不再見。然箸者或以茲事體大而引用之，

伐鬼方等事是『後人何以不能述古』（『為德遷國』，亦一大事），此二事在尊文中為最要，故敢請教於高明。至鬼之為鬼方，新□不移，唯可推之為獫狁相接（因有觀堂說）。牽羊代俘，與俗有徵。為茅所以縮酒，並非薦牲（《左·僖三年傳》：『爾貢苞茅不入，王祭不等，無以縮酒之。』）。用俘所以祭山，並非享廟。周公之稱，乃接上文而言（茲就所引者論之，兄若引『公』字之單稱，以〈金藤〉『公將不利於孺子』之公較妥）。此於尊文，皆為末節，附論及之（稱『公』之關係甚大，以兄未作定論，故附於此）。讀後聊書拉雜之見，兄或不見責也。

　　前以『作者康人』為說，似不妥。觀乎《書經》（之誥），及康叔封衛（史實），蓋康叔為當時一重要人物（其他之初封，或皆有『誥』，亦未可知），則無疑問。作者或因此而引用其故事耳。專此，即候箸安。弟德成敬啟。九月十六日。」

· 九月二十一日，先生出任國立中央圖書館館長，與卸任館長蔣復璁交接典禮，是日在該館會議室舉行。

· 九月，月底接受《學生新聞》記者陳和美女士訪問，陳女士撰成〈屈萬里館長談國立中央圖書館〉訪問稿一文，載是年十月一日出版之《學生新聞》二版。

· 九月，得日本廣島大學中文研究室中國文學講座教授小尾郊一先生九月三十日來信，云：

「翼鵬教授台鑒：

　　敬啟者。久疏魚雁，心旌時縈。前日讀《中央日報》，敬悉榮膺中央圖書館館長，欣頌曷極。館長之任務極重要而多勞，先生才高八斗，學富五車，精勵恪勤，日夜不倦，最適任者也。耑此敬賀，並頌文安。弟小尾郊一拜啟。一九六六年九月三十日。璋如彥生代為問好為荷。」

按：小尾郊一（1913.2.2～），日本長野縣人，1941 年，廣島文理科大學漢文學科畢業。1947 年，任廣島高等師範學校教授。1959 年 4 月～1976 年 3 月，任廣島大學中文研究室中國文學講座教授。1975 年，任廣島大學文學部部長。1976

年，任廣島大學名譽教授，並任武庫川女子大學教授。

·十月，接受《國語日報》記者柯劍星先生訪問。柯先生所撰訪問稿〈屈萬里教授談發揚孔孟思想〉一文，載十月四日、五日《國語日報》四版。

·十月，得孔德成先生十月四日來信，云：

「翼兄：

手教拜悉，諸承關垂，曷勝感感！弟本擬在未授本文之前，講〈儀禮之源流及應持之態度〉。至〈古今經學演變之大勢〉，未作準備，重以尊屬，當加入也。知注以聞。專覆，即候箸安。弟德成敬上。十月四日。

弟七日下午五時下課後，即擬趨訪，不悉在寓否？」

·十月，〈由共匪焚書談到中央圖書館所藏的善本圖書〉一文，載《幼獅月刊》二十四卷六期。

·十月，接受《自立晚報》記者趙光裕先生訪問。趙先生所撰訪問稿〈徜徉於群籍之中——屈萬里館長談「善本書」的重要性〉一文，分上中下三篇載十月十九、二十、二十一日《自立晚報》四版。

·十月，孔德成先生公子維益君結婚，恭請先生福證。柬云：

「屈翼鵬先生夫人：

謹詹於國曆十月二十九日為小兒維益與于曰潔女士舉行文定嘉禮，恭請福證。學愚弟孔德成載拜。」

又云：

「屈翼鵬先生夫人：

謹訂於國曆十月二十九日下午六時敬備醴酌，恭候台光。孔德成、孔孫琪方謹訂。地址：僑聯賓館。」

·十一月二日，孫女秀紅出生（世銘之次女）。

·十一月，得孔德成先生十一月八日來信，云：

　　「翼兄：

　　　　手教及計畫書奉悉。原件已找到。因前者弟初歸，諸件多置一處，昨日清理，始被發現，故英文稿亦在也。茲簽名寄上，即教督閱存案為荷！專覆，即頌公祺。弟德成。十一、八。

　　　　附計劃兩份，英文者一份。」

· 十一月，得楊振寧先生十一月二十九日來信，云：

　　「屈先生：

　　　　謝謝您寄來的書，對我很有用處。

　　　　尊文很適合 Scientific America 之程度。翻譯有不妥處，但不難修改。過一兩星期我可否和您細談一下有更改必要之處。即祝研安。振寧上。十一月廿九日。」

· 十二月十日，中國圖書館學會第十四屆年會在臺北市舉行，先生膺選監事。

· 十二月，〈說乘石〉一文，載《清華學報》新五卷二期。

　祐謹按：梁思永先生原著、高去尋先生所輯補一〇〇一號大墓（《侯家莊》第二本，《中國考古報告集》之三）一書中，著錄「大理石對尾雙伏獸形立雕」石器一，先生疑此器即乘石，為此文以考釋之。

· 十二月，得孔德成先生十二月十四日來信，云：

　　「翼兄：

　　　　手教奉悉。越南之行，濟老諒無不同意。昨日（十三）魯實先來，說及諸事，弟當時即予應允（伊云與弟說，以前曾與兄有函件往還）。弟固惡其狂，然甚敬佩其治學之勤，與舊學之根底也。故甚欲有機會援助之。惟其請助之作，不悉能寫到何種地步耳。其請助之手續等等，弟以不太明瞭，已請其與兄商之。今日又有信及計劃書來，茲轉上一閱（內中仍有一二過份之話）。

　　　　弟下星期二三北來，專趨教。

　　　　小女處諸承關垂，並賜厚貺，至謝至感！專覆，即頌大安。弟德成十二月十四日夜雨窗。

弟十七日（星二）北來，是晚六時，乞駕臨瑞三，同去吃晚飯也。又及。」

・〈國立中央圖書館的現狀與願望〉一文，是月十八日載《中央日報》第二版。
祐謹按：是年九月二十一日，先生應教育部長閻振興先生之邀聘，任國立中央圖
書館館長。此文係就館務計畫略作陳述。先生云：

「一、國立圖書館的使命

　　在《中國圖書館學會會報》第十五期裡，刊載了前任國立中央圖書館館長蔣
慰堂先生所作的〈國立圖書館的起源與使命〉一文，該文中指出國立圖書館的藏
書目標，應該集中於民族文化、世界知識、和各科學術三項。英國伯明翰大學圖
書館館長韓福瑞（K.W. Humphreys）去年也有〈國立圖書館的任務〉一文，刊
在《聯教組織圖書館公報》第二十卷四期裡。在這篇文章裡，他指出國立圖書館
的基本任務是：㈠集中典藏一切本國文獻；㈡依法執行出版品存儲；㈢合理收集
世界文獻；㈣編印國家書目；㈤報導書目資料；㈥出版各種目錄；㈦展覽。此外
如收藏珍貴稿本、圖書館技術的研究、辦理國際圖書交換工作、訓練圖書館專業
人員等，他也都認為是國立圖書館的重要工作。蔣先生所舉的三項原則和韓福瑞
所提各項細目，我國立中央圖書館，都正在做著。只因人力和財力的限制，還沒
能做到理想的程度。以下先就中央圖書館目前的情形，作一個簡略的報告。

　　二、國立中央圖書館目前的業務

　　㈠採訪與編目

　　中央圖書館的購書經費很少，國外購書費全年六千美元。訂購國外的雜誌、
日報即需三千多美元；餘下來二千多美元即使全買篇幅較少的圖籍，也不會超過
三百本。國內購書費，全年是四萬八千元，買一般的線裝書，很難買到一百部，
善本書更不必說。幸而，（甲）依照出版法，凡國內的書店和公私機關的出版品都
得送一部給中央圖書館；（乙）由於辦理出版品國際交換工作，可以換來一些外國
書刊。（丙）由南京遷臺時，運來善本書十二萬多冊，和普通線裝書一萬多冊。因
為這幾種關係，中央圖書館的藏書量（三十四萬冊），雖然距理想的程度還很
遠，但已經略具規模了。

　　編目工作，是和採訪工作配合的。一部書進館後，先到採訪組，經過登錄手

續後，送編目組編目；編目完畢，再送閱覽組典藏，以供眾覽。中央圖書館的編目工作，和採訪組配合得很好，凡是採訪組送到編目組的書，都能在短期內完成編目手續送入閱覽組。

(二)出版品國際交換工作

國內各公私機關，乃至私人的出版品，如果願意和外國機關或私人的出版品交換，中央圖書館的出版品交換處是樂於為他們服務的。那就是把本機關或個人的書刊，開列清單，交給中央圖書館，中央圖書館便會把外國機關或私人願意交換的書單寄給你。如果看到外國某家的書刊有自己想要的，而那一家也想要本機關或個人的書刊，經過中央圖書館的「撮合」，雙方就把自己的書刊，寄到中央圖書館，出版品國際交換處就會分別把書刊轉寄給兩方。

目前委託中央圖書館辦理交換工作的，一共有五十八個國家，五百二十多個機構和私人。去年一年內交換的書刊，計送往國內的西文書刊二五○七四冊，發往國外的中文書刊四四五一一冊。這是一個繁瑣的工作，中央圖書館所耗費的郵費、運費，目前已超過了它所能負擔的限度。但，對於國際文化交流來說，這一工作的重要性，是可以想見的。

(三)閱覽

臺北市目前有三所公共圖書館，中央圖書館以外，還有臺灣省立臺北圖書館，和臺北市立圖書館及其分館。中央圖書館雖也辦理一般性的閱覽事務，但它的重點，則在研究與參考兩方面。

中央圖書館目前除了普通閱覽室外，還有五個參考室，和一個善本圖書閱覽室，一個圖片閱覽室，以及一個期刊閱覽室，一個官書閱覽室。除了辦理閱覽事務之外，閱覽組還辦理解答國內外人士的諮詢工作。由於要求解答的問題，多半是學術性的，有時一個問題，我們須查考好幾天，才能得到圓滿的答案；有些問題，本館的人員不能答覆，還須請教館外的專家。據統計，上年度答覆國內外人士的諮詢，共四百五十四次。

三、中央圖書館的重要資料

(一)善本圖書

中央圖書館原有善本圖書十二萬多冊，加上去年從美國運回、現由中央圖書

館保管的北平圖書館的甲庫善本書二萬多冊，以及來臺灣後購買的善本書，目前所藏善本圖書，已達十四萬三千多冊。其中計宋刻本二百九十多部，金刻本十一部，元刻本三百六十多部，明刻本超過了八千部，活字本四百四十多部，日本和朝鮮的古刻本、活字本、以及安南舊刻本等，合計也有五百六十多部。各刻本和活字本外，還有稿本四百九十多部，舊鈔本三千一百多部；批校本也有五百四十餘部之多。世界各國收藏中國善本書的圖書館雖然很多，但無論就它們所藏的質或量來說，都遠不及中央圖書館的藏品。

　　㈡各國的官書

　　中央圖書館所藏官書的數量，在本國當首屈一指。除了本國各級政府、各議會、各文教機關、各公私營事業機構的公報和專題報告之外；還有聯合國及其所屬十多個獨立國際組織，以及三十多個國家或地區的官書。單以聯合國的文件而論，則有年鑑、期刊、條約叢刊，以及秘書處、安理會、經社理事會、託管理事會、裁軍委員會、國際法委員會……的紀錄等。再以美國的文件而論，則有參眾兩院的各種報告，議事錄等；最高法院的『美國報告』、『權利法庭報告』、『關稅與專利申訴法庭報告』等。美國各部會的連續性刊物，達三百六十餘種之多。這些刊物，自然都是重要的資料。

　　㈢期刊和報章

　　中央圖書館所藏的期刊和報章，其數量也相當的多。據上年度的統計，中文期刊共九百五十一種，現在按期陸續到館的有四百五十種；西文期刊共一千零五十九種，現在按期陸續到館的有四百零一種；日文的有五十九種，韓文的有四十七種，日報部分，則有中文的五十一種，按日到館的四十七種；西文的二十六種，每日到館的十八種；日文的和韓文的也各有數種。

　　學術上新的理論和各種報告，常常先在期刊裡發表；日報則是現代史的史料。因而，這兩種比較豐富的資料，也是值得向國人介紹的。

　　四、未來數年內業務發展的重點

　　中央圖書館有寶貴的資產，即是那十多萬冊善本圖書；自然，這些善本圖書幾乎全屬於人文科學和社會科學方面的。新書的來源，既多由於送繳；而我國的出版品，也以人文科學和社會科學的書佔絕大多數。因此，中央圖書館目前的收

藏，是以人文科學和社會科學的書籍為最多；也就是說，這兩方面的圖書——特別是本國人的著作，已具有基礎。誠然，中央圖書館的藏書，對於各科應作平衡發展，而不應該畸輕畸重。但在目前財力艱難的情況之下，勢難兼包並蓄，而不得不採取重點發展的辦法。在未來數年內，收藏的重點，將在人文科學和社會科學兩方面，尤其注重的將是收集世界各國有關漢學的著作。希望世界各國研究漢學的要籍，中央圖書館能應有盡有，配合著故宮博物院所藏的古器物和美術品，以及中央研究院歷史語言研究所所藏發掘殷墟所得的標本、和其他學術資料，讓自由中國成為一個名符其實的漢學研究中心。不但我們研究本國文化的人士，可以憑藉著這些資料和圖書，能達到他們最佳的研究效果；即各國研究漢學的學者，也不能不到我們這裡來搜集資料。響應總統所提倡的中華文化復興運動，這似乎是一個最切合實際的辦法。

五、困難和期望

上述的願望雖然不奢，但以目前中央圖書館的財力而言，萬難達到預期的目的。粗略的估計，中央圖書館如能一次得到臨時費新臺幣二百萬元，用以初步補充所缺的中日韓文和西文的重要圖書，以後每年有二萬美金的購書費，以收集國外出版有關人文和社會科學的圖書（特別是與漢學有關的）；那麼，我相信三年之後，將能成一個在國內最完備的漢學研究中心。

其次是書庫的問題。十四萬多冊善本書的存放，和故宮博物院已商定合作辦法，俟故宮博物院的書庫修成之後，中央圖書館的善本書——除複本外，將全部寄存於該院，並在該院和中央圖書館同時開放閱覽。

現在普通圖書的書庫只能存放十五萬冊圖書，目前已到了飽和狀態。期刊的庫房，也已經沒有隙地。尤其是盛放官書的庫房，早已沒有餘地再增加書架；有許多箱子和郵包，沒法打開整理。現已請政府撥款，擴建書庫。不過，打算擴建的書庫，也只能容納七萬多冊圖書；不及三年，又將有書滿之患。為作較長久的打算，最好能建一座可以容納五十萬冊圖書的書庫，一方面可以將善本圖書集中管理，一方面可以容納未來十餘年內新增的圖書。這筆建築費和設備費，恐怕需要五百萬元以上。

最後是員額問題。中央圖書館目前的員額是三十五人（包括館長在內）。它

有八個單位，但採訪組就實際需要職員十八人。閱覽組就需要職員近三十人。由於上述的原因，不得不用多量的額外人員。額外人員的待遇菲薄，不能久於其位。因此，我們希望政府能逐漸增加正式員額，俾逐漸減少額外人員。倘若能有六十個以上的正式員額，對於中央圖書館的業務，必有很大的裨益。

總而言之，中央圖書館的困難是「窮」，它的願望是能得到經濟的援助。政府和各文教基金會如果重視此一問題，籌措以上所說的這筆經費，似乎也不太難。而況國內不乏急公好義之士，海外更多熱愛祖國的華僑；倘能量力捐助，必將集腋成裘。為了響應總統復興中華文化的號召，為了提高國家在學術文化方面的國際地位，希望大家共同努力。本人謹代表中央圖書館，向國內外的同胞呼籲。」

· 十二月，得孔德成先生十二月二十四日來信，云：

「翼兄：

手教奉悉！為佛觀兄所弄之酒，弟於前次來時，已托人代訂四瓶，廿八日取貨（因已訂妥，故未與兄言及酒事也）。兄如已代為物色更好。總沒有瞎了的酒也。菜事，已告佛觀矣。專此，奉覆，祇候大安。弟德成敬上。十二月廿四日。」

· 本學年度由先生指導，獲碩士學位者：

國立臺灣大學中國文學研究所碩士班研究生譚固賢，其碩士論文為《太史公尚書說》。

民國五十六年（一九六七）　先生六十一歲

· 一月，〈北美洲的圖書館界〉一文，載《圖書月刊》第一卷十期。是年十二月《中國圖書館學會會報》第十九期轉載。

祐謹按：此先生於民國五十五年（一九六六）十二月十一日在中國圖書館學會第十四屆年會之演講詞。先生於民國五十四年（一九六五）秋至五十五年（一九六六）夏，應美國普林斯頓高深研究所之聘，為該所研究員，其間並應加拿大多倫多大學之聘為該校東亞學系訪問教授。此篇講詞，係就美國、加拿大兩國各大圖

書館購書藏書情形、收藏中文書籍數量、中國籍職員之情形與圖書館學校及圖書館學會之權力等項，詳為講說。

・一月十二日，親筆致函教育部長，請求撥款兩百萬元，以充實國立中央圖書館在人文科學、社會科學及國內外漢學研究方面之圖書，以為籌設漢學中心之基礎。信云：

「部長鈞鑒：

　　自　總統號召中華文化復興運動以來，全國風起影從，鈞部且擬定〈中華文化復興運動推行綱要〉，積極進行。甚盛甚盛。在此綱要中之第㈢及第㈨兩項，與職館業務有關，已擬就代辦事項，逕送社教司，以供參考。此外，尚有兩事，似甚重要，謹為　鈞座陳之：

一、中央圖書館亟應大量補充與漢學有關之圖書。職館所藏善本圖書逾十四萬冊，就其質量而言，皆為世界任何大圖書館所不及。其中孤本祕笈，可供專門研究之資料極多。在最近三個月中，即有自美國哈佛大學、英國倫敦大學、日本京都大學等校之教授及研究生，來利用此項資料。亦在此三個月中，美國有四所大學、日本一所大學，委託職館對所需之資料，攝成微影膠捲。本國從事研究工作之人士，利用善本圖書者，三閱月來，每月常在百人以上，將來必且日益增多。國人從事漢學研究者日眾，傳播漢學資料於國外之機會日多，此誠一可喜之現象也。

　　惟職館所藏之善本圖書雖多，而普通圖書則甚感缺乏。蓋播運來臺之時，因交通工具極端困難，故除將館藏善本圖書全部運來外，普通圖書僅攜來一萬餘冊。四十三年復館後，因限於經費，所藏之書，皆係徵繳所得臺灣出版之本。因是，清代出版之書，及民國以來迄四十二年前出版之書，職館大都未有。夫以惟一之國立圖書館，於本國二百餘年以來出版之普通圖書，竟多未入藏，對國人而言，既覺汗顏；對外籍來參考資料之人士言，尤難啟口。憑此而欲發揚中華文化，其條件之不足，自不待言。此其一。歐美人士，研究漢學者日眾；日本人士從事此學者尤多。因是，外國類出版品甚夥，而本國各圖書館收藏之者則殊少。漢學已成為世界之顯學，外國人士所著有關漢學

之圖書，本國學人如未見及，則不但將蒙見聞寡陋之譏；且既有多量資料未
能利用，自必影響其研究之成果。故大量收購日本及歐美各國有關漢學之著
作，似亦刻不容緩之事。此其二。粗略估計，如能籌措臨時購書費二百萬
元，以一百萬元補充本國出版普通圖書，另以一百萬元購置日本及歐美各國
所出與漢學有關之圖書，以及人文學科、社會學科等重要圖書。有此根基，
與館藏十萬餘冊善本圖書相配合，益以中央研究院及故宮博物院所藏圖書及
文物，則自由中國，可成為真正之漢學研究中心。復興中華文化，此似為最
切要之工作。（研究數理科學及生物科學之人士，皆集中於各大學及各研究
所，而各大學及各研究所，因有長期科學會之補助，其圖書設備均大致敷
用。故此類書籍，職館可以緩購。）

二、儘量收購匪區出版之學術性書刊。兵法云：知己知彼，百戰百勝。文化學術
之戰，亦何嘗不然？我政府為嚴防匪幫宣傳刊物之惑亂人心，因禁止其進
口，本為至當之舉。然學術性刊物亦在嚴禁之列，則不無可商。舉例言之，
如十餘年來，因共匪驅策饑餓之民眾，修路決河，所得之古物甚夥。此類古
物，對於我國古史研究，有重大價值。匪區將此類物事，多已印成書刊，陷
在匪區之學人，據此以作研究工作者亦眾。凡此書刊，我學人俱不能見。既
不能見此項資料，又不能知彼輩據此資料研究之成果，則吾人之學術水準，
勢將落彼輩之後，而為國際學術界所輕視。考古學如此，他如歷史、語言
學、地質學、生物學，乃至物理、化學，亦莫不然。且我國八年抗戰之光榮
史蹟，與夫共匪殘暴之血腥事實，足以示後世或昭炯戒者，其重要資料，如
不及時收集，將來亦必湮滅。如是，責任由匪黨捏造之歪曲歷史，流傳人
間，其問題尤為嚴重。為補救計，謹擬下列兩項辦法：㈠寬籌專款，委託香
港集成圖書公司，儘量收集匪區出版之新舊圖書。一面由鈞部、中央黨部、
警備總司令部及職館派員，合組一審查委員會。同時於中央黨部或中央圖書
館闢一特藏室，以儲此類書刊。集成圖書公司將匪區書刊寄來後，先由審查
委員會詳細審查，凡屬學術性者，即交特藏室；非學術性之書刊，則交國際
關係研究所。特藏室派妥人負責管理；凡真正從事研究工作之學人，需參考
此項圖書者，經過申請及保證手續後，可以入室閱覽。㈡請警備總司令部將

歷年所沒收及將來應沒收之違礙書刊，全部移交審查委員會予以審查；審查結果，依㈠項辦法處理。

萬里一介書生，不諳政事。以上所陳，未審有無一當。敬乞　尊裁。」

· 一月，得王雲五先生一月二十七日來信，云：

「萬里先生館長大鑒：

日前貴館向中山基金會申請出版補助費一案，因敝會各項獎助皆有規定，祇能就其他獎助項下提議。經再三討論，以敝會一般獎助對象限於個人，其他獎助雖曾對一二私人團體為之，惟對公家機關尚屬創舉。討論結果，認為公家機關可向政府提出預算或追加預算。按敝會前例，曾否決一次，貴館事同一律，未便兩歧，不得已仍維持先例，致愛莫能助。同僚抱歉，弟歉仄尤甚。謹舉原委，敬祈鑒諒。手頌公綏。弟王雲五。一月二十七日。」

· 〈楊振寧二三事〉一文，是月二十日載《大華晚報》。

· 二月，〈正中書局影印本《宋朝大詔令》〉一文，載《新時代》第七卷二期。

祐謹按：國立中央圖書館藏《宋大詔令集》一百九十五卷，三十二冊，宋不著編人，清常熟瞿氏鐵琴銅劍樓鈔本，民國五十七年（一九六八）七月，臺北正中書局影印出版，先生撰此篇記此書之內容及價值。

· 二月七日，得總統府資政陳立夫先生來函，云：

「萬里兄大鑒：

七月十九日大函敬悉。《世界名人辭典》已由正中書局轉來。所示為　貴館購書事，如大量補充與中國文化有關之圖書及收購大陸出版之學術性書刊，均極需要，教部對此諒必支持也。專此，覆請近祺。　弟陳立夫敬啟。　二月七日。」

按：此信未署年代。先生於民國五十五年（1966）九月接任國立中央圖書館館長，此信或為五十六年所寫。

又按：陳立夫（1900.8.21～2001.2.8），浙江吳興人。北洋大學畢業，留學美國匹茲堡大學，獲採礦學碩士學位。1928 年起，歷任中國國民黨祕書長、組織部

長、教育部長、立法院副院長、總統府資政等職。著有《孟子之政治思想》、《人理學研究》、《從根救起》、《迎頭趕上》等書。

· 〈古書的若干問題——文史研究叢談之一〉一文，是月廿七日載《中華日報》第二版。三月五日《香港時報》轉載。

· 三月，得劉象山先生三月十七日來信，云：

「翼鵬先生有道：

敬啟者，舍戚吳正言女士現在美國阿岡尼國家核能研究所任研究工作。近接中央研究院通知，囑回臺參加今年十二月間舉行之國際計算機會議。吳女士為一極有成就之科學人才，亦甚願回臺。惟渠函請代詢中央研究院是否補助來回飛機票費，如能補助，渠即準備論文，以便先期寄來。敢煩吾兄便中一詢貴院主辦單位如何？希惠一書，毋任感荷。附上吳女士參考資料一份，請詧閱。耑此，祇頌著祺。弟劉象山再拜。三月十七日。」

按：劉象山（1911.1.26～ ），山西盂縣人。上海大學畢業，1935 年任皖贛監察使署秘書。抗戰軍興，於 1938 年參加軍事委員會戰區軍風紀第二巡察團，周歷鄂東戰地。1939 年，奉派為湖北省黨部執行委員。1945 年抗戰勝利，任北平市政府參議，兼執教於中國大學、輔仁大學。1960 年，任考試院考試委員。著有《龔定盦年譜》、《春秋公羊今義》、《水邨詩詞稿》、《攬翠山房文稿》、《中國近代史講稿》、《禮樂與民生》等。

· 三月，〈釋𥅸屯〉一文，載中央研究院《歷史語言研究所集刊》第三十七本。後收入《書傭論學集》。

祐謹按：此釋古彝器銘辭中「𥅸屯」二字之義及其形制。

· 〈瑚璉質疑〉一文，是月載《孔孟月刊》第五卷七期。

祐謹按：本文為民國五十六年（一九六七）二月五日，先生在孔孟學會第三十九次《論語》研究會之講稿。

· 〈國立中央圖書館計劃中的幾件工作〉一文，是月載《教育與文化》第三五一、

三五二期合刊本。

祐謹按：先生膺聘擔任國立中央圖書館館長後，積極推動業務。於民國五十五年（一九六六）十二月既撰〈國立中央圖書館的現狀和願望〉一文後，復撰此篇，更具體提出數項計畫中之工作。先生云：

「國立中央圖書館（以下稱本館），從民國二十一年四月二十一日由蔣慰堂（復璁）先生創辦以來，到現在已經三十四週歲了。它生長於患難之中，屢蹶屢起。自民國四十三年在臺灣復館，又已十三個年頭。由於蔣慰堂先生和全館同人的努力，十三年來，館務日漸復興，又已達到小康的現象。

所謂小康現象，是它已擁有三十四萬冊以上的書刊（在南京時，藏書曾超過一百萬冊。）其中包括十四萬三千多冊善本圖書，和聯合國、世界其他聯合組織，以及三十多個重要國家的官書；此外，還有二千種以上的中文與外文期刊。善本書中，有很多是在全世界其他各處找不到的珍籍；官書，在自由中國是最豐富的收藏；期刊的數量，雖不如臺灣大學所藏的豐富，但近年新出版的刊物，則遠較臺大收藏的為多。這些，都是從事研究工作者的重要資料。

照上述的情形看來，本館在某些方面，已具有基礎；但，有待於擴展的業務還很多。茲衡量本館的財力和人力，把將來能夠做到的，或雖未必能做到而必須努力以赴的幾件工作，條述於下，用以請教於關心圖書館事業的人士。

一、大量補充人文科學和社會科學圖書

國立圖書館的職責，是收藏本國的和外國的文獻，以及各科的圖書。但本館的購書經費，實在太少；它比起美國國會圖書館來，固然不能望其項背；即和美國各著名大學圖書館的購書費比起來，也望塵莫及。在這種情形之下，與其兼收並蓄，而一無所長；不如作重點的發展，使它成為一個某方面圖書的重鎮。

現在我國研究自然科學和數理科學的人，都集中在各大學和研究院所。各大學和研究院所，關於這類的圖書設備，本已具有基礎；加以近年來國家長期發展科學會的補助，這類的重要書刊，多已應有盡有。以目前本館拮据的財力而言，自不必急於去複購這類的圖書。前面說過，本館有十四萬二千多冊善本圖書，這無疑地是我國人文科學和社會科學資料的寶庫。本國從事文史研究工作的人們，離不開這批資料，不必說了。外國的學者，以這批善本書為對象而來收集資料

的，最近四個月來，就有美國哥倫比亞大學、哈佛大學、華盛頓大學、英國倫敦大學、日本京都大學之教授及研究生等七人、歐美日本各大學委託攝製微影膠片的更多。但，所不足的，就是民國四十二年以前和清代出版的普通圖書太少；日本和歐美的學者有關漢學的著作，尤感缺乏。為了配合現有的基礎（善本書），因而目前的切要之圖，是能籌措一筆較大的款項，來收購各國有關漢學的圖書、和補充本國的普通圖書。

國人研究文史的，除了極少數學術研究機關和極少數大學的人員外，一般的情形，是知古而不知今（對於現代人研究的成果多不知道），知中而不知外（對於外國人研究漢學的情形多無所知）。由於不了解學術的行情，於是他們自己所選擇的研究題目，或指導學生所作論文的題目，常常是早已有人研究過，而且已經得到正確結論的。因為自己不知，於是花上幾年冤枉工夫，所得的結論，不是人家早就說過了，就是還遠不及人家的水準。這豈僅是浪費了時間？還必然會受到國際學者的輕視。

要了解學術的行情，就不能不多讀國內外有關的書刊。清代出版的圖書，中央研究院歷史語言研究所收藏的較備；但它既不是公共圖書館，又遠在郊區，自非大多數的人們所能利用。至於民國以來到政府遷臺以前的書刊，和日本歐美有關漢學的書刊，則各圖書館所藏的都不夠充實。本館急於要買民國四十二年以前和清代出版的圖書、以及日本、歐、美有關漢學的重要書刊，其目的就在於此。有了豐富的國內外近代出版有關漢學的圖書，再加上十四萬多冊善本書，自然，中央圖書館將成為收藏漢學圖書的重心，也自然可以提高了國人從事研究文史工作的水準。復興中華文化，這似乎是一個最切合實際的措施。希望政府和各基金會，能重視這一事實，在經費方面，予以有效的支援。

二、善本圖書的閱覽和傳佈

本館藏的十四萬多冊善本圖書，是從事本國人文、和社會科學研究的絕好資料，自不待言。這些圖書，目前雖已全部運抵臺北，存放於館中的展覽室內。但，展覽室容積太小，無法開箱上架；只得仍舊裝在箱內，堆存於該室。這批善本書箱，列成大隊，共計四排，每排堆積三層，真是盈宇充棟。當讀者來閱覽的時候，特藏組的同人，就不得不翻箱倒篋，把讀者所要看的書找出來，以供閱

覽。這樣，每找一部書，往往至少須半天時間，多則須兩天以上。特藏組的員工，雖都能勞而無怨；但躭擱了讀者閱讀的時間，即使讀者可以原諒，而在我們圖書館的從業人員來說，究竟是不應該的。何況植物園是白蟻的大本營；而箱件堆存，在通風避潮方面，自然不合理想。把這批價逾連城的古籍，長期堆存在這裏，我們負典守之責的人員，真是如臨深淵，如履薄冰。

蔣慰堂先生在接長故宮博物院之後，而尚未交卸中央圖書館的職務之前，曾針對著上述的問題，訂定了一個把館藏善本圖書存放外雙溪故宮博物院的辦法，經呈報教育部和行政院備案。根據該項辦法，俟故宮博物院的書庫建成之後，中央圖書館的善本圖書，可以移存在那裡，並可開放閱覽；而且，在故宮博物院的防空洞裡，還可以保留八十只書箱的空位，以備空襲時存放中央圖書館的珍本。

這本來是一個妥當的辦法。但，外雙溪距市區較遠；且故宮博物院每日開放的時間，是從上午九時到下午五時。而利用善本圖書的人，大多數是大學教員和研究生，他們多半上午有課，午飯後稍事休息，再趕車到外雙溪，至少也須到下午兩點鐘以後，因此他們每天很難有三個小時的時間，從事閱讀。那麼，在這批圖書的利用方面來說，將來一定不能使閱讀的人滿意。

為了補救這一缺陷，本館打算根據前述辦法第一條的規定，提出一批最適於研究之用的善本圖書，和市區的大學或文教機關合作。這樣，閱者既可省下一些車費，又可以節省乘車趕路的時間。而且，合作後開放閱覽的時間，打算從上午九時到夜晚九時。如此，對於從事研究工作的人們，才能發揮這些圖書的利用價值。

這意見已獲得學術界人士一致地支持，我希望將來能夠順利地達成這一志願。

至於傳佈方面，目前經常有歐美各大學委託本館攝製善本圖書的微影膠片，本館都是轉託中央研究院或政治大學代辦。今年四月下旬，本館自備的微影膠片攝製機將可裝置就緒，那時當更能加強這方面的服務。

戰亂是圖書的最大剋星。當此舉世正在對抗共匪的時代，大戰有隨時爆發的可能。本館所藏的善本書中，有很多是人間僅有的孤本；雖非孤本而極為罕見的秘笈，為數尤多。這些珍籍，如不讓它們化身千百，則戰事發生後，就很可能有

文武道盡之歉。因此,本館擬訂了一個影印善本圖書辦法,已呈教部請示,不久當可核下。該辦法公佈後,善本圖書當可大量傳佈。

三、恢復館刊

本館在抗戰期間,曾印行《圖書月刊》。抗戰勝利後有《館刊》和《學觚》兩種刊物。遷臺以來,因限於經費,無法復刊。最近已和學生書局商定合作辦法,將於本年七月間恢復停止已經十八年的《館刊》。

預定《館刊》的內容,將包括讀書指導、本館善本書志、本國出版新書提要、書評、各國圖書館概況,各國學術消息,以及本館每月收到的送繳書目等。希望藉著這一刊物,讓國內文教界人士,多瞭解一些國外學術界的近況;並希望國外圖書館,由於新書提要的介紹,而多買些有價值的中國書刊。而且,過去的善本書志,多注重欣賞或文字的校勘。本館《館刊》中的善本書志,將注重各書傳本的源流,以及此本和他本的比較,以明各本的優劣,好讓讀者擇善而從。

這是國內外人士期待已久的刊物。將來復刊後,才能和世界各圖書館互通聲氣,而促成更多的書刊交換,或其他文化交流工作。

四、擴展與國際文教機關合作業務

本館出版品國際交換處,辦理國際書刊交換業務,目前和我們經常交換書刊的有五十個國家和地區,相互交換的機構,計五百二十一個。將來還會日益增多,這是可以預料的。此外,如代外國圖書館選購本國新出版的圖書,答覆外國學者所函詢的問題,與美國東方研究所合作編纂中國作家的著者卡片,與哈佛等大學合作編製有關中國社會的圖書及論文卡片,這些都是本館或行之已久,或最近開始的工作。將來打算進行的,還有以下兩事:

㈠代國外學人蒐集有關漢學資料

館藏善本圖書中,固然有很多罕見的資料;他如中央研究院的歷史語言研究所、臺灣大學、故宮博物院等,所藏的圖書,也都很豐富,也各有其獨特的長處。從事漢學研究的人,自不能不利用這批豐富的資料。外國學人和旅居國外的本國學者,已確知某書中有某項資料,指明篇名卷頁,來函讓我們把他所需的資料影照下來,或複製,或傳抄下來寄去,以供利用的,是常有的事。但,中國圖籍,浩如煙海,國外的學人,勢難盡知某書中有某些資料。因此,我們打算替他

們服務，只要他們告訴我們其所需資料的範圍，我們便可以代他們搜尋有關的資料。

　　㈡代國外圖書館鑒別中國善本圖書

　　世界各國圖書館收藏中國圖書的很多，日本和韓國的圖書館，收藏中文書的尤其普遍。單以北美洲而論，收藏中文書的圖書館就有五十多個；所藏中文書超過十萬冊的就有七個圖書館。各圖書館所藏的中文書中，多有善本；但國外能夠鑒別中國善本書的人，實在太少。因此，本館打算和外國各大圖書館合作，如果有願意委託本館代為鑒別中國善本圖書的，我們樂意接受這項工作。這一工作，進行起來倒很簡便：委託者只要把他們藏書的卷頁一二葉和卷尾一二葉的照片寄來，我們就可以代為鑒定它的版本。

　　五、結語

　　總之，圖書館從業人員，是文教界人士的公僕。我們樂於竭盡我們的力量，忠實地為主人們服務。上述的幾點，只是目前在可能範圍內，本館所打算進行的工作。將來館務應該怎樣發展，對於社會人士怎樣才能發揮更佳的服務效果，我們自己固然會時時地計劃著；我們更希望主人們指示我們，督導我們。」

・四月，〈臺灣現存的珍本圖書和重要學術資料〉一文，載《圖書館學刊》第一期。

祐謹按：此先生於民國五十五年春在加拿大多倫多大學之講演稿。

・撰〈「清初鼓詞俚曲選」序〉。

按：《清初鼓詞俚曲選》一書，劉階平先生主編，全四冊，民國五十七年（一九六八）五月，正中書局印行。先生〈序〉曰：

　　「友人劉階平先生，是研究會計學的名家，是公正的立法委員。他唯一的興趣，是在公餘之暇，蒐集蒲留仙的作品和清代初、中葉名家的鼓詞。他搜羅、校勘，三十多年以來，似乎從沒有間斷過。他訪得所有蒲留仙的作品，找到了許多通行本《聊齋志異》所沒收入的逸篇，作了一部《蒲留仙遺著考略與志異遺稿》。他又考訂出版了一部《木皮詞》，證明了賈鳧西就是賈應寵。這兩事，在我國文學史上，都是重要的貢獻。

近十多年來，他的功力多用在鼓詞和俚曲的校訂方面。六年前他已編成了這部《清初鼓詞俚曲選》，但由於有些字句他認為還有問題，於是參證、推敲，直到今年才決定把它印行。真可以說是慎之又慎了。

這裏所收的七篇鼓詞，多是名家之作，且大都是憑藉經史資料以發洩作者抑鬱之筆的。〈南窗夢〉雖沒取材於經史，而其不平之鳴，卻也和他篇一致。只有抒情之作的〈田家樂〉一篇，算是例外。俚曲兩篇，也都有警世勵俗的深意。這類的文字，是辭賦詩詞和曲之外的另一種韻文，它全用俚語，既不受句子長短的限制，也沒有對仗和平仄的拘束，作者可以『天空任鳥飛』的自由而暢所欲言。又因為老嫗都解，所以這些鼓詞和俚語，二百年來在山東幾乎是家傳戶誦的。但，除了《木皮詞》到晚清才有印本外，其餘的都只有抄本流傳着。

鼓詞的體裁，當是從變文和寶卷演變而來的。用這體裁敘述全史的，似乎始於楊用修的《廿一史彈詞》。賈鳧西的《木皮詞》，當是受了楊氏的影響；而以翻案的手法，跌宕的筆調，寫出激越不平之筆，則遠非楊氏所能及。可是，取材於經書，化為民間的通俗文學，則賈氏實是開山之祖。至於俚曲的格調，則當是受南北曲的影響。兩者雖各有所本，但卻都有『青出於藍，而勝於藍』之妙。

民國三十三年秋天，我曾編過一本《清初三家鼓詞選》，交重慶中華書局。不久，抗戰勝利了，該局準備在上海出版。不料大陸沉淪，書竟沒出，頗引為憾事。現在階平這一選本，材料既比我選的豐富，校訂更比我詳審。這書的出版，不但使我感到無比的欣快；而讓這些奇文，能為世人所共賞，真是一大功德。中華民國五十六年四月十六日屈萬里序。」

・〈普林斯頓大學所藏的中文圖書〉一文，是月二十四日載《大華晚報》。

・五月，〈一個錯字的關係〉一文，載《圖書館學報》第八期。

・六月，《國立中央圖書館善本書目（增訂本）》出版，先生撰〈序〉，冠諸卷首。
按：《中央圖書館善本書目增訂本》，於民國五十六年（一九六七）十二月由該館印行，先生〈序〉云：

　　「本館舊編《善本書目》甲乙編各五卷，於民國四十六年出版，前館長蔣慰堂先生序其耑，於本館購置善本圖書及編目經過，既詳言之矣。十年以來，續有蒐集；益以奉令保管之前東北大學善本圖書，及自美京運還之前國立北平圖書館甲庫珍籍，於是館藏善本，逾十四萬三千冊。以一圖書館收藏中國善本如是之富，並世各公私藏家，殆無與倫比者。為便學人利用，乃合舊藏、新購、與夫代管之珍本，彙為總目五卷：即此增訂本是也。

　　舊時善本書目之纂輯，著錄率不詳盡。以著者項言之，往往僅題著者、注釋者；而於批校者、評論者、增補者、刪訂者，則多不之及。版本項之著錄尤略，大都但題曰宋刻本、元刊本、明刊本等；其較詳者，亦祇題曰宋咸淳刊本、元大德刊本、明嘉靖刊本而已。夫批校、評論、增補、刪訂之本，其不同於他本，固不待言。但以版刻而論，同一古籍，在前後數年或數十年中，常有多種不同之刊本；僅著其刊刻朝代，固難使人知為何本；即題帝王元號者，亦莫能辨其為何處何人所刻也。

　　同人等有見及此，故當善本圖書編目之初，相約於著者及版本兩項，務求其詳。尤於版本一項，凡刊刻朝代、年歲、刊版處所、刻者名氏，必考證之而後著錄。始事於民國卅五年勝利還都之初，至三十七年冬本館將播遷來臺之際，倉促之間，草就長編。而善本圖書，每有佚其序跋，或殘帙而非完書者；以是考其版刻，困難殊多。且以可供參考之書目未備，可供比勘之版本亦少；重以事出急就，未遑覆審；遷臺以來，復因善本圖書局於箱篋，檢核匪易；故舊印之目，於著者、版刻、乃至卷數冊數等項，間有疏失。同人等興念及此，輒為之愧汗涔涔。近年館務次第恢復，於是特藏組主任昌瑞卿彼得先生、編輯喬衍琯先生，乃取舊目一一覆勘原書，誤者正之，疏者補之；並增入新收及代管之本，彙成茲編。邇來世變愈亟，舊本之存者彌少；曩時習見之書，今則多成秘笈。以是此增訂本，不復第其甲乙；且為便於省覽計也。數載董理，迄今夏而稿定。蓋二十年來，瑞卿於困苦艱難中始終其事，任最重而功亦最多。然琳琅萬卷，昕夕摩挲；足以慰情，且可以療飢矣。

　　中央研究院中美人文社會科學合作委員會，以編印臺瀛公藏人文及社會科學聯合目錄，此增訂本為聯合目錄之一部分，因得以其經費印行。本館固蒙其利，

學林受惠尤多。萬里謹代表本館，敬申誠摯之謝忱。中華民國五十六年六月三十日屈萬里序。」

· 七月，得毛子水先生七月十四日來信，云：

「翼鵬兄尊鑒：

茲有一事相煩。請一看附呈的函件。我希望兄能用一百字左右（至多不要過百五十字）答覆這封信的問題（我意寫信的人是一位普通知識分子，並不是一個專門做學問的人，所以不敢煩兄多費時間）！專此，順頌近祉。弟毛子水敬上。五六年七月十四日。

我知道兄公事太忙，並不希望很快的得到回信。又及。」

· 七月，《國立中央圖書館館刊》復刊，先生撰〈復刊詞〉載諸卷首。云：

「本館的定期刊物，在抗戰之前有《學觚》，抗戰期間有《圖書月刊》，勝利後有中文的《國立中央圖書館館刊》，英文的有《書林季刊》。這些刊物，都曾被當時的文教界所重視。尤其後二者，由於內容充實，印刷和裝訂方面，也有較高的水準，更受到學林的厚愛。可惜在國步艱難的情況下，《館刊》和《書林季刊》，都在民國三十七年停止了。

三十八年春初，本館遷來臺灣。那時，正當國家艱困之際，館務無法獨立展開，因而和故宮博物院及中央博物院聯合起來，成立了一個管理處，集中保管圖書和文物。到了四十三年，本館雖已奉教育部令恢復了館務，但經費仍然拮据，無力出版定期刊物。

臺灣學生書局有限公司，對於圖書目錄之學，熱心提倡，已編印《書目季刊》，博得學術界的好評。他們聽說本館有恢復館刊的計畫，因而和本館商定，由本館任編輯工作；出版的費用和發售的事宜，則由學生書局負責。這正和二十年前，本館與開明書店合作，印行《館刊》一樣。於是停止已經十八年的《館刊》，從今年七月起又得復甦了。

《館刊》的內容，大致分為專論、本館善本書志、書評、新出版中文書提要、各國圖書館概況、學林消息等。專論除刊載有關圖書館學、目錄學、板本學、校讐學等論文外，並特別歡迎關於各科學術之趨勢或概況的報導——尤其著

重於世界各國學者對於漢學研究的情形和此類圖書出版的狀況。目的在介紹各國研究漢學的行情和出版的重要圖書，以供本國的學人參考。

本館的善本書志，是著重在每一書的傳刻源流，以明各本的衍變；並與他本互勘，以見其優劣的所在。新出版中文書提要，則專門介紹本國新出版、而且比較重要的圖書，目的在供外國人士購買時參考之用。書評的對象，雖無固定的範圍；但本國學者對於外國漢學名著的評論、或外國學者對本國學術性著作的評論，是本刊所最樂於刊載的。

本刊的園地是公開的。本館同人的的著述，固可藉此以請正於方家。尤其希望海內外的學人，惠賜鴻文，為本刊增光。我們的稿酬是微薄的，但我們以虔誠的心情，作豚蹄穰田之祝。

中華民國五十六年六月屈萬里。」

· 〈簡評高本漢的詩經注釋和英譯詩經〉一文，是月載《國立中央圖書館館刊》新一卷一期。

· 七月，撰〈「國立中央圖書館每週新到西文要籍簡介」引言〉一文，載七月十七日《大華晚報》第五版。

祐謹按：國立中央圖書館除典藏善本圖書及中文圖書外，也採集西方出版品，提供讀者閱覽。為提供讀者有關西方出版品之資訊，該館與《大華晚報》合作，每週闢一專欄，簡介新到西文要籍，以服務讀者。屈先生於專欄第一期撰此〈引言〉，說明開設專欄的緣由。〈引言〉云：

「國立中央圖書館，上年度（五十五年七月至五十六年六月）收進的西文圖書是四千二百四十八冊（前年是二三五四冊），平均每月收進三百五十四冊，而期刊、連續性的官書、和小冊子等，都未計算在內。這些圖書，大部份是由交換得來，小部份是購買來的。購來的都是新出版的書籍；由交換得來的圖書，則大多數是一二年前，乃至數年前出版的。雖然如此，其中還有很多是本國各機關學校都沒有入藏的要籍。

書籍到館後，我們就儘速地編製卡片，以供眾人閱覽。但，卡片目錄，只能放在館裏；而閱覽的人，散在各處，如不經常到館裏來檢閱目錄，便不知道本館

究竟新到了些什麼圖書。站在本館對讀者服務的立場來說，我們總覺着沒能盡到責任。半年來曾屢次和各報館接洽，希望能給我們一點篇幅，讓我們介紹一些新到的西文圖書，俾為讀者作進一步的服務，但因各報調整版面困難，一直沒有決定具體的辦法。

《大華晚報》的〈讀書人〉週刊，是報章中唯一的專談讀書問題的副刊。該刊編者知道了本館的願望，欣然地願意每期分給我們大約兩千字的篇幅，讓我們按期介紹新到的西文圖書。這種樂於替讀書人服務的精神，是值得讀者讚佩的；當然，更是本館所感激的。

由於篇幅有限，每期只能刊載八種到十種的新書提要。自然，那只能選擇比較重要的書了。提要，也只能就原書的內容，作一最簡單的介紹，而不加以評論。因為我們的目的，只是讓讀者知道本館新到了些什麼比較重要的西文書，書的內容如何，使他們決定需否來館利用這些圖書。至於書的優劣，要靠專家們評論，我們就不必饒舌了。

當今年春初，我把這計畫告訴顧季高（翊羣）先生時，他高興地說：『等你們決定在什麼報上登載時，請立即告訴我，我好訂那個報。』我想懷着這種心情的，必定大有人在。現在差可告慰於顧先生和許多學人了。中華民國五十六年七月十七日。」

· 九月，〈舊雨樓藏漢石經殘字辨偽〉一文，載《書目季刊》第二卷一期。
祐謹按：國立中央圖書館藏有墨拓本《舊雨樓藏漢石經》不分卷四冊，不著編人，係民國三十五年該館奉教育部令接收偽政府內政部長陳羣澤存書庫所得者，前人多誤以為真，先生由字體不合、《尚書》之碑數不合、殘石部位不合、錯改之經文等數端，論定其為近人方若（藥雨）所偽刻。

· 〈國立中央圖書館〉一文，是月載《教與學》第一卷第一期。

· 撰〈「感舊錄」序〉。
祐謹按：《感舊錄》，李濟之先生撰，此編所錄多係其自敘及悼念師友之文。民國五十六年（一九六七）九月，臺北傳記文學出版社印行。先生〈序〉曰：

「一般說來，樸學家的文章，和文學家的文章，在風格上是大異其趣的。譬如形容婦女的豔麗，文學家慣用『秀色可餐』的句子，而樸學家則必定說『人肉吃不得』。科學家的文章，較樸學家的更為嚴謹；這可以拿商家的廣告作比喻：著名藥廠所出的藥品，必然列舉出藥品所含的各種成份和重量，而不加什麼動聽的形容辭句，這是科學家的作風；至於賣鮮大王醬油的廣告說：『家有鮮大王，清水變鷄湯。』這就是文學家的口吻了。由此看來，樸學家或科學家的文筆，是言之有物的，是樸實無華的；而文學家的文筆，則着重渲染，因而就常有浮誇的言辭。

濟之先生是舉世推重的考古學家。他生長在詩書門第，他的先尊巽甫先生是以詩文名家的。他幼承庭訓，自然飽受了文學的浸潤和灌溉。後入清華學校，受新式的教育；畢業後入美國克拉克大學，專習心理、社會等學科；繼而入哈佛大學研讀人類學和考古學。學成返國後，四十多年以來，無論教學和研究，都沒離開人類學和考古學的領域。也就是說，他自從離開家塾之後，所受的訓練、所從事的工作，就都是科學性的了。他既受到文學的薰陶，又受到長期的科學訓練；因而他所著的專書和論文，雖然幾乎全是關於人類學和考古學方面的科學性的題目；但他以生動的筆鋒，撰寫科學性的文章，不但使讀者沒有枯燥之感，而且能步步引人入勝。實而能華，質而有文，這就不是常人所能企及的了。

除了學術性的專書和論文之外，濟之先生也偶然地作些自敍和悼念師友的文字。自敍的文章，都是應期刊的編者而作；悼念的文章，則多由於感舊傷逝，情不能已，而自動地撰寫的。傳記文學出版社的編者，把這一類的文章蒐集起來，又加了幾篇序文，彙成了一本專集，打算以《停雲集》為名，出版問世。後來由於這書名已經有人用過，於是再商請濟之先生，改名為《感舊錄》。自然這是因為本書的性質，和王漁洋的《感舊集》相近的緣故。

《感舊錄》裏這些文章，雖然都是記敍性的作品，而不是研究性的論文。但它們的內容都是確實可信的。又因為它們究竟是傳記文學，於是更可以發揮著者的文學潛能；所以筆調就更清霧，風格就更雋逸了。關於悼念的幾篇文章，所悼念的對象都是近年逝世的權威學者；除了月涵先生之外，這些人在生前和濟之先生為了學術的、或公務的意見不同，是常常發生爭論的；甚至爭執得面紅耳赤。

爭論的越多，他們彼此間的認識越深，而互相欽佩的心情也越濃，交誼也越篤。『英雄識英雄，惺惺惜惺惺。』所以這些文章，觀點都非常的正確，情誼都非常的深摯。

以漢學名世的高本漢，畢生致力於中國經典、音韻、古器物等學的研究；造詣之深，被西洋漢學家奉為泰斗。但他偶爾也寫寫小說，用筆名發表；並且得過小說獎金。這本《感舊錄》出版之後，我相信會有不少讀者，將因此書聯想到高本漢；而對於這兩位學者的成就，將發生『無獨有偶』之感。中華民國五十六年七月晚學屈萬里序。」

・十二月十日，中國圖書館學會第十五屆年會在臺北市舉行，先生擔任主席，並膺選監事。

・本學年度由先生指導，獲碩士學位者：

國立臺灣大學中國文學研究所碩士班研究生程元敏。其碩士論文為《王柏及其經說》。

國立臺灣大學中國文學研究所碩士班研究生許進雄。其碩士論文為《殷卜辭中五種祭祀的研究》。

民國五十七年（一九六八）　先生六十二歲

・一月，〈中國圖書館事業的現況及其問題〉（與張錦郎先生合著）一文，載《社會教育研究》一書。是書由中國教育學會主編，臺灣商務印書館印行。

祐謹按：本文由先生與張錦郎先生聯合署名發表。屈先生手書一跋云：「本文所用資料，太半為本館調查所得；而組織成文，則錦郎兄一手之力也。標題上著者，僭列賤名，曷勝慚恧。爰識數語，以明不敢攘善之意。民國五十七年二月萬里記。」先生謙虛胸襟，於此可見。

此篇為中國圖書館發展史上之重要文獻，謹錄原文如下：

「一、近五十年中國圖書館簡史

我國開始認識圖書館的重要，始於甲午戰爭以後。當時尚無圖書館的名稱，只有藏書樓或藏書院。如光緒二十二年八月一日《時務報》載：〈官書局奏開辦

章程〉，文中有「……擬設藏書院，尊藏列朝聖訓欽定諸書，及各衙門現行則例，……其古今經史子集，有關政學術業者，一切購置院中，用備留心時事，講求學問者入院借觀。……」同月二十一日該報又載有〈李侍郎端棻推廣學校摺〉，其中首論設藏書樓。至光緒末年，湖南、湖北、直隸、浙江、江蘇和山東等省，均已設有藏書樓。

宣統元年十月二十五日《教育雜誌》載有孫毓修撰之〈圖書館〉一文，共分七篇，這是國人首次對圖書館學作有系統的著述之始。同年十二月十七日，學部公布〈京師及各省圖書館通行章程〉，共二十條。這是我國第一次的圖書館立法。該章程第二、三條規定京師及各直省省治設圖書館。於是次年八月成立京師圖書館，各省藏書樓亦紛紛改稱。而四川、廣西、雲南、陝西等省亦相繼創立圖書館。同年美人韋棣華創立文華公書林，為我國第一所西洋式民眾化的圖書館。

民國成立，教育部內設社會教育司，掌管圖書館及通俗圖書館巡迴文庫等事項。四年十月二十三日，教育部先後公布圖書館規程十一條，通俗圖書館十一條，為以後圖書館設立之依據。九年夏北京高等師範開設暑期圖書館講習會，同年秋武昌文華大學創立圖書館科（即後來之文華圖書館專科學校），此乃中國圖書館人材訓練之始。十八年九月一日北平京師圖書館與北海圖書館併為國立北平圖書館，藏書達三十餘萬卷。這是我國有現代式國立圖書館之始。

二十年至二十六年各圖書館紛紛從事於圖書館學及目錄之研究和出版。如國立北平圖書館編印《國學論文索引》，嶺南大學圖書館編《中文雜誌索引》等。

二十二年四月，國立中央圖書館開始籌備。二十六年至三十四年因抗日戰爭，我國公私立圖書館均受到極重大之損失，淪陷區之圖書館幾乎陷於停頓狀態。如國立北平圖書館於二十六年冬裝箱封存四四七三冊所謂有礙邦交的中西圖書，二十六年七月至三十年九月因經費無着，迄未購書。國立清華大學圖書館被日軍佔領後即充作病院，圖書分由軍部、新民會、近代科學圖書館、北京大學圖書館取走。有些圖書館，為避免館藏被燬，乃盡一切人力、物力，將圖書移到後方，如國立中央圖書館、國立中央大學、國立浙江大學、國立武漢大學及中央研究院歷史語言研究所等圖書館。

　　勝利後，共匪叛亂，三十八年大陸淪陷，隨政府遷臺的圖書館，有國立中央圖書館、中央研究院歷史語言研究所圖書館、故宮博物院文獻館，以及少數政府機關圖書館。

　　今據《中華圖書館協會會報》及教育部之《教育年鑑》，將歷年全國圖書館數量列表如後，亦可看出我國圖書館事業進展之梗概。

年份	7	14	17	18	19	20	21	22	23	24	25
圖書館數	176	502	896	1131	1273	1393	1479	1634	1479	1576	1848
年份	26	27	28	29	30	31	32	33	34	35	
圖書館數	1123	1178	1103	892	1066	1135	940	706	704	831	

　　二、中國圖書館的現況

　　㈠臺澎地區圖書館數量

　　民國三十八年底政府遷臺以前，臺灣共有公共圖書館十七所，其中省立圖書館二所，即省立臺北圖書館、臺中圖書館。縣立圖書館五所，即臺北縣立宜蘭圖書館、新竹縣立圖書館、臺中縣立員林圖書館、高雄縣立圖書館、澎湖縣立圖書館。市立圖書館十所，即基隆市立圖書館、臺北市立城北圖書館、臺北市立松山圖書館、臺北市立古亭圖書館、臺北市立城西圖書館、彰化市立圖書館、嘉義市立圖書館、臺南市立圖書館、高雄市立中山圖書館、屏東市立圖書館。大專院校圖書館有六所，即國立臺灣大學圖書館、省立師範學院圖書館、省立臺南工學院圖書館、省立臺中農學院圖書館、省立臺北工業專科學校圖書館、省立行政專科學校圖書館，另有少數專門圖書館。至四十四年，臺灣共有國立圖書館一所，公共圖書館十九所，其中省立圖書館二所，縣立圖書館十三所，市立圖書館四所。大專院校圖書館十五所。專門圖書館則急劇增加，如中央研究院歷史語言研究所圖書館、中國國民黨中央黨部圖書館、革命實踐研究院圖書館，藏書最少的也在五萬冊以上。藏書在五萬冊以下圖書館亦有三十幾所。三十八年統計市立圖書館十所，四十四年減為四所，因為臺北市立四所圖書館於四十一年合併成立臺北市立圖書館，另彰化、嘉義、屏東三市立圖書館，亦先後改為縣立圖書館。

　　五十六年五月，國立中央圖書館為瞭解我國圖書館事業發展情形，並配合聯

教組織之統計工作，特擬定〈五十五年全省圖書館（室）調查表〉，分發各館調查。綜觀全表所列，以隸屬言，計：國立圖書館一所，省立圖書館二所，縣市立圖書館十七所，局立圖書館一所，私立圖書館四所。大專院校圖書館六十九所，其中大學及獨立學院圖書館二十一所，專科學校圖書館四十八所。中學圖書館（室）五一四所。專門圖書館八十七所。總共全省共有圖書館（室）六九五所。如中學圖書館不計算在內，則全省共有一八一所圖書館。以所在地言，如中學圖書館不核計在內，則臺北市最多，共七十一館，臺北縣次之，計三十三館，臺中市又次之，計二十館。

　　㈡各館的藏書與經費

　　1.藏書　據五十五年十二月《中國圖書館學會會報》第十八期刊載，臺灣公私立圖書館，各大專院校圖書館，及專門圖書館七十七館，中西文藏書共三、六七七、一八四冊。加上國立中央圖書館三十三萬冊，共四、〇〇七、一八四冊。據今年五月國立中央圖書館之調查，在可以統計的四百五十八所圖書館中，中西文藏書約六百五十萬冊。以排架的長度計算，共有一二九、九七四・六六公尺。如以全省圖書館六九五所計算，中西文圖書估計可達七百萬到七百五十萬冊。其中藏書數量較多者，計：

　　三十萬冊以上者三館：國立臺灣大學圖書館七十一萬冊，國立中央圖書館三十四萬冊，省立臺北圖書館三十二萬冊。

　　十五萬冊以上者四館：中央研究院歷史語言研究所傅斯年圖書館二十一萬冊。省立師範大學圖書館十八萬冊，國防研究院圖書館十六萬九千冊。故宮博物院圖書館十五萬七千冊。

　　十萬冊以上者四館：中國國民黨中央黨部圖書館十四萬六千冊。省立中興大學圖書館十二萬冊。國立政治大學、省立成功大學圖書館各十一萬餘冊。

　　五萬冊以上者九館：私立東海大學圖書館，臺北市立圖書館各九萬餘冊。私立淡江文理學院圖書館，私立輔仁大學文、法、理學院圖書館各七萬餘冊。省立臺中圖書館，私立中國文化學院圖書館各六萬餘冊。省立臺北工業專科學校、高雄市立圖書館，臺灣農業試驗所圖書館各五萬餘冊。

　　三萬冊以上者十七館：私立東吳大學圖書館，私立逢甲工商學院圖書館，私

立中原理工學院圖書館，省立臺中師範專科學校圖書館，省立臺南師範專科學校圖書館，彰化縣立圖書館，臺南市立圖書館，省立高雄中學圖書館，省立臺中第一中學圖書館等。其餘各館均在二萬九千冊以下。

於此可見藏書最多者為國立臺灣大學圖書館。大學及獨立學院圖書館藏書平均在五萬冊至十萬冊之間，縣市立公共圖書館藏書則在五萬冊以下，二萬冊以上。中學圖書館大都在二萬至一萬冊之間。

又據此次調查，五十五年度四五八所圖書館共添置圖書八四○、九八○冊，其中國立中央圖書館佔二萬冊，二十所公共圖書館共佔三○、四四五冊，各館一年平均添置一、五○○冊。三十七所大專院校圖書館共佔二三五、二一七冊，每館一年平均添置七千多冊。三七六所公私立中學圖書館佔四七七、七五八冊，各館一年平均添置一千三百冊。二十四所專門圖書館佔七七、五六○冊，各館一年平均添置三千二百冊。一般說來，除國立中央圖書館外，以大專院校圖書館添置圖書最多。如再就十一所公私立大學圖書館去年添置的一○八、六○三冊而言，則各館一年平均約添置一萬冊。

關於善本書之冊數及庋藏處所，詳見拙著〈臺灣現存的珍本圖書和重要學術資料〉乙文（刊登於五十六年四月臺灣大學圖書館學會刊印之《圖書館學刊》，第一期，第 13-19 頁），此不贅述。

2.經費　除公共圖書館外，大專院校圖書館，中學圖書館及專門圖書館之經費均非獨立。國立中央圖書館今年五月間之調查，經費部分分為經常開支及重要開支二項，前者包括薪給，書刊購置費、裝訂費等；後者包括建築費及器材費。此項調查表，雖有少數圖書館未填，但仍可約略言之：

四五八所圖書館，經常費共新臺幣五○、三五九、七○八元。人事費一三、八九三、四七○元，佔百分之二十八。圖書費三一、六八九、九三○元，佔百分之六十三，裝訂費一、四一二、○六六元，佔百分之三。其他三、三六四、二四二元，佔百分之六。重要開支項，共七二、八一八、五八九元。建築費五九、四三○、二七五元，佔百分之八十一，器材費及其他佔百分之十九。

前述人事費所以只佔百分之二十八者，因為各中學及專門圖書館之職員大多數為兼任，不支薪津。各公共圖書館之人事費，則均達百分之五十左右。

　　茲再將民國五十五年七月到五十六年六月一年的經常費，就國立圖書館，公共圖書館，大專院校圖書館，中學圖書館，及專門圖書館，分別予以說明：

⑴國立中央圖書館二、一五○、三五二元。

⑵公共圖書館：

①一百萬元以上者二館：省立臺北圖書館，臺北市立圖書館。

②五十萬元以上者一館：省立臺中圖書館。

③二十萬元以上者五館：彰化、宜蘭、臺南、高雄、基隆等縣市立圖書館。

④十萬元以上者九館；澎湖、高雄、南投、新竹、桃園、屏東、臺北、嘉義等縣立圖書館。

⑤十萬元以下者三館：臺中、苗栗二縣立圖書館，陽明山管理局北投圖書館。

⑶大專院校圖書館：

①一百萬元以上者五館：國立臺灣大學，國立政治大學，私立東海大學，私立淡江文理學院，國立清華大學等圖書館。

②五十萬元以上者八館：省立成功大學，省立臺北工業專科學校，省立師範大學，私立中國文化學院，私立東吳大學法學院，私立輔仁大學文理法學院，省立中興大學，私立逢甲工商學院等圖書館。

③十萬元以上者十三館：私立明志工業專校，私立中原理工學院，私立世界新聞專校，私立臺北醫學院，私立實踐家政專校，省立屏東農業學校，省立臺中商業專校，國立交通大學，私立大同工學院，省立臺中師範專校，省立臺北師範專校，私立中國醫藥學院，省立新竹師範專校等圖書館。

④十萬元以下者八館：省立臺南師範專校，省立臺北護士專校，省立嘉義農業專校，省立臺北女子師範專校，省立嘉義師範專校，省立臺東師範專校，省立花蓮師範專校等圖書館。

⑷中學圖書館：

①十萬元以上者二十一館：省立臺北第一女子中學，省立臺中第一中學，省立嘉義中學，臺北市立女子中學，新竹縣立新竹第一中學，臺北市立大同中學，省立花蓮女子中學，省立高雄中學，省立臺北第二女子中學，省立師大附中，省

立臺中第二中學，省立中壢中學，臺北縣立士林中學，高雄市立第七初級中學等圖書館。

　　②五萬元以上者八十三館。校名從略。

　　③一萬元以上者二三一館。校名從略。

　　④一萬元以下者三十二館。校名從略。

　　⑸專門圖書館：

　　①五十萬元以上者二館：國防研究院圖書館，臺電公司企劃處圖書室。

　　②十萬元以上者八館：中央研究院歷史語言研究所傅斯年圖書館，臺灣省文獻會整理組，國防醫學院圖書館，中央研究院近代史研究所圖書館等。

　　③九萬元以下者十館：行政院圖書室，中國工程師學會圖書室等。

　　由上面的統計數字，可以看出經常費最多者為國立中央圖書館，大專院校圖書館次之，公共圖書館又次之。專科院校及中學的學生，一年來兩次繳納圖書費；如能以全部圖書費用於購置書刊，相信各校圖書館之經常費可再提高。

　　㈢各圖書館之分類與編目

　　目前各館中文書籍之分類，以採用金陵大學圖書館之《中國圖書分類法》及賴永祥依上述分類法之新訂本者最多。如據五十五年中國圖書館學會之統計，大專院校及專門圖書館五十六館，採用《中國圖書館分類法》者佔三十四館，採用何日章之《中國圖書館十進分類法》者佔十四館，採用王雲五之《中外圖書統一分類法》者佔三館，自訂分類法者亦佔三館。西文圖書大都採用《杜威十進分類法》。據上述中國圖書館學會統計，五十六館中，採用「杜威法」者共三十二館，採用《國會圖書館分類法》者共八館，《美國國立醫學圖書館分類法》者三館，自訂分類法者三館，《日本十進分類法》者一館，另有二館中西文圖書均採用《杜威十進分類法》和《中外圖書統一分類法》。

　　編目方面，中文書籍幾乎全部採用《國立中央圖書館中文圖書編目規則》。西文圖書則採用《美國圖書館協會著者書名編目規則》（ALA Cataloging Rules for Author and Title Entries），《美國國會圖書館編目規則》（Library of Congress Descriptive Cataloging Rules）及《愛克斯簡易編目法》（Akers' Simple Library Cataloging）。

　　關於目錄卡片，各館中文書籍均編有分類片，著者片，書名片等三種。有些
圖書館為詳細起見，並編有排架片、參見片、見片及各種分析片。目前因無中文
主題表，所以尚缺主題片。西文圖書除上述中文書籍幾種目錄片外，國立中央圖
書館，各大學圖書館及專門圖書館，另有主題片之編製，其採用的主題表有二，
即《美國國會圖書館主題表》（Library of Congress List of Subject Heading）及
《西爾氏主題表》（Sears' List of Subject Heading for Small Library）。

　　㈣各館之組織與人員

　　1.組織　圖書館之組織因其業務、歷史、經費和所藏資料之不同而互異。茲
就國立圖書館，公共圖書館，大學圖書館，專門圖書館，分別敘述之。

　　國立中央圖書館屬於教育部，現行組織是根據民國三十四年頒佈之《國立中
央圖書館組織條例》。該館共分為五組一處二室。表列如後：

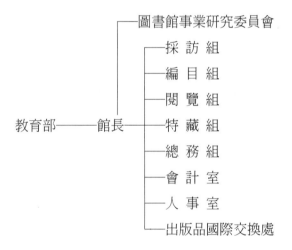

教育部───館長
- 圖書館事業研究委員會
- 採　訪　組
- 編　目　組
- 閱　覽　組
- 特　藏　組
- 總　務　組
- 會　計　室
- 人　事　室
- 出版品國際交換處

　　臺灣省各公共圖書館之組織，係依據民國四十一年教育部公布之《各省市立
圖書館規程》及四十年臺灣省政府公布之《臺灣省各縣（市）立圖書館組織規
程》。省立圖書館設三至五組，縣市立圖書館設二至四組。如臺北、臺中二省立
圖書館，均設採編、閱覽典藏、研究輔導、總務四組。臺北市立圖書館，臺南市
立圖書館，彰化縣立圖書館，屏東縣立圖書館等，亦設採編、閱覽、總務、推廣
四組。其他各縣市，如嘉義縣立圖書館，高雄縣立圖書館，則設編覽、總務二

組。今舉省立臺北圖書館之組織系統表如下：

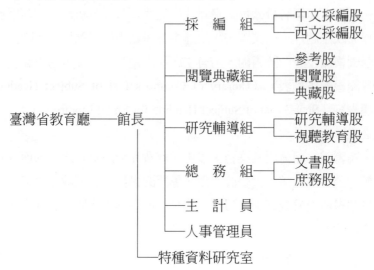

臺灣各大專院校圖書館之組織分二種，一種是圖書館直接隸屬於校長，如國立臺灣大學，國立政治大學，國立清華大學，私立東海大學等（師範大學改為國立後，其圖書館亦直隸於校長）。其他各院校均隸屬於教務處。茲以國立臺灣大學圖書館，私立東海大學圖書館為例，表列其組織系統如後：

國立臺灣大學圖書館組織系統表

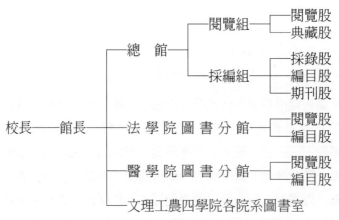

私立東海大學圖書館組織系統表

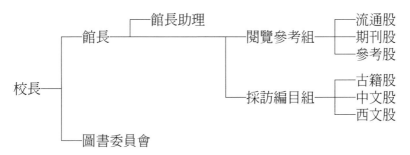

中學圖書館均隸屬於教務處之設備組。亦有少數學校在校長之下設圖書委員會，以協助圖書館工作者。專門圖書館之組織各館不同。有的分組辦事，有的不予分組。今舉較具規模之國防研究院圖書館為例：該館設館長一人，秘書一人，下分採編、閱覽二組，各設組長一人。另有編審二人，館員三人，辦事員一人，僱員若干人。

　　2.人員　據國立中央圖書館今年五月間之調查，在四五八所圖書館中，共有職員一三七四人。其中國立中央圖書館七十八人。公共圖書館二五〇人，平均每館十三人。大專院校圖書館三八〇人，平均每館十人。中學圖書館五五三人，平均每館一·二人。專門圖書館一一三人，平均每館五人。在一三七四人中，受過專業訓練者三〇七人，佔百分之二十二。受過專業訓練比例最高者為大專院校圖書館，三八〇人中，有一四〇人，佔百分之三十七。比例最低的是中學圖書館，五五三人中，佔七三人，比例是百分之十三。其次是公共圖書館，二五〇人中，佔四十人，比例是百分之十六。

　　⑴公共圖書館：

　　①三十人以上者三館：省立臺北圖書館，臺北市立圖書館，省立臺中圖書館。

　　②十人以上者五館：高雄市立圖書館，臺南市立圖書館，彰化縣立圖書館，宜蘭縣立圖書館，新竹縣立圖書館。

　　③九人以下者十一館：館名從略。

　　⑵大專院校圖書館：

　　①一百人以上者一館：國立臺灣大學圖書館。

　　②二十人以上者二館：省立師範大學圖書館，國立政治大學圖書館。

　　③十人以上者六館：省立成功大學圖書館，私立東海大學圖書館，私立淡江文理學院圖書館，省立中興大學圖書館，省立臺北工業專科學校圖書館，私立中國文化學院圖書館。

　　④九人以下者二十八館：館名從略。

　　⑶中學圖書館：

　　①五人以上者二館：省立臺北第一女子中學圖書館，省立臺南一中圖書館。

　　②三人以上者十八館：省立臺中第一中學，省立高雄中學，省立建國中學，省立嘉義中學等圖書館。

　　③其餘三五六館均在二人以下。

　　⑸各館之出版事業

　　圖書館除蒐集整理圖書或其他資料外，還須編製各種目錄、索引、指南、專著和印刷館藏珍本，以便利讀者之研究參考。茲將各館出版之書刊，舉要分述於次：

　　1.國立中央圖書館

　　《臺灣公藏方志聯合目錄》

　　《臺灣公藏宋元版本聯合書目》

　　《國立中央圖書館善本書目》三冊

　　《中華民國出版圖書目錄彙編》二冊

　　《明人傳記資料索引》

　　《國立中央圖書館中文圖書編目規則》

　　《國立中央圖書館期刊目錄》

　　《美國圖書館學會著者書名編目規則》

　　Directory of the Cultural Organizations of the Republic of China.

　　History of National Central Library.

　　A Selected and Annotated Bibliography of the Republic of China, 1958-1959, 1959-1960.

期刊類

《新書簡報》（月刊） 民國四十九年創刊，至五十六年六月，共出八卷六
　　期。

《國立中央圖書館館刊》（季刊） 民國五十六年七月再復刊，已出一期。

2.臺灣省立臺北圖書館

《臺灣資料文獻目錄》

《南洋資料西文圖書目錄》

《臺灣各圖書館所藏書目聯合目錄》

《臺灣省光復後出版地方志書展覽目錄》

期刊類

《圖書月刊》 民國三十五年八月創刊，至三十七年七月，共出二卷十二
　　期。民國五十五年四月又出第一期，至五十六年二月，共出十一期。

《臺灣省立臺北圖書館館刊》 民國五十三年六月創刊，至五十四年九月，
　　共出二期。

3.國立臺灣大學圖書館

《敦煌秘籍留真新編》

《校慶紀念圖書展覽目錄》

《國立臺灣大學紀念十週年校慶教員著述展覽目錄》

《國立臺灣大學出版品目錄》

《慶祝國父百年誕辰臺大廿週年校慶國立臺灣大學教職員著述目錄》

《中文期刊論文分類索引》 共出五輯

4.省立師範大學圖書館

《近五年教育論文索引》

《教育論文索引》 第二－四輯

《臺灣省立師範大學出版品暨教職員著述目錄》

5.私立東海大學圖書館

專書類

《學校圖書館》 王振鵠撰

《圖書館學術語簡釋》　王征編

《兒童圖書館》　皮哲燕譯

《歷代名人年譜總目》　王寶先編

《中文古籍簡明目錄》

期刊類

《圖書館學報》　四十八年一月創刊至五十六年五月，共出八期。

6.國防研究院圖書館

目錄類

《中華民國各軍事機構學校在臺出版的軍事圖書聯合目錄》

期刊類

《期刊論文分類索引》（月刊）　民國四十九年創刊至五十六年五月共出八
　　卷四期。

7.中國圖書館學會

專著類

《圖書館經營法》　藍乾章著

《小型圖書館管理》　羅秀貞編著

《圖書館標準》　中國圖書館學會訂

期刊類

《圖書雙週刊》　民國四十三年三月創刊至同年八月，共出十三期。

《中國圖書館學會會報》　民國四十三年至五十五年十二月，共出十八期。

此外，如國民大會圖書室，立法院圖書室，省立成功大學圖書館，高雄市立圖書館，中國生產力及貿易中心工業圖書館，均按期編印圖書目錄。

㈥圖書館從業人員之培養與訓練

臺灣第一所培養圖書館專業人才之學校為四十四年六月在臺灣省立師範大學設立之社會教育系。該系下分三組，其中一組為圖書館組，招考高中畢業生，予以四年之訓練，必須修滿五十二學分的專業科目，另實習一年，成績及格者授予學位。專業科目有圖書館學概論、中西文圖書分類及編目、目錄學、版本學、中西文參考資料、圖書採訪學、圖書館史等。從民國四十八年至五十六年，共有九

屆畢業生一一九人。至五十六年七月為止，該組畢業生在中央圖書館服務者三人，在大學圖書館工作者二十八人，在專門圖書館工作者二十人，出國進修及工作者三十人，任大學教職者二人。

國立臺灣大學自民國五十年起設立圖書館學系，該系課程注重通材教育，除主科及有關科目必修五十三學分外，副主修科必選三十四學分以上，以期學生能對一專門學科有相當的認識。至五十六年七月，共有三屆畢業生九十餘人。第一二屆五十七人，在中央圖書館服務者一人，在大專院校圖書館工作者七人，出國進修及工作者十六人，任大專教職者一人。

五十三年私立世界新聞專科學校設立三年制及五年制圖書資料科。該科之課程以實用為主。必修專業科目十一種，共四十四學分。三年制的今夏已有畢業生。

此外，鑒於臺灣各圖書館從業人員十九皆未曾接受專業訓練，中國圖書館學會乃於民國四十五年七月間開辦暑期圖書館工作人員講習班，講習期間八週。到五十六年八月共舉辦十一屆，參加學員五八二人。結業後返回原單位，對於工作頗有改進。

民國四十九年臺北市政府假市立圖書館舉辦臺北市圖書館工作人員講習會，講習期間凡四十天，市立圖書館及各級學校人員參加者共二十五人。

五十二年省立成功大學圖書館舉辦臺南縣立中等學校圖書館工作人員講習會，為期六天，參加人數十五人。

五十四年私立東海大學圖書館舉辦教會學校圖書館人員講習會，會期五天。

五十五年十二月臺灣省教育廳板橋國民學校教師研習會舉辦國校教員圖書管理科研習，授予圖書管理之知識及技術，現已舉辦二期，預定調訓人員三百六十名。

五十六年三月臺北市政府假省立師範大學舉辦臺北市圖書管理人員進修班，上班時數共十週，每週六小時。市立圖書館、各級學校及機關圖書管理人員參加者五十餘人。

㈦最近圖書館事業之進展

十餘年來自由中國的圖書館事業，已呈現一片蓬蓬勃勃的氣象。從每年踴躍

報名中國圖書館學會舉辦之講習會，各館藏書之急劇增加，以及各館對於國內外出版品交換工作之積極推進，可以窺見一般。現再就增建新館閱覽業務之進步，及合作編目三項略述如下：

1.增建新館　館舍是發揮圖書館功能的因素之一。最近幾年來，各圖書館如雨後春筍，紛紛興建。單就民國五十年以後到現在已建築完成的而言，即有下列諸館：中央研究院史語所傅斯年圖書館，省立臺北圖書館，國立臺大醫學院圖書館，國立臺大法學院圖書館，文道紀念圖書館，私立東吳大學法學院圖書館，國立政治大學社會科學資料中心，省立臺北第一女子中學圖書館，省立臺中師範專校圖書館，省立臺北工業專校圖書館，桃園縣立圖書館，私立輔仁大學理學院圖書館，立法院圖書館等。其建築費多者達六百萬元，少者亦有五十四萬元。

將竣工的國立清華大學圖書館，其設備費達一百五十萬元。除有冷氣設備外，另有顯微影片、卡片閱讀機及暗室，電動攜書升降機等。正在興建中的，則有國立臺大研究圖書館，故宮博物院圖書館，省立景美女中圖書館等。

2.閱覽業務之進步　從各館每日之閱覽統計及開放時數，可以看出自由中國閱覽業務之進步。中央圖書館五十五年度閱覽人數計二九八、七三六人，每日平均九百人；出納圖書二六、五〇七冊，辦理閱覽證四、五四七人，每日開放時間達十四小時。廿所省縣立公共圖書館每日閱覽人數一四、二〇二人。每館平均七百人。每日開放時數平均十一小時。

少數圖書館，如私立東海大學，私立輔仁大學法學院，私立淡江文理學院，則全部圖書均採開架式。為了進一步使讀者能充分利用館藏資料，有的圖書館設立各種專科參考室。如國立中央圖書館設有綜合性圖書及人文科學圖書參考室，社會科學參考室，生物、數理科學參考室，音樂美術室，官書閱覽室，善本圖書閱覽室等。各參考室完全採開架式。其他如臺北市立圖書館，高雄市立圖書館，省立臺北圖書館，則闢有兒童閱覽室。

3.編製聯合目錄　民國五十五年六月中美人文社會科學合作委員會，議決編製國內各圖書館所藏人文社會科學聯合目錄，先從善本圖書聯合目錄開始，並委託國立中央圖書館主辦。該館乃邀請各有關圖書館負責人組成聯合目錄編輯委員會，開始工作。其工作程序，為各館先就所藏善本圖書分別編為書本目錄，另由

中央圖書館編輯綜合性書名索引一種。此項工作，從今年一月開始，預定一年內完成。過去我國圖書館之缺點，即各館之間缺乏聯繫，無聯合目錄；以致館際互借和合作採購等，當然無從談起。希望以後有更多的聯合目錄出現。

三、中國圖書館的問題

從上述幾點現況之說明，可以看出我國十幾年來圖書館事業之進步是過去所無的。惟仍可發現一些問題，如各館之間彼此聯繫不夠，圖書館專業人才的缺乏，少數縣市迄未設置圖書館，公共圖書館經費不足，設備簡陋，現有圖書館法令多為一二十年所訂頒，目前情勢改變，頗多不適用等。茲就下列五點，並分別提供淺見，以就教於方家。

㈠設置圖書館專管機構

以行政系統言，國立中央圖書館屬於教育部，公共圖書館屬於各縣市的社會教育部門，大專院校圖書館屬於各大專院校，中小學圖書館屬於中小學及教育廳有關部門。各專門圖書館則隸屬於各該所屬之機構。沒有統一的專管機構，結果各館業務，如管理、採訪、編目等，各行其是，對於發揮圖書館之功能，有極大影響。因此建立一個具有高度效率的圖書館專管機構，是必要的。世界各國在其行政組織上，均設有圖書館專管機構和專門人員，以擔任圖書館事業之監督研究工作。如美國在中央衛生教育福利部下設有圖書館事業組，各州設有圖書館事業發展局。法國在教育部下亦設圖書館事業管理處。本國《國立中央圖書館組織條例》第一條，雖明定該館有輔導全國圖書館事業之任務，但實行起來，諸多困難。因此我們希望在教育部設置一個圖書館事業專管機構，負責全國圖書館事業之設計與監督事宜。

我們希望在這個機構下設置一個「書刊交換中心」，把各館不需要或複本書刊，送到該中心。該中心可以擬定最經濟及切實可行的交換原則。將收進之資料編寫目錄，按期寄發各館，以供採擇。這樣可以使某館所藏不全的書刊湊集齊全。在甲館是多餘的書刊，到乙館即可變成有價值之資料。對乙館之收藏及讀者借閱皆有裨益。

㈡增設圖書館

本年六月七日教育部指示全省各縣市，應該普遍設立圖書館，各級學校的圖

書設備也應充實，提高社會人士的讀書風氣。其指示共分四點：

　　1.全省尚未設置圖書館的縣市，應請設立圖書館。

　　2.條件許可的縣市，應設置鄉鎮（區）圖書館。

　　3.學校圖書館（室）的業務，請各公共圖書館派員指導。

　　4.各公共圖書館及學校圖書館購置圖書，最好能請專家指導，以免浪費。

　　這是一件明智而適時的措施。圖書館是提高社會文化水準，供應民眾精神食糧的主要機構。在歐美等國家，圖書館是社會結構中必要的成分之一。據統計，美國居民一億九千萬人，共有四萬八千多所種類不同的圖書館。平均四千人即有一圖書館。反觀我國，臺灣人口八月底之統計共一千三百一十八萬人，設若以四千人有一圖書館之比率計算，則應有三千二百九十五所圖書館。如照中國圖書館學會所訂之公共圖書館標準，凡滿二萬人之社區，應設一社區圖書館，則應有六百五十九所社區圖書館。現在各省縣市圖書館之總數，距離此數遠甚。目前，臺南縣、雲林縣、臺東縣、臺中市，尚未設置圖書館。希望政府對於未設置圖書館之縣市，令其從速設立。至於社區圖書館之設置，如經費拮据，可以暫把每一鄉鎮（區）之民眾服務站撥出一部分房舍，充做圖書室之用，俾全體民眾，都能有多讀書刊的機會。

　　㈢圖書館員之教育問題

　　我們檢討今日圖書館員的教育，發現二個問題：

　　1.師範大學圖書館組，臺灣大學圖書館學系的學科，不盡能適應專門圖書館的業務。臺灣大學圖書館學系，雖然副主修科可以選修自然科學和應用科學，但選修人文學科的人究佔大多數。師範大學圖書館組，更是偏重人文學科。因此，畢業生到專門圖書館服務，如醫學圖書館，農業圖書館，工業圖書館，大學理學院圖書館，電子研究所圖書館等等，對於書刊之採購、徵集、分類編目頗感吃力。這是值得注意的問題。

　　2.應設立圖書館學研究所。師範大學圖書館組有百分之廿五畢業生、臺灣大學圖書館學系有百分之三十畢業生出國深造或工作。除工作者不計外；由於我國對於圖書館員之培養，只停留在大學本科階段；所以要想深造只有出國一途。

　　在美國自一九四八年即停辦大學制的圖書館學校。現在的圖書館學校都是在

大學畢業得了學士學位後，再進研究所，攻讀圖書館學碩士學位。英國的圖書館學校亦招收大學畢業生。今日世界各國的圖書館教育，都是先在大學接受基礎學科訓練，得到一種專門知識後，再授以圖書館學之經營方法。

參酌外國對於圖書館之訓練，並針對我國當前情勢，我們認為應於大學中設圖書館學研究所，招收大學畢業生，研習年限最少二年，畢業後授予碩士學位，以便擔任高級館員及專門圖書館館員，從事圖書館中監督設計及研究參考工作。

㈣公共圖書館的問題

今日公共圖書館的問題是很多的。先聽聽三位公共圖書館負責人的心聲。一位省立圖書館長說：「……甚至超過編制員額數倍者，如臺北市立圖書館編制員額為八人，而現有人員則為三十二人，超過四倍，宜蘭縣立圖書館編制員額為四人，預算員額為二人，現有人員為十七人，則超過編制員額四倍有餘，超過預算員額為八倍半。此說明編制之不合理。」「……各公共圖書館額定經費，未能隨工作需要增加，未按物價指數相機調整，故經費支用，日益短絀，工作推動亦愈困難」（見劉效騫：〈公共圖書館問題〉，刊載於《圖書月刊》，第一卷第十一期）。一位縣立圖書館館長說：「本縣圖書館目前限於經費的預算，實難發展。因為本縣社會教育的經費預算，只佔本縣教育經費預算中的很少一部分，而圖書館的經費預算，又只佔縣社會教育經費預算中的很少一部分，如此少之又少的經費，已屬非常的可憐了，又以二館的預算分作三館使用，如此三下五除二，遂成了苟延殘喘苦難支撐的局面，能夠維持現狀，已屬不易，何能談到充實？同時有關這方面的人才，微薄的待遇難以維持最低的生活，自然望而卻步。於是祇好聘僱一般人員，非但對發展圖書館事業沒有素志，根本對這項工作毫無興趣，好一些的『做一天和尚撞一天鐘』，免能稍盡職責；次焉者便敷衍責任，混過去就算了。」（見楊秋明：〈宜蘇縣圖書館發展芻見〉，刊載於《今日社教》，創刊號）另一位管理局圖書館負責人員說：「本館建於四十九年，迄今已逾六載……草創之初，因陋就簡，今則成效漸彰，惟迄今尚無正式編制，故業務未能順利進行。」（見楊興友：〈陽明山管理局北投圖書館工作概況〉，刊載於民國五十五年《社會教育年刊》）

從這三位公共圖書館負責人的心聲，可以瞭解到今日公共圖書館存在著很多

問題，主要的是人員編制過少、經費不足、和專業人才的缺乏。

　　先談人員編制問題。四十年五月十八日臺灣省政府公布之〈臺灣省各縣（市）立圖書館組織規程〉，觀其內容，有可商榷之處頗多。如第一條規定除彰化等十五縣市外，暫不設立圖書館。則其他六縣市經濟充裕，人口眾多亦不能設立圖書館。又丙等館編制員額為四人，即館長、幹事、助理幹事、雇員各一人。依第三條規定，館內分為四組，除館長兼任一組，幹事各兼任一組外；尚有一組，就須由雇員擔任。第五條規定「各圖書館得視業務需要，呈准于適當地區設分館，其所需人員均由圖書館總員額內調用。」如丙等館其本身業務人手尚嫌不足，遑論外調？若真正照該〈組織規程〉規定，甲等館編制員額八人，則臺北市人口一百一十萬人，平均一館員要為十二萬市民服務。一位教師只不過教導五六十個學生，其程度整齊，年齡一樣。而社會大眾，年齡大小不一，各人需要不同，而令一館員負責十二萬市民的閱讀工作，其不足以應付是顯而易見的。臺灣省各縣（市）立圖書館組織規程已公布十七年了，民國四十年時臺灣人口是七、八六九、二七四人，該組織規程規定甲等館員額八人，乙等館六人，丙等館四人。十七年後的今天，人口已達一千三百多萬人，增加了五百多萬人，而員額編制仍舊不變，自不足以應付現狀。法令規章必須適合時代及社會的需要，時代是前進的，社會是變遷的，可以說沒有一種法令規章可以行之久遠而勿庸改易的。我們希望該法令迅予修改。關於人員編制，我們認為，即或不能照中國圖書館學會所訂之公共圖書館標準第四十二條「公共圖書館館員人數應依一館員服務一萬人計算」來修訂，但至少也要大量的增加了。

　　次談經費不足的問題。經費不足，是各級圖書館的普遍現象。這似乎不單是財政問題；而圖書館事業之不受重視，實是主要原因。只要有關當局和社會人士能認清公共圖書館事業的重要性，廣闢公共圖書館之財源，並不是絕無辦法。譬如說可以在民生主義社會福利經費項下定出百分比，或將每年增收地價稅之一部分撥為圖書館經費，或在教育捐項下，寬列圖書館經費等。又如：美國各圖書館的經費，由於私人捐助的，其比例佔百分之十五；而我國竟很少有人從事此項樂捐。如果社會人士，肯把每年吃拜拜所耗費的巨款，拿出五分之一來捐助各圖書館，其成效也就很可觀了。

　　最後談專業人才的缺乏問題。按照師範大學社會教育系圖書館組的課程看，關於社會教育必修學分共為二十九學分。該組畢業生理應到省縣社會教育館或公共圖書館工作；但事實不然，我們發現一個可驚的事實，該組九屆畢業生一一九人中，竟無一人在社會教育館或省縣市圖書館工作。考其原因，這是由於現行法令規定社會教育機關為一般公務機關，視社會教育為一般公務員。大學畢業生除非高考或普考及格，就沒有具備公務員資格，所以不得進入社會教育機關工作。今後社會教育機構，要想獲致社會教育人才，必先改訂人事法規。社會教育機關可分行政機構和事業機構二類。前者如政府各級社會教育行政機構，其任用資格除須專業技能外，當然應具備公務人員任用資格，始能擔任。後者如圖書館、博物館、社會教育館等工作人員，有的類似學術機關之研究人員，有的與教師工作相似，其人員之任用，似可比照學術機關及學校辦理。必須如此，始能羅致專才。

　　㈤大學圖書館的問題

　　近年來大學、獨立學院及少數專科學校圖書館之進步，是大家有目共睹的。就今年五月間國立中央圖書館調查所得的資料而言，自由中國各圖書館館員曾受專業訓練者三〇七人中，三十七所大專院校圖書館即佔一四〇人，比例是百分之四十七。藏書數亦佔藏書總數百分之四十，其經費亦佔全部經費百分之三十四。如照六十九所大專院校計算，當不止此數。

　　惟大學圖書館仍存在著一些問題，如大學圖書館之歸屬問題，迄今尚無一致之規定。根據我國大學法第十四條規定「大學圖書館規模完備者得置館長一人，由校長聘任之」。目前國立臺灣大學，國立政治大學，國立清華大學，國立臺灣師範大學，私立東海大學五大學圖書館，皆直屬於校長，與教務等處平行。其他院校圖書館，則隸屬於教務處，相當於一組。如此，不僅業務難以配合其工作，更無法使人重視，影響圖書館之發展至鉅。過去中國圖書館至少有過三次呼籲，十年前，師範大學亦曾建議大學圖書館應直屬於校長。我們希望修訂大學法時，能明確規定大學及獨立學院圖書館，應直隸於校長或院長，以提高其地位，而發揮其應有的效能。

　　其次所要談的問題，與其說是大學圖書館的問題，不如說是教育的問題。大

學圖書館為配合學校之教學進度和研究計畫而設置，圖書館之設置亦以此為鵠的。然我們發現不少大學生只把圖書館當做溫習課本的處所；對於書架上有價值的圖書，常漠然不顧。視其所借書籍，則大都是教授所指定授課用的教本，其次即文藝小說。事實上，教授們僅能講解基本原理，指示研究途徑，至於深入之探索，仍須學生自動地向圖書中尋求。今後我們除了希望能改進教學法，以鼓勵學生利用館藏資料外；並希望各館盡量的設法，以指導學生閱覽課外書刊和研究的興趣。

　　至於五十三年以後核准設立和立案的公私立專科學校達二十五校之多；然其圖書館，則大多藏書有限，亟待充實。」

按：張錦郎（1937.3.30～），臺灣彰化縣二水鎮人。1956 年畢業於臺灣省立臺中師範學校普通師範科，擔任小學教師。1960 年，考入臺灣省立師範大學（今國立臺灣師範大學）社會教育系圖書館組。曾在輔仁大學圖書館任館員。1966 年，高等考試及格，受聘為國立中央圖書館（今國家圖書館）編輯，歷任期刊股股長、閱覽組主任、簡任編纂。先後在東吳大學中文系、世界新聞專科學校（今世新大學）圖書資料科、臺北市立教育大學中國語文系研究所等校任教，講授「研究方法」、「圖書文獻學專題研究」、「文學詞典編輯專題研究」、「文學年鑑編輯專題研究」等課程。著有《中國圖書館事業論集》、《中文參考用書指引》、《中國文化研究論文目錄》（主編）、《中國近二十年文史哲論文分類索引》（主編）、《中央日報近三十年文史哲論文索引》（編）、《中文報紙文史哲論文索引》（編）、《中國近六十年來圖書館事業大事記》（與黃淵泉同編）等書。

·一月，得美籍蒲百瑞先生一月十五來信，云：

「屈萬里先生：

　　真對不起您。吾不會寫中國式的信。這封信也許多半是西式之信，不過用中文寫，對學中文有一點幫忙。

　　吾很感謝您替吾寫那封信。也許那是駐美的張先生替吾跟您請求的事情。吾給您招麻煩之故，對不起。

　　到現在吾之計畫如此：今年四月底離開日本到臺灣去（現在吾在京都大學之內的人文科學研究所學一點日文）。到了臺灣之後先把中文溫習一點，然後研究周代的社會制度和政治制度的關係。大概這個工作是用《左傳》、《周禮》什麼，得看公元前第五六七世紀的情形。吾覺得最大的問題是『封建制度』那個辭（特別是英文的『feudalism』和止之一例的西洋語言的辭）。不過西洋也不是祇有一個解決，凡是有很多。現在西洋歷史學家之內很多覺得『feudalism』那個辭是不合宜的辭。每一個地方的 feudalism 有特點，所以把所有的一樣的方面放在一起做一個事情，叫做 feudalism，也沒有意思。中國周代的社會跟歐洲中古時代的最重的不同是社會制和政治制的關係。所以吾想研究這個問題。根據許倬雲先生的論文《轉變中的古代中國》，這兩方面的關係的最大變化時代是第六世紀。所以吾想把那個世紀跟前後的世紀作研究時代。

　　因為吾以前在臺灣學了九個月的書，所以吾到了臺北時大概沒有很多的問題，不會很麻煩您。

　　這封信對不起，字是很不好看，也很多也許看不懂，又文法一定有很多錯誤。

　　吾之事有問題的話，請給吾寫信。張春樹先生也會給吾介紹。健康快樂。蒲百瑞敬上。京都一月一五日。」

‧二月，〈國立中央圖書館主辦的臺灣公藏中文人文社會科學聯合目錄編輯工作〉一文，載《中國一周》第九三〇期。

‧二月，接受《中央日報》記者胡有瑞先生訪問。訪問稿〈屈萬里館長談善本書〉一文，載是月二十六日《中央日報》三版。

‧三月二日，先生辭卸國立中央圖書館館長，由包遵彭先生繼任。交接典禮是日上午在該館會議室舉行。包氏仍兼國立歷史博物館館長。

‧三月，得勞榦先生三月十五日來信，云：

「翼鵬吾兄惠鑒：

　　前奉惠函並奉代為攝影之膠卷壹卷，因收到時僅有《道園學古錄》而無《秋

潤先生集》第四十九及五十卷，因待此書膠卷到後再作書道謝，以致遲延，十分
歉疚。現此書尚未寄到，千里長途，萬一遺失，亦在意中，現在尚有存疑，已拜
請瑞卿先生再為托人攝影，仍乞釋念為幸。吾兄交卸館務，現在住在臺北。抑擬
返回南港，深用不念。弟處一切如常，惟今年此間多雨，頗有江南天氣之感耳！
專此敬頌儷安。弟勞榦頓首。內子問候。三月十五日。」

按：勞榦（1907.1.13～2003.8.31），字貞一，湖南長沙人，生於陝西商州。曾在
山西太原第一中學畢業，嗣考入北京大學，就讀歷史學系，獲文學學士。以後在
中央研究院歷史語言研究所作長期研究。從研究生、助理員、副研究員，至研究
員。研究範圍為漢代歷史。曾在北京大學及中央大學任教，到臺灣後曾在臺灣大
學任專任教授。1953 年至 1955 年，在美國哈佛大學作研究工作。1958 年當選為
中央研究院院士。1962 年受美國洛杉磯加利佛尼亞大學聘任為中國古典文學教
授，並曾一度擔任系主任。著有《居延漢簡》、《居延漢簡考釋》、《秦漢
史》、《魏晉南北朝史》、《中國的社會與文學》、《敦煌藝術》、《中國歷
史》、《勞榦學術論文集甲編》等。

· 四月，〈關於孟子「比……者」的討論〉一文，載《國立中央圖書館館刊》新一
卷四期。

祐謹按：此文釋《孟子》「願比死者一洒之」、「且比化者」二句比字之義。

· 五月，〈童世綱主持下的葛思德圖書館〉一文，載《圖書館學報》第九期。

祐謹按：此文述童先生自一九五二年任普林斯頓大學葛思德東方圖書館（The
Gest Oriental Library of Princeton University）主任以來，近二十年所擘劃經營之
經過。

· 〈甲骨學在日本〉一文，載沈覲鼎等編《百年來中日關係論文集》。

· 五月，得加拿大多倫多大學遠東系教授 Henry Trubner 五月十三日來信，云：
「屈博士：

我最後回到了多倫多，借此機會，再次向您對我在臺灣訪問其間給予周到的
幫助和協助表示感謝。再次見到您真的非常榮幸，唯一缺憾是時間不多。本來非

常高興能參加您的晚宴，但我的時間全被中國瓷學討論會占去了。但至少我們曾共進早餐，我也很高興在早宴上有機會遇見許先生並與之交談。

　　我期待著九月份歡迎許先生訪問多倫多。如果屆時有什麼問題，請告知於我。我曾說過，我將離開多倫多一陣子。屆時許先生來時我也不在這兒。但史蒂芬夫人和C.C.希博士會照料他，確保他很好地安頓下來。

　　六月後期我會在多倫多，七月初以後您可以用下面地址和我聯繫：西雅圖藝術館，志願者公園，西雅圖，華盛頓州 98102，美國。我也期待著歡迎您訪問西雅圖，希望在不遠的將來與您重逢，致以誠摯祝福。Henry Trubner 安大略皇家博物館館長。多倫多大學遠東系。一九六八年五月十三日。」

· 五月二十四日，函覆 Trubner 教授，云：

「尊敬的 Trubner 博士：

　　本月 13 日你的來信，前幾天已由中央圖書館轉來，知道你已經回到多倫多，我很高興。你在臺灣的時候，我沒找到適當的機會，好好地來招待你，我感到非常地抱歉。

　　許先生現在已準備辦理赴多倫多的手續，在本年九月間，我相信他一定可以到達你們的博物館。將來如果有什麼特別事情，需要打擾你們的話，我們將再寫信請求你，或者請求 Stephen 女士或 C.C. Shih 博士。

　　希望你有一個愉快的旅行到西雅圖，並祝你將來的新工作更適合你的興趣。

　　末後，再度的感謝你對許先生的周到的照顧。」

按：函中所稱許先生，指許進雄先生。

· 五月，接受《輔大新聞》記者魯先生之訪問，主要談治學經驗及古史研究之問題。訪問稿載六月一日《輔大新聞》四版。

· 六月，〈東西周之際的詩篇所反映的民生及政治情況〉一文，載《臺大青年》五十七年（一九六八）三期。

祐謹按：本文為先生之演講稿，由朱宏王先生紀錄。

· 七月，〈產語的著者問題〉一文，載《國立中央圖書館館刊》新二卷一期。是年

十二月十四日《國語日報》〈書和人〉第九十九期轉載。

祐謹按：日本流傳《產語》一書，日本神谷正男博士，以為乃佚於中國存於日本之古籍，為先秦之書。先生此文辨其為日本人太宰純託古之作。

· 八月，臺靜農教授辭卸臺灣大學中國文學系暨研究所主任，由先生繼任，迄民國六十二年（一九七三）七月三十一日。

· 八月，受行政院國家科學委員會敦聘為研究講座教授，迄民國五十九年（一九七〇）。

· 九月，得李濟先生九月二十五日來信，云：

「翼鵬吾兄道席：

頃奉華函，敬悉辭卸中央圖書館職務，即將回所治學，承教有日，無任忭慰，已如囑報院代為續假一個月，并通知事務室洽辦移領待遇配給等事務，均請釋注，專覆，用申歡迎之忱，順頌時祺。弟濟敬啟。九月廿五日。」

· 十一月，〈晚清齊魯學者對於金石學方面的貢獻〉一文，載《春秋》第九卷五期。

· 十二月，〈「山東方志選輯序」〉一文，載《書目季刊》第三卷第一、二期合刊。

祐謹按：是年二月，先生與劉階平先生選輯十種山東方志彙為《山東方志選輯》，由臺灣學生書局影印出版，先生為之〈序〉。十種方志為：《增修諸城縣續志》、《濟南府志》、《濟寧直隸州續志》、《重修泰安縣志》、《濰縣志》、《臨淄縣志》、《青州府志》、《濟寧直隸州志》、《曲阜縣志》、《滋陽縣志》。先生所撰〈序〉云：

「《周禮·春官·外史》：『掌四方之志。』鄭君注此文，以為『若魯之春秋，晉之乘，楚之檮杌。』是所謂志者，其體例與今雖不盡同；而為地方之史乘則一也。《周禮》一書，成於戰國之世；則是二千年前，吾國地方性史冊，纂輯者已夥，惜後世多佚而不傳耳。

降及近世，省府州縣，各有志書，且皆屢經續修。於是地方文獻，燦然大

備。公私藏家，又多能注意方志之蒐集，故藏弆之者頗眾。即在臺灣，各機關及私家所藏者，約四千種內外，亦不可謂不豐矣。惟以世變方亟，文物易毀；四川文獻研究社，懼其久或散失，客歲乃有《四川方志叢刊》之輯，由學生書局印行。甚盛事也。

自周室東遷以還，魯國所存文獻之富，甲於他邦。故晉韓宣子適魯，觀書於太史氏，而興『周禮盡在魯矣』之歎。孔子之博學多識，此或一因。戰國之世，齊稷下先生，多至七十餘人，皆一時之彥。下至兩漢，傳經之儒，十九出於齊魯。以是山東人文彌盛，古蹟彌多，其方志之為用亦彌宏。然則輯而傳之，尤今日當務之急也。

濰邑劉階平先生，於鄉邦文獻之蒐集流傳，不遺餘力。因感於《四川方志叢刊》之輯，而有選印山東方志之議。本省旅臺耆彥，詢謀僉同。於是就人文最盛，古蹟最多之府州縣，選其志十種，以為初集。以新志率詳於舊志，故所取以新志為主。然亦有舊志為名家所修，而非後志所能企及者，則仍取舊志。選輯既定，學生書局復慨允影印以傳。他日此輯行世，吾東人士，必將人手一編。當茲赤祲瀰天，中原沉淪之日，讀此鄉邦文獻，必更切『神州只在闌干北』之感。則是激勵人心，鼓舞士氣，於光復之偉業，裨益實大；非僅供學術研究之助，與夫發思古之幽情而已。

中華民國五十七年四月魚臺屈萬里謹序。」

·十二月八日，中國圖書館學會第十六屆年會在臺北市舉行，先生擔任主席團主席，並膺選監事。

·本學年度由先生指導，獲碩士學位者：

國立臺灣大學中國文學研究所碩士班研究生白中道，其碩士論文為《左傳引詩研究》。

國立臺灣師範大學國文研究所碩士班研究生劉兆祐，其碩士論文為《晁公武及其郡齋讀書志》。

民國五十八年（一九六九）　先生六十三歲

· 一月，接受《大華晚報》記者郭芳政訪問，訪問稿〈屈萬里教授談臺灣的公共圖
書館〉一文，載是月七日《大華晚報》三版。

· 二月，〈文字形義的演變與古籍考訂的關係〉一文，載《自由談》雜誌第二十卷
二期。

祐謹按：本文為先生在民國五十七年（一九六八）十二月十七日的胡適先生七七
冥誕紀念演講會之講稿，由陳瑞庚先生記錄。

· 二月，得日本鈴木由次郎先生二月十一日來函，云：

「屈萬里先生道席：

前會幸蒙示教，友好最難忘，日夜深慕豐采。頃日奉承尊著《先秦漢魏易例
述評》，拜讀之餘竊思，自今《易》講，可奉為教科書也。今復叨蒙惠賜大著
《書傭論學集》，拜領之下，曷勝銘感。

先生學問淵博，洵當代之碩學醇儒也。《論學集》所收各篇，剴切深思，心
精義湛，自當供案研讀也。僕雖志於《易》學，未有所成，從此亦惟努力以畢殘
年。苟尺寸有所得，敬奉教於先生矣，專函申謝。順頌箸綏。鈴木由次郎拜啟。
二月十一日。」

· 三月，〈「胡適文存索引」序〉一文，載《書目季刊》第三卷三期。

祐謹按：《胡適文存索引》一書，童世綱先生編撰，臺灣學生書局出版。先生
〈序〉曰：

「適之先生的故舊門人遍天下，而協助他從事圖書館事業的，童敦三先生是
僅有的一個人；適之先生的著作風行於天下，而替他的著作作索引的，童敦三先
生這部《胡適文存索引》，也是僅有的一部書。

敦三這本索引，和一般的專書索引不同。一般的專書索引，只是就一書的一
個版本，照着一個單純的目標去作；這樣，既省腦力，也省功力。敦三這本索
引，在文存的版本方面，則收了三種不同的本子，另外還加入了胡適論學近著。
在目標方面，則有〈篇目分類索引〉、和〈篇目及其中要詞混合索引〉；並附有
〈索引首字筆畫四角號碼對照表〉、〈索引首字羅馬拼音筆畫及四角號碼互見

表〉、〈篇目中所見西文名詞檢字表〉。因此，想查《胡適文存》中某篇論文的，不管他藏有任何板本，都能夠一檢而得；而記不清某一問題曾在某篇文章中談過的人，只要照着他想查的要點，到〈篇目及其中要詞索引〉中去找，也馬上就可以找到。至於檢字方面，在中外人士常用的筆畫、四角號碼、羅馬拼音三種檢字法中，無論查尋的人，樂於採用那一種，都可以隨意所欲。設計的周密，編製的精詳，和一般索引書比起來，不啻有雲泥之判。它替索引界開闢了一條光明的大路，為使用《胡適文存》的人，省下了無限的時間：真是一大功德。

敦三學的是圖書館學，在圖書館界服務已經二十多年，主持普林斯敦大學葛思德東方圖書館也已達十餘年之久。他辦事的勤勉、認真、精細，是中美圖書館界人士所共同欽佩的；但是他工作的忙碌，則出乎一般人想像之外。他在公餘之暇，還經常地抽些時間，去幫助朋友。因而他矻矻孜孜，夜以繼日地工作，很難得有一點空閒時間。這本書在十多年前，已寫成初稿。但他精益求精，在百忙中抽出一點少得可憐的時間，來補充、修訂，直到最近才寫成定稿。從這本書的精密周詳來看，就可以想見其為人了。

我很幸運，能和敦三這樣品德高尚的人作朋友；我更高興，能替敦三這本精詳的索引作序文。民國五十八年元月二十七日屈萬里。」

· 〈探討殷代文化的重要史料——甲骨文〉一文，是月載教育部文化局印行之《中華文化之特質論叢》。

祐謹按：是月廿三日，先生應教育部文化局之請，在臺北市亞洲反共聯盟中國總會講演，此即其講稿也。要目有：〈甲骨文的發現發掘與收藏〉、〈甲骨文的傳佈與研究〉、〈甲骨文的史料價值〉等。

· 《書傭論學集》一書，由臺灣開明書店印行。

祐謹按：本書收論文共二十九篇，計：有關《周易》、《尚書》、《詩經》者各四篇，有關羣經者二篇，有關文字訓詁者十篇，有關古代史者四篇，有關文學者一篇。類別雖不同，然皆先生多年來所著關於討論學術資料問題之作。先生自民國十八年任山東省魚臺縣立圖書館館長，曾多年任職圖書館，計先後任國立中央圖書館編纂（民國二十九年～三十二年，三十四年～三十五年），國立中央圖書

館特藏組主任（民國三十六年～三十八年），國立中央圖書館館長（民國五十五年九月～五十七年四月），是以自號「書傭」；此二十九篇，皆為論學之作，是以顏之曰《書傭論學集》。先生此書〈自序〉云：

「本集共收了二十九篇論文，都是曾經發表過的。計：關於《周易》、《尚書》和《詩經》的各四篇，關於羣經的二篇，關於文字訓詁的十篇。關於古代史的四篇，關於文學的一篇。因為這些文章都是論學之作，又因為我曾服務於圖書館界達十餘年，曾用『書傭』二字作為自己的別號，所以就把這本集子定名為《書傭論學集》。

這二十九篇文章，雖然類別不同，但所討論的大都是學術資料的問題；尤其是關於資料產生的時代，和資料的解釋兩方面的論文，佔了絕大多數。這類的論文佔了這麼多的分量，自然是由於個人治學的興趣使然；而所以培養起我這個興趣的原因，則非片言可盡。

我幼時曾經讀過三年私塾；所讀的課本，除了《百家姓》和《三字經》外，其餘的都是經書。後來進入高等小學，雖然所學的科目多了；但那時候一般人的觀念，都認為國文第一。因而我在學校和在家庭，一有空暇，就讀古文和閱《綱鑑易知錄》。那時對於所讀的古文和史書，雖然連一知半解都談不上；但後來我對文史之學發生興趣，這當是最基本的原因。

當五四運動之後的第三年，我進了初級中學。那時，大家都喊著要把線裝書丟到廁所裡。有一天，我看到上海《時事新報》的〈學燈〉副刊裡，刊登了一篇文章，題目是〈八卦與代數之定律〉。我在想：《周易》是最古的線裝書，應該丟進廁所去了；怎麼和代數會有關係？那時我雖然已學代數，但還沒讀過《周易》；因而那篇文章，我反覆地讀了幾遍，總看不懂。到了寒假，我就發憤讀《周易》，父親用《朱子本義》作教本，給我講解。在二十多天的寒假中，雖然把它讀到能夠背誦了，但它的意義，卻大部分不明白。以後的二十多年，凡是我能見到的注解《周易》之書，幾乎全讀了；但心裡所積的問題，卻愈來愈多。

我所讀的高中，是以『發揚東方文化』為宗旨的私立東魯中學。它只有文科班，而教師則都是一時的碩彥：教詩文的是呂先生今山（鴻陞）；教經學的是李先生雲林（繼璋）；教《說文》的是丁先生佛言，校長夏溥齋（繼泉）先生則教

《明儒學案》。那時疑古的浪潮已經很普遍，而我那時的觀念則是信古彌篤。如果有人懷疑伏羲、神農、黃帝……等人的真實性，我必定攘臂怒目，和他們爭論。後來到北平讀書，以及到山東圖書館服務的初期，這些觀念都沒有改變。

進入山東圖書館後，讀書較多，也見到一些以前沒見過的學術性刊物，因而眼界漸開。但涉獵的書籍雖頗廣泛，而主要的興趣還是在《周易》一書。直到在山東圖書館服務了三四年以後，才知道研究《周易》，不能專靠古人的註解。而必須參考其它的比較資料；於是除了泛覽先秦的典籍　之外，也開始注意考古學和民俗學等類的文獻。由於館長王獻唐先生是金石學的名家，我當時受他的影響，也讀了不少的金文書籍。這些資料，對於《周易》卦爻辭的研究，很有裨益。更因為讀了歐陽修的〈易童子問〉，和當時雜誌中幾篇有關《周易》的論文，而感到八卦是否伏羲所畫，和卦爻辭及〈十翼〉究係何人或何時所作等問題，確有討論的必要。也就是說，到這時我才知道注意探討學術資料的真偽，以及其產生的時代等問題。

也是為了研治《周易》的緣故，在抗戰的末期，我進了中央研究院歷史語言研究所，研究甲骨文。在近乎三年的歲月中，關於《周易》方面，收穫的並不多；但由於傅孟真（斯年）先生的啟示，才確切地知道作研究工作必得靠真實的資料，才知道原始資料之勝於傳述資料，才知道鑑別資料的重要性。因而對於以前所篤信的遠古史事，才知道很多是出於後人的傳說，而未可盡信。於是，從那時到現在，這二十多年來所從事的，大部分是鑑別資料和解釋資料的工作，而且是偏重於先秦時期的。

本集所收的論文，也就是在這一途徑下所得的一點成果。本集各篇的次序，是約略依照《四庫書目》的分類編排的，即：關於經學方面的論文，列在最前；其次為小學的史學的；最後是關於文集方面的。經學方面的，又以《易》、《書》、《詩》和總論經學的為序。然後再以各篇作成的年月，第其先後。至於小學方面的論文，有的是談字形，有的是談字義；史學方面的論文，有的是通論性質，有的是專論性質，本集裡就都不再細分，而通通以作成年月的先後為序。

平生治學，以三事自誓：一、絕對服從真理；二、絕不作意氣之爭；三、絕不用連自己都不相信的理由，來增強自己的論據。但『自醜不覺』是人們常有的

現象。這二十九篇短文中，究竟有多少謬論，我自己是覺察不到的。學術是天下的公器，真理愈辯而愈明。我誠懇地希望並世學人，肯糾正我的錯誤；那不僅是我個人之幸，也將是學林之幸。

這二十九篇論文，曾分別刊載於：《中央研究院歷史語言研究所集刊》、《國立臺灣大學文史哲學報》、《清華學報》、《國立中央圖書館館刊》、《大陸雜誌》、《學原》、《民主評論》等刊物。承各刊物的發行機構和發行人惠允彙成本集發表，謹志感謝之意。

中華民國五十七年（一九六八）元月二十一日屈萬里自序於臺北」

· 四月，《先秦漢魏易例述評》一書，由臺灣學生書局印行。

祐謹按：此書著於民國二十九年（一九四〇）秋，時先生客居渝西歌樂山也。三十一年（一九四二），重慶中國文化服務社，允為印行，以當時國難方殷，出版事業至為艱苦，因稽遲至抗戰勝利，尚未付排。遷臺後，其中上卷曾載《學術季刊》六卷四期，下卷則載《幼獅學報》一卷二期。以期刊體例與專書不同，致原文頗有刪削，是以取原稿略加校訂，付臺灣學生書局印行。《周易》注述之盛，冠絕羣經，然前人說《易》，多蔽於《易》歷三聖之言，以為必奧衍難究。而不敢以淺近目之。先生此書，乃用客觀態度，闡論先秦至漢魏說《易》者之義例也。卷前有王獻唐先生〈題辭〉及先生〈自序〉。獻唐先生〈題辭〉云：「《周易》一書，在羣經中最稱難理，先後注釋。無慮數百家，大別漢宋兩派；漢宋之中，又各持異議，分論萬端，使人炫惑。居今治《易》有兩途：一仍研究本經，一對歷代說《易》者作一總清算。翼鵬是書，即從事第二種工作者也。〈十翼〉為說《易》最早之書，先將義例尋出，參以《左傳》、《國語》、諸子，說明先秦《易》學真象，既無漢儒象數之習，更無宋儒先天後天諸弊。繼述漢魏《易》學各派，分別究討，闡其例說，明其得失，起於〈十翼〉，而終於王弼，向之周漢魏晉《易》說，艱深奧衍，得此，若晰諸掌矣。翼鵬研《易》垂二十年，其治本經，先以音韻訓詁釋字義，繼以羣經甲骨金文參釋文旨，兩者既明，再據經文為史料，作各項研究，言必求徵，義必求當，用力最竺，而方法最密，心所未安，不肯苟下一字，與獻唐共事七年，譣之最深，今讀是編，亦僅其學《易》學

一端耳。治《易》兩途，翼鵬已兼程並進，終此一生，能使是經燦然大明，省卻治學者無限心力，及吾輩對文化上之貢獻，願共勉之也。」

先生此書〈自序〉云：

「《周易》注述之盛，冠絕羣經。諸史經籍志，及歷代公私家書目所載無論矣。即以《四庫書目》所收者計之：其著錄者凡百五十八部，千七百五十七卷；存目者凡三百十七部，二千三百七十一卷。而乾嘉以還，洎乎今茲，挈《易》之作，復難僂指數。猗歟盛矣！

顧前人說《易》之書，有一通病：即蔽於《易》歷三聖之言，以為必奧衍難究，而不敢以淺近目之是也。是故往來上下云者，謂卦倒轉後爻位之進退而已；《易》家則以升降、變卦為說。二四、三五，同功異位云者，謂因爻位遠近、貴賤，以判其吉凶而已；《易》家則據為互體之例。在天成象之語，謂日月星耳；虞翻演之以成納甲之術。河出圖、洛出書、聖人則之，不過神話傳說，意謂為聖人出世之瑞徵耳；宋人附會其詞，而造為河圖洛書。如斯類者，不勝枚舉。蓋胥因崇聖之觀念過深，故於經傳至平至易之言，輒以至深至奧視之；馴致郢書燕說，歧途亡羊。是故《易》學之著述雖富，而能屏除錮蔽，虛心以探穿其真象者，殆無一焉。

歷代《周易》之學，凡經數變：上下經文，初止用於占筮。〈十翼〉而後，乃藉以闡發哲理。至西漢中葉，孟喜習災異之術，好以象數說《易》；東漢《易》家，推衍其說，至三國而極。王弼奮起，掃象數之穿鑿，復於〈十翼〉之平實，歷六朝隋唐，定於一尊。下逮趙宋，河圖、洛書、先天後天之說興，而《易》學再變，以迄晚明。遜清考據之學，突越前代，復排河洛後天之謬，而反於漢人之象數。至於今茲，餘風未泯。惟例變雖多，然綜而論其大別，則不過象義數理圖書三者而已。

義理派自〈十翼〉而後，以王弼為之魁。弼注喜以《老》《莊》義相印證，排之者至謂其罪浮於桀紂。實則其於例法既本諸〈十翼〉，於訓詁亦多採古說。雖或不中，尚未甚遠。下逮胡瑗、程頤諸家，雖義例略同。然因疏於訓詁，故所解說，祇可為彼之學說作注腳，實多與《易》不合。蓋失於義例者小，而失於訓詁者大也。漢人訓詁，不乏可取，乃以狃於求象通辭之習，至例變紛歧，莫可究

詁。蓋失於訓詁者小，而失於義例者大也。至於圖書之學，於例既無與於《易》旨；又皆不重訓詁，是其說最無可取。故黃黎洲《易學象數論》出，首發其覆。毛西河、胡朏明諸家繼起，抉其源而斥其妄，於是其術之無與於《易學》，乃成定讞。惟漢人象數之術，後人雖間有微辭；尚無總合諸例，條其源流，以辨其妄者，是可異也。

　　蓋上下經文，原為占筮而設，其本至平易，其例亦至簡明；非有鴻文奧例，使人窮索而不能解也。說《易》例者，始於〈彖〉〈象傳〉，其例至簡，平易近人。〈文言〉〈繫辭〉以下諸傳，亦不繁賾。太羹玄酒，古義猶存。孟喜開漢人象數之學之端，然尚未敢妄造義例以為說也。至京房而有互體爻變之創，然亦未能以象數說全《易》也。下至馬、鄭、荀、虞諸家，乃變本加厲，至於繫辭一句一字，無不以象數證之。於是卦之本象不足，遂取互體；互體不足，更及卦變。而爻體、爻辰、納甲、半象、兩象、旁通、反卦諸例，紛然並興。推其用意，祇不過巧設義例，俾得多牽卦象，以遂成其說耳。然求諸經文則不合，求諸〈十翼〉則無徵，驗之已例，又復枘鑿。乃以有清諸先哲之明達，僅焦理堂、王伯申二家，間有非議；自餘皆跼促其中，不稍致疑。是固因宋學之空疏，有以激成之；然唯之與阿，相去幾何？闢宋而佞漢，亦可謂不知類矣。

　　予年十六，始讀《周易》。初習《本義》《程傳》諸書，多扦隔難通。漸及注疏，亦未能辨其是非。年二十二，乃理《漢易》，兼讀《易圖》《明辨》諸作，以為宋人《易》說，果不足恃；漢儒去古未遠，其說於象有據，當得《周易》之真。於是困頓迷惘，悉心以求，八九年中，未嘗稍廢斯業。然愈學愈困，愈犖愈疑。最後乃決漢人之說，亦斷非《周易》所有。思為說以辨之，顧人事旁午，未暇及也。

　　二十六年（一九三七）秋，東鄰犯境，魯北沈淪。予隨山東圖書館館長向湖老人，載館中書籍文物，避難入蜀。翌春抵萬邑，僦居西山田家。日長多暇，遂草成《彖象傳例》一卷。是秋負攜書西徙，止於樂山。自冬徂春，又草就〈文言〉、〈繫辭〉及〈說卦〉三篇例各一篇。客夏來渝，為孔達生先生伴讀。因敵機肆虐，相隨居歌樂山中。山景清幽，人事至簡。因得盡取漢人《易》說而評述之，歷時七閱月而畢。於是綜合前箸，益以《國語》、《左傳》、先秦諸子、漢

初諸子等例，而成斯編。蓋流離顛沛，未遑寧處；三年之間，所成僅如是耳。

是書先之以〈十翼〉者，以其為說《易》最早之作，見其無漢人象數之學之跡也。次之以《國語》、《左傳》說《易》例者，明晚周占筮之法，有推衍卦象以求符合人事之習，而非漢人以象數解《易》辭之比也。又次之以先秦漢初諸子說《易》例者，明爾時說《易》者，皆如〈十翼〉之例，初無異說；於以見漢人象數之學，乃譸張為幻，其來無自也。殿之以王弼《易》例者，嘉其能掃象數之謬妄，而歸於〈十翼〉之純簡也。

夫卦爻辭雖為占筮而作，然稽其所述物事，則可證爾時之社會狀況；衡其吉凶之故，亦可知其思想之立場。乃研究殷周社會史者之絕好資料。〈十翼〉闡發哲理，大率皆儒家言，語多精粹，尤治先秦思想史者之要籍。祇以兩千年來，沈霾於漢宋象數圖書等霧氛之下，遂致真象全失。竊不自量，夙擬以甲骨文及《詩》、《書》中所習用之語法、物事，以稽研卦爻辭；以戰國諸子所習用之語法、物事，以參證〈十翼〉。然後博採漢魏諸家訓詁舊義，與清儒及時賢考訂之說，斷以己意，纂為《集釋》一書，俾就正於通人。十數年來，積稿既盈篋衍，顧念圖書之說雖黜，而漢人象數之學不除，則平實近真之說，亦終莫由立。因以此書，導其先路。鴻達君子，幸辱教焉。

嗟乎！國破家亡，大難方殷，結習未空，猶復爾爾。念昔虞仲翔治《易》，習於枹鼓之間，講論戎馬之上；居今觀古，感慨係之。而乃荒谷竄身，肉生髀骨，有愧於仲翔多矣。

民國二十有九年新秋，魚臺屈萬里自序於渝西歌樂山猗蘭別墅。」

又有〈後記〉云：

「是稿草成於二十九年（一九四○），至三十一年（一九四二），重慶中國文化服務社，允為印行，爰錄副與之。顧爾時國難方殷，出版事業至為艱苦；而稿中卦畫錯雜，製版尤難，因稽遲至抗戰勝利，尚未付排。三十七年（一九四八）夏，將付梓矣，而中原鼎沸。繼則山河變色，遂復作罷。播遷來臺時，藏書都棄置南京，惟攜舊稿及批注之書與俱，而是稿在焉。四十七年（一九五八）夏，《學術季刊》索稿，遂以此付之；乃甫刊出上卷（見六卷四期），而該刊遽停。四十八年（一九五九）夏，復以下卷載於《幼獅學報》（一卷二期）。惟期

刊體例與專書不同，至原文頗有刪削。且期刊發行數量有限，未克廣請正於方家。因取原稿，略加校訂，重付手民。自脫稿之初，至是已二十有八載矣。

五十七年（一九六八）十一月十二日萬里識於臺北中央研究院。」

・五月，得許進雄先生五月十二日來信，云：

「翼鵬吾師：

最近拼合了幾版很重要的甲骨，是有關五種祭祀的，因為還沒有拓，所以先大概描在左邊。

因為依照五種祭祀的繫聯表，從大甲奭妣辛到祖乙奭妣己是前後四旬，而此版是五旬。因此最先因齒縫相合，厚度相同，及鑽鑿部位相當而把它們綴合起來的。後來又因從上甲到祖甲之間沒有例外多空一旬的情形，就把它們拆開了。但是經過了一再的考慮，覺悟向來的說法可能有錯誤。這第一、二塊一是可綴合的，因此把所有卜第五期五種祭祀的碎片再度細心的拼對一下，終於拼成了這三大塊，並知這三塊也是屬於同一背甲的。

由此三塊知：

1. 康祖丁可能有特別與其他先祖不同的地方，先祖與先妣混在一版中卜問的祇有康祖丁而已，且有二次之多（另一為□後上四、一○）

2. 先祖妣在龜背上卜問的順序雖是依祭譜一一卜問的，但常有省略某先祖妣或可能另在他版上卜問的現象。

3. 三十七旬週期時增加的一旬並不一定放在每祀典的盡頭，也可如本版放在大庚奭妣壬與大戊奭妣壬之間的（由此也可知前三、二八、五十續六、五、二十續六、一、八的翌工典和翌上甲間的空旬也是屬於這種情形。此博物館所藏也另有一片是工典典、大甲之間也比通常的多一旬）。

4. 既然多出的一旬可放在祀組之中，則島氏說該旬一定放在翌祖甲之後而祭工典有調節祀週的功用，自然是錯了。

5. 既然增加的一旬可能在祀組中，則工典祭應該祇有一種祭祀情形，而不像島氏所說的有時和武乙、文武丁同旬舉行，有時單獨祭祀了。如果每祀組的工典祭祇有一種的舉行情形，則祭 乡的工典祭和上祀的武乙等於同旬舉

行，而祇有翌工典是不和他祭同旬舉行的，則似乎不合於嚴密的組織了。因此覺得彡祖甲後的空旬是休息用的，也是表示一祀起迄的說法仍然比董、島二先生的說法近點。

6.既然比平常多出的一句可放在不同的位置，而且所空的旬並不是因為貞問的結果是不祥而不祭的（因為大庚奭妣壬並無任何迹象表示壞兆或延行舉行的意思），所以該句之設如不是事先決定，一定是臨時碰上的，不管如何，它一定是為了配合某種用意的，這種現象既然是平均兩年一現，則和天象大有關係，也許由此可考知許多曆法上的問題呢。

7.祖乙奭妣庚的祭日可確定是後祖乙奭妣己一天。

以上是臨時想了就寫的。希望以後會有更多的材料和更成熟的想法，現在起碼曉得增出的一旬是可放在祀組中的，則很多沒被拼合的卜辭，可能也可依此觀念而拼合呢。

來多倫多已近半年了，整理的甲骨已近半。發現掉了不少重要的甲骨，在原已編了號的一千多片的懷特氏藏骨，發現掉了 65 片，沒有編號的就不曉得掉了多少，那些很可能是在再次替它們編號前遺失的，可能是為了不容易讓人發現遺失而混亂原有編號的次序再予編號的。據曾經被攝影的幾片甲骨看，被偷的都是很重要的，其中有幾片有月日祀典的五種祭祀。有從未見過的第一期貞人。□□□

此博物館所藏的東西，確實有很多不錯。□□□。又發現一片第五期卜問生育的骨頭，以後當陸續報告比較罕見的。

今天就暫時寫到此。這星期四要到波士頓找張亨先生，大概星期日或星期一回來，現在還有事拜托邵紅呢。敬祝文安。學生進雄敬上。五月十二日。」
按：許進雄（1941.6.23～），臺灣高雄人。國立臺灣大學中國文學研究所畢業後，於 1968 年受聘加拿大多倫多市皇家安大略博物館遠東部整理館藏之商代甲骨文字，歷任研究助理、助理研究員、副研究員、研究員，1996 年退休。在博物館任職期間，以半工半讀方式，於 1974 年獲多倫多大學東亞系博士學位，並自 1977 年起，在該系教授中國文字學、經學史、中國古代社會等課程。1996 年返臺，任國立臺灣大學中國文學系教授。2006 年退休後，轉任世新大學中國文

學系教授，講授中國文字學、甲骨學、中國古代社會、中國文物等課程。著有《殷卜辭中五種祭祀的研究》、《甲骨上鑽鑿形態的研究》、《明義士所藏甲骨文字》、《中國古代社會》（中、韓、英文版）、《簡明中國文字學》、《文物小講》等書及論文四十餘篇。

又按：信中所談到甲骨綴合，後來發表於《中國文字》35 期（1970 年 3 月），篇名為〈殷卜辭中五種祭祀的新觀念〉。

· 五月，得李濟先生五月十八日來信，云：

「翼鵬我兄惠鑒：

　　前托李陸綺兄代達弟及錢院長之意，擬請吾兄暫時屈就本所副所長一職，實為一長期考慮之結論，非一時靈感所作之突然決定也。弟所私心祈禱者，望兄念孟真先生創辦此所之不易，若欲維持其繼續生存，端賴老成，而舊日同志散在四方，弟近日處境如久居深山之老僧，而職責所在，每有所疑，即念及吾兄之經驗與智慧，院長錢公對兄素極欽佩，可望兄能勉加同意。至副所長職務，并無管理日常繁瑣事物之必要，惟協助所長處理重要決策，至弟之私心所仰仗於兄者亦如此。一切已敬托陸綺兄面陳。耑此，祗頌研安。弟李濟敬啟。五月十八日。」

· 六月，得錢思亮先生、李濟先生五月三十一日來信，云：

「翼鵬先生道席：

　　奉讀五月廿三日手示，弟等何勝悒悵。史語所副所長一職，實曾多方慎重考慮，咸認先生為最合理想之人選，不僅所方有此看法，院方亦同此觀感，蓋以先生在院多年，學養俱深，兼有行政豐富經驗，尤其聲望素孚，各方一致信佩，但得鼎力襄導，定能諸務順利。至臺大中文系方面，久經先生主持，早具基礎，諒已勿勞多費周章。此間史語所行政業務，以先生之治事才能，自必游刃有餘，對研究工作定不至有太多影響。為所務計，並為院務計，忝承愛末，用敢再瀆，仍懇賜允屈就，勉為其難，公誼私情，俱深感荷無既，謹將原聘函附奉，更盼文旌及早言旋。函不盡意，祗頌道祺。弟錢思亮、李濟敬啟。五月卅一日。」

　　按：錢思亮（1908.2.10～1983.9.15），字惠疇，浙江杭縣人，生於河南淅川。及長，考入清華大學，入理學院化學系攻讀，1931 年畢業，獲理學士。同

年赴美，入伊利諾大學化學系深造，至 1934 年 6 月，先後獲得理學碩士及哲學博士（有機化學）學位。同年六月返國，自八月起，任國立北京大學教授。1937 年抗戰軍興，隨校遷湘，受聘為國立長沙臨時大學教授，其後長沙臨時大學遷至昆明，改稱國立西南聯合大學，亦隨之西遷繼續任教。抗戰勝利後，北大復員，返校任教，並兼化學系主任。1949 年一月，受聘為國立臺灣大學教授兼教務長。1951 年三月接任校長。1964 年當選中央研究院院士。1970 年六月，轉任中央研究院院長。1971 年十二月起，兼任行政院原子能委員會主任委員。

· 六月，得王崇五先生六月二日來信，云：

「翼鵬吾兄尊鑒：

　　日前拜訪未能久談，至為耿耿。吾兄拚命著作，真可謂寸金難買寸光陰者矣。弟自少年醉心革命（此亦拚命之一種，一笑），未能讀書，然亦頗知書籍之可愛，近年病廢在家，恒依吾兄《古籍導讀》所列諸書讀之，雖年老記悟兩差，然每有會心處，亦快事也。又承贈大著《先秦漢魏易例述評》，甚感卷首有先獻兄題辭，讀之有如面語，不覺泪之潸潸也。名硯拓片三張，本擬裱好題辭，以為吾兄壽。繼念弟之不學無文，何以污此名拓。謹將原紙奉上，願兄念此忠誠，哂收為幸。謹此，敬請雙安。弟王崇五叩。五十八年六月二日。」

按：王崇五，王獻唐先生弟，早年留俄，抗戰後曾任濟南市長。1948 年 10 月，任山東省政府委員。1953 年 4 月，任「國際關係研究會」研究員。

· 六月，得王雲五先生六月十日來信，云：

「萬里先生：

　　前日收到大稿《尚書今注今譯》，喜極若狂。多年以來，十種注譯經書分約各家執筆，台端獨先定稿，趕緊發排，期於月餘內出版，樹之模範，想先生亦同此感也。承示體例，無不贊同。英譯事原不在當時計劃中，但如有理想之譯本，亦極願效勞。惟□□能讀英文者固多，能寫作英文者不多覯。陳君譯稿，能否寄示一部份，以便考慮，如何？手覆，即頌撰祺。弟王雲五。六月十日。」

按：王雲五（1888.7.9～1979.8.14）原名之瑞，小名日祥，派名鴻禎。後改字雲五，號岫廬。筆名出岫、龍倦飛。廣東中山人。生於上海租界。1898 年，入私

塾。1903 年 3 月，入「守真書館」讀英文。1905 年，任「同文館」教生。1906
年 10 月，任中國新公學英文教員（學生中有胡適等人）。1908 年，兼任上海留
美預備學堂教務長。1912 年 1 月，任中華民國臨時總統府祕書，兼任教育部職
務。3 月，任教育部專門教育司第一科科長。9 月，兼任國民大學法科英文教
授。加入國民黨。1913 年 3 月～1913 年 5 月，任教育部主任祕書兼專門教育司
司長。1913 年 8 月～1916 年，任中國公學大學部專任教授。1916 年 7 月～1917
年秋，任蘇粵贛三省禁烟特派員。1921 年 9 月～1929 年 9 月，因胡適推薦，入
上海商務印書館編譯所任所長。1924 年 10 月，兼任東方圖書館館長。1925 年 3
月，發明四角號碼檢字法。1927 年 4 月，完成中外圖書統一分類法。1930 年 2
月～1946 年 4 月，任上海商務印書館總經理。1937 年 7 月，出席廬山談話會。
1938 年 6 月，代表文化界任國民參政會第一屆參政員。1947 年 4 月 18 日，任國
民政府委員。23 日，任行政院副院長。1948 年 4 月，當選第一次國民大會第一
次會議主席團。5 月 31 日，任行憲後首屆行政院政務委員兼財政部部長。11 月
9 日，因幣制改革失敗，辭財政部長。1951 年 1 月，至臺灣，任行政院設計委員
會委員兼政制組召集人。1953 年 2 月～1954 年 8 月，任臺灣商務印書館業務計
畫委員會主任委員。1954 年 8 月 17 日～1958 年 8 月，任考試院副院長。1958
年 7 月 15 日～1963 年 12 月，任行政院副院長。1963 年 7 月，代理行政院院
務。1964 年 7 月，當選臺灣商務印書館董事長。1969 年，任中央研究院第七屆
評議員。

· 八月，撰〈「梅涇老農撫梅道人墨竹卷」題記〉。
按：梅涇老農，即清代畫家董棨（1772～1844）。董氏之墨竹卷，汪謝城曾書有
題跋，後為蔣穀孫氏所藏。本文為先生所撰畫卷之題記，曰：

　　「右《梅涇老農撫梅道人墨竹卷》，虎賁中郎，風神酷似，汪謝城跋所謂妙
腕所到之處，無非梅老精神相為出沒者也。所摹俞紫芝至唐子畏七家題識，並曲
盡其好。卷端有穀孫先生先德靜洲公題字，汪謝城母夫人儀結女士題詩，及謝城
楷書跋，皆藝林所罕觀，尤為名貴。謝城以史學及歷算之學飲譽士林。史稱其秉
母氏教，敦行勵志，學無涯涘。觀此一詩一跋，可以想見其母子之風範矣。謝城

生於嘉慶十八年癸酉，此跋書於道光十五年乙未，時纔二十三歲耳。穀孫先生大父嬰寧公曾受業於謝城，居其家甚久，宜乎穀孫先生珍此名蹟有逾球璧也。民國五十八年八月魚臺屈萬里敬題。」

· 八月，得考試委員成惕軒先生八月廿九日來信，云：

「翼鵬先生道鑒：

　　頃奉手教，敬審一一。承惠尊著《先秦漢魏易例述評》一冊，義例精嚴，斷制有法。名山之業，自足千秋。無任欽佩。耑此覆謝，並頌著安。弟成惕軒敬啟，八月廿九日。」

按：成惕軒（1911.1.4～1989.6.23），字楚望，湖北省陽新縣人，高等文官考試及格，中央政治學校高等科第一期畢業。歷任國防部最高委員會簡任祕書，考試院參事，總統府參事，考試院第三屆、第四屆、第五屆考試委員。歷兼正陽法學院、中國文化學院、國立中央大學、國立政治大學中文研究所、國立臺灣師範大學國文研究所等教授。著有《尚書新論》、《汲古新議》、《藏山閣詩》、《楚望樓詩》、《楚望樓駢體文內篇》、《楚望樓駢體文外篇》、《楚望樓駢體文續編》等。

· 九月，《尚書今註今譯》一書，由臺灣商務印書館印行。

祐謹按：先生曾於民國四十五年撰《尚書釋義》一書，由中華文化出版事業委員會出版，前已著錄。先生以該書意在為大學中國文學系學生習讀之用，故於註文引用他家之說者，悉予註明，並略涉引證。然於無意專習《尚書》而僅欲於此書略知大意之青年，尤其外國人士，每不克但憑註語即能詳悉經義，故復撰本編。於舊說亦頗有修訂。

　　書前有〈凡例〉六則，云：

一、鄙人舊撰《尚書釋義》一書，由中華文化出版事業委員會出版。該書註文雖簡，然引用他家之說，悉予註明；並略涉引證。因其書意在為大學中文系學生習讀之用，俾既可因註語以瞭解經文；亦可因引證之文，而鼓起從事研究工作之興趣。然於無意專習《尚書》，而僅欲於此書略知大意之青年（尤其外國人士），往往不克但憑註語即能詳悉經文之意義；故復有本書之作。

二、本書註語，大都依據拙著《尚書釋義》；而屬辭更求簡明，並儘量避免引
　　證。惟十餘年來（前書初版於民國四十五年），因讀書稍多，識解亦微有寸
　　進，故頗有修訂舊說處。

三、以白話文譯先秦文辭，有如以本國文譯外國文。蓋古語表達之方式，與今語
　　不同處既多；而周代習用之語氣詞，今語中無適當之字可譯者尤夥。故欲求
　　其信達雅，鄙人力有未逮。無已，謹致力於「信」之一途，冀不失經文之原
　　意。

四、本書既為一般青年略知其大意而作，故涉及專門性之問題，本書多略而不
　　言。亦因此故，於《尚書》逸文及偽古文《尚書》原文，皆略而未著。讀者
　　欲知其詳，則有《尚書釋義》在。

五、百篇《書》序，出於先秦，可藉以知百篇《尚書》之篇目，及其存佚情形；
　　故附錄於正文之末，並加簡註。

六、本書之成，多得力於吳蓮佩講師之助，謹志謝忱。

・九月，得張春樹先生九月三日來信，云：

「翼鵬吾師尊鑒：

　　生暑中外出，今歸來，得讀師之大著（《「學」傭論學集》——生以「學」
字比「書」字恰當，故改），一氣讀完其中數篇，極是佩服無已。論《易》與
《尚書》之各篇最為精彩，改正前人之說者最為深入，生以正在為上古史寫《殷
周之際的思想》，看來最為感受。〈諡法濫觴於殷代考〉最具慧眼，生以為其中
各點可作『理性』之萌芽解。生文正在修改，不久即可完稿，寄師與所中各先生
改正。

　　《尚書》各篇年代之看法，與張西堂氏所見亦同。近來日本學者在這方面亦
有新見解，待數日後再抽空把各文鈔呈。

　　生之學生時常來信佩讚師之博學，甚為感謝。師如有空請多來示指示為幸。
敬請教安。師母福安。生春樹謹呈。九月三日。」

按：張春樹，1984 年～1985 年，任香港中文大學歷史系主任。

・十一月，〈甲骨文的發現、傳播及其對學術的貢獻〉一文，載《中華文化復興月

刊》第二卷十一期。

· 十一月，榮獲中山學術著作獎。

　　祐謹按：先生以對漢石經、甲骨文研究有特殊貢獻，並著有《尚書今注今譯》等
　　多部經學著作，獲頒「中山學術獎」。

· 十一月，接受國立臺灣大學《大學新聞》記者南海同學之訪問，訪問稿〈溝通古
　　今的辛勤工作者——與中山學術獎得主屈萬里教授一席談〉一文，十二月八日載
　　《大學新聞》四版。

· 十一月六日，孫男向東出生（世鐸之四子）。

· 十二月，得臺灣大學祕書室十二月八日函，云：

　　「屈萬里先生者：

　　　　前奉致本校錢校長大函，敬悉先生擬以獲得中山學術著作獎金五萬元中兩萬
　　元，捐贈本校，作為獎學金基金，每年以利息作為本校中國文學系三年級肄業期
　　滿，經學（包括文字學、聲韻學）成績最優學生一名之獎學金，案經提請本校第
　　九三七次行政會議決議，敬當接受。有關獎學金名稱及設置辦法，由訓導處洽商
　　先生擬訂。敬函布覆，拜請賜察惠辦為荷。此致。祕書室敬啟。十二月八日。」

· 十二月十四日，中國圖書館學會第十七屆年會在臺北市舉行，先生擔任主席團主
　　席，並膺選監事。

· 十二月，〈普林斯頓大學所藏中國善本書辨疑〉一文，載《圖書館學報》第十
　　期。

　　祐謹按：普林斯敦大學藏有三萬冊中文善本圖書，茲篇就下列四種偽刻，各舉例
　　說明：一、攘竊他人作品冒充自己作品者；二、襲取他人刻本冒充己刻者；三、
　　以明刻冒充古本者；四、以殘本冒充全本者。

· 主編《明代史籍彙刊初輯》，是月由臺灣學生書局印行。

　　祐謹按：先生選輯國立中央圖書館所藏明代史籍善本書十一種，彙為此編。此十

一種書為：一、《明代史闕》；二、《建文皇帝事蹟備遺錄》；三、《革朝遺忠錄》；四、《審齋瑣綴錄》；五、《皇明嘉隆兩朝聞見紀》；六、《兩朝平攘錄》；七、《使琉球錄》（明蕭崇業、謝杰同撰）；八、《使琉球錄》（明夏子陽、王士禎同撰）；九、《攻渝諸將小傳》；十、《皇明名臣墓銘》；十一、《明代登科錄彙編》。囑兆祐每一書撰〈敘錄〉，載諸卷首。

· 本學年度由先生指導，獲碩士學位者：

國立臺灣大學中國文學研究所碩士班研究生陳瑞庚，碩士論文為《王制著成之時代及其制度與周禮異同》。

國立臺灣大學中國文學研究所碩士班研究生黃筱敏，碩士論文為《馬廷鸞生平及其佚文》。

國立臺灣大學中國文學研究所碩士班研究生王景鴻，碩士論文為《蘇東坡著述版本考》。

民國五十九年（一九七〇） 先生六十四歲

· 三月，〈論語公山弗擾章辨疑〉一文，載《中山學術文化集刊》第五集。

· 三月，撰〈國立中央圖書館故館長定遠包君墓碑銘〉。

按：包遵彭（1916.9.18～1970.2.20），字龍溪，安徽定遠人。先後肄業於上海復旦大學及國立政治大學。1940 年起，歷任三民主義青年團籌備處第三組組長、中央團部編審室編審，海軍總司令部新聞處處長、幼獅通訊社社長。1955 年，教育部聘其籌設歷史文物美術館，1956 年籌設竣事，受命首任館長，後歷史文物美術館，改名國立歷史博物館，1968 年，因屈先生之薦，任國立中央圖書館館長。曾數遊歐美諸國，並在賓州大學從事研究工作，治公之暇，先後在政工幹部學校、東吳大學、輔仁大學、國立臺灣師範大學等校任教。著有《五四運動史》、《中國海軍史》、《中國青年運動史》、《歐州風土錄》、《漢代樓船考》、《清季海軍運動史》等。

· 夏，應新加坡南洋大學之聘，擔任客座教授一年。

·六月，得吳大猷先生、閻振興先生六月九日來信，云：

「（59）臺會秘字第 1737 號

翼鵬吾兄大鑒：

　　惠函敬悉。本會人文及社會科學委員會，多年來，備承襄助策劃，感紉曷已。茲已應聘出國講學，未能續共晨夕，良深悵罔。專此布覆，並申謝忱。敬頌教綏。弟吳大猷、閻振興拜啟。伍拾玖年陸月玖日。」

按：吳大猷（1907.7.29～2000.3.4）廣東廣州人。1929 年畢業於南開大學,任教母校。1931 年赴美密歇根大學研習，1933 年獲博士學位。1934 年返國，任北京大學物理系教授。1938 年至 1946 年，任西南聯合大學教授。1948 年 4 月，當選中央研究院數理組第一屆院士。1967 年 8 月～1973 年 6 月，任中華民國行政院國家科學委員會主任委員。1978 年～1991 年 6 月 30 日，任國家安全會議科學發展指導委員會主任委員。1983 年 10 月 24 日～1994 年 1 月 15 日，任中央研究院院長。1990 年～2003 年 3 月 4 日，任中央研究院評議員。1994 年 1 月 15 日～2000 年 3 月 4 日，任中華民國總統府資政。著有《多原分子振動光譜及結構》、《量子力學散射論》、《氣體及電離體方程式》、《狹義及廣義相對論》、《近代物理學的基礎》、《古典動力學》等書。

·六月，得王崇五先生六月十一日來信，云：

「翼鵬吾兄賜鑒：

　　手教奉悉。關於弟所藏李易安畫像，前曾借與羅志希先生攝影，並承羅先生允攝及賜予一幀，但攝後僅將原件擲還，而照片則石沈大海矣。惟該項照片並羅詩曾見《中央日報·副刊》（忘記在何年月日，弟當時曾剪貼，一時找不到），如果先生祇用該項照片，似可向羅先生處索借底片重印即可（聞托名攝影家郎靜山所攝），如必需另行攝照，弟當即將原畫送兄處轉交何先生辦理亦可。查家獻兄所摹之底本，弟在濟時曾親見之，因保存不善，已晦暗不明，當時本擬以三千萬元（約合赤金二兩）購之，繼思獻兄當不欲負其死友，拒而不受，弟亦何敢以銅臭驕人，遂作罷論。原持畫人為菅某，任濟南警察，奉其父遺命，俟抗戰勝利後，以該畫贈獻兄為之保存者也。弟自濟青兩地家藏舊書損失後，對於任何文

物，甚以公家藏為宜，如能翻印流傳更好，故所藏之李易安畫像，如能經由先生刊入畫刊中，弟固樂觀厥成也。謹此奉覆，並請道安，弟王崇五拜啟，六月十日。

　　昨晚在中華路復興園遇孔先生與二三友在彼小酌，謂兄本亦在約中，臨時因事未往云。」

・八月，接受《大華晚報》記者汪季蘭女士訪問，訪問稿〈臺大屈萬里教授談中文研究所培養博士的過程〉一文，載是月四日《大華晚報》三版。

・八月，接受《大華晚報》記者陳長華先生訪問，訪問稿〈屈萬里談善本書〉一文，載是月二十三日《大華晚報》三版。

・秋，賦詩四首：

> **星州雜咏** 五十九年秋於南洋大學
> 鳥聲似析響幽林，撩我鄉思夜夜心；
> 遲落長庚如有意，清光伴我到宵深。鄉思
>
> 西風未許到獅城，木自蔥蘢草自榮；
> 南國不知秋已晚，椰林猶有鷓鴣聲。暮秋
>
> 草間猶自躍斯螽，斗柄忽驚指仲冬，
> 畢竟日南風物異，狂花隨雨撲簾櫳。仲冬
>
> 茂林掩映好樓台，樹樹相思傍路栽；
> 幾處長廊覆幽徑，行人宛自彩虹來。南大校園

・十一月，受中山學術文化基金會聘為「中山講座教授」，迄民國六十三年（一九七四）。

・十二月，主編《明代史籍彙刊第二輯》，由臺灣學生書局印行。
　祐謹按：先生選輯國立中央圖書館所藏明代史籍善本書十三種，彙為此編。此十

三種書為：一、《大明律集解附例》；二、《大明一統文武諸司衙門官制》；三、《內閣行實》；四、《明功臣襲封底簿》；五、《皇明永陵編年信史》；六、《明史列傳》；七、《皇朝中州人物志》；八、《殷頑錄》；九、《營辭》；十、《通糧廳志》；十一、《通漕類編》；十二、《蒼梧總督軍門志》；十三、《徽州府賦役全書》。囑兆祐為每一書撰寫〈敘錄〉，載諸每書卷前。

· 十二月十二日，中國圖書館學會第十九屆年會在臺北市舉行，先生膺選監事。

· 十二月十七日，致函兆祐，云：

「兆祐弟：本月三日　來函及論文計劃，均已收悉。計劃略作修正，茲隨函附還，祈　督閱。此計劃綱要，只是暫定。他日當視所收資料情形，再確定綱目。惟清繕後，當送請林主任審閱。彼如有不同意見，可再來商酌也。愚在此一切如常，附聞以抒遠系。此復，即詢　近好，並頌　年禧。　屈愚萬里敬啟。十二、十七。內人附候。」

祐謹按：民國五十九年（一九七〇）七月，兆祐考取國立臺灣師範大學國文研究所博士班，當時先生在新加坡南洋大學擔任客座教授，兆祐擬訂博士論文撰寫計畫寄奉先生，此先生之覆函也。

· 本學年度由先生指導，獲碩士學位者：

國立臺灣大學中國文學研究所碩士班研究生吳美乃，碩士論文為《尚書二十八篇集校》。

國立臺灣大學中國文學研究所碩士班研究生張光裕。碩士論文為《先秦泉幣文字辨疑》。

國立臺灣大學中國文學研究所碩士班研究生邱信義，碩士論文為《五等爵說研究》。

國立臺灣大學中國文學研究所碩士班研究生呂振瑞，碩士論文為《漢石經論語殘字集證》。

民國六十年（一九七一）　先生六十五歲

· 三月，〈從目錄學的立場看中國古書的一些問題〉一文，載新加坡出版之《新社季刊》第二卷二期。要目有：一、〈圖書的真偽問題〉；二、〈圖書著成的時代問題〉；三、〈圖書版本的優劣問題〉；四、〈結論〉。

祐謹按：本文係民國六十年（一九七一）四月二十三日，先生應新加坡南洋學會及新社之邀，所作之演講稿。越三日，《新加坡南洋商報》及《星洲日報》均曾刊載。

· 五月，主編《雜著秘笈叢刊》，由臺灣學生書局印行。

祐謹按：先生選輯國立中央圖書館所藏雜家類善本書十七種，彙為此編。此十七種書為：一、《野客叢書附野老紀聞》；二、《古今考續古今考》；三、《升庵外集》；四、《正楊》；五、《剡溪漫筆》；六、《思問初編》；七、《麗事館余氏辨林》；八、《名義考》；九、《徐氏筆精》；十、《槎庵小乘》；十一、《古今釋疑》；十二、《藝林彙考稱號編》；十三、《海外全書》；十四、《松崖筆記》；十五、《九曜齋筆記》；十六、《彊識篇》；十七、《管窺》。囑兆祐為每書撰寫〈敘錄〉，載諸每書卷首。

· 十二月，〈西周史事概述〉一文。載中央研究院《歷史語言研究所集刊》第四十二本。

祐謹按：茲篇包括五部分：一、〈周的先世〉；二、〈伐紂開國〉；三、〈西周諸王〉；四、〈西周的年代〉；五、〈周公旦和昭穆公虎〉。

· 〈兕觥問題重探〉一文，是月載中央研究院《歷史語言研究所集刊》第四十三本。

祐謹按：兕觥一物，其形狀、容量、功用等，歷來諸說紛紜，先生據各種文獻及中央研究院歷史語言研究所發掘安陽所得之角形器，論定兕觥之狀為兕角形；乃飲器，非容器；其功用非但不專作罰爵之用，乃至是否用作罰爵，尚有問題。此說既定，然後《詩經》、《周禮》等先秦文獻中有關兕觥一物，可得正確之訓釋。

· 〈鼓勵國學輸出〉一文，是月九日載《聯合報》〈副刊〉。

・〈傅孟真先生逝世廿週年祭〉一文，分上下兩篇，載是月二十四、二十五日《中央日報》〈副刊〉。

按：傅斯年（孟真）先生，民國三十九年（一九五〇）十二月二十日逝世。

・〈先秦說詩的風尚和漢儒以詩教說詩的迂曲〉一文，載《南洋大學學報》第五期。

祐謹按：民國五十九年（一九七〇）夏，先生應新加坡南洋大學之聘，為該校訪問教授，講學一年。該學報不著刊行月日。繫之歲末。

・本學年度由先生指導，獲碩士、博士學位者：

國立臺灣大學中國文學研究所碩士班研究生黃沛榮，碩士論文為《周書周月篇著成的時代及有關三正問題的研究》。

國立臺灣大學中國文學研究所博士班研究生程元敏，博士論文為《王柏之生平與學術》。

國立臺灣大學中國文學研究所博士班研究生鄭良樹，博士論文為《戰國策集證》。

民國六十一年（一九七二）　先生六十六歲

・三月，撰〈故立法委員漢三李公墓碑〉。

按：李漢三先生，諱士傑，中年後，以字行，山東菏澤人。任行憲後第一屆立法委員，於淡江大學講授《周易》、《尚書》等，著有《先秦兩漢之陰陽五行學說》、《周易卦爻辭釋義》等書。民國六十一年（一九七三）三月三日卒，享年六十有八。

・五月，〈以古文字推證尚書譌字及糾正前人誤解舉例〉一文，載《孔孟月刊》第十卷九期。

祐謹按：本文為民國六十一年（一九七三）四月二日上午九時至十二時，先生在孔孟學會九十四次研究會之演講稿，由林汝華、李偉泰先生記錄。

・六月，〈影印「古今釋疑」後記〉一文，載《書目季刊》第六卷三、四期合刊

本。

祐謹按：國立中央圖書館藏有鈔本《授書隨筆》十七卷，題黃宗羲撰，實則方中履之《古今釋疑》，而書賈作偽，改題書名及作者，以欺世者。余英時先生為文考訂，由臺灣學生書局影印出版，先生撰〈後記〉，云：

「國立中央圖書館，藏有抄本《授書隨筆》十七卷，題黃宗羲撰。曩余執役中央圖書館時，編目同人，固嘗疑其書，然無暇深考，館藏善本書目中，於是書署曰『題黃宗羲撰』，以示存疑之意。客歲學生書局影印是書，以廣流傳。甫印就，尚未裝訂；適哈佛大學余英時教授來臺，見此影本而訝之，乃攜往新陸，探索究竟。不數月，成論文一篇，證知是書實方中履之《古今釋疑》；而書賈作偽，改題書名及著作人，以欺世者。識見之卓越，舉證之詳確，使作偽者百喙莫辯。學生書局，乃將影本，還其本名；且以英時先生之文，冠諸卷首。多年疑案，一旦而決，其嘉惠於學林者，誠無涯涘也。

《古今釋疑》一書，流傳極罕。英時先生，但據此偽本《授書隨筆》，鉤稽資料，斷其即《古今釋疑》，而實未見素北此書。中央研究院歷史語言研究所，藏有《古今釋疑》原刊本，予取以與余文互勘，知文中論證諸大端，無不脗合。深為歎服。惟抄本《授書隨筆》為十七卷，而刻本《古今釋疑》則十八卷。余文論卷數不同之故，以為抄本十七卷者，『或是較早之底本』；刻本十八卷者，『至印書時復有增補，亦未可知。』此一細節，頗有可商。余文推論此抄本之時代，約在民國初年。茲就抄本玄、歷、寧等字，多不缺筆避諱覘之，知其論至確。然則當清末民初，世人搜求梨洲遺著，蔚成風氣之日，而此抄本適出；可知此抄本實作偽者就罕見之刻本《古今釋疑》，易其卷數，撤其序文，改易開卷第一篇之標題，復將凡例之『履』字更為『羲』字，欲以欺世人而獲善價者，恐非有舊傳之底本，書賈據而抄之也。嘗以此函詢英時先生，承復書同意鄙說；且囑以此意著諸後記。爰述鄙見於此，以就正於知者，且以見英時先生之虛懷若谷也。

抄本除有意竄改者外，亦間有筆誤及蠹蝕處，學生書局就刻本一一校正，將附校勘記於此影本之末。又：刻本有諸家序文十四篇，目錄後復有『寄謝竹菴先生為刻古今釋疑五十有二韻』長詩一首，皆抄本所無，茲並補入影本，庶幾可以

還《古今釋疑》之真，亦英時先生所建議也。民國六十有一年三月九日屈萬里記。」

· 〈文物資料和圖書資料的相互關係〉一文，是月載南洋大學《李光前文物館文物彙刊》創刊號。

· 〈經籍中常被忽略的年世問題〉一文，是月載東吳大學《中文季刊》八卷四期。

祐謹按：此文為先生在東吳大學之演講稿，由中國文學系麥詠嫦同學記錄。

· 七月十八日，膺選中央研究院院士。

祐謹按：是日全國報紙及傳播媒體均以顯著篇幅刊載此項消息。中央研究院發佈之新聞稿，稱先生「對先秦史料之考訂，中國古代經典（《詩》、《書》、《易》等）及甲骨文之研究，均有成就，尤精於中國目錄校勘之學。」

· 七月，得馬漢寶先生七月十八日賀函，云：

「翼鵬先生道右：

　頃悉膺選中央研究院院士，實至名歸，最堪欽欣，專肅寸箋，藉當面賀。並頌教綏。後學馬漢寶拜上。六一年七月十八日。

　家嚴命筆致賀不另。」

按：馬漢寶（1926.11.27～）安徽渦陽人，生於湖北漢口。上海國立復旦大學法律系肄業、臺灣大學法律系畢業。1950 年起，歷任臺大法律系助教、講師、副教授及教授。1964 年，及 1965 年～1966 年，美國哈佛大學法學院研究。1966 年～1971 年，任中央研究院中美人文社會科學合作委員會委員兼執行秘書。1969 年～1971 年，應聘為行政院國家科學委員會研究教授。1971 年，應聘為美國華盛頓大學（西雅圖）法學院客座正教授。並膺選美國傑出法律學人學會（The Orer of The COIF）榮譽會員。1972 年，任考試院考試委員。1982 年 6 月 10 日～1994 年 10 月 1 日，任司法院大法官。1990 年任中央研究院評議員。著有《國際私法總論》、《西洋法律思想論集》等中英文論著。

· 七月，得蘇瑩輝先生七月二十七日來信，云：

「翼公道長侍席：

　　臺北友人寄來本月十八口《民族晚報》專訪特稿，欣聞我公膺選人文組院士，眾望允符，額頌靡已！謹賀謹賀。頃接學生書局新任總經理馮愛群君信，知《書目季刊》六卷二期已出版，拙稿未及排入。並聞下半年起該刊編務將由方神父杰人主持，如拙稿仍存尊處，敬祈便中惠轉方公為叩。瑩輝晉級為『高級講師』事，近經校內會議初步通過，俟下月理事會同意後，即訂立新聘約（自 75 年 11 月滿六十歲止），果則舊聘約（將於明年四月底屆滿）將取消，明年春間三個月之返臺渡假亦將放棄，須延至 75 年底始能返臺。知蒙垂注，謹先奉聞。又鐵凡兄之聘約，亦經校內會議通過延長一年（至 74 年 1 月底止），大約理事會可以照案通過也。餘容續筆，耑上，敬請暑安。尊夫人前叩安。後學蘇瑩輝拜上。六十一年七月廿七日。」

·八月，得張光直先生八月三日來信，云：

「翼鵬我師尊前：

　　回臺其間多承照顧，濁大流域人地研究計畫承師鼎力支持，生工作始能順利，十分感謝！此項計劃諒已與國科會正式簽約，以後隨時叩煩之處尚多也。

　　在史研所講演題目已摘要成文，遵囑限於三千五百字內，附函中寄上，請您：㈠不吝指正改進；㈡如願推薦在〈中副〉（或其他副刊）上刊載，即請鼎言相薦；㈢如師認為不妥，即請擲還再寫。餘容再稟。順頌暑安。生張光直拜。八月三日。」

按：張光直（1931.4.15～2001.1.3），臺灣板橋人。1931 年生於北京，1954 年畢業於國立臺灣大學考古人類學系，1955 年入美國哈佛大學人類學系，1960 年獲博士學位，受聘為講師，1961 年起在耶魯大學人類學系任教。1974 年 7 月，當選中央研究院人文組第十屆院士。1981 年～1984 年任系主任。1994 年 8 月 3 日～1996 年 8 月 1 日，任中央研究院副院長。他的研究專長是考古人類學，曾主持「臺灣史前史研究計畫」、「臺灣省濁水溪與大肚溪流域自然與文化史科技研究計畫」，在國際學界享有盛譽。

·八月，〈孔子的述與作〉一文，載《孔孟月刊》第十卷十二期。

祐謹按：本文為是月十六日上午，先生在「六十一年暑期國學研究會」之演講
稿，由程元敏先生記錄。

· 九月九日，孫男耀東出生（世銘之次子）。

· 九月，得饒宗頤先生九月二十日來信，云：

「翼鵬教授道席：

　　前貢寸楮，諒連記室。入臺手續，度不久可以批准。弟在南港住宿地方，想
已妥為安頓矣，先此致謝。

　　星大中文系自本年度起，四年級開辦榮譽班，現有學生五人，三人來自南
大，關於榮譽班校外考試委員一席，系中同人，僉議敦聘先生擔任閱卷。特先函
陳，倘荷俯允，當即呈送院方通過。誠盼覆示，無任致禱，此頌鐸安，弟饒宗頤
敬上。一九七二年九月廿日。」

按：饒宗頤（1917 年～），字固庵，號選堂。廣東潮安人。1952 年～1968 年，
任香港中文大學偉倫講座榮譽教授。1968 年～1973 年，任新加坡大學中文系首
任講座教授兼系主任。1973 年～1978 年，任香港中文大學中國語文及文學系講
座教授兼系主任。歷任印度班達伽東方研究所、法國科學中心遠東學院研究員、
香港大學、美國耶魯大學、日本京都大學、法國高等研究院等院校教授。法國索
邦高等研究院榮譽人文科學國家博士。香港中文大學藝術系及中國文化研究所榮
譽講座教授。

· 十月一日，撰〈「中國古典小說論叢」序〉。

祐謹按：《中國古典小說論叢》，係轉錄國立臺灣大學中國文學系教師及中文研
究所研究生所撰四十一篇有關古典小說之研究論文為一編。此序今收錄在柯慶明
教授《昔往的輝光》一書中。

· 十月，〈尚書與其作者〉一文，載《中央月刊》第五卷一期。

· 十一月，得周法高先生十一月十四日來信，云：

「翼鵬尊兄左右：

久疏音候，近維起居順適為頌。茲有懇者，敝校中文系議決，仍請吾兄擔任敝系學位試校外委員，尚悉俯允為荷。又有請者，弟原答應濟老十月底將〈殷代的語言〉一篇交卷，但近日精力不濟，恐無法完成該篇，不日將寄還預付稿費美金一百元與汪和宗兄，以清手續。尚希在濟老前代為說項為荷。弟近年來采重點研究，每年祇寫長文一篇，蓋所謂『留得青山在，不怕沒柴燒』、『細水長流』即此意也。如不自量力，舉鼎絕臏，反為親者所痛，而仇者所快也。幾年前答應代人修改趙元任先生之《中國話的文法》中譯本，久未報命，為趙太太痛詆。知我罪我，任之而已。專此敬請著安。弟法高上。一九七二年十一月十四日。」

按：周法高（1915.9.29～1994.6.25）字子範。江蘇東臺人。1939 年，國立中央大學中文系畢業。1941 年，國立北京大學文科研究所中國語言學碩士。1941 年～1948 年，任中央研究院歷史語言研究所助理研究員。1946 年～1947 年，任中央大學兼任副教授。1948 年～1953 年，任中研院史語所副研究員。1949 年～1954 年，任臺灣大學兼任教授。1953 年，任中研院史語所研究員。1955 年～1957 年，美國哈佛大學哈佛燕京學社訪問學人。1962 年，任美國華盛頓州立大學客座教授。1963 年～1964 年，任美國耶魯大學客座教授。1964 年～1976 年，任香港中文大學中國語言及文學系講座教授、主任，研究院中國語言及文學部主任，中國語言研究中心主任。1964 年 9 月，當選中研院第五屆人文組院士。1971 年，當選美國語言學會榮譽會員。曾任東海大學講座教授。專著《中國古代語法》造句篇、稱代篇、構詞篇等三冊，共約一百二十萬字，為歷來研究中國文學書中之巨著。

· 十一月，〈二戴記解題〉一文，載中央研究院《民族學研究所集刊》第三十二期。茲篇要目有：一、〈禮記的內容和編者〉；二、〈禮記各篇著成的時代〉；三、〈大戴記現存的篇數〉；四、〈二戴記的關係〉；五、〈大戴記各篇著成的時代〉。

· 十二月三日，在國立中央圖書館發表演講，講題為〈參考古書要先辨明真偽〉。是月四日《中華日報》記者吳雪雪女士所撰演講記錄，載該報三版。

・十二月四日，《青年戰士報》三版刊出記者楊鴻博先生所撰〈屈萬里教授呼籲國內學術界研究古代學問千萬勿為偽書所惑〉一文。

按：此篇為報導先生三日在國立中央圖書館講演之內容。

・十二月，〈參考古書要先辨明真偽〉一文，載是月四日《中華日報》。

・本學年由先生指導，獲碩士學位者：

國立臺灣大學中國文學研究所碩士班研究生呂美雀，碩士論文為《王應麟著述考》。

國立臺灣大學中國文學研究所碩士班研究生李偉泰，碩士論文為《兩漢尚書學及其對當時政治的影響》。

民國六十二年（一九七三）　先生六十七歲

・元月，擔任中央研究院歷史語言研究所所長。

・一月，〈為讀書人省時間精力──「書和人」二百期序〉一文，是月六日載《國語日報》〈書和人二百期紀念專〉。

・一月，接受《中華日報》記者盧申芳女士訪問，訪談主題為如何提升國內研究生論文之品質。訪問稿〈屈萬里談研究論文〉一文，二月一日載《中華日報》十版。

・三月，〈有關周公問題之商討〉一函，載《東方雜誌》第六卷九期。

祐謹按：《東方雜誌》六卷七期載徐復觀先生〈與陳夢家屈萬里兩先生討論周公旦曾否踐阼稱王的問題〉一文，於先生所著《尚書釋義》解〈大誥〉「王若曰」之王為成王，解〈康誥〉「王若曰」之王為武王，表示異議。先生以斯時課業繁忙，一時無暇為文答覆，先致徐復觀先生一函，說明容後得暇即行答覆，此先生致徐復觀先生之短函也。

・四月，得陳立夫先生四月四日來信，云：

「萬里吾兄惠鑒：

敬啟者，小兒澤安研究植物病理稍有心得，厚蒙吾兄獎掖後進，予以提名為中央研究院院士候選人。毋任感謝。原擬乘其返臺開會之際，率其趨府叩謝，不期其時間全被會議及實地考察所占，不克如願。失禮之處，敬祈原宥。專此敬請台安。弟陳立夫敬啟。小兒澤安隨叩。四、四。」

· 五月，〈經學簡述〉一文，載東吳大學《扶風》第一期。

祐謹按：本文為先生在東吳大學之演講稿。

· 六月，得吳緝華先生六月十八日來信，云：

「翼鵬吾師所長勛鑒：

三月廿九日手教，奉悉多時，因諸事未定，故遲遲未能奉覆，敬請吾師見諒。緝華初應國立澳洲大學之邀，僅以訪問教授名義，為時二十週。最近澳大研究院院務會議，又通過由訪問身份改為該院正式高級研究員，仍繼續研究工作。緝華因有較長時間留澳，故暫不能返臺。至於中研院史語所職位一事，據來示云，類似緝華情形者有李孝定、金根發、許倬雲等，其中如有李孝定先生，亦不能保留職位，實無話可說。若如前一年吾師函云：『年資深者不在此例。』若以年資論去留，緝華在職已有二十三年，亦請中研院史語所予以考慮，請吾師酌量情形處理即可。總之，以吾師不為難處理此事為佳。

澳大研究院制度與中研院同，經費由國家支給，同仁們不負教書之責，祇專心研究著述。藏書亦豐富，亦為極佳研究環境。緝華來此已兩月有餘，現已寫成四萬字文稿，擬繼續發奮努力，以期完成多年來研究計劃，希望能給國際學術界做點貢獻。並盼時惠教言，予以訓勉鼓勵！

另有緝華近年不能返臺，原住民生東路 781 巷 4 弄 14 號之 3 房屋，已空多時，不知是否有朋友喜歡此一環境。有想買者，擬以淨得三十八萬臺幣轉讓出去，餘下幾年中央信託局之貸款，可由買主繼續交付，懇請吾師費心代訊問，如能轉讓出去，無任感禱！不盡依依，肅此，敬頌時祉！敬請師母安好！生吳緝華拜上。六月十八日。」

· 七月，〈字義的演變和學術資料的解釋與鑑別〉一文，載《幼獅月刊》第三十八

卷一期。

祐謹按：本文為先生之演講稿，由黃沛榮、李偉泰先生記錄。

·八月，得美國普林斯頓大學圖書館館長 William S. Dix 博士七月三十日來信，
　云：

「屈教授：

　　普林斯頓大學圖書館對 Mote 教授三月二十八日寫給您的信和您五月二十日
寫給他的信中所大體描述的程序非常滿意，我建議我們將上述兩封及這封信作為
您的《普林斯頓葛思德圖書館善本書目》出版發行的非正式協議。除了您與藝文
出版社簽訂的合同外，就沒有簽署正式合同的必要了。當然我最後還需要一份您
與藝文所簽合同的複印件。

　　作為非正式協議的一部分，在此附上 2000 美元的銀行匯票一張，供您個人
使用。您可以以『協議』」中概述的出版事項使用之。我們並不希望您用這筆錢
為普大購書。我希望您考慮這筆錢被作為您付出心血使這項工程終有圓滿結果的
象徵性的酬金後的餘額。

　　我打算盡快將英文書名頁和由我與 Mote 教授寫的序言的複製清樣寄予您。
若您願和中文版一樣用自己寫的序言，請盡快將譯文寄送予我。有了這些複製清
樣，該書的英文部分就可在臺灣出版了。

　　在普大出版社製作複製清樣之前，有幾點需要說明：

1. 後附英文書名頁草圖。目前還不清楚您所用中文書名，或許您更願意修改我的
　草圖以和您的保持一致。若您還未確定中文書名，我的建議是使用和我已打算
　使用的相類似的書名。無論如何，我期待著得到您關於英文書名頁的建議。
2. 您寫到書的尺寸為 24-mo。因為用途各異，我想您將打算使用的已完成頁的尺
　寸告知於我，用英寸或厘米表示均可，這一點非常重要，這樣排字工人將知道
　如何處理。

　　對您所做的一切，請接受我再次誠摯的感謝。我急切地期待着看到您的大作
的問世。William S. Dix.一九七三年七月三十日。鈔送：

Frederick Mote 教授

　　　　James S.K. Tung（童世綱）先生。」

按：William S. Dix（1910～），美國普林斯敦大學圖書館館長。1978 年，當選美國圖書館學會榮譽會員。

‧八月，一日起，辭卸國立臺灣大學中國文學系主任暨中國文學研究所所長職，專任中央研究院歷史語言研究所所長。

‧八月，〈從殷墟出土器物蠡測我國古代文化〉一文，載《孔孟月刊》第十一卷十二期。

‧八月四日，致函美國普林斯頓大學葛思德東方圖書館館長 William S. Dix 博士，云：

「尊敬的 Dix 博士：

　　我很高興收到了你七月三十日的來信，附來的二千美金支票一張，也已經收到了。我衷心的感謝你和 Prof. Mote 以及 Mr. Tung 的熱誠照顧，和優厚的資助。

　　承你告訴我，打算把 Prof. Mote 於三月廿八日給我的信，和我於五月二十日給 Prof. Mote 的信，以及你這次的來信，作為這次印行善本書志的非正式協議，我完全同意你的意見。我和藝文印書館訂的合約，也將遵囑寄給貴圖書館一份，以便存查。

　　感謝你和 Prof. Mote 願意給這本書寫序文，Mr. Tung 也願意寫一序文，這都使我感到非常的榮幸。我本來有一篇後記，寫在善本書志的末尾，現在打算再作一篇，說明這本書印行的經過情形。將來把這兩篇的英文譯稿，連同中文的稿子，一並寄給你請教。

　　你的封面設計，甚為適當。中文封面標題的文意，當依照尊意；但行款似乎照中文標題的樣式（直行），在讀中國書的人看來，也許習慣些。但你如覺得橫著寫適當，我自然會照著你的意見去做。

　　現在把善本書志的樣張，已托 Mr. Tung 帶上一份，書版的大小，和將來印行時所用的紙張，都和這個樣張一樣。如果不合適，還請你指教，以便改正。

　　Mr. Tung 現正在臺北開會，由於他傑出的才幹，被『國家建設研究會』推舉為總領隊，他雖然忙到無以復加的程度，但他還是抽出了一些時間，和藝文印書館的經理嚴一萍先生以及我個人，商討了關於上述的各種問題，並且得到了共同的意見。

　　末了，我再度地感謝你和 Prof. Mote 以及 Mr. Tung 對我的愛護和資助，致安。屈萬里。六二年八月四日。

　　鈔送：professor Frederick W. Mote。

　　　　　Mr. James S.K. Tung。」

· 九月，中華博物館聘先生為該館鑑定專員。

· 十月，〈章太炎贈丁鼎丞先生詩卷後記〉一文，載《傳記文學》第二十三卷四期。

祐謹按：民國二十四年（一九三五）四月一日，章炳麟先生贈丁惟汾（鼎丞）先生一詩，云：「平生樽酒意，垂老又相逢；攬鬢誰先白，疑年各號翁。挈經懷孔壁，論韻識齊東；薄莫平門道，車聲隱梵鐘。　吾友鼎丞自金陵來宿留二日，詩以送之。民國廿四年四月一日，章炳麟。」詩卷後有黃侃、汪東、但燾、葉楚傖、于右任諸先生跋。卷藏鼎丞先生季壻龔介民家。民國六十二年七月，先生得見詩卷影本，撰此〈後記〉。云：

　　「右民國二十四年四月一日章太炎（炳麟）先生贈丁鼎丞（惟汾）先生詩卷真蹟，跋其後者，有黃季剛（侃）、汪旭初（東）、但植之（燾）、葉楚傖、于右任諸先生，皆當時碩彥。卷藏鼎丞先生季壻龔介民家，兩月前予始得見此影本。適今秋為先生百歲冥誕，爰贅為後記，以志景慕之忱。

　　先生為開國元老，功業彪炳，人所共知。而太炎贈詩，但云：『挈經懷孔壁，論韻識齊東』，或以為太炎意謂先生勛業，世所共喻，無俟更言，故不之及。殊不知先生賦性恬淡，晚年篤志著書，功名榮祿，都不縈懷。且積稿雖盈篋衍，不惟不輕付剞劂，且不輕於示人，故知之者罕。太炎於先生之學，識之彌深，故特為表彰之也。余學殖謭陋，不足以知先生；謹就所聞，略述先生遺著大要，非敢謂可以表襮先生於萬一，亦聊表仰止之微意云爾。

　　先生於經學及聲韻之學，受於其尊人竹筠（以此）先生。竹筠先生為許印林（瀚）高弟，著《毛詩正韻》（已刊行）、《楚辭韻》、《毛詩字分韻》、《切音譜》（以上未刊）諸書。先生早年雖奔走革命，而未嘗一日廢書。民國八年，隨國父居上海，暇中成《毛詩韻例》，及《箕裘錄》各若干卷，然未曾示人。嗣後益奮志於《毛詩》、《爾雅》、《方言》諸書，爬剔疏釋，屢易其稿。或勸其付梓，先生輒拒之；蓋冀學益進而更有所補正也。民國二十年，王獻唐先生數度索稿，乃以〈齊東語〉一文，刊入《山東省立圖書館季刊》創刊號。又五年，再以〈毛詩雙聲通轉韻徵〉一文，載入《季刊》第二期，亦應獻唐先生之請也。

　　比抗戰軍興，先生入川，僦居重慶近郊農家，茅屋三椽，以其一為臥室，中為書房兼客廳，又一間則為農家之豕牢。先生著書其中，無間夙夕。時敵機肆虐，一日數驚，先生則置若罔聞。且如此陋室，非常人所能堪，而先生處之晏然。此不僅可以覘先生治學之精勤，亦足以見其隨遇而安之襟懷矣。

　　抗戰勝利，先生返南京舊寓。既而赤燄囂張，復隨政府遷來臺員，卜居於臺北金山街。予雖識先生於四十年前，然以居處異地，故承教之日無多。迨來臺北，所居與先生寓所不遠，遂常應召侍坐。時先生年逾八秩，猶能以蠅頭細字，批注羣書。言及獨得之見，則眉飛色舞，矍鑠之狀，至今如在目前也。

　　民國四十二年冬，所著《毛詩韻聿》及《方言譯》兩書，均經寫定，並付梓人。次年五月十二日，先生病歿。中央黨部及魯籍人士，謀刊先生遺著，經營籌畫者，王仲裕先生最為致力；校勘之事，則鄭毅庵先生獨任其勞。數載董理，凡已定之稿，由中華叢書委員會次第印行，署曰《詁雅堂叢著六種》。其目如次：

　　　《詩毛氏傳解故》三十卷
　　　《毛詩韻聿》不分卷
　　　《爾雅釋名》七卷
　　　《爾雅古音表》十九卷
　　　《方言譯》十三卷
　　　《俚言證古》十四卷

以上六種，惟《毛詩韻聿》及《方言譯》為重印，餘皆新刊。先生平日讀書，多有批注，或著諸書眉，或另紙劄記，經整理成冊者，亦得六種；因非先生定稿，

尚未刊行。此六種者，為：

　　《詁雅堂讀左筆記》二卷

　　《詁雅堂讀國語筆記》不分卷

　　《詁雅堂讀孟筆記》不分卷

　　《詁雅堂讀荀筆記》不分卷

　　《詁雅堂讀莊筆記》不分卷

　　《釋名譯證》不分卷

此外，先生主編之書，則有：

　　《山東革命黨史稿》十三卷

　　《山東革命黨史稿後編》六卷

　　《山東革命黨史稿附錄》一卷

　　《山東革命黨史稿先烈傳》二卷

　　《山東革命先烈碑傳錄存》一卷

以上五種，已於民國六十年石印行世。

　　先生著述之業，略如上述。至於先生在學術方面之貢獻，獻唐先生有〈詁雅堂治學記〉一文（見《詁雅堂叢著六種》《詩毛氏傳解故》卷首），言之最為翔實。予疎於聲韻之學，不敢贊一辭。惟念先生奔走國是，勞勩半生；猶能以其餘暇，成如許名山偉業。其用志之篤，功力之勤，誠非常人所能企及也。

　　民國十八年國民革命大業既定，先生居滬上，曾自題肖像云：

　　手指斧柯斬亂籐

　　雲山踏遍萬千層

　　芒鞋幾兩都穿透

　　嚴瀨灘前拜子陵

前三句述奔走革命時之艱辛，末句示功成不居之意。太炎贈詩，但言學術，不及功業，蓋深證先生之志趣也。然先生之勩業，終未為學術所掩，故于右任先生挽先生聯云：

> 開國稱元老
>
> 傳經作大師

雖寥寥十字，已足以概生生之生平矣。

先生於讀書人，最為敬重，於太炎則師事之，季剛、昭初、植之、楚傖、右任諸老，皆先生至友，故皆題跋於太炎詩後云。中華民國六十二年九月十五日鄉後學屈萬里謹識。」

· 十月，得劉季洪先生十月十二日來信，云：

「萬里先生道鑒：

洪猥以輕才，謬蒙總統任命為考試院副院長，輔佐考政，責任重大，深為惶恐，乃承垂賀，無任愧感，今後自當勉力以赴，藉副雅望，特此奉覆，並申謝忱，順頌時綏。劉季洪敬啟。十月十二日。」

按：劉季洪（1904.3.3～1989.1.15），江蘇豐縣人。國立北平高等師範畢業，美國華盛頓大學教育碩士，大韓民國成均館大學榮譽哲學博士，美國聖若望大學榮譽法學博士。抗戰前及抗戰期間曾任河南大學校長及教育部司長。抗戰後期任國立西北大學校長，勝利後將西北大學遷至西安，並合併國立西北醫學院。1949年來臺後，曾任正中書局總編輯、總經理、董事長等職務，並先後在臺灣師範大學及國立政治大學擔任教授兼教育系主任。1959 年起任國立政治大學校長，1973 年轉任考試院副院長。1978 年 9 月，任考試院院長。著有《各國成人教育》、《教育統計學》等書。

· 十二月，是月八日，國立歷史博物館舉辦「董作賓先生甲骨文展覽」，先生應邀演講，講題為〈董作賓先生對於甲骨文的貢獻〉，講稿刊於民國六十九年（一九八〇）十二月出版之《中原文獻》十二卷十二期。

· 本學年度由先生指導，獲碩士、博士學位者：

國立臺灣大學中國文學研究所碩士班研究生林政華，碩士論文為《黃震及其諸子學》。

國立臺灣大學中國文學研究所博士班研究生章景明，博士論文為《周代祖先

祭祀制度》。

　　國立臺灣師範大學國文研究所博士班研究生劉兆祐，博士論文為《宋史藝文志史部佚籍考》。

民國六十三年（一九七四）　先生六十八歲

· 一月，〈關於所謂周公旦「踐阼稱王」問題敬覆徐復觀先生〉一文，載《東方雜誌》第七卷七期。

　祐謹按：此覆徐復觀先生〈與陳夢家屈萬里先生討論周公旦曾否踐阼稱王的問題〉一文者也。要目有：一、〈大誥中之王是否周公的問題〉；二、〈大誥中「洪惟我幼沖人」及「予惟小子」等語的解釋問題〉；三、〈大誥中的寧（文）考是否專指文王而言的問題〉；四、〈康誥中的問題〉；五、〈周誥中關於「周公稱王」說的反證〉；六、〈「踐阼」與「稱王」〉；七、〈餘說〉。

· 〈毛共覆亡的導火線──排孔與尊秦〉一文，是月載《中央月刊》第六卷三期。

· 二月，得王伊同先生二月四日來信，云：

　「翼鵬先生大鑒：

　　年尾數簡計登記室，間讀華岡刊本，葉愈掃愈多，甚盼集刊校樣賜頒，俾稍減罪愆。後記一份，請此間師大校友丁慧蓮女士（敝系研究生）鈔錄寄奉，庶免訛誤耳。敬頌順請春祺。弟伊同頓首。一九七四年二月四日。

後記

　　昔顧亭林覃思畢生，著《日知錄》，稿數十易始定。勤慎若是，宜可以無憾矣。然閻潛丘、錢竹汀輩，猶摘其瑕疵。今之學者，治西語務博，求新知務精，始敢語著述。則其難，視顧氏又何如耶？僕以甲申旅美，逾廿年，甲辰秋，始東返臺灣。應張曉峰先生之邀，寓華岡嘉賓館。未幾，遷南港中央研究院蔡元培館。硯餘輒從歷史語言研究所李濟之、屈翼鵬、陳槃庵諸先生遊。縱論古今，日不暇給，晏如也。史語所故所長傅孟真先生，擘劃創構，搜貯碑拓甚富。晚清淵藪，如江陰繆氏，膠東柯氏，至德周氏，固始許氏，悉移讓入藏，裒然數千幅。僕得飽覽北魏諸制，將躬蠻夷婚宦之變，政教消長之道，藉釋拓跋一代興衰之

源。顧端緒繁紊，非一朝可就。既返美，庚戌秋，循例休假。念崔浩出名裔，居鼎司，動靜出點，深涉魏初軍國大計。因校刊浩傳，試為箋注，谷作後圖。稿就，會友人赴臺，因囑呈曉峰先生，刪消穢蕪，初未議棃棗也。客歲暮，始函屈陳兩先生，請移稿集刊，求正時彥。印且竣，華岡主事突來函，謂已刊載學報七期矣。僕魯鈍，兩承寵光，豈張、屈、陳諸先生知著述之難，強為之地耶？抑知僕懦怯，將鞭策督進耶？要足感矣！集刊刊竟，謹書涯略，兼酬世之知我德我者。

　　癸丑冬十二月伊同再識於畢氏堡大學講舍。」

按：王伊同，曾任燕京研究院董事、《燕京學報》編輯委員，1968 年任職於美國匹茲堡大學。

· 二月，得中華民國孔孟學會二月十五日函，云：

「屈常務理事萬里：

　　本會辦理六十二年度各級學校學生論文競賽，依照實施要點之規定，應組織評審委員會，經已函聘台端暨成惕軒、高明、熊公哲先生等十七人為評審委員會，並訂定評審委員會組織簡則。茲本會陳理事長依照組織簡則第二條之規定，指定台端為評審委員會主任委員，並請於本（二）月廿三日（星期六）上午十一時卅分前惠臨自由之家明駝廳主持會議（通知業已發出）。附奉評審會組織簡則及委員名單各一份，請查照為荷。此致。中華民國孔孟學會。六十三年二月十五日。」

· 四月，得方豪先生四月十七日來信，云：

「翼鵬尊兄史席：

　　奉上拙著一冊，請賜正。雪公處寄去兩部，一部未明是否送中央研究院，請其裁奪。曉梅先生亦寄一冊，聊以將意。李、沈二公處暫不寄，敢候吾兄指示。近來消息如何，便幸告我。此次事兄指教最多，感幸奚似，仍祈付惠南針，俾得識所遵循。專此，敬請撰安。弟方豪頓首。四月十七日。」

按：方豪（1910.10.26～1980.12.20），字傑人，後改杰人，筆名茅蘆、絕塵、聖老。浙江杭縣人。幼僅肄業於私塾改組之單級國民學校四年。1922 年，時十三

歲，入杭州天主教修道院，攻讀拉丁文，接受宗教陶冶，致力自修文史。十九歲至廿五歲，在寧波聖保祿神哲學院研究哲學、神學，旁及聖經、教律、教史等，其興趣所在，偏重於中西文化交流史，因而對於外來宗教及歷代對外通商、文化、政治諸史蹟，多所涉獵。1935 年九月晉升司鐸（神父），傳道之餘，由於研究宋代對外通商，而作《宋史》全面探討。1941 年起，歷任浙江、復旦、輔仁、津沽等大學教授，兼系主任、院長等職。1941 年來臺，執教國立臺灣大學。1969 年出任國立政治大學文理學院院長，凡六年。七月十六日當選中央研究院院士，旋又被選為評議員。著有《中西交通史》、《宋史》、《中國天主教史人物傳》、《李之藻研究》、《方豪文錄》、《方豪六十自定稿》、《方豪六十至六十四年自選待定稿》等。

・五月，得加拿大多倫多大學亞洲研究所遠東系主任 Willam G. Saywell 教授來信，云：

「屈教授：

　　寫這封信是想詢問您是否願意作為 Hsu Chin-hsiung 哲學博士論文的客座評委。這篇名為 Scapulimantic Techniques and Periodic Classification 的論文將在九月初由 Hsu 先生答辯，如果答辯順利的話，他將被授予哲學博士學位。

　　由於北美這方面的專家幾乎沒有，我們非常依賴您所作的評論。所以希望您的評論盡量全面而詳細，它不應是該論文的一個總結，而必須是批評性的評介。如果您認為論文讓人滿意，您可以明確地推薦它因符合哲學博士條件而接受它。

　　非常希望您能接受這份邀請。多倫多大學為此將支付給您五十加元的酬金。

　　希望您盡快就能否接受這項邀請覆函予我。一經收到您的來信，我會要求 Hsu 先生將論文的複印件通過航空寄送給您。我們接受書面評論的日期最遲在八月中旬。致以誠摯問候。亞洲研究所遠東系主任 Willam G. Saywell。一九七四年五月二十四日。」

按：Willam G. Saywell，加拿大多倫多大學亞洲研究所遠東系主任。

・六月，得陳立夫先生六月五日來信，云：

「翼鵬先生道鑒：

　　二十日致孔孟學會大函敬悉。尊題〈從殷墟出土器物蠡測殷代文化〉開展學員對吾國古代之研究範圍，富有學術性，自屬妥善，惟若能將『殷代』二次改為『吾國古代』，而其內容能與孔子學說之來源關係多加闡述，則更能適合於學員之程度與需要。是否有當，仍請卓裁。敬請道祺。弟陳立夫敬啟。六十三年六月五日。」

·六月七日，致函加拿大多倫多大學亞洲研究所遠東系主任 Willam G. Saywell 教授，云：

　　「Saywell 教授：

　　感謝您五月二十四日的來信。我願意作 Hsu Chin-hsiung 先生哲學博士學位論文的客座評委，也注意到了您信中第二段提及的問題。

　　如果論文及時到達的話，我會在八月中旬以前將我所作的評論寄送予您。屈萬里。一九七四年六月七日。」

·六月，得韓國漢城大學中國文學科科長車柱環教授來信，云：

　　「萬里老師侍側：

　　久違道範，念切臨風。比維福恭康泰，譚祉綏安，為頌為禱。敬稟者，此間有私立檀國大學，並設東洋學研究所，每年舉辦國際學術大會，延聘國外學者參加講學。此項學術大會，開始以後，已有年所，國內外學究，聚在一堂，發表研究，討論問題，交換意見，反響頗佳。今年以『高麗與宋朝關係』為主題，擬在十月二十六、七兩日舉行大會。此次該研究所大會籌備委員會，議決邀請老師來韓講學。邀請時檀大負擔來回航空旅費及大會前後七日間住留費。李章佑、李徽教、孔在錫三君在該大學中文系任教，又三君皆為東研研究員，章佑現任中文系系主任。章佑等力勸委員會請聘老師來韓參加。檀大不久寄奉聘書，至有正式邀請時，伏祈枉受勿辭，駕臨講學，俾得與此間諸同學，迎接歡敘，則感激無涯矣。環仍在漢大任教，株守不移，難言進步。肅修蕪牘，袛叩講安。晚生車柱環謹啟。一九七四年六月十五日。」

按：車柱環（1920.12.7～），韓國寧越人。1952 年，畢業於韓國漢城大學文理科學院中國語文科。1953 年～1967 年，先後任漢城大學文理科學院專任講師、

副教授、教授。1958 年～1960 年，任美國哈佛大學客座教授。1971 年，任震檀學評議員。1972 年，任漢城大學中國文學科長。1973 年，任中國學會會長、高麗大學教育學院講師、美國哈佛大學燕京學會韓國支部會長。曾任大韓民國學術院會員、韓國敦煌學會會長。1986 年，任韓國道教思想研究會會長。退休後，任漢城大學名譽教授、檀國大學大學院教授兼東洋學研究所所長。

· 七月，得陳鐵凡先生七月一日來信，云：

「翼鵬先生尊兄道鑒：

　　歸臺其間，重親謦欬，至慰仰望。惜以來去匆匆，未克多聆教益，不免美中不足。辱荷賜宴，感愧無以。拜別後過泰京小住，折返吉隆坡、馬大巴，開學征裝甫卸，又上征程，碌碌勞人，不勝疲憊。聞來言已承屈受校外考委之聘，至為南中青年慶幸。此間常例，校外考委任期三年，內要到校一次，可能在明春命駕，俾得再度親教，企跂吾何？肅此，敬請道安。並頌儷福。後學弟陳鐵凡拜啟。六三年七月一日。槃庵、璋可二先生請代候代歉。」

按：陳鐵凡（1912.5.22～1992.1.26），本名會古，字華仙，江蘇省寶應縣人。畢業於廈門大學中文系，曾任江蘇師範學院助教。來臺後，任教於臺灣省立師範學院（今國立臺灣師範大學）。1963 年，應新加坡南洋大學及馬來西亞大學等校之聘，任教授長達十三年。1978 年應加拿大溫哥華維多利亞大學之聘，任中國文學研究員。逝世於美國舊金山。著有《辛棄疾評傳》、《朱子與四書》、《紅樓夢外文多譯述略》、《清代學者地理分佈概述》、《左傳傳本考》、《孝經學源流》、《日本儒林志略》、《汪容甫著作考》、《蘇聯藏敦煌卷簡目譯叢》、《敦煌本易書詩考略》等書。

· 八月，〈周初文獻與孔子的中道和孝道學說〉一文，載《孔孟月刊》第十二卷十二期。

· 九月，得韓國檀國大學附設東洋學研究所李熙昇教授九月十日來信，云：

「萬里先生所長道席：

　　九月九日，承來雅翰，敬悉尊意。惠顧敝所，煩請擬改講題為〈元祐六年宋

朝向高麗訪求佚書的問題〉，不勝感荷！此題既符敝所所定共同主題，而且為敝
國學人所共關心之事，後日有益於敝國學術發展無疑。敬希惠賜講稿，以助開會
準備是幸！如或朝晚奉收講稿，即當翻譯韓文，以付印刷，而至於原稿校正，因
期急促，如蒙同意，則敝所責任擔當，以免逾期為計，而未知允否，謹祈惠示為
感。茲錄先生發表時，參席座談學人名單，以資參考。

　　　一、李相殷（私立高麗大學名譽教授，中國哲學）

　　　二、高柄翊（國立漢城大學教授，中國史學）

　　　三、全海宗（私立西江大學教授，中國史學）

　　　四、車柱環（國立漢城大學教授，中國文學）

　　　五、李家源（私立延世大學教授，韓國漢文學）

　　　六、金斗鐘（國立漢城大學名譽教授，板本學）

　　　七、金庠基（國立漢城大學名譽教授，中國史學）

　　　專此奉呈，佇候回示。並頌研祺。弟李熙昇敬啟。九月十日。」

　　按：李熙昇，時任職於韓國檀國大學校附設東洋學研究所。

・十月，〈漫談本國文史研究〉一文，載《中央月刊》第六卷十二期。

・十一月，〈治學的兩大課題〉一文，載《慧炬月刊》一二八期。

　祐謹按：本文為先生應淡江文理學院（今淡江大學）佛學社團「四弘學社」之邀
　請，在該社成立三週年紀念會上所作之演講稿，由齊衛國、呂淑卿兩先生記錄。

・十一月，得李震先生十一月十一日來信，云：

　「鵬公道鑒：

　　　三軍大學蔣緯國將軍現已奉國防部批准，將《中國歷代戰爭史》由黎明文化
公司再版出書。該史前為弟所主編。

　　　茲為再版推行修訂工作起見，將組織成立一修訂委員會，緯國將軍自任主任
委員，將聘任錢賓四、蔣慰堂、張曉峰……等為指導委員，弟並以推薦公任指導
委員。任此項指導委員者，實際並無任何工作，僅接受名譽而已。至於修訂工
作，除校正錯誤之外，另加英文目錄及索引。此等工作皆仍由弟與三軍大學陳廷

元少將共負之，謹先奉聞，餘容不日晉謁時，再詳為陳述。敬叩道安！弟李震拜上。十一月十一日。」

按：李震（1929.10.14～）名振英，別號震。天津人。1950 年 9 月～1952 年 7月，義大利羅馬傳信大學哲學碩士。1952 年 9 月～1956 年 7 月，傳信大學神學碩士。1956 年 9 月～1961 年 7 月，義大利米蘭聖心大學哲學博士。1961 年～1963 年，天主教臺南教區祕書長。1963 年～1967 年，臺南市德光女中校長。1967 年～1970 年，臺南聞道出版社社長。1974 年～1975 年，任天主教臺灣主教團副祕書長。1977 年 7 月～1978 年 7 月，任政治大學哲學系專任教授。1978 年 8 月～1985 年 7 月，任天主教輔仁大學主任祕書。1978 年 8 月，任輔大哲學系、所專任教授。1984 年 8 月～1992 年 2 月，任輔大中國天主教史料研究中心主任。1985 年 8 月～1988 年 7 月，任輔大教務長。1989 年 7 月～1992 年 2 月，任輔大中西文化研究中心主任。1992 年 2 月～1996 年 2 月，任輔仁大學校長。

· 十一月，得蔣緯國先生十一月十八日來信，云：

「翼鵬先生賜鑒：

　　久仰博學鴻論，至深思慕欽敬。茲請者，本校前遵領袖手令編纂之《中國歷代戰爭史》，頃奉國防部核定，給請黎明文化事業公司公開出版，俾廣傳播。為求本書之內容正確完善，趁此次出版，擬加檢討修訂。茲謹派擔任本書修訂委員之歷史教授李震與本校研究發展室主任陸軍少將陳廷元晉謁，面報此次修訂計劃概要，敬請指教為感！肅此，敬請鈞安。後學蔣緯國謹上。六三年十一月十八日。」

按：蔣緯國（1916.10.6～1997.9.22），字建鎬，浙江奉化人，生於上海市。畢業於東吳大學物理系。1936 年赴德，初為蔣百里將軍之少尉侍從官，後為德軍第七軍團（W.A.K）司令官封，萊謝勞將軍（GEN.F.VON REICHENAU）之幕賓。翌年在德國山地兵師第九十八團再度入伍，自二等兵實習至班排長至教導連連長職務。入伍畢即進德國陸軍明興官校。畢業後任官德陸軍山地兵少尉。1940年 11 月返國參加抗日戰爭。來臺後，先後入美陸軍指參學院正規班及防校飛彈班受訓。1969 年創設並主持戰爭學院。1975 年晉階陸軍二級上將並調任三軍大

學校長。著有《軍制基本原理》、《國家戰略概說》、《臺灣在世局中的戰略價值》等。

·本學年由先生指導，獲碩士、博士學位者：

　　國立臺灣大學中國文學研究所碩士班研究生周鳳五，碩士論文為《偽古文尚書問題的重探》。

　　國立臺灣大學中國文學研究所碩士班研究生王慶光，碩士論文為《西周初期之對殷政策初探》。

　　國立臺灣大學中國文學研究所博士班研究生陳瑞庚，博士論文為《井田問題重探》。

　　國立臺灣大學中國文學研究所博士班研究生張光裕，博士論文為《偽作先秦彝器銘文疏要》。

民國六十四年（一九七五）　先生六十九歲

·一月，《普林斯頓大學葛思德東方圖書館中文善本書志》一書，由臺灣藝文印書館印行。

祐謹按：美國普林斯頓大學葛思德東方圖書館（The Gest Oriental Library of Princeton University）所藏善本圖書約達三萬冊，第二次世界大戰其間，前北平圖書館王重民先生在美國，曾為之作志，積稿四冊；其後胡適之先生任職於普林斯頓大學圖書館，核王氏稿，發現問題甚多。該校牟復禮教授（Prof. Frederick W. Mote）覆閱是稿，亦感有重訂之必要。民國五十四年（一九六五）秋，先生應普林斯頓高深研究所及普林斯頓大學之聘，為該所研究員及該校圖書館訪問書誌學者，赴美從事善本書志之撰寫。費時一載，而成茲編。普林斯頓大學圖書館館長狄克斯博士（Dr. Willam S. Dix）、歷史學系教授牟復禮博士及葛思德東方圖書館館長童世綱先生等序之。童世綱先生〈序〉云：

　　「葛思德者，託生北美，觀光中華，偶親試藥方之奇效，遂欲窺岐黃之奧祕。網羅醫籍，富甲一時。既而思廣及四部之書，乃問教於太傅陳寶琛，選集要籍八千冊，舶至加拿大之麥琪爾大學，開設葛思德漢學藏書庫。時民國十五年北

伐軍興之際也。

　　義理壽者，美國海軍武官，久居燕都，嘗行走於駐華使館，性機敏，廣交遊。受葛思德之重託，繼續經營，專意採訪。探文獻之淵海，搜縹緗之奇珍。於是貴冑名家，或錫明教，或讓秘藏，數載蒐集，弆藏益富。及日本寇據中國東北，美洲東北之葛庫已正名為葛思德東方圖書館，庋書五千冊矣。

　　葛思德東方圖書館於民國廿六年價讓於普林斯敦高深研究所，旋移入普林斯敦大學，為大學圖書館之一支。時值日軍侵入北平，義理壽急以留華清編之書兩萬七千冊，陸續運美。並於珠港事變之前，出版書目索引四冊，可謂兵家善知先機者矣。

　　世界大戰期間，葛館漢籍殊鮮增置。勝利後十年，大學擴充中國語言文史科目，兼及日本，乃開始廣為蒐羅。其初運至普林斯敦之十萬二千冊者，今已增至二十七萬五千冊，其中有和本五萬，韓本五千，在美洲大學圖書館之東亞書藏中，名列前矛矣。

　　葛思德有言：『求書勿以多為勝，惟在擷典籍之精英，垂永久於一室，使西方世界得以體驗中華文化而已。』義理壽深會此旨，故所致中土善本，有謂東亞而外，可以稱雄者。義君曾手編分類詳目，幾於完成。繼有王君有三者，夙習書史，從袁守和館長治目錄之學，客法國國立圖書館，戰亂既久，不克旋歸，乃轉道來美。以葛館宋元明舊槧頗有北平圖書館所無者，為編善本書錄四冊。然皆未能版行。

　　教授屈君翼鵬，潛心墳典，博通經史；玄覽中區，播風外域。歲次乙巳，以普林斯敦高深研究所之禮聘，停旃於葛館。檢王君之舊稿，寫琳瑯之新志。校訂刪補，附益述評，錄序跋則節繁摘要，記行格而並及高廣，究板本之傳衍，著優劣之所在。不特為讀書治學之津梁，亦便鑒古辨偽之參證。其表彰國粹，嘉惠士林者，不亦多乎。

　　余在大學圖書館，職司守藏，樂觀厥成，爰序其始末。續得之書，將入補遺。

甲寅初夏普林斯敦大學葛思德東方圖書館館長　童世綱序」

先生撰此書〈後記〉云：

「是稿成於一九六六年八月。以美國印行中文書刊匪易，擬在臺北付梓；而臺北書店，以此書銷路不廣，多不欲承印。學生書局，曾有意印行；乃採購進口紙張不易，因復作罷。日月逾邁，自脫稿後，忽忽已八年矣。

客歲，童世綱先生來函，云：彼與牟復禮教授，曾商得狄克斯館長之同意，由普大圖書館撥美金兩千元，以為預約請校對人員酬金，及購置印本若干部之用；且以著作權歸予所有。普大圖書館，僅希望以印本五十部贈之。復承藝文印書館嚴一萍先生，慨允為之印行。良友雅誼，感荷無量。

予撰此書雖成，而不當意處尚多。返國後，受命承乏國立中央圖書館館長職務，瑣務冗繁，無暇覆閱。時特藏組主任昌彼得先生，編輯喬衍琯先生，皆精於目錄板本之學，因以複本先後請其審閱，承是正良多。將付梓人，念本編所收諸書著者，當時未能查悉其里籍行實者甚眾；因有普大圖書館之資助，爰請蘇同炳先生為之檢索方志等書，計補苴四十餘人。校勘之事，則請楊慶章先生任之。予復自校一過，訂正舊稿約百餘處。自排版，迄竣事，前後歷時半年餘。比以世界性能源缺乏，物價踊貴，出版業尤為艱苦。今此稿幸獲問世，實荷良友之賜。更蒙狄克斯、牟復禮、童世綱三先生分別為之作序，尤感榮寵。謹附識數語，用述印行經過，並謝諸友之厚惠。

中華民國六十三年六月屈萬里再識。」

又撰此書〈跋〉云：

「右《善本書志》四卷，草述粗就，普林斯敦大學圖書館館長狄克斯博士，歷史學系教授牟復禮博士，均將有序冠其端。萬里因預編述之役，爰著數語於卷末。

普林斯敦大學所藏中文善本圖書，於北美洲各圖書館為巨擘。當第二次世界大戰其間，北平圖書館王重民先生在美，曾為之作志，積稿四冊。其後胡適之先生來服務于斯校圖書館，核王氏稿，發現問題頗多。又後，牟復禮教授覆閱是稿，亦感有重訂之必要。萬里乃以復禮教授之薦，承高深研究所及普林斯敦大學互約，來美從事斯業。

自客歲九月起，取王氏舊稿，與原書一一勘對。誤者正之，遺者補之。（惟各書板匡尺寸，率仍原稿，未克一一覆勘。）至今春元月而畢事。復以王氏舊

稿，與所著國會圖書館藏中文善本書錄相似，其體例有須更易處；乃置舊稿，重寫斯編。原意本年六月可以脫稿；嗣因予有多朗多之行，耗時一月有半，遂致稽遲至今，草稿始就。然恐紕繆之處，所在多有。教而正之，是所望於方家也。

　　斯編之成，有賴於狄克斯、牟復禮兩先生之鼓勵與協助者良多；普大圖書館東方部主任童世綱先生，惠予拂照，尤為周至。良友雅誼，中心臧之，謹於此識其感荷之忱。

一九六六年八月屈萬里識於普林斯敦。」

書前有〈凡例〉十一則，說明此書之體例，云：

「一、本編分類，大致依照《四庫全書總目》，而小有更易。

　二、凡《四庫全書總目》（包括存目）未著錄之書，本編則略述其內容及著者之生平。但鈔胥之作，有望其名而知其內容者；又有同一著者之其他作品已見於《四庫總目》，而本編所收之書，庫目未曾著錄者。若斯之類，於其內容、或著者之生平，皆不復贅述。亦有著者名望不顯，一時未能考知行實者，讀者諒之。

　三、《四庫全書總目提要》間有誤處。凡可據本編所收之書以證其失者，皆分述於各書之下。

　四、明代晚年作品，依託者頗多。凡確知其偽者，辨之。至於書或可疑，而不能遽斷其真偽者，則識其所疑，以俟知者。

　五、晚明書業，攘冒板權之事習見。凡有確證者，皆明著之。

　六、書賈作偽，以明本充宋元本，以殘帙充全帙；若此類者頗多。本編於其作偽之跡，皆分別述之。

　七、善本書志目的之一，在能概述某書板本之優劣，或其傳刻源流，俾閱書者知所取捨。顧如不從事校勘工作，則板刻優劣，即難質言。而讐斠一書，往往需時累月經年；撰述書志者，必無此日力。本編於板刻優劣方面，遇有舊說可採者，則擷取之；於板刻源流方面，如可考知者，則簡述之。

　八、凡藏家手書題跋，於其書之內容或板本有獨得之見，或於藏弄掌故有所敘述者，則具錄之。否則從省。

　九、凡一書中僅有三數印記者，則具錄之。其鈐印繁多者，則但選載數家。

十、列舉行款，乃善本書志之舊規（惟昔人但注重宋元本行款）；而標明板匡尺寸，實近年之新例。本編則兼取之。惟同一書板，同時刷印過多，則板片為墨水浸透，其匡闌即漲大；乾燥久而乍印之，則板匡較小。故有同一板刻而板匡大小不侔者，職是之故。

十一、梵夾本或無左右兩闌，或雖有而度量不易；故其板匡尺寸，概闕而不著。」

· 二月，得臺灣電視公司劉震慰先生來信，云：

「翼鵬所長道席：

　　年前製作『錦繡河山』節目，介紹闕里聖跡，承惠借手鈔卷一，其中有關入川記游，愛慕不已，經私予翻照其中四八至五五頁，今整理三峽資料，讀『西陵深峽畫猶冥，急湍掀舟不暫寧。山似濃雲江似電，劃然辟斷萬峰青』之句，益覺先生對於三峽奇景之感受，境界高絕，亟欲再度拜誦，以窺全豹。如蒙惠借，當趨謁求教。耑肅祇請崇安。後學劉震慰拜上。二月七日。」

按：劉震慰，時任職於臺灣電視事業股份有限公司。

· 二月，〈元祐元年宋朝向高麗訪求佚書問題〉一文，載《東方雜誌》第八卷八期。

祐謹按：民國六十三年（一九七四）十月，先生應韓國檀國大學東洋學研究所之邀，參加第四回東洋學術會議，此為先生會中所提論文。要目有：一、〈前言〉；二、〈元祐六年宋朝向高麗訪求佚書的目標〉；三、〈訪求書目中的若干問題〉；四、〈百篇尚書問題〉；五、〈餘說〉。

· 三月，得美國普林斯頓大學歷史系教授牟復禮（Frederick W. Mote）來信，云：

「屈先生大鑒：

　　《善本書志》昨天到了手，真是大喜事，恭賀恭賀。航空寄來的第一本當然是三四個月以前看到的，但那一本太寶貴，一收到就送到校長處、Dix 館長處，輪流給當局要人先看。我雖然有機會摸一下，不能帶回家去慢慢欣賞。但今天收到了童先生從普大轉寄來的精裝兩本，不但送這兩本來，又說屈先生另外寄了三

本，一共五本賜予我，那三本暫留在普大。屈先生過於慷慨，令人難為情。我倒是很可以用得上兩本，一本留在普林斯頓，一本在山上用。另外三本藏起來，以後會有機會轉送『知音』者。

以後『知音』恐怕不甚多。懂得版本學，認得古書的形態狀貌、能辨別古書字體、紙張、開式等等，在下一輩的漢學家，很可能要成一門失傳的學問。我自己一竅不通，不過現在有了屈先生撰的《善本書志》在手裡，一面研究書志，一面觀察葛庫的善本，以先生的書志當指針，或可以學一點此深奧學問的基本常識。若自己學不到，總可以鼓勵年輕的學生來好好學這一科的知識。

關於我那一短篇英文的〈後序〉，我覺得全無獨立的價值，內容全鈔屈先生各條提要而寫的，能看中文的人不必再去讀我的文章。屈先生既已費事找人翻譯，我不能不允許發表，譯稿大致說來很不錯，祇是原文含糊處過多，讀過譯稿後不知如何是好。自己改的話就怕錯上加錯，所以托陳大端兄根據我的『眉批』給我稍稍改正原譯稿，然後又交給童先生轉寄上給屈先生。但童先生是細心人，他自動又校對過一遍，又改了幾句，如此耽擱太久了，向先生道歉！童先生大概就在這兩天會把『三改正稿』寄還給屈先生。

效蘭與我兩個人現在住在高樂州山上的小別墅（山中草廬）。我休假一年，到六十五年九月才回普大。我們沒有旅行計劃，就在此山上安居不動。效蘭如批准回老家看父母，那當然要去，不過至今簽證無消息，她就是能去，我不想（大概也不准）作陪。去年十、十一月間大旅行一次，耗盡了我對此種旅行之興趣。她情形不同，家人渴望見她，若能回家一次，她不能不去。

在這一學年中要做的工作很多，第一要翻完蕭公權先生的《中國政治思想史》。這件工作拖延許久，今年一定要弄完。翻譯工作完工後還欠不少文債，所以這一年不會太空閑。

希望屈先生也能夠脫開臺北與南港的忙碌生活，好好休息幾個月，不知有無再旅美的計劃？歡迎屈先生、太太在到普大來一次。不多寫，敬祝著安。生復禮敬上。

效蘭附筆問候屈先生太太。」

按：牟復禮（Frederick W. Mote），美國普林斯敦大學歷史系教授。

· 四月，纂成《清儒經說甄義叢輯》一書。

祐謹按：茲編未出版，稿在國立臺灣大學中國文學系，先生所撰此書〈序〉云：

「清儒率精於文文字、聲韻、訓詁之學，復能以實事求是之精神解經，故多識見卓犖，或正前賢之失，或發前修所未發，夐乎尚矣。其說經專書之要者，正續《清經解》，既網羅略盡。說經專文之載於文集者，《清代文集篇目分類索引》一書，亦可供檢索。獨零辭碎義，散見於雜著之書者，則蒐求至感不便。久欲將此類散義，採擷排比，彙為一書。顧茲事體大，既非一人之力所能成；余復以簿書鞅掌，冗務紛乘，而無暇及此。故空懷此志者有年矣。

民國五十八年（一九六九）夏，以此事謀之臺灣大學中文系教授馮承基先生，承慨允負總纂之責。於是商兌體例，甄選分纂人員。時東亞學術研究計劃委員會尚存，蒙其資助，遂得從事斯業。預定纂輯期限，為三年有半。至六十一年（一九七二）六月，東亞學術會結束；復得哈佛燕京學社資助半年，乃觀厥成。即此編也。

任採輯之事者，皆臺大中文研究所博士班及碩士班研究生，先後計有鄭良樹、黃沛榮、李偉泰、周學武諸君、及王雪蘭女士。分類彙纂者，則《禮記》為周學武君，《尚書》、《周禮》為李偉泰君，餘十經為黃沛榮君。而黃君始終其事，故辛勞特多。

是編於分別注解各經之專書固不錄；於羣經總義之作，亦復摒除。所蒐採者，皆以雜著、隨筆、瑣錄等為名之書，都凡三百二十餘種。其中未刊布之稿本，達三十餘部。諸書中或採擷多條，或一無所取。去取之間，大要是其有無新義而定。然摒而未錄者，實甚罕也。

此三百餘種雜著之書，訪尋殊非易易。幸中央研究院歷史語言研究所所藏書，最為適用；臺灣大學及中央圖書館所藏，為數亦豐。遂得資以蒐集，而成新編。夫治學之士，凡與個人研究有關之資料，必欲盡得而讀之。蓋就求知而言，如前人已有之說，而己不知，則被孤陋寡聞之譏猶小。若從事著述，得一新義，方沾沾自喜；乃不知前人已先言之，則己說祇可覆瓿，是其失為大。羣經為昔時人人必讀之書，眾說紛紜，瑕瑜互見，尤不可不廣稽博覽。則有此一編，將可取之左右而逢其源。免輾轉訪書之苦，省披沙揀金之勞。斯於學林或不無微助也。

　　此書編纂之時，余適備位臺大中文系及研究所主任，依例應為計劃主持人。
而採錄纂輯，皆馮先生督導諸生為之。余實無涓埃之助。書之以識余愧。
中國民國六十四年四月二十四日屈萬里序。」

・五月，撰〈「聊齋全集選注」序〉一文。
祐謹按：《聊齋全集選注》一書，劉階平先生編，上下兩集，民國六十四年（一
九七五）九月，臺灣中華書局印行。先生〈序〉云：

　　「吾友劉階平先生，習會計之學，與國會議員之選；於國家大政，多所獻
替。公餘之暇，則專意於鄉邦文獻之蒐討。若畢白陽奏疏之闡發，若賈鳧西鼓詞
之考訂，若清初山東俚曲之選注，皆成專書；余既盡得讀之，且或得而序之矣。
而階平精力所萃，尤在蒲留仙遺稿之訪尋與董理。曩年倭人犯順，階平流寓巴
蜀；厥後赤氛禍國，復避秦東來臺瀛。兩度播遷，長物盡失；然獨携所輯留仙遺
稿與俱。其志之篤，其力之勤，蓋四十餘年如一日。五年前，所著《蒲留仙
傳》，既已問世；今所撰《聊齋全集選注》亦已脫稿，且付之梓人；階平復囑序
於予，予不能以不文辭也。

　　是書分上下兩集，上集收《聊齋志異遺稿》七十四篇；又《聊齋編年詩集》
六卷，得詩九百四十八首。前者據留仙手稿、鑄雪齋抄本，及黃炎熙抄本，得青
柯亭刻本志異以外佚文凡七十有四篇。輯志異佚稿者，以本編所收為最豐。後者
據近年淄川發現之《聊齋詩集》，復益之以公私家所藏抄本，得可以編年之詩八
百四十四首，及不能按年編次之詩百有四首，都凡九百四十八首。輯留仙詩篇
者，亦以本編所收為最富。二者蓋同使人歎為觀止矣。

　　下集分三類，曰〈文集〉，曰〈詞集〉，曰〈通俗戲曲〉。〈文集〉於五百
三十九篇中，選錄百六十篇。凡議論、傳志、序跋、書簡諸文，均網羅無遺。其
未入選者，皆酬世、擬表、擬判等作。若是者，則存其目。〈詞集〉得詞九十有
二首，蒐集最為完備。〈通俗戲曲〉，與志異堪並稱雙絕，體製既別開徑畦，而
又以鄉曲方言著成之，其事為前古所未有。本編收俚曲、戲劇各一，及雜曲二
首。此四首者，皆警世之作，非無病呻吟也。

　　此二集五類，除《聊齋志異》因傳本綦廣，不復闌入；散文因多擬代之作，

頗有刪汰；與夫啟蒙、勸農諸作，未予收錄之外；凡留仙重要著作，已盡入本書。世人欲討覈留仙著述者，手此一編，復益之以青柯亭本志異，即無勞旁求。則但就資料言之，其沾溉文壇者亦既多矣。

不特此也，此五類者，階平皆為之詳注。舉凡留仙之戚友，遊覽所及之勝區，遺稿中所涉及之典故，劇曲中之方言，皆一一詳為疏釋。留仙戚友事跡，固非盡人所能檢得；淄川方言，尤非他方人士所能索解。然則治留仙之學者，必賴是編；考留仙交遊者，必賴是編；乃至研究齊東方言者，亦必取資於是編。則階平四十餘年之勤劬，其嘉惠於學林者，寧有涯涘耶？

予與階平，曩昔同竄巴蜀，茲復同寓海陬；於顛沛流離之中，相與過從者近四十年。今垂垂老矣，欣見是編問世有日，不勝手舞足蹈之情，爰述其梗概如此。中華民國六十有四年五月二十九日屈萬里序。」

·六月，〈先秦史的史料問題〉一文，載國立臺灣大學《史系通訊》第四期。

祐謹按：茲篇為先生之演講稿，由李德璽記錄。

·六月六日，獲劉真先生所寄文章及酒，致函劉真先生。云：

「白如先生：

大著已仔細拜讀，闡論周詳，引證確切。意欲於雞蛋中覓一細骨，竟不可得。　尊藏美酒，料將無緣分享矣。為之奈何！謹寄還，請　詧收為荷。此頌

勛綏

^弟屈萬里　敬啟　六月六日。」

按：劉真先生時任國立政治大學教授兼教育研究所所長。函中所稱文章，係指民國六十五年（1976）五月五日，劉真先生在「臺灣省國民學校教師研習會」之演講辭，題為〈教書匠與教育家〉。

·〈山東文獻發刊詞〉一文，是月二十日載《山東文獻》創刊號卷首。曰：

「『數典忘祖』，是人們的大忌；『遊子思鄉』，是人們的常情。而這兩者是互相關連的。因為懷念祖先而無典可數，往小處說，則不知宗族的來源，和祖先的德業，自然也不易發生思鄉的深情。往大處說，如果人人都無典可數，則一

個國家的歷史和文化，即等於全部淪亡。常言說：欲亡人之國者，必先滅其歷史。文獻關係之大，可以想見了。

　　當大陸陷入魔掌之時，避秦來臺的，以山東的人士為最多，在安定的生活中，子孫繁衍，到現在已不下五、六十萬人。但，五十歲以上的人，還能記得先人廬墓的情況，還能記得先人德業的概略；乃至於孔孟林廟的宏偉，泰山勞山的壯觀，以及蓬萊仙境、明湖畫舫，這些動人鄉思的勝蹟，還能常常在腦海中盪漾。而三十歲以下的青年，對於這些，就不免印象模糊，甚至於漠不關心了。

　　一些懷有遠見的鄉長，看到流寓臺灣的老輩逐漸凋零，恐怕吾齊魯近代文獻，有漸致湮沒的危險。於是田誼民、殷豫川兩先生，曾擬創辦一個期刊，以保存山東文獻；但以種種原因，致功虧一簣。城武楊鵬飛先生，繼之而起，邀約軍政商學各界同鄉，籌備出版山東文獻期刊事宜，於羣起響應。惟參預籌備的人，僅能作精神上的支持；而出版費的籌措，則頗感困難。鵬飛先生以曾任員林實驗中學校長多年，桃李遍臺員，且多服務於文教界。他於是不辭辛勞，遍遊臺省南北各縣市，邀約基本定戶，作為出版的經費。從去年春天開始籌備，經過一年多的奔走聯繫，於是大家所期望的山東文獻，即將在本月中旬出版了。

　　編輯委員會，自然也是鵬飛先生促成的。關於徵稿、編排、校對等工作，都由編輯委員們義務辦理。刊登的稿件，在目前也還無法致酬，但撰稿人並不計較這些。這，一方面固然是由於為桑梓服務，另一方面也是由於鵬飛先生熟識的感召，所以大家都勞而不怨。

　　山東是至聖和亞聖的故鄉，是兩千多年來我國的文化堡壘。目前毛共匪幫正瘋狂地毀滅我國的傳統文化；因而在復興中華文化方面，我山東人士所負的責任，應當更大。八年抗戰期間，我山東所受倭軍及毛共的蹂躪最甚，因而抗敵禦匪，壯烈犧牲的人士也最多。這些可歌可泣的事蹟，如果不及時加以記載表揚，而一任共匪歪曲史實，我們後死者的罪過也更深。由於這一刊物的發行，在復興中華文化方面，我們希望能收到激勵的效果；在表揚先烈方面，我們希望能更加強同鄉們同仇敵愾、光復大陸的壯志。至於藉此刊物互通消息、連絡感情，那只是餘事了。

　　我們希望在臺的和旅居國外的同鄉，對於這個刊物，能夠培養它，灌溉它，

使它滋長，使它鬱茂，使它結成豐碩的果實。中華民國六十四年六月魚臺屈萬里。」

・七月，撰〈故立法委員聊城杜公墓碑〉。
　按：杜光塤先生，字毅伯，山東聊城人，民國三十七年（一九四八）當選立法委員，歷任東吳大學、國立政治大學、東海大學等校教授。民國六十四年（一九七五）六月卒，享壽七十有五。

・七月，得蔣緯國先生七月十五日來信，云：
　「翼鵬所長仁兄惠鑒：
　　　近三月餘來以守制蔣公，疏於候教。然每念博學峻德，孜孜不息，為中國文學及學術所作之貢獻，則無限欽慕神馳。茲以《中國歷代戰爭史》之修訂出版工作，又有若干進展，擬向各位指導委員提出報告，請示教益。謹隨函附上修訂序言初稿及座談會邀請單一份。修訂序言為配合原有之序文，僅記述修訂出版之必要事項，然以所知有限，敬請斧正。耑此，敬頌時禮。
　　弟蔣緯國敬啟。六四年七月十五日。」

・七月，得中華博物館董事長任克重先生七月十五日來信，云：
　「萬里董事道鑒：
　　　前經本館董事會第五次會議決定：編印《中華博物館叢書》，敦請本館董事先行各就專長撰成三至五萬字之專著，配合彩色及黑白圖片，精印精裝成冊。推由姚常務董事夢谷權代擬訂各位董事所撰之書名十一種，分別徵詢同意。茲代先生所撰書名暫為《甲骨文之文字與史學之價值》。將來書名請自行酌定。如荷同意，敬請於三個月至五個月間賜稿（稿費初版每千字肆佰元，圖片從優另計）。倘蒙於交稿前先將字數連同圖片所需費用見告，當即依囑將稿費及圖片費奉上，專此奉懇，敬頌暑安。教弟任克重載拜。六十四年七月十五日。」
　按：任克重（1921.10.10～），河南修武人。抗戰時期先後就讀於立信會計學校、復旦大學及中央幹部學校，抗戰末期，投效青年軍政治部，勝利後於滬銀行及工商界工作。來臺後，曾任教於臺北商專及省訓團。1958 年創辦「中華藝術

陶瓷公司」，其後續創立「中華博物館」、「中華藝術館」、「中藝陶瓷公司」，聚集全國藝術高才，為實現弘揚中華文化，美化人類生活而奮鬥，「中華陶瓷」因而名揚海內外。著有《會計學》。

· 七月，得美國新澤西州立大學東亞圖書館周寧森先生七月十八日來信，云：

「萬里先生賜鑒：

寧森在臺一年，承蒙先生多方愛護提攜，並賜墨寶，銘感五內，無以為報。返來後，因諸事待量，又未能及早提筆問安，甚以為歉。

近讀先生近作普林斯頓大學葛司特圖書館《善本書目》之餘，前輩風範，令人仰慕欽佩不已。此書目包含既廣，編纂更精，對東亞學術界貢獻偉鉅。竊以若能另加索引（如四角號碼、筆劃等），使初窺門徑之人，或門外其他學者，亦可盡情利用此書目，必能發揮更大作用。區區淺見，還祈先生不罪。耑此，敬請暑祺。晚周寧森敬拜。七五年七月十八。」

按：周寧森，時任職美國紐澤西州立大學東亞圖書館。

· 七月，得美國普林斯頓大學葛思德東方圖書館館長童世綱先生七月二十五日來信，云：

「翼鵬尊兄：

不通音候又有日矣！近維公私雙吉為祝！復禮兄昨由『山上』寄下張光裕先生譯稿，囑為加封付郵；茲特挂號轉呈，乞賜督閱。此稿曾經復禮兄稍加潤飾，想張先生必不介意也。弟自明日起開始休假兩星期，知注附聞。耑上並頌雙安。弟世綱叩上。一九七五年七月廿五日。」

按：童世綱（1910.6.1～1982.12.23）字敦三。湖北漢川人。早歲卒業於武昌文華（嗣後改稱華中）大學圖書館學系。抗戰期間，曾在陪都重慶中央機構服務，歷任簡任專員及同准將機要祕書等職。勝利後，受聘美國哈佛大學，在其漢和（今稱哈佛燕京）圖書館工作四載。公餘於波士頓大學研究院進修公共行政，獲碩士學位。1951 年春，應普林斯敦大學葛思德東方圖書館館長胡適之先生之邀，來館為其助理。翌年胡先生辭職。館長一席，乃由童氏繼任。迄 1977 年夏季引退，共任斯職廿六年之久。歷年獲選為美國學界評議會東亞圖書館諮詢委員會委

員，美洲東亞圖書館學會主席，國立中央圖書館顧問。著有《胡適文存索引》。

· 七月，〈讀陶希聖先生「李斯始發明篆書」〉一文，載七月二十七日《中央日報》十一版。（以筆名「尺蠖」發表）。

· 八月，〈民俗與經義〉一文，載《孔孟月刊》第十三卷十二期。

· 八月，得行政院國家科學委員會主任徐賢修先生八月五日來信，云：
「翼鵬先生大鑒：

　　拜讀六月廿五日華函，備悉一一。本會人文及社會科學咨議委員會，自承出任委員以來，殫精竭慮，協助策劃，審核案件，對人文社會科學發展嘉惠良多。惟以科學發展之事，頭緒紛繁，必須海內外學人通力合作，始克有成。先生碩學清望，言為士則，有關今後人文社會科學發展仰仗之處至多，務乞續任艱鉅，無任企切。敬頌研祺。徐賢修敬啟。六十四年八月五日。」
按：徐賢修（1912.10.21～2001.11.17），浙江永嘉人。國立清華大學畢業，美國勃朗大學哲學博士。歷任美國普林斯頓研究院及麻省理工大學研究員、伊利諾理工大學副教授及講座教授、普渡大學教授。1961 年，美國國際開發總署推薦，返國擔任短期科學顧問。1970 年返國，接任清華大學校長。1973 年，兼任行政院國家科學委員會主任委員。

· 九月，〈張懷瓘原名「張懷素」說質疑〉一文，發表於是月三日《聯合報》〈副刊〉。（以筆名「尺蠖」發表）。

· 九月，〈談竹書紀年〉一文，載《書目季刊》第九卷二期。
祐謹按：此為先生於是年五月十五日在國立臺灣大學歷史系之演講詞。要目有：一、〈前言〉；二、〈《竹書紀年》的發現〉；三、〈《竹書紀年》的內容〉；四、〈真本《竹書紀年》的學術價值〉；五、〈偽本《竹書紀年》的謬誤〉。

· 九月，得總統府祕書長鄭彥棻先生九月十二日來信，云：
「翼鵬常務理事吾兄道席：

　　本府訂於九月廿八日上午十時在本府大禮堂舉行大成至聖先師孔子誕辰紀念

典禮，奉諭請兄於會中講述孔孟學說，時間以三十分鐘為度，報告畢，請將講稿留交本府第三局，如有會前分發資料，請電本府第三局典禮科（311～7029）辦理，特此奉聞，順頌道綏。弟鄭彥棻敬啟。六十四年九月十二日。」

按：鄭彥棻（1902.2.8～1990.6.21），廣東德順人。畢業於國立廣東高等師範，並選送赴法深造，在國立巴黎大學法學院獲統計師學位後入國際聯盟秘書廳任職七年，始應聘回母校（時已改國立中山大學）任法學院教授兼院長。曾任行憲前廣東省參議員、立法委員、制憲國民大會代表及當選行憲首屆立法委員。1949年，任國民黨中央黨部祕書長，旋並兼任僑務委員會委員長，1960 年調任司法行政部長，1967 年調任總統府副秘書長，1972 年任祕書長。著有《省政五論》、《從制憲到行憲》、《五權憲法要義》、《民生主義的真諦》、《僑胞的動向和路向》、《司法行政論集》一至八輯等。

・十月，〈孔子教學的典範〉一文，載《孔孟月刊》第十四卷二期。

　　祐謹按：本文為先生在九月二十八日在總統府「孔子誕辰紀念典禮」之演講稿。

・十月，得韓國姜信沆先生十月二十七日來信，云：

　　「屈所長賜鑒：

　　　十月十五接到您的訓諭，實在感激不盡，可是不知道用中文寫信的規範，到了今天沒有給您寫信，內心除了感激之外，還有一份歉意。在貴國其間都是門生接受您的恩惠，對於這份恩情，實是終生難忘。

　　　這次貴所丁教授邦新伉儷的蒞會，不但是敝國學術界的榮幸，而且讓敝國學者們欽佩的很大。丁教授教了我們中國聲韻學的研究方法。門生希望今後貴所繼續教我們中國聲韻學的研究方法。

　　　韓國又到了舒適宜人的秋天，五彩繽紛的原野，這樣的時候，門生懷念您。門生希望有朝一日您還能來敝國，以賜門生報償之機。耑此，敬祝教安。門生信沆敬上。一九七五年十月二十七日。」

・十一月，得劉孝權先生十一月十日來信，云：

　　「翼鵬鄉先生道席：

夏間高閣閱卷，獲覯芝儀，未罄所懷，曾言於達生先生擬乘便奉邀二公小酌，藉親謦欬。顧以人事倥偬，動如參商，未遂私願，怊悵何極。茲已函陳達生先生，申明前約，請示時地，得覆即電話告聞，謹先布達，尚乞勿却是幸。專肅，祇頌教綏。鄉後學劉孝權拜上。六十四年十一月十日。」

· 十一月，撰〈譯本「殷墟卜辭研究」序〉一文。

祐謹按：《殷墟卜辭研究》一書，日人島邦男著，李壽林、溫天河譯，民國六十四年（一九七五）十二月，鼎文書局印行。先生〈序〉曰：

「甲骨文之發現，已七十有六年。出土有文字之甲骨，約十二萬片；傳布者約當全數之半。不同之字，達四千六百餘，著錄及研究甲骨刻辭之專書，約二百部內外，論文殆逾千篇。其足以正舊史記載之誤，補典籍資料之闕者，蓋難僂指數。鉤沈索隱，殷禮可徵。斯誠殷史之淵藪，學林之瓌寶矣。

顧古文字之學，乃專門之業。治古史者，往往無暇從事於此，而甲骨刻辭資料，則不能不多所取資。則就歷年治殷契者所稽擊之成果，作系統之概述，俾不識古文之學者，亦得利用此原始資料，實為當務之急矣。

民國四十五年，陳夢家有《殷墟卜辭綜述》之作；越二載（一九五八）日本島邦男氏，亦著成《殷墟卜辭研究》一書。二氏之書，雖內容相似，而互不相謀。大抵以涉及之範圍言，則陳書為廣博；以祭祀及輿地之資料言，則島氏之書為詳贍。合二書而併觀之，則民國四十五年以前甲骨文研究之成果（島氏書所收資料，止於一九五六年），大要具是矣。

李君壽林、溫君天河，以國人治殷虛卜辭之學者，未必盡通日文；乃發憤迻譯島氏此書。長夏多暇，揮汗操觚，凡四閱月而卒業。殺青既竟，問世有期。其裨益於士林者，必甚巨也。

惟陳、島二氏之書之著成，迄今近二十年。在此期間，新傳佈之甲骨刻辭，與夫賡續研究之業績，其足以正舊說之失，補前修所未逮者，又不知凡幾。是二書有待於續補，亦勢所必然。李、溫兩君，英年篤學，其有意於斯業乎？則企予望之矣。中華民國六十四年十一月十六日屈萬里序。」

· 本學年由先生指導，獲博士學位者：

　　國立臺灣大學中國文學研究所博士班研究生詹秀惠，博士論文為《南北朝著譯書四種語法研究》。

民國六十五年（一九七六）　先生七十歲

· 三月，〈漢學和漢學中心〉一文，是月四日載《聯合報》〈副刊〉。

　　祐謹按：此就人才和資料兩項，論述臺北地區實為世界漢學研究中心，並闡論發揚之道。

· 〈晚明書業的惡風〉一文，載《臺灣大學三十週年校慶專刊》。

· 三月，得王雲五先生三月十八日來信，云：

　　「敬啟者：

　　　敝館為集思廣益，特聘各專家分科計劃出版圖書，推薦及審查書稿。

　　　台端為我學術權威，謹聘為敝館編審委員會特約編審委員，以期於必要時請教，平時不敢勞動玉趾。茲附奉聘書及章則各一份，敬祈鑒察，並早賜惠覆。事關提高出版水準，造福學子，務祈俯允接受，公私同感。敬頌道安。

　　　臺灣商務印書館董事長王雲五謹啟。六十五年三月十八日。」

· 四月，得王雲五先生四月一日來信，云：

　　　「茲敦聘萬里先生為臺灣商務印書館編審委員會國學科特約編審委員，附奉章則及全部受聘名單一份，敬祈鑒察賜覆。此聘。

　　　臺灣商務印書館股份有限公司董事長王雲五。六十五年四月一日。」

· 四月，撰〈「向湖老人手迹」題記〉。

　　祐謹按：「向湖老人」，王獻唐先生之別號。王先生生於清光緒二十三年（一八九七）八月，卒於民國四十九年（一九六〇）十一月。《向湖老人手迹》，乃集王先生之函札詩稿而成。先生所撰〈題記〉云：

　　　「向湖老人詩文書畫無一不精，而尤長於古器物，及文字聲韵之考訂。稽古之作等身，多已傳布，而往往不留手稿，故友人得而寶之者率多書畫詩稿及函札真蹟也。雪翁上人得老人函札詩稿特多，屢經喪亂，長物盡失，而老人手迹哀然

獨存，蓋二十有餘年矣。老人族子仲懿先生為雪翁高弟，知其所藏，數數請觀，而每一展閱，輒有艷羨之色，雪翁察其欲得之誠，遂悉舉以贈，即此冊也。昔予於柱下侍老人多年，東鄰犯順，復携經籍文物相隨避難入川，誼為僚屬，而情同師生。仲懿先生出此命題，予不敢辭，三復盥誦，函札則亦莊亦諧，妙語如珠，絕句則空靈清雋，超俗絕塵，千載而下，讀此遺墨者，亦可想見老人之風範也。中華民國六十五年四月十一日後學屈萬里謹識，時老人謝世已十六載矣。」

·四月，〈推衍與附會──先秦兩漢說《易》的風尚舉例〉一文，載中央研究院出版《總統　蔣公逝世周年紀念論文集》。

·五月，得馬來亞大學中文系教授洪天賜先生五月十八日來信，云：
「翼鵬先生所長惠鑒：

此次在臺得瞻蘭宇，獲益良多。渥蒙盛筵款待，叨陪群公座末，尤深感幸，肅此叩謝。來歲至祈撥冗蒞校主持試務，俾全系同人皆有晤教機會，則幸甚矣！如蒙慨允，擬請於今年底以前賜示，以便預為申請入境手續為禱。專上敬請教安。尊夫人前均此叩安。晚洪天賜敬上。五月十八日。」
按：洪天賜，1968 年 8 月任馬來西亞大學中文系教授。

·五月，〈關於漢學研究中心的兩個問題〉一文，是月十九日載《中華日報》副刊。
祐謹按：先生既撰〈漢學和漢學中心〉，復撰此文，所提兩問題，一為亟待補充之漢學圖書，一為成立外籍學人服務中心。

·五月，接受《大華晚報》記者林秀葵女士訪問，訪談主題為先生治學方法與經驗。訪問稿〈要求學生勤找資料的屈萬里〉一文，分上下兩篇載是月二十五、二十六日《大華晚報》三版。

·六月，〈曲阜的聖蹟〉一文，載《山東文獻》第二卷一期。

·〈國立中央圖書館珍藏明清未刊稿彙編初輯弁言〉一文，載《書目季刊》第十卷一期。六十六年二月《幼獅學誌》第十四卷一期轉載。

・七月，《明清未刊稿彙編初輯》（與劉兆祐同編）一書，由聯經出版事業公司印行。

祐謹按：國立中央圖書館藏有明清稿本善本書近五百種，先生選十種彙為茲編，並撰〈弁言〉冠卷首。復命兆祐撰〈敘錄〉，並將兆祐忝列主編，實則先生籌劃啟迪者也。此十種書為：一、《蕭山王氏所著書》；二、《變庵遺書》；三、《壽陽祁氏遺稿》；四、《張介侯所著書》；五、《方忍齋所著書》；六、《通齋先生未刻手稿》；七、《江都李氏所著書》；八、《硯山叢稿》；九、《冶鹿山房叢書》；十、《竹里全稿》。先生所撰〈弁言〉云：

「善本圖書之可貴，約有數端：其一，孤本獨傳，為世人所罕見；其二，他本多經刪節，而此本獨全；其三，他本訛字孔多，而此本獨無誤處。夫從事研究工作，所憑藉之資料愈富，則所得之成果必愈豐；此理易明，固不待言。而一二字之誤，往往影響甚巨；此亦治學者所共知。則上述三者，有其一已足造福學界。至於書法之工，楮墨之美，足以供觀賞而資臨摹者，斯其餘事矣。

政府播遷來臺瀛，善本古籍移運而來者，逾三十萬冊，分藏於中央研究院歷史語言研究所，故宮博物院及中央圖書館等處。但就中央圖書館言之，所藏善本圖書達十四萬冊。其中宋元刊本，逾四百部；稿本近五百種。宋元刊本固為世人所貴；若就學術資料價值言，則稿本彌足重視。蓋寫本與刊本，無不以稿本為底本，刊本寫本或有刪節而稿本獨全；刊本寫本誤者而稿本不誤。至若稿本之未刊者，則尤可寶，以其為孤本祕笈也。聯經出版事業公司，為發揚中華文化，服務學術界，發願編輯善本圖書影印流傳；而以未曾刊行且深具學術價值之稿本四百餘種導其先路。以其皆明清兩朝人士之作，定名曰《明清未刊稿彙編》，於是孤本祕笈，化身千萬，其霑溉士林者，當無涯涘也。

茲編之輯，從游劉君兆祐實董其成。余亦嘗與商兌之事，今將付梓，爰述其緣起如此。

中華民國六十五年二月二十五日屈萬里識。」

・〈經義新解舉例〉一文，是月載《孔孟月刊》第十四卷十一期。

・〈孔子的忠恕之道〉一文，是月載《中華文化復興月刊》第九卷七期。

・九月，受行政院國家科學委員會敦聘為「胡適講座教授」。迄民國六十七年（一九七八）。

・九月，得美國麻薩諸塞州立大學亞洲系系主任鄭清茂教授來信，云：

「翼鵬吾師鈞鑒：

　　去歲返臺，得接謦欬。匆匆握別，瞬又年餘。時想奉書，並候起居，而因循未果，疏懶之罪，尚祈諒之。七月間與秋鴻攜小女欣心開車赴中西部，路經『陌地生』，趨訪再發，始悉其令尊因遭車禍，不幸去世。聞之默然久之，不知何以慰之也。再發以擬返臺任教相告。吾師諒知個中詳情矣。再發急急以奉養其令堂為念，純孝感人，唯以工作機會為憂云。無事不登三寶殿。茲有二事相煩：前承吉川幸次郎先生之托，譯其漢學論著，數月來乃利用課務系務之暇，譯其《宋詩概說》，稿已交臺北聯經出版事業公司排印，唯總經理劉國瑞兄於吉川所撰〈原著者序〉，以為『若有辭不達意之處，恐為其盛名之累』，促為『再行研究』。茲特附上該序複印乙份，懇請吾師代為審閱。竊以為此文以四字句為之，確有堆砌呆板之嫌，但其文義尚清楚，未審高見以為如何？便時倘蒙斧正，並祈見告，當據以修改。……又有一事，即月前莊申兄來美，以香港大學找人補中國語文講座教授（似兼系主任）一缺相告，並慫恿申請。本來自忖無此資格，不敢亦無意一試，但經莊申一再敦促，乃填好申請表並附上履歷書寄去。其中須填推薦人三位。經與莊申兄相商，寫上吾師大名。故香港大學或有信徵求推薦信，如果方便，不知可以代生寫一封否？生之履歷，三年前曾寄臺大，其後，於一九七三年轉來麻州大學，任副教授（associate professor of Chinese），一九七四年起任亞洲學系主任迄今。研究工作則由於教學需要，近年來偏重現代文學，計劃中有『中國近代作家與日本文學』之研究，已成一部分，以系務繁忙，今年中停，改作譯述工作，已完成吉川之《宋詩概說》一書之翻譯，並繼續編譯《吉川幸次郎漢學著作選集》之工作。總之，乏善可陳，甚為汗顏。唯有懇請吾師據實推薦而已。香港大學若已有人選，或認為資格不符，大概會置之不問，自然不會麻煩吾師矣。自加州來東部已經三年，鄉居清靜，每多鄉情。尤以冬天多雪，天氣甚冷，達五六月。故每至紅葉滿山，秋風始作，即思臺灣之溫暖氣候。唯舍下諸人

皆安，秋鴻為人設計縫製衣裳，聊作消遣，小女欣心已滿五歲，開始上幼稚園。
匆此不一，即請教安，並候師母起居安詳。生清茂敬上。一九七六年九月十五
日。」

按：鄭清茂（1933.2.4～　），臺灣嘉義民雄人。1958 年，臺灣大學中文研究所碩
士。美國普林斯敦大學東亞研究所博士。美國麻薩諸塞州大學東亞語文學系教
授。東華大學中文系主任。寫作研究以日本文學為主，特別是中日關係的研究，
如日本文學對周作人、梁啟超、郁達夫及創造社作家的影響。時供職麻薩諸塞州
立大學亞洲系，任系主任。

・十月一日，致函國立臺灣大學校長閻振興先生，云：

　　「接奉本校九月二十七日（65）校秘字六九九〇號函，敬悉本校推薦萬里為
六十五學年度胡適紀念講座，已得國科會同意；並附下聘書一紙。萬里深感榮
幸。惟近接美國普林斯頓大學來函，約萬里於一九七七年二月至同年六月，以客
座教授名義，在該校東亞學系講學一學期，萬里已表示願意應聘。以為時尚早，
故尚未向本校請求賜假。因此事關係萬理應否接受胡適紀念講座聘書問題，下列
兩事，敬請核示：

㈠萬里擬於六十六年二月至六月請假五個月，敢乞賜准。

㈡如蒙准賜假五個月，擬請本校函請國科會釋示，似此情形，萬理應否接受胡適
　紀念講座聘書？

　　由於上述原因，萬里尚未填寫應聘書；復接國科會通知，得悉本年八月至十
月份補助費壹萬捌千元，已撥付到校，萬里自亦未往具領。並謹奉聞。謹上閻校
長。中國文學系教授屈萬里謹上。六十五年十月一日。」

〔閻振興回覆〕

㈠同意請假五個月。

㈡函請國科會釋示。（已另寄辦理。六五年十月二日）興。十、二。

・十月，得國立歷史博物館館長何浩天先生十月七日來信，云：

「翼鵬所長道席：

　　謹懇者，本館為弘揚中華固有文化藝術，擬就館藏商周銅器暨民俗年畫編印

《中國古代銅器》、《中華民俗版畫》兩書,以廣流傳。敢乞不吝墨寶,賜題封面,藉增光采。隨函檢奉空白題箋兩紙(字體大小如附樣),倘蒙俞允,曷勝感幸。肅此奉懇,恭請道安。弟何浩天謹上。十月七日。」

按:何浩天(1920～2009.1.12),浙江諸暨人。美國紐約聖若望大學研究,早年歷任教職。自 1955 年起從事博物館業務,曾任國立歷史博物館館長。著有《明代大事年表》、《漢畫與漢代社會生活》、《北京人》、《國立歷史博物館二十年》等。

· 十月十六日,撰〈「諸葛亮的管理哲學與藝術」序〉。

祐謹按:《諸葛亮的管理哲學與藝術》一書,蔡麟筆先生著,民國六十六年(一九七七)三月,竹一出版社印行。先生〈序〉曰:

「麟筆先生,博學多識;喜以吾國故籍,證歐美之新說。識見卓犖,勝義紛陳。聆其言者,如聽匡鼎說詩,使人忘倦。蓋其蘊蓄也富,其致力也精,故其立說率能發人所未發也。

近年麟筆先生任教於交通大學管理科學研究所系,以管理科學授諸生。講習之暇,著成《諸葛亮的管理哲學與藝術》一書,裒然數十萬言。以予喜聆其卓論也,乃囑序於予。予於管理科學,曾無入門之知識,何足以序此書?然良友雅命,義不容辭;爰就所能知者,略抒鄙見,用呈教焉。

近人治西學者,或迻譯其原書,或傳述其要旨;而能以吾國故書與西學互證者,蓋寥若晨星。此在自然科學,固無可厚非;至於人文及社會科學,則可以互相印證者良多。而譯述者不此之圖,蓋以疏於本國文獻之故。此書則旁徵博採,淹貫中西;據繁夥之資料,作周詳之闡述。於武侯管理哲學及策略,探索之翔實,可謂前無古人;固無論矣。復以儒、道、兵、法、縱橫諸家之說,與西方管理哲學相印證。爬羅剔抉,顯微鈎沉,既發前修之幽光,且導斯學以先路。是書一出,必將使西儒咋舌,而勵國人繼武。斯乃開風氣之作,行見洛陽紙貴也。

武侯八陣兵法之稽討,為是書重點之一。麟筆先生,長於《易學》;於武侯之勛業學術,尤歷歷如數家珍。反覆推求,以為八陣之法,與《易》卦之變化相通;爰證以數學,繪為圖表,以闡其蘊。麟筆先生自言:所繪各圖,未必即孔明

之圖；所言未必即孔明之意。其撝謙而不自是也如此。予昧於數理之學，於卦變及八陣諸說，莫能贊一辭。然觀其條理密察，見人所未及見，言人所不能言。即為一家之說，亦足以傲視學林矣。

是書所涉也廣，而蘊義也深。愧予譾陋，莫能盡窺其奧旨。爰就鄙見，述其所感如右。斯所謂『為佛頭著糞』也夫。中華民國六十五年十月十六日屈萬里序。」

・十月，得谷鳳翔先生十月十六日來信，云：

「翼鵬吾兄勛席：

　　閱報欣悉本月十五日為兄七秩壽辰，永享岡陵，長貞松柏，曷盛頌祝。弟因公遠托，未克趨前觴，歉仄之懷實難言喻。引領鳳前，遙祝百年健康而已。謹具鮮果，聊表寸心。敬乞哂納為荷。肅此，並請時祺。弟谷鳳翔拜啟。十月十六日。」

按：谷鳳翔（1905.9.16～1988.12.31），察哈爾省龍關縣人。北平朝陽大學法學士。1939 年任監察委員，先後派赴西北及中原前線各地從事巡察。1947 年，任東北九省監察使。1948 年來臺，任中國國民黨改造委員會委員，兼副秘書長，1954 年至 1960 年出任司法行政部長。1964 年任中國國民黨中央委員會祕書長。著有《法學論叢》、《文化論叢》、《三民主義的法治思想》、《政治與道德》等。

・十月，得王靜厚先生、陳淑宜女士獻辭，云：

「翼公先生七秩華誕獻辭：

　　　　欣聞吾公，七秩榮慶。

　　　　入室弟子，著文為頌。

　　　　浴沂風雩，弦歌並作。

　　　　從心弗踰，素位而行。

　　　　釋經立說，自營園圃。

　　　　尊道貴德，洙泗遺風。

　　　墙外過客，均沾厚澤。

　　　獻副壽聯，以道心聲。

　　　『德澤後生，真君子，

　　　圓照千萬里，親疏不遺；

　　　福佑下民，一庶人，

　　　靜觀展翼鵬，人天一色。』

晚生王靜厚、陳淑宜全叩。」

・十月，得國立政治大學中國文學研究所所長王夢鷗教授十月十八日來信，云：

「翼鵬先生侍右：

　　拜誦十月十二日惠書，遠辱勛勉，感奮何如！政大中文研究所本似為應景而設，師資設備，兩難充實，如弟駑鈍，謬承其乏，深以賊人子弟為懼。今年先生應聘遠行，末由叨教，幸獲林岷先生惠允兼授專業。使諸生略知治學門徑，然欲盡變冬烘積習，尚有待先生榮旋，賜以大力挽回也。拙編《禮記校證》，端賴海內師友指點迷誤，除贈送外，餘藏百帙，日前已交由臺北商務印書館代為發行。重蒙齒數，今附呈說明書一紙，其餘則另封入《鄒衍遺說考》，付郵寄贈普大圖書館，到時當祈瞻印。弟非騷人，雅好山水，茲聞旅次佳勝，輒為神往往之。臺灣向以美國為天堂，今者先生、夫人適在天堂勝處，遙想神僊眷屬，定多樂事，但願毋思濁塵，時降清音為幸。謹此布悃，順叩儷祺。弟王夢鷗敬上。十月十八日。」

按：王夢鷗（1907.6.3～2002.9.22），福建省福州市人，1929 年畢業於福建學院，1935 年畢業於日本早稻田大學文學研究所。歷任廈門大學中國文學系講師、中央政治學校副教授、廈門大學教授。來臺後，任國立政治大學中國文學研究所教授，1968 年～1970 年間，任日本廣島大學文學部中國文學研究室教授，1970 年 8 月，受聘為國立政治大學中國文學研究所教授兼國立中興大學文學院長。著有《文天祥》、《文學概論》、《鄒衍遺說考》、《鄭注述別本禮記考釋》、《禮記今注今譯》等。

・十一月，〈中央研究院歷史語言研究所工作重點及珍藏資料〉一文，載《幼獅學誌》第十三卷一期。

祐謹按：先生自民國六十年（一九七一）九月起，代理中央研究院歷史語言研究所所長，六十二年（一九七三）元月真除。本期《幼獅學誌》刊行《漢學研究中心專輯》，先生應邀口述歷史語言研究所之工作重點及珍藏之資料，由該刊編輯孫小英女士筆錄。先生云：

「中央研究院，位於臺北市郊的南港區，它有許多研究單位，歷史語言研究所——簡稱為『史語所』，就是其中的一個。所裡藏有豐富的漢學研究資料。茲就史語所的研究目標、各單位的工作，以及所藏的研究資料等方面，作一簡單的介紹。

史語所研究工作的主要目標，是發揚中華文化。目前有五個學術單位，這五個學術單位包括了四個組一個室，四個組分別是：第一為歷史組，第二為語言組，第三為考古組，第四為人類學組，另外還有一個甲骨文研究室。這是研究的單位。從表面上看起來，這四個組一個室各有各的研究範圍，實際上，他們的研究工作，都有相互的關係。至於收藏圖書及標本的處所，則有一個圖書館和一個考古館。

我們研究的主要精神，是本著史語所的創辦人傅斯年先生所提示的一個原則：就是有一分材料說一分話，沒有材料就不說話。換句話說，我們從事研究工作，是憑材料做客觀的論斷，不尚揣測，也不尚空想。歷年來，我們都本著這個精神做研究工作，到目前為止，史語所的成果、以及整理出來的資料，已經出版的，約有六百本左右。

我們做學問的原則，既然是有一分材料說一分話，所以我們一定要靠學術資料來做研究工作，我們所裡收藏的學術資料，大致是這樣子的：

先談圖書部分，史語所現在所收藏的圖書，已經近乎二十六萬冊，這二十六萬冊當中，有兩萬九千多冊是西文書，有二十二萬多冊是中日韓文書。這些書的大部分是當年傅斯年先生做所長時，有計劃地陸續購買的，因此，這些圖書既適用，而且重複的本子很少。至於和我們研究範圍無關的書，以及通俗性的書刊，和文藝創作等，不在購買之列。

　　雖然史語所所藏的中文書不過二十多萬冊，但是他的使用價值卻很大，因此，二十多年以來，我們雖不是一個公共圖書館，但由於作文史研究的人，每年愈來愈多，所以我們就答應了研究院以外的人士，特別是各大學的教授和研究生，只要有人介紹，我們就同意他們前來看書。單就這一年多來說，我做了一個大致的統計，這個統計並不完全正確，因為有些人來看書並沒有簽名，我們照著簽了名的人來說：從去年七月至今年六月，到這裡閱覽的來賓（來我們這裡看書的院外人士，我們都稱為『來賓』），按次數來說，一共有兩千七百六十九人次。因為住在臺北的外國學者很多，所以在這兩千七百六十九人次當中，美國學者佔一百九十五人次，他如日本、韓國、法國、德國、荷蘭等國的學者，合起來有五十六人次。由此可以看出，到史語所看書的外國學者，以美國學者為最多。至於國外的學人，擬專程來我國，利用史語所的圖書資料從事學術研究工作，經過我們同意的也不少。從本年一月到八月底，已有十六人（美國籍十二人，荷蘭籍二人，韓、日籍各一人）。

　　來史語所看書的人，除了可以看到在臺北其他一般圖書館，或各大學中所找不到的書之外，我們還有一些特殊的和原始的資料。其一，如金石拓片，我們收藏的最多，有兩萬五千多種，三萬三千多幅。這些都是最直接最原始的資料。其二，我們收藏了七千多本民間的俗曲，如民歌、民間戲曲等，這也不是別的地方所容易看得到的。其三，我們藏有三十一萬多件明清檔案，這自然也是最原始的資料。明清檔案，經過我們多年來的整理，已經出版了一百本書，但這一百本書，大約只佔三十一萬件的百分之五、六，另外還有百分之九十的檔案資料，我們正在陸續整理中。

　　關於史語所的圖書資料，以及拓片、檔案等資料，略如上述，下面我再談談考古學方面的資料。

　　大家都知道，河南安陽殷墟的發掘，是震驚世界學術界的一件大事，民國十七年以前，一般外國學者，對於我們中國古代史，在西周以前，他們都認為是傳疑時代；夏代或夏代以前，他們固然不相信，就連商代文化，他們也持著懷疑的態度。因此在許多外國人所編世界史裡，中國史事只佔寥寥的幾頁。其時不僅外國人對中國古史抱著懷疑的態度，有許多本國學者，也是如此。可是，自從民國

十七年起，到二十六年對日抗戰開始止，史語所在河南安陽前後共做了十五次的科學發掘工作，所得到的銅器、陶器、石器、玉器、骨器等，大約在十萬件上下，此外還發掘出了兩萬四千九百多片有文字的甲骨。

由於這個發掘工作是科學性的發掘，因此所得到的資料，自然是絕對可靠的原始資料，我們從挖掘出來的銅器的鑄造技術來看，以及由石器、玉器、骨器等雕刻的優良技術來看，都可以證明商代的文化已經達到了相當高的水準。

另外，再就甲骨文來說，那時已經有四千六百多個不同的字，我們知道，一部《三民主義》才有兩千三百多個不同的字，在商代，就可以用到那麼多不同的文字，我們便可以推知商代文化高度。而且在這四千六百多個不同的文字當中，形聲字佔了百分之二十七。我們又知道，文字愈進化，形聲字愈多，因此我們可以推測：中國文字在發展到像商代這麼進步的文字以前，必然經過一段很漫長的演進時期。傳說中黃帝造文字，這句在沒有得到科學的證明以前，我們雖然不敢肯定的說，但是從剛才所說的現象看起來，中國文字在商代以前，已有千把年的歷史，應該是不成問題的。再從甲骨文所記載的史事來看，它可以糾正傳統記載之誤，和可以補充圖書資料之缺的，多得不勝枚舉。因為有這些發現，從前懷疑中國古代文化的外國學者和本國學者，見到了這麼多的真實資料，當然，他們的觀念都改變了。這是安陽發掘對中國古代史方面一個最重大的貢獻。

在安陽發掘的這批資料，於抗戰期間，先由南京轉運到長沙，次由長沙運到昆明，再從昆明轉運到四川的西部。勝利之後，又回到南京。大陸危急的時候，便全部運到這裡來。這些東西雖然經過這麼多的顛沛流離，但我們還是統統保存在這裡。因為資料太多，我們雖已出了許多本考古報告，但還沒有完全把它報告出來。這些資料是我們國家文化的命脈，同時也是史語所最重要第一手的研究資料。

此外，我們在濟南龍山鎮所發掘的黑陶文化標本，在河南濬縣所發掘的西周時代的器物，在河南汲縣發掘的戰國時代的器物，以及西北科學考察團所發現的一萬多件漢簡，現在都完整的保存在史語所裡，像這些都是做研究工作最重要的原始資料。

在語言學方面，從民國十七年史語所剛一成立後不久，就由趙元任、李方桂

兩位先生帶領史語所的同人，進行方言的調查工作。那個時候，他們一方面用舊式唱片錄音的辦法，錄卜當地人所發的音，一方面他們從事記音的工作，像這類東西，我們叫做『音檔』。把這些『音檔』整理出來，我們已經出版的，如湖北方言、雲南方言、四川方言、客家方言等許多專書和論文。另外還有一些正在繼續整理著。我們早期用力最多的是西南各省的邊疆民族，如苗、傜等方言的調查。這些方言的調查和研究將來收復大陸之後，對於西南邊疆民族的政教措施，必有很大的用處！

最後，我所要談的就是人類學方面的資料。這方面的資料，大致分為兩部分。其一是屬於體質人類學的，剛才所提到的河南安陽殷墟的發掘中，除了有甲骨文、銅器、石器、玉器、骨器外，還有四百多個完整的人頭骨。我們知道，在商代還有一種陋習，就是把俘虜來的敵人，砍掉他的腦袋，用來祭祀祖先。殷王用人作犧牲祭祀後，就把這些人頭埋在一塊兒，人體的骨骼，則埋在另一個地方。這四百多個完整的人頭骨，就是當時的犧牲。經我們初步研究的結果，知道絕大多數是我們黃種人，有少數的幾個，像是高加索人種，也有一、兩個，像是黑色的人種。如果繼續研究的結果，證明了我們初步的觀察可靠的話，那就可以說明在三千多年以前，黃河流域這一帶，固然是我們黃種人的天下；可是在那時候，和西方已有了交通。不過、這只是我們初步的研究，還不是最後的論斷。

另外一部分就是文化人類學的資料。史語所作的文化人類學的工作，和「民族所」所作的，一有些不同。他們偏重在現代方面的研究，我們則側重在古代這一方面。抗戰期間，因為史語所曾在昆明、四川等地住過，所以在西南邊疆所做的人類學方面的調查工作相當多；除了語言之外，他們的風俗、習慣等各方面，都曾作過很多的調查，所收集關於這一方面的標本，超過了一千五百件，現在也都完整地運到臺灣來，存在這裡。

以上所說的這些資料，可以說完全和中華文化有關。而且這些資料，不是我們親手發掘的，就是我們親自調查的，他的可靠性，是百分之百的。也就是由於有這些最原始、最可靠的資料，所以我們同人們根據這些資料研究的成果，頗為國內外學術界所重視。我們不敢自己誇大的說，對學術文化方面，有多大的貢獻，至少我們是以實事求是的態度，來做學術研究工作。對於發揚中華文化，我

們多多少少的盡了一些力量。」

· 十一月，得屈桃卿先生十一月二十二日來信，云：

「萬公宗前輩尊鑒：

晚籍屬江西，現年五十八。歷任各級陸軍醫院院長暨軍醫處組長多年。退伍後與友人合營醫院，差堪溫飽。久慕前輩為書法大家，盛譽滿天下，屢擬藉同宗情誼，趨謁聆誨，兼求書對聯或橫匾，惟不敢造次，故欲行又止者再。謹敢斗膽上書，祈請垂念宗誼，賜予大筆一揮擲下，自當奉為拱璧，實銘感無既矣。臨穎惶悚，敬祝鈞安。宗晚屈桃卿敬啟。十一月廿二日。」

· 十一月，得馬來亞大學中文系教授洪天賜先生來信，云：

「翼鵬先生所長賜鑒：

奉十四日手教，欣悉一是。又蒙審閱之試題十一紙亦均收到，敬乞釋注，有勞清神，感謝無已。明春左右榮膺普大講座，不能蒞馬主持本系試務，何勝悵惘！諸生試卷，此間評閱工作，大約明年二月可以竣事。屆時當遵囑寄美，仍祈撥冗賜予審閱，俾資評定學分。無任叩禱，肅此佈臆。敬請著安。晚洪天賜拜啟。一九七六年十一月二十三日。」

· 十二月，〈傳述史料中常見的幾種現象〉一文，載《沈剛伯先生八秩榮慶論文集》。

祐謹按：民國六十三年（一九七四）夏，先生曾以此題在中國史學年會講演，當時既未撰講稿，亦無講演記錄。先生就所存資料，再加董理，撰為茲篇，以壽沈剛伯先生。要目有：一、〈引言〉；二、〈史事記載的歧異〉；三、〈史事的增飾〉；四、〈古代用後代的典制〉；五、〈前人引述後人的言論〉；六、〈結語〉。

· 〈載書播遷記〉（上）一文，載《山東文獻》第二卷三期。

祐謹按：本文分上下兩篇刊出，下篇載六十六年三月《山東文獻》第二卷四期。文前有先生〈題記〉云：「民國二十六年（一九三七）七月，倭人犯順，華北阽危。時予執役山東省立圖書館，館長王獻唐先生，命予選館藏圖書文物精品，準

備播遷。比倭患益急，予偕工友李義貴，載書物初遷曲阜。未幾，復隨獻唐先生載書物入川。喘息既定，更為文以記其事。槁藏篋中，忽忽近四十年矣。茲倩人抄錄一過，為《山東文獻》補白，用志鴻爪。神州既陷，焚書坑儒之禍，又見於今。不知此圖書文物，尚存天壤間否？且聞獻唐先生墓木已拱，北望齊煙，何勝唏噓！民國六十五年（一九七六）九月二十七日識於臺北。」此文原名〈載書飄流記〉，王獻唐先生嘗撰〈題詞〉冠諸冊，云：「心力拋殘意漸狂，十年柱下詡多藏，可憐一炬奎樓火，不待銅駝已斷腸。　惟國十年是此君，倒行猶自說忠藎，華林玉軸干何事，一例樓頭哭絳雲。　故家喬木歎陵遲，文獻千秋苦自支，薪火三齊留一脈，抱殘忍死待明夷。　酒入愁腸日作芒，回頭忍淚說滄桑，夜來展讀西臺記，一覺闍浮夢已涼。　去冬敵陷魯北，余與翼鵬道兄運圖書館文物入川，辛苦備嘗，所撰〈載書飄流記〉，皆實錄也。竭兩夜力籀讀一過，題四截句冊耑，亦長歌當哭之意。君在曲阜，嚴稽文獻，旁及輿地，皆精確縝密，足備掌故，異日脩志者當有取於斯，不祇作金石錄後敘觀也。廿七年（一九三八）六月十二日獻唐燈下記。」文末附錄〈山東省立圖書館第一次運往曲阜金石典籍書畫目錄〉，計金石器物七百三十四品，書籍四百三十八種二千六百五十九冊又百八十三卷，書七十一件，畫六十六件，金石拓本三十三件。

‧是月撰〈「東南亞史研究論集」序〉一文。

祐謹按：《東南亞史研究論集》乃張奕善先生著，民國六十五年十二月臺灣學生書局出版。先生〈序〉曰：

「張子奕善，潛心乙部之書，尤萃力於東南亞史。近輯其研究東南亞史實之論文五篇，並殿以譯稿四篇，彙為一編，題曰《東南亞史研究論集》，囑序於予。予於東南亞史事，未嘗致力，實不足以序此書。顧奕善曾從予遊，而其人天性純厚，篤於舊誼，必欲予以數語，冠於編前，俾資紀念。予不能辭也，爰序其端曰：

東南亞諸國，與我國唇齒相依。自趙宋以來，國人旅居南洋者日眾，故國際關係尤密。且自二次大戰後，各國政情益棼；以是東南亞史之研究，尤為當務之急。然從事此業者，雖不乏人；而或限於資料，或礙於語言，故出版之書刊雖

豐，而待究之問題彌多。奕善自髫齡即僑寓馬來，既通當地語文，復執教於南洋
大學有年，故於星馬之珍秘文獻，所獲獨夥。益以臺灣大學及中央圖書館臺灣分
館所藏之豐富資料，奕善得盡觀之；宜其所為論著，咸能發人所未發也。

　　本集所收論文五篇，或探明代對於南海之政略，或稽明代派南海之使節；或
闡僑居東南亞華人使當地工商經濟繁榮之因，及二次大戰後，與大陸淪陷後東南
亞僑民之情況；或述清末外人招募華工時，應募華人被奴役凌辱之慘狀。凡此，
匪但有益於史學，亦且有助於時政。至於詳考抗日期間，特遣隊在馬來西亞之活
動，尤能探頤索隱，而發潛德之幽光。至於譯稿四篇，亦皆重要文獻，此不具
述。

　　奕善治學，昕夕不倦。每寤寐中得一新義，輒披衣驟起，振筆疾書。其勤如
此，故其業也精。此編而外，著述尚多。方當強壯之年，其成就已如此；他日造
詣之深，殆未可量也。中華民國六十五年雙十節屈萬里序於臺北。」

· 本學年由先生指導，獲碩士、博士學位者：
　　國立臺灣大學中國文學研究所碩士班研究生張彬村，碩士論文為《易傳與莊
子的現實世界觀與理想世界觀》。
　　國立臺灣大學中國文學研究所碩士班研究生周昌龍，碩士論文為《儒道陰陽
三家思想的起源研究》。
　　國立臺灣大學中國文學研究所博士班研究生黃沛榮，博士論文為《周書研
究》。

民國六十六年（一九七七）　先生七十一歲

· 元月，應聘擔任美國普林斯頓大學客座教授，為期半年。

· 一月十三日，致函國立交通大學管理科學研究所蔡夢華（字麟筆）教授，云：
　「麟筆尊兄著席：
　　手教祗悉。孫（齊縣及闕縣）、老三子，係分別出土：二孫子出魯南，係簡
本；老子出長沙，係帛書，皆漢初物。所謂出惠帝墓者，乃誤傳也。此三者，臺
北藝文、河洛兩書局皆有重印本，以河洛本為佳。河洛圖書出版社本，新竹可能

購得。如不易覓致，請賜示，弟當購致寄奉也。關於武侯之大著，脫稿有期，曷勝欣賀！田意先生，聞原擬二月間來臺，頃又聞將遲至四月間。總之，晤面之期不遠矣。歲事云暮，學生讀書報告，紛至沓來，祇好埋頭苦讀。自作自受，夫復何言！匆此奉覆，即頌春釐。弟屈萬里敬啟。元月十三日。」

‧一月二十八日，審查連金水君碩士論文《韓非子法學思想淵源探微》，審查意見云：

「本文參考資料頗為豐富（惟《偽書通考》一書，作者似未閱及），考論亦頗周詳。碩士論文，能有此成績，殊堪嘉許。然其中數處，或有商兌之餘地。如：

一、第三章〈淵源於儒家〉，文中所論，實皆與荀子學說有關者。如將此標題改為〈淵源於荀子〉，似較切合。

二、第 13 頁述梁玉繩、歸有光之說，係由《史記會注考證》轉引。按：梁氏說見《史記志疑》，歸氏說見《史記評林》，二者皆非僻書，似以逕引原書為佳。

三、15 頁 24 行『要到較後的莊子孔子……』按：『孔子』二字，似是『列子』之誤。

四、142 頁正文 13 行：『《管子》一書中的思想雖然博雜，但卻精微周密，有條不紊。』按：㈠博，似當作駁。㈡前云駁雜，繼云『精微周密，有條不紊。』二者似不相調協。需否略予修訂？請斟酌。

以上數點，應否修正？敬請指導教授卓裁。屈萬里記。六十六年元月廿八日。」

‧一月，得國立中興大學校長羅雲平先生一月二十九日來信，云：

「翼鵬所長吾兄勛鑒：

久違塵教，企念良殷。本校文學院長一缺，尚在虛懸，急待遴聘。吾兄望重斗山，為各方學者所景從，當不乏學識德望夙著之學人，至祈惠予推介。另有李孝定先生，現在南洋大學中文系主任，其人之學識德望如何？不知吾兄與之相識否？並希賜示為盼。專此奉懇，祇頌勛綏。弟羅雲平敬啟。六十六年元月廿九

日。」

按：羅雲平（1913.9.24～1984.4.20），以字行，安東省鳳城縣人。1935 年畢業於哈爾濱工業大學。旋負笈德國，畢業於柏林高等工科大學，授特許工程師學位。1939 年畢業於德國漢諾威大學，授工學博士。即經海道返國，歷任國立同濟大學工學院教授兼土木系主任、國立中央大學工學院教授、國立東北大學教授兼總務長代理校務、教育部東北區教育復員輔導委員會院校接收委員，並主持北滿教育接收工作。1948 年 3 月任東北行轅政務委員會文化教育處長。4 月任國立長春大學校長。1949 年來臺，任臺南工學院教授。1959 年 1 月借調教育部任高教司長。1961 年 4 月回任成功大學教授兼工學院長。1965 年元月任成功大學校長。1971 年任教育部長。1972 年 6 月任總統府國策顧問。是年八月任國立中興大學校長。著有《輕便鐵路工程》、《軍事急造道路工程》、《城塞工程》、《國防與交通建設》、《歐亞交通問題》、《土壤力學》等。

· 三月，〈載書播遷記〉（下）載《山東文獻》第二卷四期。

· 四月二十三日，致函王秀芝女士，云：

「秀芝嫂夫人教席：

日前內人接奉惠函，『辭』連及弟，因囑弟逕行『申覆』。竊念吾嫂含英咀華，作為文章，其書滿家，乃竟問道於盲。雖敬佩撝謙之德，而弟則惶恐不知所措。然既承雅命，不敢不作南瓜（以其賤於芹也）之獻。爰搜盡枯腸，得一題曰《二戴記雷同篇章異同考》。蓋兩戴記有雷同之篇，亦有雷同之章；且同中有異，異中有同。較其異同，而為之疏證（二戴記之文，有因襲《荀子》者，亦有因襲《新書》及《春秋繁露》者）。以吾嫂之學力，從事此業，必將獲優異之成果。惟弟出此下策，實屬膽大妄為；蓋未知清人或近人曾否作過此題也。請惠查正續《清經解》、《續修四庫提要》、《國學（或文史哲）論文索引》，此題如已有人作過，自無庸再作；如有人曾為與此題局部有關之文，則正好為參考之資。此題牽涉之資料較隘，以貴校圖書館藏書之情形衡之，如此題可作，似不須要奔走於其他圖書館。至於二書之文，一時難於背誦，則有《禮記引得》、《大戴禮引得》兩書。比而觀之，雷同之句，即無所逃於天地之間矣。芻蕘之見，敬

乞卓裁。倘蒙『批准』，則戴震《大戴禮記目錄後語》一文，或有啟發之用，拙文《二戴記解題》（載六十二或六十三年出版之中研院民族所集刊），或小可作引玉之磚也。

　　弟在此賣野藥兩味，諸生雖皆『番人』，然皆能作人言，不說鬼話，故尚無所苦。惟『番人』皆饘肉酪漿，以充饑渴；弟則不改大漢故物——仍以豆腐白菜維生（恐肉食者鄙也）。其價之昂，勝於肉類。一日內人買得一精裝紙匣，其外護以膠紙，標價三角九分（合臺幣十五元），拆視之，乃赫然大蒜二頭也。附述以博一樂。

　　聽說你的新居布置得很漂亮，實在應該好好慶賀一番，除請源發代為表示慶賀之意外，特在此恭祝新居多樂，萬事如意。近月來為接應友人，頗為忙碌。今日中午又將有友人從波士頓來到，不克多談。敬祝快樂。問候麟筆先生好。弟屈萬里、費海瑾同敬啟。四月廿三日。」

· 七月，〈童世綱先生退休了〉一文，是月十四日載《聯合報》。是年十月《湖北文獻》第四十五期轉載。

祐謹按：民國三十九年（一九五〇）普林斯頓大學圖書館葛思德東方圖書館成立，胡適之先生以教授名義兼該館主任，次年，胡先生邀童先生助理，一年後，胡先生辭職，童先生繼任主任，迄今六十六年（一九七七）六月退休，共歷二十六年。六十六年（一九七七）春，先生應普林斯頓大學之聘，為該校客座教授，講學半年，是年七月初返國。適值童先生退休，先生於歸國前夕，特撰此文。文末先生賦七律一首，以賀其榮休。詩云：

「賀童世綱先生榮退

　　敦三先生從事圖書館事業垂三十年，繼績溪胡適之先生主持普林斯敦大學葛思德東方圖書館，亦已廿有五年。策畫經營，夙夜在公，益以普大東亞學系諸教授之助，於是葛館藏書之富，部居之精，在美國各大學圖書館中，久負盛名。余十年中兩度來此，取資於葛館之祕藏者既多，而承敦三先生之拂照者尤為周至。茲值其榮休期近，爰獻俚句，敬申賀忱。渾忘其辭之拙，書之醜也。中華民國六十有六年六月屈萬里並識，時客普林斯敦大學東亞學系。

卅年勞勩效長恩，海外嫏嬛寄此身；業繼績溪宏冊府，功留葛館惠儒林。石渠勇退人猶健，雲夢思歸志未申_{童先生湖北人}；我欲共君同發願，臺員勝境結為鄰。_{用中華新韻}」

· 〈北美各大學所藏的中文圖書和著名的漢學家〉一文，是月廿九日載《中央日報》，《國語日報》〈書和人〉第三二一期轉載。

祐謹按：是月二十八日，中華文化復興運動推行委員會在臺北舉行紀念先總統蔣公倡導中華文化復興運動十週年大會，恭請嚴總統親臨主持，並請先生專題報告，此即報告內容。要目有：一、〈引言〉；二、〈北美各大學所藏的中文書〉；三、〈北美漢學界的中國人士〉；四、〈北美漢學界的美加人士〉；五、〈餘說〉。

· 八月八日，致函國立交通大學管理科學研究所蔡夢華教授，云：

「夢華尊兄著席：

　　手示並大著精裝本一冊，已於周前拜收。以冗務紛繁，遂稽奉覆，尚乞曲諒。拙序言不中肯，謬承採用，展卷重閱，猶不禁汗額涔涔也。令愛事，日前曾與中央圖書館及中央圖書館分館聯絡（此類機關，用臨時人員較多），得悉目前尚無機緣，當期諸異日矣。大著《我國管理科學與方法》，稿成幾許？甚盼先睹也。匆此奉覆，順頌暑祺。弟屈萬里敬啟。八月八日。」

· 八月，得新加坡南洋大學中文系主任王叔岷教授八月九日來信，云：

「翼鵬尊兄有道：

　　奉讀六月七日惠書，已逾兩月矣，楊生秀欽之論文，承兄離美前於百忙中評審，所指示諸寶貴意見，楊生已一一修訂，嘉惠後學，感何可言！七月廿二日接以仁書，言兄已返所，茲將南大寄來論文一包轉奉吾兄，此乃蘇新鋈君之博士論文，蘇君昔年在港大進修時，乃牟宗三先生之高足，其思路及筆調，酷肖牟君。兄評閱其論文後，當有同感也。兄初返所，諸事紛繁，所務恐又將累集一身矣。

　　若干年來，南大中文系甚懶散，頗受訾議。校方盼弟大事改革，弟亦有意培養實事求是學風，未之能否如願否耳。系務雖繁，得暇弟仍伏案撰述，心力尚能

勉強支持，請釋繫念。謹此遙頌著安。弟叔岷拜上。一九七七年八月九日。」

按：工叔岷（1914.4.29~~2008.8.2），四川省簡陽縣人。成都華陽初級中學、聯合高級中學畢業。國立四川大學文學士，北京大學文科研究所碩士。歷任中央研究院歷史語言研究所研究員，國立臺灣大學中文系教授，新加坡大學漢學系及馬來西亞大學漢學系客座教授。1959 年曾以訪問學人名義在美國哈佛大學進修一年。曾任新加坡南洋大學中文系教授兼系主任。五十歲時，感於廢養遠遊，取大舜五十而慕之義，署其居曰慕廬。又以生值亂世，據三國魏董遇所謂讀書當以三餘，增亂者治之餘，署其書齋曰四餘齋。著有《莊子校釋》、《列子補正》、《郭象莊子注校記》、《呂氏春秋校補》、《斠讎學》、《劉子集證》、《諸子斠證》、《顏氏家訓斠補》、《世說新語補正》、《陶淵明詩箋證稿》、《莊學管闚》《四餘齋詩草》等。

· 八月，〈學博識卓的沈剛伯先生〉一文，是月十二日載《中央日報》。

祐謹按：沈剛伯先生七月卅一日晨逝世，先生撰此文悼念。

· 八月，得姜一涵先生、朱瑗女士伉儷八月十五日來信，云：

「翼鵬夫子尊鑒：

夫子返臺時未及送行，深以為疚。承賜寄《暢流》二冊已收到。多謝多謝！張佛千先生之地址，便中可否示知。生少時荒廢學業，壯知自勉。然於詩翰乏人指引。偶爾亂謅幾句，難入大雅賞鑒。故擬向張先生請益。如見張先生，祈吾師先為致意，以免唐突。但亦祇隨緣而行，本非急務。專此，敬請誨安。師母並此問安。生一涵、朱瑗謹上。一九七七年八月十五日。」

按：姜一涵（1930.9.1～）名宇，以字行，號雪橋。生於山東昌邑。臺灣省立師範大學國文系畢業。中國文化大學藝術研究所文學碩士。1970 年起，先後入美國堪薩斯大學、普林斯頓大學任研究員。專治宋元美術史，兼及遼金書畫史。1979 年 9 月，任文化大學藝術研究所教授。1982 年 2 月，任香港珠海書院文史研究所客座教授兼副所長。1982 年 9 月，任文化大學藝術研究所教授兼美術組主任。

朱瑗，臺灣師範大學史地系畢業。中國文化大學史學研究所碩士。1973 年

～1976 年，任教於美國耶魯大學遠東系。1976 年起，任教於美國費城賓州大學遠東系。姜一涵先生之夫人。

・〈在紐約世界博覽會其間毛共對美政府的誣衊〉一文，是月二十三日載《聯合報》。

・九月，接受《中華日報》記者應平書女士之訪問，訪談主題為尊師重道之傳統。訪問稿〈屈萬里教授談師道式微〉一文，載是月二十六日《中華日報》三版。

・十月，得李震先生十月十五日來信，云：

「鵬公道席：

久未候教，繫念甚殷。近來尊況，諒必勝昔為祝！

今天閱《中央報》，得悉公指導李偉泰先生寫博士論文《先秦典籍所述上古史料研究》，良師必出秀士，因頗欲獲得一篇以為參考，如公能賜設法取得，則感激無涯也。專此，並頌撰祺！弟李震再拜上。十月十五日。」

・十一月，接受《幼獅月刊》編輯廖玉蕙女士訪問。訪問稿〈讀書與治學的歷程——訪屈翼鵬先生〉一文，載本年十二月出版之《幼獅月刊》四十六卷六期。

・十一月，得韓國延世大學李家源教授十一月二十三日來信，云：

「翼鵬先生鑒：

前因全君寅初之行略有所懇者而意者，全君適時匆遽，未得罄陳所懷，故此更屬覼縷焉。鄙先祖退溪先生諱滉，承朱晦庵先生之學，集成吾東。昨歲開退溪思想研究學術大會於敝邦之莫北大學，韓、中、日三國學者參焉。今年繼開近世東亞細亞朱子學及李退溪學術大會於日本之東京，而三國之外，復有美國學者參焉。以明年夏繼開於貴邦，有約而罷。今當以準備訪臺因緣，先訪貴研究所，幸惠一紙招請書，則該事可成矣！專此匆匆，不盡意。順頌台安。一九七七年十一月廿三。退溪學研究院理事李家源敬啟。」

按：李家源（1917.6.1～），韓國安東人。1939 年，明倫專門學校畢業。1948 年，成均館大學國文科畢業。1955 年，任成均館大學文理學院助教授。1957

年，任成均館典學。1958 年，任延世大學待遇教授。1960 年，任教授協會幹事。1962 年，任國語國文學會理事。1963 年，任成均館大學理事。1964 年，任延世大學文科教授。1966 年，成均館大學文學博士。1969 年～1974 年，任儒道會總本部委員長。

‧十二月，得孔孟學會理事長陳立夫先生十二月四日來信，云：

「敬啟者：

本會為使國民小學高年級生，對於孔孟著述，從小即有印象起見，自本年度起，每年擬舉辦以毛筆繕寫四書文句約百字之競賽，擇優給獎，以資鼓勵。為籌募獎勵經費起見，經常務理監事聯席會議決定，舉辦本會會員四書文句書法展覽，以作提倡。素仰台端擅長書法，特檢奉展覽辦法一份，宣紙一張，敬請法書四書文句（缺上款）於本年年底前擲下，俾便裝裱，為禱，此致萬里先生。陳立夫於孔孟學會。十二月四日。」

‧十二月，〈讀書與治學的歷程〉一文，載《幼獅月刊》第四十六卷六期。

祐謹按：此先生應該刊記者之訪問談話也。

‧〈關於「九廿二水災與中央研究院史料的損失」敬覆沈雲龍先生〉一文，載《中華雜誌》十五卷十二月號（一七三期）。

祐謹按：沈雲龍先生撰〈九廿二水災與中央研究院史料文物的損失〉一文，載民國六十六年（一九七七）十一月《中華雜誌》一七二期，此篇為先生答覆之文。

‧本學年由先生指導，獲碩士、博士學位者：

國立臺灣大學中國文學研究所碩士班研究生朱曉海，碩士論文為《「黃帝四經」考辨》。

國立臺灣大學中國文學研究所博士班研究生李偉泰，博士論文為《先秦典籍所述上古史料研究》。

國立臺灣大學中國文學研究所博士班研究生林政華，博士論文為《黃震及其諸子學》。

民國六十七年（一九七八）　先生七十二歲

· 一月三日，審查黃潮宗君碩士論文《宋代的刻書事業》，審查意見云：

「自葉氏《書林清話》及《餘話》二書行世後，言古書雕印之著作頗多。如有新作，殊不易有重大之創獲。因有葉氏以後諸家之書及論文，故黃君此書，取材較易，自亦難有重要之創見。爰就鄙見所及，分述其優點及可商之處如次：

甲、優點：

　(一)敘述宋代刻書事業，較前此諸家之作為詳。

　(二)注意當時經濟狀況對刻書業之影響。此點前人多不措意。惜本文言之尚未詳盡。

　(三)闡述刻工的活動情形，並討論各刻工個別的刻書狀況，能詳諸家所略。

乙、可商之處：

　(一)參考書目所列，皆近人著作。而於第一手資料，如宋人之《郡齋讀書志》、《書錄解題》、《九經三傳沿革例》等，近代善本書志，各名家之題跋等，皆未列入，似不適宜。蓋依據此類資料，可補充本論文言四川刻書狀況之所未備（第 43 頁以下），亦可補〈兩宋所刻書書目〉（155 頁以下）之缺。

　(二)前人雖有雕板始於隋代之說，而實係誤解《歷代三寶記》之言；鄙人與昌彼得先生合著之《圖書板本學要略》中，已辨其非是。黃君此文第 1 頁言『到了隋唐……』云云，第 105 頁『從隋代已經開始的雕版印刷』云云，如無確切證據，足以證明隋代已有雕版，則上述二語，似應酌予修訂。

　(三)黃君此文，謂南宋初年，蜀刻七史版片，亦送至國子監（34 頁）。按：此事無明文記載，今傳所謂宋蜀刻七史者，實係浙刻。說見潘美月所著〈南宋重刊九行本七史考〉（見《故宮圖書季刊》四卷一期）。以為蜀刻七史版片亦移送國子監者，蓋因舊說以浙刻七史當蜀刻而誤。

　(四)唐人刻書，有佛經、詩歌、字書、曆書等，未聞曾刻經史。黃君此文，言『從專門雕印佛經，進而雕印經史……』云云，如無確證，似應酌予修訂。

　(五)論文末附書影五頁，未詳何意。

丙、總評：

　黃君此文，雖多可商之處，然碩士論文，似不宜求之過苛。上述乙項五點，

如能加以補充、修訂、或說明，似可勉予通過。

附言：

一、本論文似祇須口試即可，無須另加筆試。

二、鄙人不克來港參加口試。代替鄙人之考試委員，敬請貴校治請。如必需鄙人
　　推薦，似以中文大學教授饒宗頤先生為適當人選。

三、黃君論文複製本，甚不清晰。鄙人目力昏眊（白內障），有多處不能辨識。
　　如有應評未評、或誤評之處，請校內委員惠予補充與糾正。

四、黃君論文一冊，另郵（挂號）奉還。

　　　　　　　　　　　　　　　　　　　屈萬里。一九七八年元月三日。」

· 一月，得劉孝權先生元月十一日來信，云：

「翼老鄉先生道席：

　　久違榘範，慰勞延想，辰維穌氣葉春，福履綏吉，慰符私祝。頃以為小女授
《毛詩》，多方搜求名著未得。聞坊間有《詩經釋義》一書，乃先生所著，不知
是何書店出版，敬乞示之為禱。耑肅，藉頌教綏。後學劉孝權頓首。六十七年元
月十一日。

　　通訊處：總統府總統秘書室。」

· 一月得韓國明知大學韓國傳統文化研究所所長李相寶教授元月十五日來信，云：

「屈所長萬里教授台鑒：

　　敬啟者，弟拜訪貴研究院，承蒙隆重招待，更賜送寶貴禮品，感激不盡。弟
經由日本東京如意返國，從崔完植教授拜聽閣下特別指導之消息，衷心感謝兩地
文化交流友誼。敬希閣下來到敝國一玩，弟能得報答承蒙恩惠之機會。專此奉
候，並祝文祺。李相寶敬啟。一九七八年一月十五日。」

按：李相寶，韓國明知大學教授，教養學部長，韓國傳統文化研究所所長，文學
博士。

· 一月，得陳立夫先生一月二十日來信，云：

「萬里先生：

為了『三匠』一事，承先生花了不少時間，打聽出此一筆名之意義，及其作者之真姓名，十分感謝。弟將約郭君正昭一談，此人頗有理想與見解，惜其對《易經》絲毫無研究，將告以致力之方法，或可對其未來有所助益也。先生亦不妨約其談談。

又關於小兒澤安事，蔣復璁先生如來訪，請延見，若蒙俯允為助，尤為感荷，專覆。順頌近祺。弟陳立夫。一月廿日。」

‧一月，撰〈「我國管理科學與藝術之演進和發展」序〉。

按：《我國管理科學與藝術之演進和發展》一書，蔡麟筆先生著，民國六十七年（一九七八）二月，世界書局印行。

‧二月，得陳立夫先生二月九日來信，云：

「萬里先生：

後日之考試，原應於九時前到達，因已故老同志陳紫楓之喪，中央指派弟為覆蓋黨旗之一員，時間為九時十五分，弟將於九時廿五分到場。詹生之報告，弟將缺席。以往既經指導，聽與不聽，關係不大。請准遲到為幸。專致函，並請道安。弟陳立夫。二、九。」

‧三月，〈關於經書的幾個小問題〉一文，載是月十三日《中華日報》十一版〈副刊〉。

‧三月，〈中學生活片段的回憶〉一文，是月十五日載《聯合報》〈副刊〉。

‧三月，得錢地先生三月十七日來信，云：

「翼鵬鄉長道席：

數年以還，未曾通函問候，可謂失禮，尚祈原恕。邇未想鄉長福體康寧，學術深遠為祝。三年於今，地日日撰寫《論語漢宋集解》，今夏可出刊，屆時當躬請指教。現有一問題請教者，《子張‧辨惑章》『誠不以富，亦祇以異』之『富』字，前儒俱以富之本字解。地讀此，思義不通，進而研究之。此富字當讀如蓄。何也？《詩》原文云：『我行其野，言采其蓄。』《鄭箋》：『蓄，蓄

也。』《毛傳》：『菖，惡草也。』其所喻之義為禮，言我采菖之時，以禮來嫁汝。今汝『不念舊姻，求而新特，』按：新，外昏也；特，獨也。即無禮之婚也。故『成不以富亦祇以異』者，菖與新特為對，而新特之昏既為無禮，而采菖之時為有禮之昏。故富應作菖，禮也。其義如此。蓋孔子引此詩答子張者，欲子張為學當用心於禮，勿外求新特以異人也。如此研究，不知合宜否？請多賜教言。但在金文中，不知富與菖相通否？望祈分神，稍作查證。若有據，則此經義可通矣。勞駕之處，萬分感謝。並頌道祺。鄉後學錢地叩上。一九七八年三月十七日。」

・四月，感不適，經臺灣大學附屬醫院診斷為肺癌。

・五月，賦詩五首：

病中雜咏

余患肺癌，住入醫院，匆匆已匝月矣。家人戚友憂心如焚。余自念七十之年，死不為夭；且自信能與惡疾抗。以是胸懷坦蕩，若無病然。入夜客散，斗室靜處，無所用心。爰成俚句數首，聊以遣悶。其平仄失調者，則曰從俗讀；韻腳不協者，則曰用中華新韻。以此解嘲，誰曰不宜！民國六十七年五月書備附記。

戚朋聞訊暗心憂，惡疾難醫嘆毒瘤；我自無憂亦不懼，後園花好且遨遊。

溫語如春感友生，更從患難見真情；操觚欲達銜環意，難寫衷懷字字明。

病中歲月亦悠閒，照罷毒鈷且小眠；夜靜遙聞泣聲屬，有人又進太平間。

彭殤一例等蜉蝣，夭壽何須繫喜憂；漢武秦皇求藥遍，依然一個土饅頭。

碌碌人間寄此生，此生無好復無能；不如乘化聊歸去，何必區區羨老彭。

・五月，得周鳳五先生五月十九日來信，云：
「翼公吾師函丈：

　　敬稟者，頃杜正勝兄來稱，史語所賈士蘅小姐辭職，懸缺待補。杜君在東吳大學歷史系任六門課之多，負擔太重，有此機會，頗思入所學習研究。經與高曉梅先生洽談，曉梅先生有似延攬之意。唯賈小姐缺屬第三組，杜君所學則偏重第一組。曉梅先生以為，如能由第一組提出求才，該缺撥交第一組，則事諧矣。杜君於吾師前不便自薦，囑為先容。查杜君為人，勤於治學，勇於任事，英、日文具有根底，洵文史學界不可多得之人才。其短處則自信太過，好立異，好標新。雖然，孔文舉慨乎言之：『今之少年，喜謗前輩。』蓋此風自古已然，亦不必深責於杜君也。生所疑慮者，杜君與許倬雲先生治學路向接近，其舊學又深受徐復觀先生影響，二者或不免與史語所創辦時所揭示之宗旨有扞格之處耳。

　　總之，生與杜君對門而居，承其囑托，固辭不獲已，因斗膽僭妄，肅此，不勝愧汗惶悚之至，唯吾師鑒裁之。敬請鈞安。生鳳五叩上。六十七年十月五日。」
按：周鳳五（1947.2.2～），四川犍為人。1966 年，入臺灣大學中文系。1978 年 8 月，受臺灣大學中國文學系聘為講師。1979 年 8 月，陞等為臺大中文系副教授。1982 年 7 月，自臺大中文系離職，赴中正大學任教。1983 年 8 月，復受臺大中文系聘為副教授。1987 年 8 月，陞等為臺大中文系教授。1989 年 8 月，自臺大中文系借調中正大學。1990 年 8 月，借調中正大學。1994 年 8 月，休假一年。2000 年 2 月，兼任臺大校長室祕書。

·六月，得中央研究院院長錢思亮先生六月十五日來信，云：
「翼鵬吾兄道鑒：
　　六月六日惠示，敬悉尊恙須繼續療養，茲續給病假至本年七月底，所務仍請高去尋先生代理，敬祈安心調治，並勉抑辭意，至為盼幸。順頌道祺。弟錢思亮敬啟。六月十五日。」

·六月，〈說詩經之雅〉一文，載《中央研究院成立五十周年紀念論文集》。
祐謹按：此文論《詩經》中「雅」之字義及〈雅〉分大小之故。茲篇包括三章：一、〈舊說述要〉；二、〈雅在詩經中的意義〉；三、〈餘說〉。

· 七月，辭卸中央研究院歷史語言研究所所長。

丁邦新院士所撰〈屈翼鵬先生與歷史語言研究所〉一文云：

「民國六十一年（一九七二），先生膺選為中央研究院院士。六十二年（一
九七三）元月繼任史語所第四任所長。史語所開創以來，有過三位所長，那是傅
斯年先生、董作賓先生、李濟先生。都是史語所創辦期中的前輩大師。李濟先生
因病請辭，先生由代理而真除。雖然那時他已經六十七歲，實在還是承先啟後的
第一位接棒人！先生對於公事，真是一絲不苟，儉樸廉明，使全所同仁得以在安
定中求進步。在七年代所長及所長任內，所裡出版了十七部專刊和單刊，十九冊
史料，三本考古報告，兩種圖集，兩種引得，七本集刊；開創國內訪問學人的制
度；同時費盡辛苦爭取到一座四層樓加地下室圖書館的新書庫，使史語所今後十
五年內不再有書滿之患。

六十七年（一九七八）四月初，先生經醫檢查，發現肺癌，立即向院長錢思
亮先生提出辭呈，辭卸所長之職。經過四月六日、十八日、五月十日、六月六
日、七月二十四日，計五次堅辭，才勉強得到院長的同意，可見在行政事務上受
倚重之深。先生在辭呈中說：『蒙一再賜給病假，並蒙溫諭寬慰，曷深感激！惟
萬里此病，既需長期療養，而職務在身固難兼顧，亦難安心養痾。用敢固懇辭卸
兼所長之職，俾另簡賢明繼任，於公於私，庶幾兩便，掬誠再懇，不勝企望待命
之至！』先生不僅毫無戀棧之意，而且惟恐影響公務，真是公私分明的人！」

· 十月，得美國普林斯頓大學葛思德東方圖書館館長蔡武雄教授十月十七日來信，
云：

「屈教授萬里先生鈞鑒：

十年來久疏音信，未向先生問候請教，實歉疚之至。猶憶先生接掌央館之
時，後學不才，於任職康乃爾大學圖書館其間，謬承先生鼓勵，乃有〈察世俗〉
及〈東西洋考〉之考證拙文發表於央館館刊。先生之勵促，實令後學由衷感激不
已。後有幸從學於芝加哥大學錢師存訓先生，並於任職其圖書館之便，得親自拜
讀先生之大作及景慕先生之圖書版本學之高深造詣。先生對葛思德漢籍善本之校
勘工作及考證之貢獻，尤其令人敬仰不已。

今本館有一事關考證研編之人選問題，求助於先生，盼望先生共襄此舉，以力促其成。緣本館新近取得美國聯邦政府教育部之補助金，擬將其葛館漢籍舊藏從新編目（詳後學致昌彼得主任之信件副本）。敦三館長、復禮教授等均以昌主任為最適之專家人選。聞先生對昌主任亦頗推薦。蓋此次本館擬延聘之專家乃繼先生之後從事葛館舊藏之其餘漢籍版本考證及內容之研編，一則供另聘之普通編目員從事英文編目之參考，再則可供來日出版目錄或書志之用。今本館擬延聘昌主任來美一年從事此重任，懇請先生從旁幫忙，力促其成。有關葛館舊藏，本館人事，及在美生活情形，先生認識既多，經驗亦豐，希能代向昌主任解釋，令其釋念。倘仍有問題，亦請促其與後學聯絡，以便設法解決或解答。倘先生能從旁協助，令昌主任便於向故宮告假來美，則更感激之至。冒昧求助，蓋求才之心切也，尚望先生見諒。謹此，敬祝大安。葛思德東方圖書館館長，後學蔡武雄敬筆。一九七八年十月十七日。」

按：蔡武雄，曾任美國普林斯頓大學葛思德東方圖書館館長，1978 年 8 月卸任。

· 十月，得錢地先生十月二十三日來信，云：

「翼鵬鄉長道席：

地忽見報，敬悉鄉長尊體不適，且有弟子於自由之家祝壽之事。地見此消息，感愧何如也。既未親身探疾，亦未能參加祝壽之事，失禮之甚。地自六十五年開始撰寫《論語漢宋集解》一書，今已完成，並已出刊矣，欲寄鄉長指教，希望能親往面見，得瞻病情，藉以釋念耳。但不悉住何處養疾，祈示地址，俾便前往，且勿或却，此是人情之理當如此者。肅祝早日康復為禱。道祺。鄉後學錢地之敬上。十月廿三日。」

· 十月，得郭樹芬先生十月下澣（二十一日至三十日）來信，云：

「奉上屈公翼鵬並呈欽泰四哥：

翼鵬先生日前住院，欽泰四哥繼亦違和，所幸吉人天相，先後俱瘳。因念兩公里閈交厚，誼屬通家，煮酒論文，情非泛雅，而對芬青睞頻加，曲為獎勉，回環德誼，感念殊深，爰成七律四首。前二首述對翼老在學術上造詣成就之欽崇，

後二首志與泰兄論交四十年之鱗爪，不僅師友風義傾慕平生，蓋亦寓藉茲蕪章祝慶康強之意也。

（一）

山色湖光歷下亭，至今都繞夢中青。
艱難蜀道安周鼎，浩蕩瀛壺壽魯靈。
名世田何能治易，高齡伏勝正傳經。
上庠華館燈如畫，不忘風簷照讀螢。

（二）

障川東下挽瀾回，風雨當年海上來。
洙泗源流垂統緒，乾嘉學派徑新開。
三雍耆座終身禮，一代儒冠院士推。
聞說門生爭侍藥，定看康復樂銜杯。

周鼎：戰時山東圖書館文物賴公任勞後運，今公七十在臺，友生日前為壽。

（三）

鄉談烽隙倍情殷，早占詩壇張一軍。
攬轡八年同草檄，揮毫百韻見風斤。
何時再飲黃河水，無地重看泰岱雲。
偶撫鬢霜嗟腕晚，高樓可奈笛頻聞。

（四）

日馭馳西桑海東，回頭漫說舊泥鴻。
市塵縱捲千層浪，車笠交期一揖風。
作郡久知非俗吏，書城攻破亦英雄。
長廊把卷豪吟後，且領茶香潑悶工。

百韻：兄近以五言百韻贈我。

郭樹芬再拜。六十七年十月下浣。」

・十一月，得兆祐十一月十六日來信，云：

「翼鵬恩師賜鑒：

　　　今晨兆祐再到教育部請友人代查陞等論文事。經承辦人詳查，告以：『四月四日付審，請兩位先生審查。其中一位先生退回（當是老師），乃改送他人。日前改送付審者已寄回（當是昌先生或蔣復璁先生），分數甚高，評語亦佳。惟另一位先生，則已逾七月仍未寄回』云云。兆祐之諸事，多蒙關注，深深感激，謹此稟聞，敬請舒念。日來氣溫昇降不定，請祈珍攝。肅此謹頌崇祺。受業兆祐謹上。六十七年十一月十六日。」

按：劉兆祐（1936.6.8～），字仲豫，臺灣省苗栗縣人，生於新竹市。先後畢業於新竹竹東東門國民小學、臺灣省立宜蘭中學初中部、臺灣省立臺北師範學校普通師範科、東吳大學中國文學系、國立臺灣師範大學國文研究所碩士班及博士班，1973 年獲國家文學博士學位。曾任小學教師五年，臺北一女中國文教師二年，國立中央圖書館薦任編輯、簡任編纂、東吳大學教授兼中國文學系主任、中國文學研究所所長，臺北市立教育大學教授兼語文教育系主任暨應用語言文學研究所所長，中山學術講座。1991 年退休，受聘為東吳大學講座教授，1994 年起受聘為中國文化大學教授兼中國文學系主任暨中國文學研究所所長。著有《晁公武及其郡齋讀書志》、《宋史藝文志史部佚籍考》、《四庫著錄元人別集提要補正》、《水中撈月》、《中國的古文字》、《認識古籍版刻與藏書家》、《中國目錄學》、《治學方法》、《文獻學》、《周禮著述考》、《儀禮著述考》、《三禮著述考》等，主編有《超群國語字典》、《超群國語詞典》、《中國史學叢書三編》、《明清未刊稿彙編初輯》（與屈萬里先生同編）、《明清未刊稿彙編二輯》（與屈萬里先生同編）等，另有單篇論文三百餘篇。

・十二月，接受《中央日報》記者胡有瑞先生訪問，訪談主題為先生之治學與生活。訪問記錄〈屈萬里教授致力尋找易經起源〉一文，載是月六日《中央日報》十一版。

・本學年由先生指導，獲碩士、博士學位者：

　　國立臺灣大學中國文學研究所碩士班研究生葉國良，碩士論文為《宋人疑經

改經考》。

東吳大學中國文學研究所碩士班研究生林慶彰，碩士論文《豐坊與姚士粦》。

國立臺灣大學中國文學研究所博士班研究生周鳳五，博士論文為《六韜研究》。

民國六十八年（一九七九）　先生七十三歲

·一月，得史景成先生一月十日來信，云：

「萬里尊兄：

去年十一月廿一日，惠系中之書，月底收到，敬悉一切，並示《大戴》曾用《周官》名詞，其成書可能早至西周晚年，似不至遲至東漢，感極！本欲早為答復，惜當時血壓高到兩百度左右，時有昏迷之事發生，因此，醫生囑此後必須慢步當車，加倍服藥，直到血壓復原為止。新曆年前後，已覺精神爽快，且體重稍加，睡眠減少，上星期四（正月四日），見醫生量血壓時，出弟意料之外，血壓已正常，回到160° 左右了，當時大為興奮，繼前未竟之信。

兄嫂賜下國產茗茶多罐，節前即收到，謹謝。

清初萬斯大曾言：『非通諸經，則不能通一經；非悟傳注之失，則不能通經；非以經釋經，則亦無由悟傳注之失。』誠哉斯言，弟早就服膺此語，用之以譯《周禮》矣。蓋《周禮》問世晚，所有古籍名詞幾乎盡見《周禮》，而見諸《周禮》者，則未必見於其他古籍，此為《周禮》之可貴，而亦異於其他諸經者也。病中思及西漢經學大師，僅多通一經，即口授生徒，皆謂得孔子之真及其微言大義，因此乖異謬僻之論層出無窮，而尤以傳《公羊》者為甚，蓋益求孔子之真，而離孔子之道愈遠，此鄭玄之所以破今古家法，而務求諸經古義之正也。

一九六六年夏，兄來此講學時，曾對弟言，近寫〈釋黹屯〉一文，即將在《史語集刊》發出等語，語畢，即為弟詳述其義，當時弟私衷即以師視兄，蓋精發古義，辨偽得真，為求知若渴之弟之所樂聞也，次年即將《史語集刊》第卅七本賜下，讀後不勝拜服，而弟欲寫每字及每詞之演變字典（A Diachronic Dictionary of archaic Chinese）一書，即於此伏下根基，然未嘗敢對兄言也。〈考

工記〉之『白與黑謂之黼，黑與青謂之黻』之黼、黻二字，即『黹』字之進展史也，此即弟上所言古籍名詞之見諸《周禮》者，未必見於其他經典。大文出刊已十二寒暑矣，如此重要發現，而國內學界，多視若罔聞，當作具文觀，少有反應，甚矣！古人求知之精神，今喪盡矣！

　　兄勸弟再仿〈六卿溯源〉之例，寫〈五禮探源〉一文，弟後當試作之。現當用全副精神，以竟《周禮》之譯釋，望年終完畢，對《周禮》偶有心得之處，當後續告，請兄指正。今先將宿願報兄，因時機已至，而弟亦自信，能傳兄志矣。兄尚記馬融喟然對門人之語乎？『鄭生今去，吾道東矣！』弟望兄此時，或可仿曰：『景成在加，吾學西矣！』出言如此，請兄勿以弟為狂也，祇笑諒之而已。肅此，敬覆，即祝康健。弟景成拜上。正月十日。

　　信未竟而曾永義先生來訪，並送兄對賀壽友好致詞之照片一張。此賀壽之群眾，當多為兄之門弟子，所以傳兄之學者多矣，與弟不同者，一為傳東亞，一為傳北美及西歐而已。」

・二月十六日，不幸病逝於國立臺灣大學附屬醫院，享壽七十有三。

・二月二十三日，陳鐵凡先生撰〈海天遙奠——屈公與我的人情債〉。

・二月二十八日，劉兆祐先生撰〈不平凡的書僮〉，載《聯合報》〈副刊〉。

・二月二十八日，朱廷獻先生撰〈敬悼翼鵬老師〉，載《中央日報》〈副刊〉。

・三月八日，蘇尚耀先生撰〈輓屈萬里先生〉，載《國語日報》三版。

・三月九日，丁邦新先生撰〈無憂無懼，乘化而歸〉，載《聯合報》〈副刊〉。

・三月九日，管東貴先生撰〈二度啟蒙〉，載《聯合報》〈副刊〉。

・三月十日，在臺北第一殯儀館舉行公祭，安葬於林口墓園。墓園佔地約二百平方米，面對大海，遠眺山東。墓碑銘由中央研究院院士陳槃先生撰文，至聖先師官府奉祀官孔德成先生書丹。後面墓牆鏤有蔣經國總統所頒「續學貽芬」四字。西邊墓牆則鏤刻前總統嚴家淦先生所頒「碩學清德」、前副總統謝東閔先生所頒

「望重儒林」、中央研究院院長錢思亮先生所頒「經師垂範」、魚臺同鄉頒「痛悼鄉賢」等輓額。

· 治喪委員會撰〈屈翼鵬先生行述〉云：

「屈先生萬里，字翼鵬，山東省魚臺縣人。考鴻生，遜清生員。太夫人姓李氏，民國紀元前五年九月十五日，先生誕於原籍。器幹沉凝，幼知志學，七歲就讀鄉塾，時群盜如毛，一夕數驚，至十一歲始畢四子書及《毛詩》，遂入小學四年級，寒暑假居家，其尊人則為課誦韓昌黎文；畢業於小學前，已圈讀《綱鑑易知錄》一過。後畢生治文史，初基蓋植於是。

民國十一年，負笈於濟寧之省立第七中學，先時世稱之五四運動至是三載矣，思潮激盪，昌言者新學宿儒，固深明以科學方法治國故之體要，然憂時橫議、鄙古籍而若一無是處者，亦群論飆發。先生與同學數人則志好古，寢饋載籍，每深夜焚膏繼晷，且約以計日程功，相督誰誦以為樂。後舊制中學甫改六年新制，齊魯名理學家夏溥齋濟泉先生首創東魯中學，揭旨在發揚東方文化。先生初於疑古者，必攘臂以爭，於斯校私所歆羨，乃轉而就讀。課餘畢《通鑑》及《續通鑑》，其劬學可知也。民國十七年夏，行屆卒業，適日人肇濟南慘案，世局杌隉而輟學。其明年，返魚臺任公立圖書館館長，兼授國文於師範講習所。然願切深造，因遊學北平，入郁文書院。兼課此校者，固北京、清華諸名校教授一時之選也。二十年九月十八日，東北釁起，平津震動，乃退學，返濟南。先生所受之正規教育雖止於此，然卒以力學不懈，成一家之言，著述等身，名垂不朽，豈偶然哉！是年齊魯大學國學研究所欒所長調甫為薦介於山東省立圖書館王館長獻唐，自館員而浮升編藏部主任。先是先生讀中學時，見滬上報章載某君〈八卦與代數定律〉一文，心有戚戚，即欲讀《易》，嘗以旬月之力，趨庭問教，閉戶成誦，志精銳、而年少固未窺其藩籬也。迨入山東圖書館，搜閱諸《易》說，得惠棟《易漢學》，始稍釋前疑；自嘆若早十年不孤陋如是，又何至獨學徬徨，而曠時費事耶？王館長獻唐精研鐘鼎文，先生因得遍觀館中所藏文字學諸書，始有志治甲骨文，欲以參證《易》學。又嘗自言：懿哉，任職圖書館之得以坐擁百城，恣我旁搜冥索也。自是為學有本，所謂深造自得、安居資深而漸臻左右逢源

之樂矣。

二十六年七月，盧溝變作，躬運館藏善本書及古器物於曲阜，旋又間關千里，轉運漢口而至東川萬縣。客居多暇，始就數年讀《易》所得，撰成〈周易象象傳例〉一文。滯東川半載，西徙樂山。當地圖書館庋藏尚豐，雖烽煙傳警，尋覽固不輟，頗留意於古書辨偽及陰陽五行之言。嗣辭職赴重慶，謁師呂鴻陞先生於孔達生德成先生家，師令其留伴達生先生讀，主人亦殷殷致意，且時為周急，然先生心不自安，雅不欲久擾，終請去。二十九年冬，任職中央圖書館。三十一年歲暮，入中央研究院歷史語言研究所考古組任甲骨文研究之助理員；一年後，改助理研究員。在所三年，於鑽研甲骨文之餘，熟讀《尚書》、《毛詩》、旁及《左傳》、《屈賦》。自云入研究院後，益信學術研究原始資料之勝於傳述資料，而資料之取信，首重鑒別。凡此藉助於師友啟迪者固多，而尤不忘孟真先生之誨益；謂生平最得力處，蓋在此三年。

抗戰已勝利，中央圖書館遷回南京，蔣館長慰堂復璁先生迭函促歸，先生於是返館，歷任編纂、特藏組主任。縹緗滿架，乃得究心早年有志未竟之圖書版本與夫目錄之學。

三十八年間，中央圖書館疏遷善本書來臺，委先生為臺灣辦事處主任。是年春，應國立臺灣大學傅孟真校長聘，任副教授兼文書組主任。嗣改兼講義組主任、校長室秘書。四十年秋，辭兼職，專力於教學研究。四十二學年度晉任教授。四十四年，兼任中央研究院歷史語言研究所副研究員。四十六年，改專任研究員；仍受臺灣大學合聘為教授；自五十七年至六十二學年兼中國文學系暨研究所主任。其間五十七至五十九學年並受國家科學委員會資聘為國立研究講座教授。五十八年獲中山學術著作獎。六十至六十三學年受中山學術文化基金會資聘為中山講座教授。六十五至六十七學年復受國家科學委員會資聘為胡適講座教授。又五十四年九月至次年八月應聘赴美國普林斯敦高深研究所任研究員；五十五年五六兩月，往加拿大多倫多大學講學。同年九月至五十七年二月，出長國立中央圖書館。五十九年夏，應聘往新加坡任南洋大學客座教授一年。六十一年膺選中央研究院院士。六十二年元月至六十七年七月，任歷史語言研究所所長。其間六十六年元月至六月復至普林斯敦大學任客座教授。六十一年至六十七年間，

任教育部學術審議會常務委員，主持大專教師升等評審諸事，獻替良多，並先後兼任國立師範大學國文研究所及私立東吳大學中國文學研究所教授。

生平著述，早年零篇雜記不備舉；違難來臺，專著實豐，問世而流通最廣者，為《詩經釋義》、《尚書釋義》、《古籍導讀》、《尚書今註今譯》。而用力尤勤、創見最多者，以梓行先後為序，則有《殷虛文字甲編考釋》，都四十萬言，於是編所收甲骨文字三千九百餘片，拼綴為二二三版，辨其字義，詮其文辭，計新證及訂正舊說者，凡七十餘字。又《漢石經尚書殘字集證》，確辨漢石經《尚書》為小夏侯本，二十九篇；舊雨樓藏本為偽品，且以殘字校今本，鏊其異同，正其衍脫，皆犁然有當於人心。有關經學、史學、文字訓詁之論文數十篇，自編入《書傭論學集》者二十九篇，亦精見獨闢，蜚聲學林，既嘗應美國普林斯敦大學之聘，兩度赴彼邦，遂出其餘力，纂成《普林斯敦大學葛思德東方圖書館善本書志》，粲然可觀，亦書林學界之盛事也。

先生體氣素強，六十七年四月間，偶不適，醫斷為肺癌。雖數度入院住療，初亦不以為意，或謂宜戒絕煙癖，先生笑曰：「老友淡巴菰固難忘情，偶亦一枝在手，不必遽言絕棄」云。其為人豁達詼諧，而復恭謹寬厚。重然諾，務實踐。栖栖皇皇，公而忘私；申申夭夭，學以忘倦，尤樂於助人，獎掖後進，不遺餘力。及門弟子每云望之也厲，即之也溫。出其門者，咸卓然知所樹立。六十七年九月，欣逢覽揆之辰，群議僉同，為先生壽。先生豪語向人，謂何物癌症，自信餘生足與之搏。其意蓋在假以數年，當及見成稿之《尚書集釋》問世也。乃於民國六十八年二月十六日歿於臺灣大學附設醫院，春秋七十有三年。一瞑不視，而無一語及私，傷哉！

原配劉氏，中道謝世。子三，長世鐸、次世銘、幼世釗。女一，適王。孫男女如干人。皆陷大陸，未能隨侍。

繼配費海瑾女士，出江西奉新望族，國立暨南大學教育學系畢業，四十七年來歸先生，溫恭淑慎，凡往加美及星洲，胥相伴隨，所謂伉儷之重，老而彌篤者。女士久執教於臺灣省立臺北師範專科學校，以先生臥疾，先期自請退休有頃，朝夕侍藥，未嘗廢離。而先生近二十餘年之得以優游文字，董理鉛槧，內顧無憂，莫非夫人扶持之力也。

　　綜先生之為學，以淹通宏博，善考索，精鑒別，繫士林重望者數十年。泊乎晚歲，謂其圓融通達，淵沖醇粹，良非溢美也。嗚呼！老成凋落，後生安放！茲謹撮其志業之尤著者，為述略。若備詳其終始，是有俟乎來者。」

陳槃先生撰〈故中央研究院院士屈萬里先生墓碑銘〉，云：

　　「萬里先生姓屈氏，字翼鵬，山東魚臺縣人也。生民國前五年九月十五日，夙慧，甫十一齡，既畢讀《四書》、《毛詩》。十八年秋，肄業北平郁文書院。廿年秋，東北事起，遂返濟南，服務山東省立圖書館，洊升至編藏部主任。嗣入中央圖書館，歷任編纂、主任。五五年秋至五七年春，出任館長。先生之致力教育，始基於國立臺灣大學，歷任中國文學系副教授、教授、兼主任及研究所主任。於國立師範大學及私立東吳大學研究所，並兼任教授，譽浹重瀛。復先後應聘美國普林斯敦高深研究所研究員、客座教授。講學加拿大多倫多大學，新加坡南洋大學客座教授。大專院校教師升等之評銓權在教育部學術審議會，職責綦重，而且繁難。先生晚季以望隆受聘兼主其事。先生之學術成就則著見於中央研究院歷史語言研究所。歷任助理員，洊升至研究員，兼所長。蓋先生學有本原，善誘勤導，後生嚮慕，是以前後垂廿餘年，傳道解惑，幾乎席不皇暖，講教之暇，則斟酌百家，從容大業，爾乃覃精研深，旁羅遠紹，會融通貫，華實兼收，歷年問世重要專著，曰：《殷虛文字甲編考釋》、《漢石經周易、尚書殘字集證》。若論文《易》、《書》、《詩》及古文史考訂之等，都數十萬言，是為《書傭論學集》。並探賾索隱，明辨審思，文理密察，固既學林高峙，中外具瞻。中山學術會頒贈學術著作獎，中央研究院推舉膺選院士，斯所謂實至而名亦隨之矣。享年七十有三。六八年二月十六日不幸以肺癌不治，卒於臺灣大學醫院。老成殂謝，　總統軫念褒揚，士流悲悼，含章挺曜，抱道懷珍，生榮歿哀，其儀不忒。銘曰：

　　於休君子，明姿亮特，敏求好古，本務學殖，名山不朽，是曰立言。匪惟支葉，實尋厥根，己達達人，誨人不倦。異域周流，秉心植援，同塵往哲，厚志薄身，英華芳潤，百世垂型。

　　　治喪委員會立石　中央研究院院士陳槃敬譔　曲阜同學弟孔德成敬書

中華民國六十八年三月十日」

〈家祭文〉云：

「維六十八年三月十日，妻費海瑾敬以酒醴，獻祭於翼鵬夫君之靈曰：

鄒魯文風，源遠流長。

君秉志節，卓絕清剛。

飭躬績學，行健自強。

書城寢饋，日就月將。

等身著作，桃李門墻。

院士清選，益懋聲光。

溯我來歸，賓敬相莊。

家室無違，內外扶將。

胡天不吊，病入膏肓。

泪盡腸斷，布奠傾觴。

神其來格，永享烝嘗。

尚饗。」

〈屈翼鵬先生治喪委員會祭文〉云：

「維六十八年三月十日，治喪委員會同人敬以酒醴，致祭於屈故院士翼鵬先生之靈曰：

猗歟先生，一代學人。

書城寢饋，著作等身。

獎掖後進，志業傳薪。

講學域外，客邦席珍。

清選院士，儒林推尊。

道山遽返，典型永存。

敬為飭終，共賦招魂。

靈其如在，來格來歆。

尚饗。」

・三月十六日，劉兆祐先生撰〈屈翼鵬先生對中國圖書館事業的貢獻〉，載《出版與研究》四十二期。

・三月十六日，張佛千先生撰〈悼屈翼鵬先生〉，載《聯合報》〈副刊〉。

・四月，夫人費海瑾教授在臺灣大學設置「屈翼鵬先生紀念獎學金」。

・四月五日，費海璣先生撰〈屈萬里先生的一本遺作〉，載《國語日報》三版。

・四月七日，丁邦新先生撰〈屈翼鵬先生與歷史語言研究所〉，載《國語日報》〈書和人〉三六一期。

・四月七日，劉兆祐先生撰〈屈翼鵬先生與國立中央圖書館〉，載《國語日報》〈書和人〉三六一期。

・四月七日，周鳳五先生撰〈屈翼鵬先生與臺大中文系〉，載《國語日報》〈書和人〉三六一期。

・四月二十一日，費海璣先生撰〈安慰屈翼鵬夫人——　費海瑾女士　——的信〉，載《國語日報》〈書和人〉三六二期。

・四月二十一日，張錦郎先生撰〈屈館長——影響我一生的人〉，載《國語日報》〈書和人〉三六二期。

・四月三十日，張以仁先生撰〈屈翼鵬先生的詩〉，載〈聯合報〉〈副刊〉。

・五月三十日，林慶彰先生撰〈望之儼然，即之也溫——追懷翼鵬師〉，載《（東吳大學）雙溪文穗》新六期。

・五月，周冠華先生撰〈聯讖——憶念屈萬里先生〉，載《中外雜誌》二十五卷五期。

·五月，「屈萬里治喪委員會」出版《屈翼鵬先生哀思錄》。收錄文章篇目如下：

〈屈翼鵬先生行述〉　治喪委員會撰

〈屈翼鵬先生與歷史語言研究所〉　丁邦新撰

〈屈翼鵬先生與國立中央圖書館〉　劉兆祐撰

〈屈翼鵬先生與臺大中文系〉　周鳳五撰

〈屈翼鵬先生對中國圖書館事業的貢獻〉　劉兆祐撰

〈海天遙奠——屈公貸與我的人情債〉　陳鐵凡撰

〈輓屈萬里先生〉　蘇尚耀撰

〈空餘懷慕千行淚——永懷師恩屈翼鵬先生〉　張以仁先生

〈無憂無懼、乘化而歸〉　丁邦新撰

〈二度啟蒙〉　管東貴撰

〈敬悼翼鵬老師〉　朱廷獻撰

〈不平凡的「書傭」〉　劉兆祐撰

〈屈翼鵬先生的詩〉　張以仁撰

〈屈館長——影響我一生的人〉　張錦郎撰

〈紀念屈萬里老師〉　楊慶儀撰

〈悼屈翼鵬先生〉　張佛千撰

〈望之儼然，即之也溫——追懷翼鵬師〉　林慶彰撰

〈安慰屈翼鵬夫人——費海瑾女士——的信〉　費海璣撰

〈百日悼　翼鵬兄〉　歐陽承撰

〈一封無法郵寄的信——願神靈為我傳遞〉　費海璿撰

〈悵望雲天〉　費海瑾撰

〈屈萬里先生著述年表〉　劉兆祐撰

〈輓額〉

〈輓聯〉

〈輓詩〉

〈附錄：新聞報導〉

・六月十六日，王天昌先生撰〈屈萬里先生的風度〉，載《國語日報》〈書和人〉
　三六六期。

・六月，鄒豹君先生撰〈悼老友經學大師屈萬里教授〉，載《山東文獻》五卷一
　期。

・六月，朱廷獻先生撰〈一代經師從此安息〉，載《山東文獻》五卷一期。

・六月，劉昭晴先生撰〈追念屈萬里先生〉，載《山東文獻》五卷一期。

・九月，朱廷獻先生撰〈永懷屈翼鵬師〉，載《山東文獻》五卷二期。

・十月，先生遺作〈中華傳統的理想〉一文，收入中央研究院美國文化研究所出版
　《中美理想比較研究會議論文集》。

・十一月九日，高金鏘先生撰〈屈萬里先生二三事〉，載《中央日報》〈副刊〉。

譜　後

民國六十九年（一九八〇）　先生卒後一年

・十二月，先生遺作〈董作賓先生對甲骨文之貢獻〉一文，載《中原文獻》第十二卷十二期。

・先生遺作《屈萬里先生手批老子》，載《中央研究院歷史語言研究所集刊》第五十一本第四分。

祐謹按：此據先生手批之《四部叢刊》本《老子道德經四卷》影印。先生於四十五年八月二十四日讀畢上卷，三十日讀畢下卷。上、下卷各有朱、藍批文，卷前有參考書目。

民國七十年（一九八一）　先生卒後二年

・十一月，先生遺作《個人行為的基本準據——忠恕》，收入《倫理道德的理論與實踐》一書內，是書由中華文化復興運動推行委員會出版。

另有遺作〈孔子對國際關係的主張〉、〈故「總統」蔣公對於圖書文物的維護〉、〈論孟今詮序〉三文，僅見手稿，著作日期及發表處所，一時莫考，暫無法繫年。謹附於此，以備將來補訂。

・先生既卒，門生故舊等成立「屈萬里先生遺著整理小組」，編纂先生《全集》，由聯經出版事業公司發行。於整理先生遺篋時，發現未刊行之遺書多種，正分別整理印行中，其書目有：

《先秦文史資料考辨》

《周易集釋初稿》

《學易劄記》

《周易批注》

《尚書集釋》

《尚書異文彙錄》

　　《詩經詮釋》

　　《讀老劄記》

　　《風謠選》

　　《屈萬里先生文存》

其中《周易集釋初稿》、《學易劄記》、《周易批注》三書彙為《讀易三種》；

《讀老劄記》、《風謠選》二種，收入《屈萬里先生文存》中，餘均單行。

民國七十四年（一九八五）　先生卒後六年

·二月，《屈萬里全集》，由臺北聯經出版事業公司出版印行。

祐謹按：「屈萬里先生遺著整理小組」於 1981 年成立後，即積極整理遺著。除

整理先生未刊行之遺著外，已出版之專著，則與原出版單位洽商版權；一方面蒐

採單篇論文。經數年之整理，《屈萬里全集》終得以出版。

　　《屈萬里全集》共收書十六種，二十二冊，所收書如下：

　　《讀易三種》（第一冊）

　　《尚書集釋》（第二冊）

　　《尚書異文彙錄》（第三冊）

　　《先秦文史資料考辨》（第四冊）

　　《詩經詮釋》（第五冊）

　　《殷虛文字甲編考釋》（第六～七冊）

　　《先秦漢魏易例述評》（第八冊）

　　《尚書今註今譯》（第九冊）

　　《漢石經尚書殘字集證》（第十冊）

　　《漢石經周易殘字集證》（第十一冊）

　　《古籍導讀》（第十二冊）

　　《普林斯敦大學葛思德東方圖書館中文善本書志》（第十三冊）

　　《書傭論學集》（第十四冊）

　　《漢魏石經殘字》（第十五冊）

　　《國立中央圖書館善本書目初稿》（第十六冊）

《屈萬里先生文存》（第十七～二二冊）

按：屈先生另有《尚書釋義》、《詩經釋義》、《圖書版本學要略》三書，由於
原出版社不同意，未能收入《全集》中。

　　《全集》中，《讀易三種》、《尚書集釋》、《尚書異文彙錄》、《詩經詮
釋》、《先秦文史資料考辨》五種為未刊印稿。《國立中央圖書館善本書目初
稿》為油印本，書中多載先生手校。《屈萬里先生文存》為新編者。

　　《讀易三種》，由門人黃沛榮教授整理。黃沛榮撰〈整理後記〉云：

　　「先師翼鵬先生遺稿，關乎《周易》者，共得三種：其一為對《周易》經傳
之校釋（底本為清同治十一年山東書局刊本《周易本義》），自署《周易集釋初
稿》；其二乃讀《易》之零箋，自署《學易劄記》；其三乃晚年授易教本之小
注，謹按其性質，定名為《周易批注》。上述《易》學遺稿，皆由沛榮條錄編纂
成書，合稱《讀易三種》，並由遺著整理小組龍宇純師、張以仁師、丁邦新先生
負督導之責。

　　《周易集釋初稿》（以下簡稱《初稿》）一書，扉頁有『二十八年元月鵬自
署於樂山』之墨書題記，然書內另有『三十五年一月廿三日』、『四〇、八、卅
一』之識語，則二十八年以後，又續有增益也。唯此乃未成之書，頗類長編之
作，尚有待增補及評斷者，故所錄諸說，間有彼此矛盾之處。然則先師以《初
稿》題其書，蓋亦不僅為謙詞而已。

　　《學易劄記》（以下簡稱《劄記》）乃讀《易》之零稿。先師平居讀
《易》，凡有所見，輒書之於簿，或加箋浮貼，而多未經董理。先師《說易散
稿》〈引言〉嘗云：『零稿尚多，董理需時。』所指殆即此類。封頁雖自署『卅
三年元月訂於南溪李莊』，然書中頗引聞一多〈周易義證類纂〉，該文刊於卅三
年夏（泰卦『包荒』條引聞說下註云：『原刊載為卅年十月出版，實於卅三年夏
出版。』）；復有若干條附注年月為：『卅三年十二月三日』、『卅五、七、廿
三』、『卅七、二、十六』、『卅七、九、六』、『四十一年五、十二』、『四
一、六、廿一』、『五三、四、廿五』及『五十八、二、廿五』，是此書亦非一
時所記。上揭年月雖有晚至五十八年者，然四十一年以後各條，皆以原子筆書
寫，其時間差異，頗為明顯。要之，此書為先師中年以前讀《易》之心得，殆無

可疑也。

先生晚年講授《周易》，為求攜帶之便，乃以坊間縮印清刊本《周易本義》為教學之底本，其上亦頗有批語，此即《周易批注》（以下簡稱《批注》）之所從錄。該本出版於六十一年十一月，故《批注》一書可視為先師晚年之定說；字數雖少，論其價值，實不在前二書之下。由是言之，先師《讀易三種》並非一時所作，且各具特色，故以三者分別刊行。再者，三書均屬批注性質，條錄成書，視原稿固為明晰有序，唯是同條而異說者，其所記時間之先後，原稿可由字跡、書寫工具及所在部位略作推斷，今乃渾然為一，不可復辨矣！所幸原稿待《全集》出版後，將移贈國立中央圖書館特藏組珍藏（承師母費海瑾女士賜告），而《周易集釋初稿》亦已由聯經出版事業有限公司景印別行，讀者不難覆案。

次述董理之凡例。原稿凡有待查證補充之處，先師多以空格或『？』號示之。沛榮悉查明補錄，如《初稿》井卦『甕敝漏』條云：

甕，汲器。《莊子》：『抱甕而出汲。』……

所引乃出自《莊子·天地篇》，原文作『抱甕而出灌』，茲逕行補正，不另說明。又如《劄記》晉卦『康侯用錫馬蕃庶』條云：

康誥（或酒誥、梓材）馬融注曰：『康，圻內國名。』　查！

所引確為〈康誥篇〉注，故刪『（或酒誥、梓材）』及『查！』等字。又如同書比卦『不寧方來』條云：

盂鼎：『率懷（？）不廷方』。

亦加『？』號以示存疑。案：此實毛公鼎銘文，茲逕行訂正。然亦間有附加疑問號，而內容確有可商者，則經遺著整理小組商討後，保留不錄。如《劄記》〈總記〉云：

……《禮記·祭義篇》：『易抱龜南面。』是掌筮卜之人謂之易也。則易者，即覡巫之類。《易經》之本義當如此。　筮，音如師（賜）易＝筮？

案：『易』之本義乃『覡』之借字，此說確切不移。但『筮音如師』及『易』即
『筮』之疑，稽之古音，則均有未合。此蓋先師一時之感會，書之以俟他日求證
者，故將其中『筮，音如師（賜）易＝筮？』一句保留未錄。

　　再者，先師《讀易三種》既為歷年所記，非成於一時一地，故所引述之資
料，其版本必有前後不一者，若貿然按某本改易其字句，恐轉失其真，是故悉按
原稿照錄；唯所引明為筆誤者，則予以訂正。如《初稿》大畜卦『童牛之牿』條
云：

　　牿，鄭玄作梏（見《周禮疏》卷四引）。

實見於《周禮疏》卷三十四。再如《劄記》同人卦『同人於宗』條，引《國語》
『周語中』：『今將大泯其宗祊。』原稿為『周語上』；又如同書蠱卦『先甲三
日，後甲三日』條云：

　　甲子、甲戌、甲申——先甲三日　　甲午、甲寅、甲辰——後甲三日
　　庚午、庚辰、庚寅——先庚三日　　庚子、庚戌、庚申——後庚三日

據干支表次序，原稿『甲寅』、『甲辰』互倒，茲逕予改正。

　　復有引書與原文出入者，悉據原書引錄，如《劄記》豫卦『介于石』條，引
高亨《周易古經今注》：

　　……砎于石，猶云堅於石也。

今據原書改為：『砎于石者，猶言堅於石也。』

　　此外，間有引錄而未加說明，致其用意難喻者，則酌加案語申述之。如《劄
記》隨卦『拘繫之，乃從維之，王用亨于西山』條云：

　　《容齋續筆》卷十三：「《汲冢周書》……，其〈克商解〉云：『武王先
　　入，適紂所在，射之三發，而後下車，擊之以輕呂（劍名），斬之以黃鉞，
　　縣諸太白；商二女既縊，又射之三發，擊之以輕呂，斬之以玄鉞，縣諸小
　　白。越六日，朝，至于周，以三首先馘，入燎於廟，又用紂于南郊。』夫武

> 王之伐紂，應天順人，不過殺之而已。紂既死，何至梟戮俘馘，且用之以祭
> 乎？其不然者也。」

案：先師生前屢以『湯武之仁義非盡如後儒所云』之義曉諸生之治古史者，故沛
榮於此條加案語云：

> 沛榮謹案：此條乃摘舉古人囿於成見之例。洪氏以為武王仁義之師，未應如
> 是殘暴；唯自隨卦觀之，則以活人為祭，較諸『梟戮俘馘』，實猶有過之
> 矣！

再如同書艮掛『列其夤』條云：

> 夤，《說文》：「身中也，象人要自臼之形。𡧳，古文要。」段注據《玉
> 篇》及九經字樣，改作𦝫。

沛榮亦酌加案語云：

> 沛榮謹案：此條蓋謂『夤』字乃『要』字形近之誤。列其夤者，列其要
> （腰）也。

董理遺書既竟，感慨良多，爰述淺見二端，以為本文之殿焉：

先師浸溶《易》學，垂五十六年（《先秦漢魏易例述評》自序云：「予年十
六，始讀《周易》。」），已出版之專著，有《漢魏石經殘字校錄》（二冊）、
《漢石經周易殘字集證》、《先秦漢魏易例述評》三種，論文則有〈易損其一
考〉、〈說易〉、〈關於周易之年代思想〉、〈周易爻辭中之禮俗〉、〈漢石經
周易為梁丘氏本考〉、〈周易爻辭利西南不利東北說〉、〈周易卦爻辭成於周武
王時代考〉、〈說易散稿〉、〈易卦源於龜卜考〉、〈周易古義補〉、〈推衍與
附會──先秦兩漢說易的風尚舉例〉等十一篇，多為論述性質；至於字句間之訓
詁，則有遺書在焉，合而觀之，乃可略窺先師治《易》之規模。故讀先師《易》
學遺著者，亦宜並此篇卷讀之，以觀其會通也。

再者，先師於民國二十八年元月，即有《周易集釋初稿》之題署，及至六十

八年纏綿病榻之際，猶念茲在茲，則《周易集釋》之撰著，誠先師畢生最大之心願也！惜乎天不假年，遽爾辭世，遺稿泰半為中年所撰（先師之《易》學專著及論文，除〈推衍與附會〉一文外，皆五十五歲以前所發表），其晚年治《易》之心得，尚多存之胸臆，而未及見諸文字者；故遺著三種合前付梓之論著，實未足代表先師畢生治《易》之成就，此又讀先師遺著所不可不知者也。

　　　　　　　　　　中華民國七十二年元月受業黃沛榮謹記」

　　《尚書集釋》，由門人李偉泰教授，周鳳五教授整理。李偉泰、周鳳五撰〈校讀後記〉：

「一、《尚書集釋》為先師屈翼鵬先生遺稿，先師於民國六十八年二月十六日不幸因病遽爾去世時，本書已大致就緒，然而未及最後訂正出版。先師去世不久，師母擬將先師遺稿陸續整理付梓。爰命偉泰、鳳五校讀本書，而由龍師宇純、張師以仁、及丁邦新先生負召集、指導之責。全書自〈概說〉至〈禹貢〉，主要由鳳五負責校讀；自〈甘誓〉至附編三，主要由偉泰負責校讀。

　二、本書原稿雖已大致就緒，然尚餘部分工作未竟。其一，原稿間有眉批或簽條，如〈酒誥〉解題夾有簽條，其上抄有孫詒讓《尚書駢枝》說法一則，以為古〈酒誥〉、〈梓材〉本皆蒙〈康誥〉為上中下篇，故《韓非子》〈說林篇〉稱〈酒誥〉為〈康誥〉。倘先師在世時出版本書，自將有所定奪，校者則僅能將其置於相關文句之下，以供讀者參考。他如〈金縢篇〉夾有簽條云：「賈誼《新書》修政語下：『周成王年 二十歲 ，即位享國，親以其身見於粥子之家而問焉。』查原書！」又如〈顧命〉注三四上有簽條：「查程瑤田說屺」，眉批：「查程氏說之出處」。凡此，則遵照指示查核資料，並將所得置於適當文句之下。以上均各加括號及校者按語，以示與正文有別。其二，本書係為訂補《尚書釋義》而作，《尚書釋義》初版於民國四十五年八月，列入《現代國民基本知識叢書》第四輯，時政府遷臺未久，社會物力尚艱，故該叢書每冊字數均有限制。為顧及此項限制，《尚書釋義》於文字義訓多未注明出處；引述諸家之說，亦僅能概述其結論，無法列舉其論證。以上均係本書所擬加以增補者。（詳見本

書〈概說〉末段）為增補此類資料，先師曾先後請數位助理襄助查核資料出處，惟此項工作既多且煩，偶有筆誤，勢所難免。如《爾雅·釋詁》誤為〈釋言〉，〈釋言〉誤為〈釋詁〉之類。且部分資料顯係出於轉引，非自原書摘出，難免與原文有所出入。如〈洪範〉注一二：「庶徵，《禮記·禮器》正義引鄭玄云：『庶，眾也。徵，驗也。為眾行得失之驗。』」按此段本為《正義》之說，孫星衍《尚書今古文注疏》誤以為鄭玄注，並云：「鄭注見〈禮器〉疏。」故此條注釋顯係沿孫疏而致誤者也。因此校者於校讀本書原稿時，即設法將每項義例及資料一一核對原出處。但因本書引用資料至為廣博，其中不乏難覓之專著及論文，以故校者無法於短期之內將其一一搜羅查核。惟就總數而言，大致已將百分之九十以上之出處加以校核。

三、本書引用資料，稱引書名篇名，間有體例不一之處。如《逸周書》，或稱《周書》，校者據平日師說，作《周書》為是，故凡稱《逸周書》者，一律改作《周書》。又本書引述資料，有時詳注出處篇名卷次，如《國語·周語上》、《戰國策·秦策一》、《孟子·梁惠王上》。有時則僅注明《國語·周語》、《戰國策·秦策》、《孟子》等。為使本書體例一致，且便於讀者覆檢，校者於原文未詳注出處篇名卷次之處，一律加以添注。

四、《尚書》經文，校者據藝文印書館影印清嘉慶二十年江西府學所刻阮元十三經注疏本校刊，遇有阮刻明顯錯誤之處，則改從其他善本。《史記》、《漢書》，先師引文均據百衲本，其中注文間有與通行本出入較大者，校者於必要時酌加按語說明。部分書籍，據校讀所見，本書前後引用所據版本不一。蓋因研究時間既長，復歷經動亂遷徙，以致先後所據版本非一，乃勢所必然。校者於無關緊要之處，多仍從其舊。蓋非必要時，自以儘量少更動原文為妥。

五、校者於需要訂正原稿資料及出處時，以不更動著者原意為原則。故先師之著述意見，絲毫未受影響。又本書凡經訂正之處，均經校者與龍師宇純、張師以仁及丁邦新先生逐條討論，以資慎重。

李偉泰 謹識 中華民國七十一年十二月於
周鳳五　　國立臺灣大學中國文學系

　　《尚書異文彙錄》由門人劉兆祐教授整理。劉兆祐撰〈校讀後記〉云：

　　「先師　屈翼鵬先生，以經史學、文字學及目錄版本學，馳譽士林。於《尚書》一經，著述極夥，專書部分有《尚書釋義》、《尚書集釋》、《尚書今註今譯》及《漢石經尚書殘字集證》等；單篇論文部分有〈論禹貢著成的時代〉、〈尚書甘誓篇著成的時代〉、〈尚書文侯之命著成的時代〉、〈尚書皋陶謨篇著成的時代〉、〈今本尚書的真偽〉、〈尚書中不可盡信的材料〉、〈周誥十二篇中的政治思想〉等均辨析精審，發前人所未發；先生以精於古文字學，每用甲骨刻辭及鐘鼎銘文之資料，於前人聚訟轇輵處，釐正釋疑，卓然自成一家言。此編則為異文彙錄之作，除廣引諸本外，復多採石經、敦煌卷子等新出之文獻，為自阮氏十三經注疏校勘記以來，最有功於《尚書》文字辨正之作也。　先生此稿，弃諸書篋，未曾梓行。

　　先生去世後，　師母整理　先生遺物，始獲之，乃命兆祐整理。以原稿係倩人鈔寫，為恐有筆誤，除一一取所引原書核對外，復屬林慶彰君再校一過，庶幾無誤也。　先生去世已三年餘，每覩　先生遺稿，於　先生治學之嚴謹，為人處世之正直不苟，益增孺慕懷念。

　　　　　　　　　　　民國七十一年臺灣光復節門人劉兆祐謹識。」

　　《先秦文史資料考辨》由門人陳瑞庚教授、周鳳五教授整理。陳瑞庚、周鳳五所撰〈校讀後記〉云：

　　「本書為先師　屈翼鵬先生遺稿，分為上下兩編，除少數內容尚待整理、訂補之外，大致已經就緒。校讀工作由瑞庚、鳳五擔任，並由龍師宇純、張師以仁及丁邦新先生三位負召集、指導之責。其中校讀者必須說明者約有數點，謹分述如下：

壹、上編部分資料係　先師指導研究生協助整理者。如：

　　㈠第三章第二節〈著錄金文資料的圖書〉——張光裕君。（按：部分資料經
　　　核對確係張君手跡，部分則另經謄錄，未能判定。）

　　㈡第三章第三節中之〈先秦金文斷代諸說異同表〉——黃沛榮君。

　　㈢第三章第四節中〈重要金文書所載偽器及可疑器彙錄〉——張光裕君。

　　　（按：先師其後指導張君撰成《偽作先秦銅器銘文疏證》一書為博士論

文。）

貳、上編第三章金文資料，有〈近二十年來新出土的銅器〉一節，原已撰成草稿。惟據　先師原稿上編第八十頁云：「現在知道李棪和翁世華兩位先生，已將這些新出土的器物，編成《近二十年新出土銅器考釋》一書，即將出版；因而本編就把那一節刪掉了。」（見刊本第八五頁第二行）謹遵　師意，將該節逕行刪去。

參、部分資料尚未定稿，由校讀者整理貫串而成。如下編第二章〈經部書和史部書〉之《穀梁傳》條，原稿浮貼簽條一紙，鈔錄陳澧《東塾讀書記》論《穀梁傳》數百字，另眉間有　先師大段批語；均經依循文意，整理貫串，校讀者未曾妄加一字。

肆、凡原稿附有簽條及眉批須查補者，校讀者儘可能查明補足。如：

　㈠上編第二章第四節〈著錄甲骨文資料的書刊〉，補入〈聯合書院圖書館新獲東莞鄧氏甲骨簡介〉（見刊本第五五頁），及〈北美所見甲骨選粹考釋〉（見刊第五六頁）兩條資料。

　㈡上編第四章第二節〈可信的先秦有文字的石刻〉附錄，補入《侯馬盟書》資料。（見刊本第二七九頁）

　㈢上編第五章第一節〈錢幣〉附錄，補入丁福保《古錢大辭典》一百十二卷資料。（見刊本第二九〇頁）

　㈣上編第五章第四節〈簡書及帛書〉附錄，補入漢代的帛書《任城國亢父縑一匹》的文字說明。

伍、上編原稿摹寫之金文及古文字，有字跡不清或字形可疑者，皆經核對原書，重加摹寫。摹寫工作由陳瑞庚、周鳳五、何大安、黃沛榮共同擔任。及付印時，因部分刻字困難，復由陳瑞庚以鋼筆重摹一過，攝影縮小但恐仍有失真之處。

陸、原稿無法整理者，有下編第五章〈偽書〉之「子貢失傳」一條，　先師眉批云：「此篇應參《四庫提要辨證》重寫。」惟具體意見如何，校讀者無從詳知，故逕以原稿付排。（見刊本第四六八頁）

柒、先師此稿撰寫時間約止於民國六十二年前後，六十三年以後之新資料，除

先師眉批或簽條提及者已斟酌補入如上述外，餘皆未敢妄事補苴。

陳瑞庚
周鳳五「謹識」

　　《詩經詮釋》由屈師母費海瑾教授親自整理，並請鄭騫教授撰〈序〉。書前有先生所撰〈例言〉，云：

「一、本書為集解性質，既不專主一家，亦無今古文或漢宋等門戶之見；要以就三百篇本文以求探得其本義為旨歸。於訓詁方面，採於漢人、清人及近人者為多；於篇旨方面，採於朱傳者為多。其有感於舊說之未安者，則以鄙說入之。

　二、本書注釋，以簡明為主。凡採用舊說之屬於通訓性質者，一概不著出處。其屬於創見性質者，則但著結論，非遇不得已時，不著其繁徵博引之語；除此則皆註明出處，讀者欲知其詳，自可檢閱原書。

　三、著明出處時，或但著人名，或但著書名，或併著人名及書名（或論文題目），惟視行文之便。其但著人名者，要皆其人傳世著作之關涉《詩經》者，僅有一種；或雖非一種，而僅有一種為世人所習之者也。凡遇鄙說，則加「按」字以別之。

　四、古韻之學，歷清至今，已甚昌明。然亦僅能知其字所隸之韻部，而不能確讀其本音者仍多。古韻既為專門之學，本書則為初學而設，故於此概未述及。讀者欲深究古音，自須讀顧江以下諸書；如欲略知所謂「叶韻」者，則有朱子之《詩集傳》在。

　五、本書附有古器物、星象等圖，以助了解。至於鳥獸草木蟲魚之類，其習見者，則無庸附圖；其罕見者，則又異說紛紜。餘如衣裳宮室制度，舊說亦不盡可從。如是之類，雖有舊傳之圖，此亦不取。惟古代山川城邑，今雖未能一一考證確實，然有一簡圖，究可略知其方位。故附詩地理圖。

　六、鄙人學殖譾陋，本書復出於急就，紕繆知所不免。如承大雅匡其不逮，則片言之錫，皆吾師也。」

瑾註：「書中凡有方括號【　】者均為翼鵬逐年親筆添註之意見或註釋。詳情請閱書後跋文。」

　　〈鄭序〉云：

「《詩經詮釋》者，屈翼鵬先生遺著《詩經釋義》之增訂本也。《釋義》一書，辨名物，明訓詁，酌古準今，折中漢宋，探二雅三頌之史源，闡風人比興之微旨，既可供初學之誦習，又足備專家之參考。各大學講授葩經者，固多採用為課本；自修之士，亦皆人手一編，奉為圭臬。風行學府，久歷歲年。翼鵬壯歲窮經，白頭不輟，於其舊作，不自以為滿足。講學治事之餘，仍復旁蒐廣涉，博覽覃思。每有新獲，輒據以修訂原書。或融貫眾說，或發抒己見，闕者補之，未安者正之，有疑者稽索而論述之。冊尾簡端，朱藍殆徧。而三適異邦，兼綜庶政，禮堂寫訂，未竟全功。既逝之二年，夫人海瑾女士整理遺編，覩此書之批注，細字密行，旁午紛錯。深懼時日久淹，難於尋繹，苦心精詣，將遂湮沒而不彰，乃窮數月之力，排比之，編次之，親手謄鈔，鉅細靡遺，增添更易者凡六百四十餘條。於是綱領枝節，備臻完美，豈惟著稱於一時，且當揚芬於後世。夫人整理既竣，易書名曰《詮釋》，以別於舊，持稿示予，諄囑為之序。凡才淺學，經苑未窺，焉足以序翼鵬之書。惟念臺員共事，垂三十年，翼鵬治羣經小學，予則從事於詞章，旁及諸史。所學雖殊科，而好古不薄今，求新非立異，勉隨時彥，仰繼前修，操持趨向，大致相同，年齒亦相伯仲。契合若此，似未可竟無一言；爰綴短章，略陳始末，以諗世之讀此書者。讀者更須知，此雖偉構，實僅翼鵬著述之一端，《全集》方在纂輯，刊成問世，計日可待也。回憶三十年來，文酒追陪，屢同談噱，『今日視此雖近，邈若山河』，臨穎歔欷，蓋不勝黃壚感舊之思矣。

　　　　　　中華民國七十年盛夏，鄭騫謹序於臺北寓廬之永嘉堂。」

屈夫人撰〈跋〉云：

「《詩經釋義》自民國四十一年八月初版問世，迄今已屆三十年。三十年來翼鵬忙於教學、研究及行政工作，並三度出國講學，不遑寧處；久有重寫修訂之心，未克如願。但歷年教授此一課程，參閱典籍，反覆考證，陸續獲得不少資料，並其教學心得，隨時以蠅頭小楷眉批旁註於其常用之課本中，全書殆滿，其中若干條意見及註釋，竟有推翻前說者。海瑾整理遺著，深覺此項資料定有裨益於學者，乃將所有眉批旁註編入書中；增加六百四十餘條，雖不敢更易一字，仍恐穿插位置未盡符合翼鵬之原意，故於加入之每條均以方括號──【　】標記之（文中有翼鵬親自更改者除外），並更易書名為《詩經詮釋》，以示有別於原著

也。此書整理完竣，並承裴溥言教授校訂一過，更蒙鄭因百教授惠予作序，謹此申謝。

　　　　　　民國七十年八月屈費海瑾跋於南港靜侍齋」

　　《國立中央圖書館善本書目初稿》，由門人劉兆祐教授、林慶彰教授整理。劉兆祐、林慶彰撰〈校讀記〉，云：

　　「《國立中央圖書館善本書目初稿》第一輯，五卷二冊，油印本，為屈翼鵬師所編。此書以中央研究院歷史語言研究所傅斯年圖書館所藏最為完善，且經翼鵬師手校，彌足珍貴。

　　全書五卷：卷一經部，卷二史部，卷三子部，卷四集部，卷五叢書。為國立中央圖書館首部善本書目。舊時善本書目之著錄項，多不完備，以作者一項言之，每但題著者與註釋者，而於批校者、評論者、增補者、刪訂者，多略而不著；至於題記、觀款等，尤未能兼及。再以板本項言之，多但著宋刊本、元刊本或明刊本等，而於刊刻之元號、年代、地點、刻者姓氏等，多略而不書。至於著錄之範圍，尤隨人而異。本善本書目之著錄項皆依翼鵬師當年所編〈善本圖書編目規則〉（收入《國立中央圖書館中文圖書編目規則》中。上海市，商務印書館，民國三十五年九月）著錄。為善本書目之編錄，立下典範。民國四十五年與五十六年，《國立中央圖書館善本書目》先後兩次增訂出版，皆以本書目為藍本。足見其價值與貢獻。

　　此本乃據傅斯年圖書館所藏翼鵬師手校本排印。翼鵬師手校者，計有增入條目、增補目錄、改題目錄、改正誤字、增補敚字等，與其他傳本不同，竝各舉例如左，以便讀者：

㈠增入條目者：

　1.《古今紀要》十九卷十六冊　宋黃震撰　元刊鈔補本（史部紀傳類）。

　2.《咫聞錄》一卷一冊　清余煌撰　著者手稿本（子部雜家類）。

　3.《江南春詞》一卷一冊　元倪瓚首倡　明沈周等三十九人次和　明鈔本　清黃丕烈手書題記（集部詞曲類）。

　以上三書為新增入。

㈡增補目錄項者：

1. 《新編排韻增廣事類氏族大全》（史部傳記類），增入「十卷十冊」四字。

2. 《天元大成》三卷附錄二卷（子部術數類），增入「六冊」二字。

3. 《司馬文正公集略》三十一卷（集部別集類），增入「十冊」二字。

4. 《翠微南征錄》十一卷（集部別集類），增入「四冊」二字。

5. 《千一疏》存十五卷八冊（子部雜家類），增入「缺卷十六至二十」等字。

6. 《雍虞先生道園類蕘》五十卷四十冊（集部別集類），增入「清竹潭氏及近人陳羣各手書題記」等字。

7. 《雍熙樂府》二十卷二十四冊（集部詞曲類），增入「清許友緒手書題記」等字。

(三)改題目錄項者：

1. 《裕文慎公摺奏》不分卷二十六冊（史部政書類）。改題書名為《裕壽泉摺奏》。

2. 《宗藩訓典》存六卷六冊　明不著編人（史部傳記類）。改題作者為「明馮柯編」。

3. 《纂圖互註揚子法言》十卷四冊　漢　揚雄撰　晉　李軌、唐　柳宗元註，宋　宋咸、司馬光集註（子部儒家類）。改題註者為「宋司馬光集註」。

4. 《呂氏春秋》二十六卷八冊　秦　呂不韋撰　明　李鳴春評　明天啟丁卯（七年）南亭李氏刊朱墨套印本（子部雜家類）。刪去「朱墨套印」四字。

5. 《喻林》一百二十卷十六冊　明　徐元太撰　明萬曆乙卯（四十三年）中州何代天刊本（子部類書類）。「中州何代天」五字，改作「宣城徐氏」。

6. 《嵇中散集》十卷四冊　魏　嵇康撰　明嘉靖乙酉（四年）新安汪士賢刊本（集部別集類）。改題板本為「明萬曆間新安汪士賢刊漢魏名家本」。

7. 《晦庵先生朱文公文集》一百卷一百冊　宋　朱熹撰　宋刊本十行十八字本（集部別集類）。改題板本為「宋咸淳元年建安書院刊本」。

(四)改正誤字者：

1. 《查東山年譜》一卷一冊（史部傳記類）。「東」字原誤作「他」。

2. 《緯略》十二卷六冊　宋　高似孫撰　清嘉慶間白鹿山房活字本（子部雜家類）。「慶」字原誤作「靖」。

3.《藝林彙考稱號篇》十二卷四冊（子部雜家類）。「稱」字原誤作「補」。

4.《數馬堂答問》存十七卷十冊（子部雜家類）。「答問」原誤作「問答」。

5.《楮記室》十五卷十冊（子部類書類）。「記室」二字原誤作「室記」。

6.《藝海泂酌晉乘》四卷六冊（子部小說家類）。「藝」字原誤作「醫」。

7.《明文奇賞》四十卷二十冊（集部總集類）。「冊」字原誤作「卷」。

㈤增補敓字者：

1.《和爾雅》八卷五冊（子部類書類）。「雅」字原誤敓。

2.《白雲齋選訂樂府吳騷合編》四卷八冊　明崇禎丁丑（十年）武林張氏白雲
齋刊本（集部詞曲類）。「雲」字原誤敓。

以上皆為翼鵬師增補手校者。有翼鵬師未及改正者，如「祁寯藻」誤作「祁雋
藻」，「王偁」誤作「王稱」，「汪鋆」誤作「王鋆」等，今則皆已訂正。

　　翼鵬師所編之〈善本圖書編目規則〉，載諸《國立中央圖書館中文圖書編目
規則》一書中。今亦裁出附載本書卷末，以見翼鵬師對建立中文善本圖書編目規
範之成就與貢獻。

民國七十四年元月十六日。」

　　《屈萬里先生文存》，由門人劉兆祐教授、林慶彰教授蒐採編輯。先生所撰
單篇論文，悉收錄之，並依類彙編。凡六冊，第一冊收〈經學與儒家思想〉類論
文十二篇。第二冊收〈古文字學類〉論文十一篇、〈史記今註〉四篇。第三冊收
〈金石器物學〉類論文七篇、〈圖書文獻學〉類論文三十九篇。第四冊收〈序
跋〉類文章四十篇，〈善本書志〉二十四篇、《流離寫憂集》、《風謠選》。第
五冊收〈雜著〉類作品四十二篇、《讀老劄記》八十一篇。第六冊為〈附錄〉。
劉兆祐、林慶彰撰〈《屈萬里先生文存》編後記〉，云：

　　「先師屈翼鵬先生以經學、古文字學、史學、目錄板本學名重當世。海內外
學者景仰先生之學術者，每以未能遍讀先生之著作為憾。民國六十八年（一九七
九）二月十六日先生謝世後，故舊門生即成立「屈萬里先生遺著整理小組」，整
理編輯先生之遺著，彙為《全集》，以饗眾望。

　　先生之著作甚夥，已單行者有《詩經釋義》、《圖書板本學要略》、《詩經
選注》、《尚書釋義》、《殷墟文字甲編考釋》、《漢石經周易殘字集證》、

《漢石經尚書殘字集證》、《古籍導讀》、《書傭論學集》、《先秦漢魏易例述評》、《尚書今註今釋》等十一種。另未刊者有《周易集釋初稿》、《尚書集釋》、《尚書異文彙錄》、《先秦文史資料考辨》等，經整理皆已彙入《全集》中。此外，單篇之學術論文，可啟發後學者實多，謹加以蒐集整理，顏曰《屈萬里先生文存》，亦列為《全集》之一種。

為保存文獻之完整，凡先生之單篇學術論文，均收錄之。若同一論文，有經先生改寫增訂者，則僅收增訂之文。此類論文有數篇，為方便讀者覆按，將篇目臚列如下：

1. 〈宋嘉泰二年淮東倉司刊本「注東坡先生詩」四十二卷、「目錄」二卷、「年譜」一卷〉（善本書志），原載國立中央圖書館《圖書月刊》第三卷二期（民國三十二年二月）；後改寫題〈跋國立中央圖書館藏宋刊本注東坡先生詩〉，載《圖書館學報》第一期（民國四十八年一月）。

2. 〈十三經注疏板刻述略〉，原載國立中央圖書館《圖書月刊》第三卷五、六期合刊（三十四年十二月）；後重訂載《學原》第三、四期合刊（民國四十年四月）。

3. 〈詩國風曾經潤色說〉，原載《幼獅月刊》第五卷六期（民國四十六年六月）；後增訂改題〈論國風非民間歌謠的本來面目〉，載《中央研究院歷史語言研究所集刊》第三十四本（民國五十二年十二月）。

已收各篇論文，性質相近者，歸為一類。各類論文之次序，亦依內容排列。全書計分：經學與儒家思想、古文字學、史學、金石器物學、圖書文獻學、序跋、善本書志、雜著、讀老劄記、詩集（《流離寫憂集》）、風謠選、附錄等十二類。關於編輯體例，茲有數點需說明者：

1. 國立中央圖書館《圖書月刊》第二卷三期（民國三十一年十月）起，至第三卷三、四期合刊（民國三十三年五月）止，有「善本書志」一欄，所載善本書題識數十篇，皆不題作者姓名，惟文中時有「里案」二字，可知為先生之作，並收入「善本書志」一類中。

2. 民國四十五年八月，先生曾就《四部叢刊》本《河上公注老子》加以批點，朱墨爛然。中央研究院歷史語言研究所曾以之影入該所《集刊》第五十一本

第四分（民國六十九年），題曰〈屈萬里先生手批老子〉，今為方便讀者參考，將批語重新謄錄，改題曰〈讀老劄記〉。

3. 先生來臺後，即有編選各地風謠之計畫，遺稿中有《風謠選》一冊，所采各地風謠書近十種，其中頗有今已罕見者，極有功於文獻，今一併收入，仍題曰《風謠選》。

4. 書末〈附錄〉分三部分：其一為報章雜誌訪問先生之報導；其二為見於《屈翼鵬先生哀思錄》及《哀思錄》未及收錄之悼念文字。此二類文字，有助於瞭解先生之治學歷程及其立身處事，故一併收錄；其三為先生之著作年表，本年表就《哀思錄》所附之〈屈萬里先生著述年表〉重新增補數十篇，先生之著述目錄，備具於此。

5. 先生早年之論文，有僅用斷句排版者，為求格式一致，均改為新式標點；文中之雙行夾注，為排版方便，亦移作文末注釋，如：〈易損其一考〉者是。各論文有先生親自校訂，或改正誤字，或增刪語句者，則依先生校改之本收錄。此類論文頗多，如僅改正誤字者，文末不一一加編者案語；如改動字數甚夥者，於文末加編者案語略作說明，如：〈胡適之先生安葬文〉者是。先生之筆名有尺蠖、屈軼、學者、書傭、翼鵬等，各論文以筆名發表者，亦於編者案語中表出。

本編在纂輯過程中，曾遍訪國內各大圖書館，至於國外各圖書館，亦託人查訪，以求資料之完備，然仍有數篇遍訪不得，茲將篇目列出，尚祈博雅君子檢示，以為再版時補入：

〈全唐詩所收杜牧、許渾二家雷同詩〉，（北平）《華北日報》〈圖書週刊〉第十期，民國二十四年一月。

〈站在中國圖書館立場上對於圖書分類法文學分類的商榷〉，（北平）《華北日報》〈圖書週刊〉，民國二十四年七月二十九日、八月五日、八月十二日。

〈評楊樹達著「周易古義」〉，（北平）《華北日報》〈圖書週刊〉，期數及刊載日期待查。

〈「雕菰樓易義」評介〉，國立中央圖書館《圖書月刊》第一卷六期，民國三

十年間，以「尺蠖」筆名發表。

〈關於周易之年代思想〉，《讀書通訊》第四十六期，民國三十一年七月。

本書編輯其間，多蒙各界先進及友人檢示資料，甚為感激。惟先生著述甚夥，論文散見國內外各報章雜誌，以侷促海島，遺漏不免，敬請海內外先進，惠予補正。

民國七十一年四月十日

〈關於周易之年代思想〉一文，經託陳衡力先生印自美國國會圖書館，已收入《文存》中。

編者又誌。

民國七十二年一月二十日」

祐謹按：《屈萬里先生文存》六巨冊，得以順利編纂完成，林慶彰君費力最多。林慶彰（1948.10.29～），臺灣省臺南縣人，東吳大學中國文學系文學士、碩士，國家文學博士。其碩士論文《豐坊與姚士粦》，由先生指導完成。博士論文《明代考據學研究》，初仍由先生指導，先生去世後，改由兆祐指導完成。慶彰君勤勉好學，曾獲教育部一九八一年度青年研究著作獎。曾任中央研究院文哲研究所副所長，現任中央研究院文哲研究所研究員，國立臺北大學古典文獻研究所、臺北市立教育大學中國語文系研究所、東吳大學中文研究所等校兼任教授。著有《豐坊與姚士粦》、《明代考據學研究》、《清初的群經辨偽學》、《圖書文獻學研究論集》、《明代經學研究論集》、《學術論文寫作指引》，編有《詩經研究論集》、《經學研究論著目錄》、《朱子學研究書目》、《中國經學史論文選集》、《楊慎研究資料彙編》、《姚際恆著作集》、《乾嘉學術研究論著目錄》、《經學研究論叢》、《經學研究論著目錄續編》、《廖燕研究資料彙編》、《日本研究經學論著目錄》、《日本儒學研究書目》。譯有《近代日本漢學家》、《經學史》（合譯）、《論語思想史》（合譯）及學術論文數十篇。

《全集》編輯既竣，屈夫人費海瑾教授撰〈寫在《屈萬里全集》出版前〉，臺靜農先生撰〈《屈萬里全集》序〉、孔德成先生撰〈《屈萬里先生全集》序〉、「屈萬里先生遺著整理小組」撰〈編後語〉，冠諸《全集》卷首。屈費海瑾教授〈寫在《屈萬里全集》出版前〉云：

「先夫翼鵬公逝世迄今已屆四年。在治喪會議時，蒞會諸公倡議成立『屈萬里先生遺著整理小組』，即席推請龍宇純、丁邦新、張以仁、陳瑞庚、黃沛榮、李偉泰、周鳳五、劉兆祐諸先生董理其事，積極整理翼鵬生前尚未刊行之著作，凡四種。此外已刊行之專書，版本大小不一，而單篇論文陸續刊載於各報刊雜誌或學報者，除其中廿九篇輯為《書傭論學集》外，多未結集出版，未行世之手稿亦不少，亟待蒐集整理，以免佚散。故均重新排比，合已刊及未刊者，彙為《屈萬里全集》行世，凡十有四種，共二十冊。今梓行在即，略識數語，以告讀者。

翼鵬一生從事教學研究工作，著作頗豐。已詳見於劉兆祐君所著《屈萬里先生著述年表》中。其中未收入全集者，有：

1. 《山東圖書館圖書分類法》及《漢魏石經殘字二卷校錄一卷》，蓋兩書國內未覓得傳本。

2. 《圖書版本學要略》及《史記今注》兩書，蓋前者係與昌瑞卿（彼得）先生合著，後者係與勞貞一（榦）先生合著，暫未收錄。

3. 《詩經釋義》與《詩經選注》，此二編分別於民國四十一年及四十四年印行，為初讀《詩經》者而作，其內容均已包涵於全集中之《詩經詮釋》一書中，為省篇幅，此二書從略。

4. 《尚書釋義》，此編著於民國四十五年，亦久為中文系學生之教本。翼鵬生前增訂補苴，篇幅倍增，並更名為《尚書集釋》。今全集中不收《尚書釋義》，但收《尚書集釋》，以利讀者。

5. 《明代史籍彙編二輯》、《雜著秘笈叢刊》、《明清未刊稿彙編初輯》、《明清未刊稿彙編二輯》等，係輯刊古籍，篇幅過鉅，茲不收錄。

遺著整理小組諸先生均為翼鵬之門人故舊，於翼鵬之思想體系及治學方法，知之甚深，諸先生又均為卓然有成就之學者專家，承諸先生精心整理，備極辛苦，謹此致謝。

翼鵬所發表之著作，最早在民國廿一年，而迄於六十七年，歷時四十餘年；刊行之地點，由山東、北平、重慶而至臺灣，且有在海外刊物發表者，蒐集殊為不易。《屈萬里先生文存》一書，劉兆祐、林慶彰二位先生之協助整理，用力孔多，在此誌謝。

承臺靜農先生、孔達生先生為全集作序，鄭因百先生作跋，裴溥言先生為《詩經詮釋》再三校閱，謹此致謝。

先夫之著作，生前承諸出版社為之刊行，如今復承臺灣商務印書館、臺灣開明書店、藝文印書館、臺灣學生書局及中央研究院歷史語言研究所等，概允將所出版各書，收入《全集》；聯經出版事業公司不惜巨資出版，其間蒙王發行人必成、劉總經理國瑞二先生鼎力支持，多方惠助；方清河先生為《詩經詮釋》重製附圖，於此均深致謝忱。

屈費海瑾　謹誌　民國七十二年二月。」

臺靜農先生撰〈《屈萬里先生全集》序〉云：

「屈翼鵬先生既逝世，及門弟子輯其有關經義古文古文字與圖書文獻諸作，總二百餘篇，題曰《屈萬里先生全集》。屈夫人海瑾請序於余，翼鵬之學，非余所能盡知，然平生交好，義不能辭。

翼鵬魯人，魯故多宿學士，翼鵬親炙於諸先生之門，遂肆力於《詩》、《書》、《易》三經、勵志勤劬，卓然有以自立，迨任事中央研究院歷史語言研究所，又從傅孟真先生遊，孟真學會中西，識鑒宏遠，翼鵬之學問境界，因之益復恢擴。殷商契文世為顯學，史語所庋藏甲骨實物又奇富，於是奮力鑽研，成《殷商文字甲編考釋》四十餘萬言，計所收甲骨文字三千九百餘片，綴合文字，詮釋辭意，凡所識及訂正舊說者七十餘字，是非植基深厚者不能為。渡海以來，先後行世者有《詩經釋義》、《尚書釋義》，博採古今人說，平實通達，一掃經生積習，不穿鑿附會，亦不趨新立異，其貢獻於教學及研究者至鉅。

本集單篇論文，皆其歷年研究所得，大抵據原始資料以證舊說，遇有紛挐，則衷以己意，思深識銳，往往精絕。翼鵬治學縝密謹嚴既如此，而治事亦如此。學者多不善治事，翼鵬獨不然，每任勞任怨，不辭繁劇，明正練達，最為朋儕所欽挹。然亦因之積勞不起，惟長留此淹通宏博之著作，啟迪後生，亦可以不朽矣。

壬戌歲暮臺靜農於臺北龍坡丈室。」

孔德成先生撰〈《屈萬里先生文集》序〉云：

「吾國經學，自清末而丕變。乾、嘉以還，有以考據、校讎、辨偽治經之方

法，以治諸子。諸子之學，似與經學無關；但由於治經方法之擴及，廼衍及觀念之闊廣。更因西方思想、治學方法之東漸，對經學之態度，遂與傳統大異其趣矣。益以地不愛寶，古物、遺跡時現，學者更多能利用此數千年前直接之材料，與文獻互相印證；雖云宋人之舊規，然方法、觀念已殊。以上，可為我國經學近世演變之大略也。其間，有反乎此，或好新立異者，識者弗取。吾友屈君翼鵬，篤志好學，寢饋墳典，未嘗為庶務少輟。先治《周易》，以社會學之觀點，一掃玄秘之色彩。欲徵占卜之源流，而治殷墟甲骨之學；欲明後世於《易》解說之附會，而治陰陽五行之史。繼治《詩》、《書》。其治《詩》也，善以民俗文學之比擬，而解〈國風〉。其治《書》也，先為注釋，復以佶屈聱牙，眾說紛紜，廼總彙古今諸家成編，以供治斯學者參考之資。又以古籍多所偽譌，廼治版本之學，而及漢石經之考訂。進而更為先秦史料之考辯。所著甚富。祇舉其要者，見其治學重心之所在。凡所為學，皆實事求是，寓科學方法、觀念於樸學之中。可謂得其正矣。創獲既多，議論皆醇，足為學林典範。翼鵬既卒之三年，其夫人費女士海瑾，將刊其遺著，由其門人，董理輯纂，匯為《全集》。余與翼鵬五十年同師之誼，相處久，於其治學經過、途徑，知之較諳，以費夫人屬，謹序簡端。既樂觀其學得傳永世，嘉惠來茲；然憶曩時共言切磋情景，時又不勝西州之痛矣。

中華民國七十二年，四月，一日，曲阜，同學弟孔德成敬序。時客臺北。」

　　「屈萬里先生遺著整理小組」撰〈編後語〉云：

　　「魚臺屈翼鵬先生，於民國六十八年二月十六日逝世，翌日治喪委員會成立，以　先生治學勤劬，撰述不懈，其未經刊行之遺著必不在少，因指定當日與會者　先生之門人負整理之責。治喪畢，承　屈夫人費海瑾女士之命，成立遺著整理小組。遺稿若干種，或稿已具而未及細校，或　先生平居治學之手記，或則門人承師命之所為，大率皆屬未定；然片玉鴻裁，信並傳世之作也。經釐定為四書：曰《讀易三種》，曰《尚書集釋》，曰《尚書異文彙錄》，曰《先秦文史資料考辨》。分別由劉君兆祐、陳君瑞庚、黃君沛榮、李君偉泰、周君鳳五司董理之職；而事先商略條例，俾相與遵循，事後聚會討論，以集思廣益，間並蒙　夫人有所　垂論，要皆以保全　先生之原文原意為依歸。整理既竣，悉由聯經出版

事業公司梓行。今當成書，爰述始末如此，餘詳各書之後記。

屈萬里先生遺著整理小組謹識。」

卷末有鄭騫先生所撰〈跋〉云：

「民國六十八年早春，魚臺屈翼鵬先生捐棄館舍。及門諸君子遵夫人費海瑾女士付託，取遺著已刊未刊者若干種，鈔校之，整理之，分別部居，彙為《全集》，期以嘉惠士林，垂之久遠。分工合作，三年而底於成。印行有日，海瑾夫人以予與翼鵬共事三十年，昕夕相從，諄命撰寫數言，綴於簡末。予不獲辭，而曾為遺著《詩經詮釋》作序，凡所欲言、所當言者，泰半已見於彼篇矣。因思孟子之言曰：「誦其詩，讀其書，不知其人，可乎？」爰就三十年來翼鵬為學治事、待人律己諸大端，彼篇所未詳者，筆之於書，以告來者。

翼鵬之為學、焚膏繼晷，勤也；其治事、案無留牘，敏也；其待人、肝膽相照，誠也；其律己、戒慎謹嚴，敬也。凡此四者，常人有其一足以名世，而翼鵬兼之，發之以毅力，持之以恆心。觀其素常；一書未完不讀他書，一文未成不寫他文；綱舉目張，隨機因應，紛錯旁午，各得其宜。固有遠勝於務廣而荒、迂拘闇弱之尋常讀書人者。彌於中乃彪於外，此其所以卓犖出羣，蜚聲馳譽，學問事功皆有輝煌之成就也。

翼鵬之襟懷志業，非是尋章摘句之陋儒，實為俊朗通達之開士。深願世之讀翼鵬書者，不惟讀其書，且知其人，不惟誦其言，且明其功與德。而其門人諸君，亦皆曾從予游者，不惟繼其學，且能效法其為人，發揚光大，身體力行。庶幾不負翼鵬生平身教與言教兼施之弘旨也。

中華民國七十二年早春，鄭騫謹識於臺北龍安坡寓廬。」

屈夫人費海瑾教授所撰〈《屈萬里先生全集》出版後記〉云：

「先夫翼鵬公著述甚多，其刊印之時間，有遠溯民國二十一年者；刊行之地點，由山東、北平、重慶而臺灣，故《全集》之蒐羅非易；整理費時，是以陸續刊行，前後歷時五年之久。

最初在訂定《全集》目錄時，由於《漢魏石經殘字二卷校錄一卷》及《國立中央圖書館善本書目初稿》二書，未覓得完整之傳本；《史記今註》一書，則因係與勞貞一先生同著，是以決定上列三書暫不收錄。嗣以每有學術界人士建議，

既為翼鵬編刊《全集》，則所收錄，應力求完整，以便利讀者。同時，《漢魏石經殘字二卷校錄一卷》及《國立中央圖書館善本書目初稿》二書，亦經劉君兆祐、林君慶彰協力覓得完本，乃徵得聯經出版事業公司同意，將《史記今註》一書中翼鵬所註釋部分，列入《屈萬里先生文存》；《漢魏石經殘字二卷校錄一卷》及《國立中央圖書館善本書目初稿》二種，則單獨成冊。原預定全集為二十冊，今則增為二十二冊。

　　五年多來，《全集》之編刊印行，多承翼鵬之好友門生，時時關心協助，而聯經出版事業公司王發行人必成、劉總經理國瑞二先生及公司中諸先生女士之辛勞，在此深致謝忱。

　　　　　　　　　　　　　　　　　　屈費海瑾謹誌^{民國七十四年}」_{元月十七日}

‧三月，《中國書目季刊》第十八卷第四期出版《屈翼鵬院士逝世六週年紀念專刊》（劉兆祐主編），收錄文章篇目如下：
　　　　〈論孔壁的古文經與說文所謂古文以及魏石經中的古文一體〉　蘇瑩輝撰
　　　　〈析詩經止字用義〉　龍宇純撰
　　　　〈經義考及補正、校記綜合引得敘例〉　喬衍琯撰
　　　　〈儒行考證〉　胡楚生撰
　　　　〈重輯周禮考工記新義論錢儀吉本〉　程元敏撰
　　　　〈讀牟默人同文尚書〉　周鳳五撰
　　　　〈如何利用版本學知識以從事古書的編目工作〉　吳哲夫撰
　　　　〈古籍辨偽學的意義和學術地位〉　鄭良樹撰
　　　　〈百篇書序考〉　朱廷獻撰
　　　　〈英國牛津雅士莫里博物館所見青銅器〉　張光裕撰
　　　　〈論馬王堆帛書易經之卦序〉　黃沛榮撰
　　　　〈易經大象傳義理研究〉　林政華撰
　　　　〈論衡對文獻記載的考辨〉　李偉泰撰
　　　　〈屈翼鵬先生的詩經研究〉　林慶彰撰
　　　　〈漢碑考辨三則〉　葉國良撰

〈戰國策的版本〉　盧秀菊撰

〈論北地之眾不指中山之師〉　蔡哲茂撰

〈屈萬里先生著述年表〉　劉兆祐撰

· 五月，臺灣學生書局出版《屈萬里院士紀念論文集》。

按：此書所收論文，與《中國書目季刊》第十八卷第四期《屈翼鵬院士逝世六周年紀念專刊》所載相同，惟書後增一〈附錄〉。〈附錄〉所載文章篇目如下：

〈屈翼鵬先生行述〉　治喪委員會撰

〈故中央研究院院士屈萬里先生墓碑銘〉　陳槃撰

〈屈翼鵬先生與歷史語言研究所〉　丁邦新撰

〈屈翼鵬先生與國立中央圖書館〉　劉兆祐撰

〈屈翼鵬先生與臺大中文系〉　周鳳五撰

〈屈翼鵬先生對中國圖書館事業的貢獻〉　劉兆祐撰

〈《屈萬里先生全集》序〉　臺靜農撰

〈《屈萬里先生全集》序〉　孔德成撰

〈寫在《屈萬里全集》出版前〉　屈費海瑾撰

〈《屈萬里全集》跋〉　鄭騫撰

〈《屈萬里全集》出版後記〉　屈費海瑾撰

〈《屈萬里先生文存》編後記〉　劉兆祐、林慶彰撰

〈懷念一生獻身學術著作如林的「書傭」──屈萬里先生其人其書〉　劉兆祐撰

〈編後記〉　劉兆祐撰

民國八十七年（一九九八年）　先生卒後十九年

· 二月，夫人費海瑾教授，於本月二十日，將先生手稿遺著六種八冊，捐贈國家圖書館善本書室，永久典藏。次日，各大報均顯著刊佈此項訊息。《中央日報》所刊消息之標題為：「屈萬里手稿捐贈國圖館──夫人費海瑾昨完成他生前宏願，遺著六種八冊贈善本書室典藏」。內容如下：

「（郭士榛／臺北訊）曾任國家圖書館館長的故中央研究院院士屈萬里的夫人費海瑾，昨日將屈萬里的手稿遺著六種八冊，捐贈給國家圖書館善本書室永久典藏，由國家圖書館代理館長宋建成接受。

屈萬里院士是我國近代著名漢學家，在甲骨文、經學及圖書文獻學方面多有成就，並且著作等身，著有《詩經釋義》、《尚書釋義》、《古籍導讀》等書，至今仍為文史系學生必讀的經典，而屈萬里全部的著作已印行《屈萬里全集》十七冊傳世。

屈夫人費海瑾表示，為了使青年學者瞭解屈院士的治學過程，決定將他的手稿遺著《先秦文史資料考辨》、《學易劄記》、《尚書釋義》、《漢石經周易殘字集證》、《圖書板本學要略》、《尚書集釋》等共六種八冊，都捐贈國家圖書館善本書室典藏，提供讀者閱讀。

宋建成表示，屈萬里曾擔任國家圖書館的館長期間，致力於漢學研究中心的成立，並且重視善本書的典藏，目前國家圖書館陸續達成屈萬里生前的志向，六十九年成立了漢學研究中心，而對於善本書的典藏也非常重視。

屈萬里的學生劉兆祐表示，自屈萬里過世後，屈夫人對其遺稿念茲在茲，希望能永久典藏這些手稿遺著。為了完成屈夫人費海瑾的心願，劉兆祐費心的聯絡，終能達成這次捐贈的宏願。

屈萬里生前曾任臺灣大學中文研究所所長、國立中央圖書館館長、中央研究院歷史語言研究所所長、美國普林斯頓大學客座教授、中央研究院院士，於民國六十八年因病去世，享年七十三歲。」

民國九十一年（二〇〇二年）　先生卒後二十三年

・九月，山東省圖書館、魚臺縣政協編《屈萬里書信集・紀念文集》，由齊魯書社出版。

祐謹按：此書分兩部分，頁一至頁二二二為《書信集》，頁二二三至頁四四七為《紀念文集》。《書信集》共輯錄屈先生與友朋、學生往來信函二一二通，前有魚臺縣政主席牛愛青及山東省圖書館館長王運堂〈序〉，山東省圖書館歷史文獻部李勇慧、唐桂豔合撰〈前言〉。《紀念文集》收錄篇目如下：

〈故中央研究院院士屈萬里墓碑銘〉　　陳槃撰

〈中央研究院故院士屈萬里先生事略〉　　王天昌撰

〈悵望雲天〉　　費海瑾撰

〈屈萬里先生的治學與史語所〉　　費海瑾撰

〈安慰屈翼鵬夫人——費海瑾女士——的信〉　　費海璣撰

〈百日悼　翼鵬兄〉　　歐陽承撰

〈一封無法郵寄的信——願神靈為我傳遞〉　　費海璿撰

〈一封動人心扉的信〉　　田維五撰

〈訪屈萬里先生談「澤存書庫」〉　　黃裳撰

〈屈翼鵬先生與歷史語言研究所〉　　丁邦新撰

〈屈翼鵬先生與臺大中文系〉　　周鳳五撰

〈悼老友經學大師屈萬里教授〉　　鄒豹君撰

〈懷念一生獻身學術著作如林的「書傭」——屈萬里先生其人其書〉　　劉兆祐撰

〈空餘懷慕千行淚——永懷恩師屈翼鵬先生〉　　張以仁撰

〈屈翼鵬先生的詩〉　　張以仁撰

〈紀念屈萬里老師〉　　楊慶儀撰

〈談笑有鴻儒——懷念屈萬里老師在第三研究室的日子〉　　柯慶明撰

〈讀書與治學的歷程——訪屈翼鵬先生〉　　廖玉蕙撰

〈贊國學大師屈翼鵬〉　　楊格非撰

〈屈萬里先生的生平及學術成就〉　　駱偉撰

〈心香一瓣憶屈師〉　　包中協撰

〈憶屈師〉　　劉心密撰

〈賀新郎·一代名儒屈萬里先生病逝十五週年祭並序〉　　李廣超撰

〈「書傭」屈萬里〉　　周倩撰

〈文獻學家屈萬里〉　　王慶禮撰

〈臺大夢尋〉　　李勇慧撰

〈懷念敬愛的爸爸〉　　屈世鐸撰

〈緬懷父親——屈萬里——紀念父親逝世二十周年〉　　屈世銘撰

〈遲到的哀悼　永遠的思念——紀念父親逝世二十周年〉　屈世鈞撰

〈屈萬里先生著述年表〉　劉兆祐撰

書末〈附錄〉收錄：

〈談胡適的〈考作象棋的年代〉〉　屈萬里撰

〈讀〈入聲考〉〉　屈萬里撰

〈屈萬里先生友朋贈書畫簡介〉　屈世鈞撰

〈屈萬里先生藏友人詩札〉

〈屈世鈞第一次捐贈手稿、書信清單〉　屈世鈞、李勇慧、唐桂豔撰

〈屈世鈞第二次捐贈字畫、書籍清單〉　屈世鈞、李勇慧、唐桂豔、楊秀英撰

〈後記〉　屈世鈞撰

民國九十五年（二〇〇六年）　先生卒後二十七年

・九月十五、十六日，臺北國家圖書館、中央研究院歷史語言研究所、國立臺灣大學中國文學系，在國家圖書館國際會議廳，舉辦「屈萬里先生百歲誕辰國際學術研討會」。是年十二月，出版《屈萬里先生百歲誕辰國際學術研討會論文集》，收錄論文篇目如下：

〈淺談屈翼鵬老師的為人與治學〉　張以仁撰

〈《史》、《漢》論贊比較八則〉　李偉泰撰

〈試說〈季康子問於孔子〉的榮駕鵝〉　周鳳五撰

〈由銅器銘文重新閱讀《詩・大雅・下武》〉　夏含夷撰

〈屈故館長翼鵬先生與國立中央圖書館在抗戰時期所蒐購我國東南淪陷區之古籍
　　最精品〉　盧錦堂撰

〈屈萬里先生與圖書辨偽〉　林慶彰撰

〈開關引導與典律：論屈萬里與臺灣詩經學研究環境的生成〉　楊晉龍撰

〈從析疑賦詩到語默殊勢——試論陶淵明移居南村後的交游及交游詩〉　齊益壽
　　撰

〈宋刻唐人文集的流傳及其價值〉　潘美月撰

〈先秦兩漢六朝用扇考拾零〉　朱曉海撰

〈《新唐書・藝文志》考論〉　王國良撰

〈新見〈秦子戈〉二器跋〉　張光裕撰

〈上博竹書〈三德〉篇逐章淺釋〉　顧史考撰

〈上博館藏簡互證三則〉　林素清撰

〈《上博（五）・三德》「弦望齊佸」釋考〉　邱德修撰

〈韓國漢文《易》著的文獻價值〉　黃沛榮撰

〈《易・坤・六二》爻義重探〉　何澤恆撰

〈殷卜辭「肩凡有疾」解〉　蔡哲茂撰

〈駁「《儀禮》為孔子手定完書」說及其延伸論述〉　葉國良撰

〈清代學者疑年考——姜亮夫《歷代人物年里碑傳綜表》訂訛〉　陳鴻森撰

〈從《史通》看中古史學〉　張蓓蓓撰

〈申時行的經筵講章〉　朱鴻林撰

〈「書」「箋」作為文學類型之美感特質的研究〉　柯慶明撰

〈吳汝綸《尚書故》主《史記》說平議〉　蔣秋華撰

民國九十八年（二○○九）　先生卒後三十年

・六月二十三日至二十七日，由山東省圖書館及山東省圖書館學會共同主辦「王獻
唐、屈萬里、路大荒學術研討會」，是月三十日所出版之《山東圖書館學刊》
2009 年第 3 期（總第 113 期）刊出研討會論文。〈屈萬里專題研究〉部分所收
論文篇目如下：

〈略論屈萬里先生的學術淵源和師友往來〉　馮慶京撰

〈書香生涯——學術大師屈萬里學行考述〉　馮建國撰

〈臺灣經學的領航者——屈萬里先生〉　何淑蘋撰

〈屈翼鵬先生「以民俗解經」之經典詮釋方法初探〉——以《屈萬里先生文存》
　　為考察中心　趙飛鵬撰

〈不可一日無此君〉　屈世釗撰

〈屈萬里先生書法側面觀〉　屈煥新撰

〈屈萬里先生著述輯補〉　駱偉撰

〈齊魯苦讀有志士　執着為學術風範〉——〈《苦學自修的屈萬里》讀後〉　榮
　　方超撰

〈屈萬里先生版本目錄學成就〉　徐憶農撰

〈屈萬里成長模式研究〉　徐有富撰

附錄：

屈萬里先生之學術及
對中國圖書館事業之貢獻

·劉兆祐·

　　屈先生之學術成就，主要在經學、先秦史料、甲骨文、石經及圖書文獻學等領域。其著作，筆者在先生七十壽辰時，曾撰〈屈萬里先生著述年表〉獻呈。先生逝世後，筆者曾撰多篇文章，論述先生之學術成就及貢獻。今彙集八篇，以見先生之學術成就及對中國圖書館事業之貢獻。

屈萬里先生之學術成就及
對中國圖書館事業之貢獻

劉兆祐

一、前言

　　屈萬里先生（一九〇七～一九七九），字翼鵬，山東省魚臺縣人。少時，即讀畢四子書及《毛詩》、《綱鑑易知錄》等書。後入以發揚東方文化為宗旨之東魯中學，從齊魯名經學家夏溥齋（濟泉）先生游。民國十七年（一九二八）夏，行屆卒業，適日本侵華造成濟南慘案，乃輟學返魚臺任縣立圖書館館長，兼授國文於師範講習所。十八年（一九二九），曾遊學北平，進郁文學院。二十年（一九三一）九月十八日，東北釁起，乃退學返回山東。旋蒙齊魯大學國學研究所所長欒調甫先生薦介於著名學者山東省立圖書館館長王獻唐先生，從館員洊升編藏部主任。二十六年七月，盧溝橋變作，乃隨王獻唐館長，躬運館藏善本圖書及金石器物，經曲阜、濟南、漢口等地，輾轉安抵四川。二十九年（一九四〇），任職國立中央圖書館。三十一年（一九四二），入中央研究院歷史語言研究所考古組任甲骨文研究之助理員。民國三十四年（一九四五）對日戰爭結束，中央圖書館遷回南京，重返該館，任編纂、特藏組主任。三十八年（一九四九）間，國立中央圖書館疏遷善本古籍來臺，委先生為臺灣辦事處主任。同年春，應國立臺灣大學傅孟真（斯年）校長聘，在該校任教。四十六年（一九五七）起，由臺灣大學與中央研究院歷史語言研究所合聘，從事教學與研究工作。曾先後擔任國立中央圖書館館長、臺灣大學教授兼中

國文學系主任、中國文學研究所主任、中央研究院歷史語言研究所所長、東吳大學中文研究所兼任教授、國家科學委員會國立研究講座教授、胡適講座教授、中山講座教授。並曾應聘為新加坡南洋大學客座教授、美國普林斯敦大學高深研究所研究員。曾獲中山學術著作獎。六十一年（一九七二），膺選為中央研究院院士❶。

屈先生著述繁夥，生前已刊行之專書有：㈠《山東圖書館分類法》。㈡《漢魏石經殘字二卷校錄一卷》。㈢《國立中央圖書館善本書目初稿》。㈣《詩經釋義》。㈤《圖書版本學要略》（與昌彼得先生合著）。㈥《詩經選註》。㈦《尚書釋義》。㈧《殷虛文字甲編考釋》。㈨漢石經周易殘字集證》。㈩《史記今註》（與勞榦先生合著）。㈪《漢石經尚書殘字集證》。㈫《古籍導讀》。㈬《書傭論學集》。㈭《先秦漢魏易例述評》。㈮《明代史籍彙刊初輯》（主編，劉兆祐撰敘錄）。㈯《明代史籍彙刊二輯》（主編，劉兆祐撰敘錄）。㈰《雜著秘笈叢刊》（主編，劉兆祐撰敘錄）。㈱《尚書今註今譯》。㈲《普林斯敦大學葛思德東方圖書館中文善本書志》。㈳《明清未刊稿彙編初輯》（與劉兆祐同編）。㈴《明清未刊稿彙編二輯》（與劉兆祐同編）。未刊印之專書有：㈠《讀易三種》。㈡《尚書集釋》。㈢《尚書異文彙錄》。㈣《詩經詮釋》。㈤《先秦文史資料考辨》。㈥《流離寫憂集》。㈦《風謠選》。㈧《讀老劄記》。另有已發表之單篇論文數百篇。屈先生去世後，聯經出版社出版《屈萬里全集》，共二十二冊，都四百餘萬言。❷

屈先生著述既多，其於學術上之成就，亦屬多方面。一九七三年屈先生膺選中央研究院院士時，中央研究院發布之新聞稿，謂其「對先秦史料之考訂，中國古代經典（《詩》、《書》、《易》等）及甲骨文之研究，均有成就，尤精於中國目錄校勘之學」。茲篇述其學術成就，偏重於經學、甲骨文及目錄版本學三方面。此

---

❶ 屈先生生平事蹟，參見劉兆祐撰〈屈萬里傳〉，收在《中華民國名人傳》第五冊，頁一三四～一四九，一九八六年六月，臺北近代中國出版社出版。

❷ 關於屈先生之著述，可參閱：㈠〈懷念一生獻身學術著作如林的「書傭」──屈萬里院士其人其書〉，劉兆祐，一九八四年元月，《新書月刊》第四期。㈡〈《屈萬里先生文存》編後記〉，劉兆祐、林慶彰同撰，一九八二年四月二日，《聯合報》。㈢〈屈萬里先生著述年表〉，劉兆祐，一九八五年三月，《書目季刊》第十八卷第四期，《屈翼鵬院士逝世六周年紀念特刊》。

外，屈先生於民國十七年（一九二八）任山東省魚臺縣立圖書館長，其後又任職山東省立圖書館及國立中央圖書館，民國五十五年（一九六六）出任國立中央圖書館館長，於善本圖書之考訂與編目及國立中央圖書館之發展規畫，均有極重要之貢獻。圖書館事業之發展，與學術研究之關係，極為密切。因此本篇兼述其在中國圖書館事業方面之貢獻。

二、在學術方面之成就

(一)在經學方面

　　屈先生經學方面之主要著作有：《漢石經周易殘字集證》、《先秦漢魏易例述評》、《讀易三種》、《詩經釋義》、《詩經選注》、《詩經詮釋》、《尚書釋義》、《漢石經尚書殘字集證》、《尚書今註今譯》、《尚書集釋》、《尚書異文彙錄》等專書及單篇論文多篇，例如〈關於周易之年代思想〉、〈周易古義補〉、〈周易卦辭利西南不利東北說〉、〈易損其一考〉、〈今本尚書的真偽〉、〈尚書中不可盡信的材料〉、〈周誥十二篇中的政治思想〉、〈先秦說詩的風尚和漢儒以詩教說詩的迂曲〉、〈說詩經之雅〉、〈東西周之際的詩篇所反映的民主及政治情況〉、〈二戴記解題〉、〈論語公山弗擾章辨證〉、〈孟子七篇的編者和孟子外書的真偽問題〉等。

　　屈先生經學方面之著述甚多，今第就專書部分，略述其內容及價值。

　　《漢石經周易殘字集論》（三卷）一書，一九六一年十二月，由中央研究院歷史語言研究所出版。按：漢代《易》學之立於學官者為施、孟、梁丘、京氏四家，西晉以後，先後亡佚，今所傳《周易》經文，為王輔嗣本，是以漢代《易經》面目，已不可得見。屈先生據近世陸續出土之石經殘字，撰為斯編。全書分三卷：卷一〈論證〉，分論漢石經之刊刻及經數碑數、漢石經之毀廢與隋唐時代所傳之舊搨本、唐宋時代漢石經殘字之發現與著錄、漢石經《周易》殘字之發現與著錄、漢石經《周易》之篇第、漢石經《周易》為梁丘氏本；卷二〈校文〉；卷三〈漢石經碑《周易》部分復原圖〉。茲編既出，不僅可見漢時諸博士所傳《易經》篇第之真

象，他如論證漢石經與今本《周易》篇第章次之異同、漢石經實據梁丘本上石、漢
石經每行皆七十三字等說，皆燦然可徵，於《易經》之研究，裨益甚鉅。

《先秦漢魏易例述評》一書，一九六九年四月，臺灣學生書局印行。按：此書
著於民國二十九年（一九四〇）秋，時先生客居渝西歌樂山也。三十一年（一九四
二），重慶中國文化服務社，允為印行，以當時國難方殷，出版事業至為艱苦，因
稽遲至抗戰勝利，尚未付排。遷臺後，其中上卷曾載《學術季刊》六卷四期，下卷
則載《幼獅學誌》一卷二期。以期刊體例與專書不同，致原文頗有刪削，是以取原
稿略加校訂，付臺灣學生書局印行。《周易》注述之盛，冠絕群經，然前人說
《易》，多蔽於《易》歷三聖之言，以為必奧衍難究，而不敢以淺近目之。先生此
書，乃用客觀態度，闡論先秦至漢魏說《易》者之義例也。

《尚書釋義》，民國四十五年（一九五六）八月，中華文化出版事業委員會刊
行。按：此編篇第，依孫星衍《尚書今古文注疏》，惟孫疏以綴輯之《泰誓》，列
入正文，此則剔出之，以入於附錄一之〈尚書逸文〉中。書前有〈敘論〉，要目
有：一、〈尚書釋名〉；二、〈尚書之編集與篇目及書序〉；三、〈今文尚書〉；
四、〈古文尚書〉；五、〈偽古文尚書〉；六、〈歷代尚書學之演變〉。書末附錄
三種：一、〈尚書逸文〉；二、〈書序〉；三、〈偽古文尚書〉。

《漢石經尚書殘字集證》（三卷），民國五十二年（一九六二），由中央研究
院歷史語言研究所出版。按：先生既撰《漢石經周易殘字集證》，復據今見漢石經
殘字撰為斯編。是書分三卷：卷一〈論證〉，其目為：〈漢石經尚書之發現與著
錄〉、〈漢石經尚書所佔碑數〉、〈舊雨樓本漢石經尚書殘字之偽〉、〈漢石經尚
書篇數之篇第〉、〈泰誓問題〉、〈漢石經尚書為小夏侯本〉；卷二〈校文〉；卷三
〈漢石經碑尚書部分復原圖〉。此書既出，則不僅漢石經《尚書》確為二十九篇；
康王之〈誥〉確合於〈顧命〉；確有後出之〈泰誓〉；〈泰誓〉及〈盤庚〉皆確為
一篇；偽古文本之〈舜典〉確自〈堯典〉析出，而又妄增二十八字；偽古文本〈益
稷〉確自〈皋陶謨〉析出等問題，得以確證。他如論定漢石經《尚書》所據者為小
夏侯本，以石經復原校證唐開成石經之衍奪字等，皆有功於《尚書》之研究者也。

《詩經釋義》，民國四十一年（一九五二）四月，臺北中華文化出版事業委員
會出版。按：茲編分上下兩冊，上冊為十五〈國風〉，下冊為〈小雅〉、〈大

雅〉、〈頌〉。先生之撰寫此書,不專主一家,亦無今古文或漢宋等門戶之見;要以就三百篇本文以求,探得其本義為旨歸。於訓詁方面,採於漢人、清人及近人者為多;於篇旨方面,採於朱傳者為多。其有感於舊說之未安者,先生則加按語。書前有〈敘論〉,末附〈詩地理圖〉及古器物、星象等圖。

經學方面之專書,尚有《尚書異文彙錄》、《尚書集釋》、《尚書今註今譯》、《詩經詮釋》、《詩經選注》等書。單篇論文則有〈周易古義補〉、〈論禹貢著成的時代〉、〈尚書中不可盡信的材料〉、〈說詩經之雅〉、〈先秦說詩的風尚和漢儒以詩教說詩的迂曲〉等五十餘篇。

屈先生在經學方面研究之成果,略如上述。其在經學上之成就,則有下列數端:

1.辨定經學中之偽作

前人多以經書為聖人所刪定,所謂孔子刪《詩》、《書》、周公制《禮》作《樂》也,是以於經書各篇,多信以為真,未敢致疑。漢代班固之撰《漢書》,於〈藝文志〉所載〈諸子略〉、〈兵書略〉之書,多所致疑❸,然於〈六藝略〉中所載諸經,則未之疑❹。迄唐代,顏師古、柳宗元等,亦多辨偽之言,然所疑者亦多屬子書❺,於聖人之作,不敢有所疑。宋代,疑古之風氣始盛,歐陽修、朱子、洪邁、王應麟等人,並有疑古之作。及至清代,疑經之說尤多,閻百詩《尚書古文疏證》,二十五篇《古文尚書》之偽終成定讞。康有為《新學偽經考》,疑古文經均為劉歆所偽造。惟經書篇章既多,時代又長,其中仍有未經前人論定者,屈先生之治經,於經書之偽,先予辨定。其考辨經書真偽之作,主要有〈尚書與其作者〉、

---

❸ 例如〈道家類〉所載《文子》(九篇)下,注云:「老子弟子,與孔子並時,而稱周平王問,似依託者也。」《黃帝君臣》(十篇)下,注云:「起六國時,與老子相似也。」《力牧》(二十二篇)下,注云:「六國時所作,託之力牧。力牧,黃帝相。」〈雜家類〉所載《大爺》(三十七篇)下,注云:「傳言禹所作,其文似後世語。」〈農家類〉所載《神農》(二十篇)下,注云:「六國時,諸子疾時怠於農業,道耕農事,託之神農。」〈小說家類〉所載《伊尹說》(二十七篇)下,注云:「其語淺薄,似依託也。」類此辨偽之語甚多。

❹ 〈六藝略〉載《尚書古文經》(四十六卷),班固注云:「為五十七篇。」未疑其偽。

❺ 顏師古注《漢書‧藝文志》,於《孔子家語》(二十七卷)下,注云:「非今所有《家語》。」柳宗元所疑者為《鬼谷子》、《列子》、《鶡冠子》三書,並見《唐柳先生集》。

〈今本尚書的真偽〉、〈尚書中不可盡信的材料〉、〈論語公山弗擾章辨證〉、〈孟子七篇的編者和《孟子外書》的真偽問題〉等篇。《尚書》部分，屈先生認為〈堯典〉（包括偽孔本之「舜典」）、〈皐陶謨〉（包括偽孔本之〈益稷〉）、〈禹貢〉、〈甘誓〉、〈牧誓〉、〈洪範〉等篇，均是後人述古之辭，決非當時作品。屈先生之論證，頗多超越前人之說者。以〈禹貢〉一篇為例。近三十年來，討論〈禹貢〉著成時代者甚多，或以為春秋戰國間所作，或以為戰國末年之作，更有以為成於漢代初年者，然均未提出完整確切之證據。屈先生提出四項證據，認為〈禹貢〉著成之時代，約在春秋晚葉。此四項證據為：⑴〈禹貢〉云梁州貢鐵鏤，屈先生舉《左傳》昭公二十六年有「賦晉國一鼓鐵，以鑄刑鼎，著范子所為刑書」等語及《詩經·秦風》有〈駟驖〉之篇，驖即鐵色之馬，以證春秋時始知用鐵，則〈禹貢〉之著成時代，不至於早於西周。⑵屈先生根據甲骨文，商代以前之蜀，非巴蜀之蜀，乃後代屬於魯國之蜀地。梁州大部分屬今之巴蜀。而中原與蜀地有來往，實始於秦繆公之時。〈禹貢〉於梁州之記述，雖有小誤，但〈禹貢〉之作者，於梁州之地里知識，甚為豐富，可見〈禹貢〉之作成時代，當在秦穆公之後。⑶在〈禹貢〉中，無四岳、五岳之迹象；論及六府，而不及五行。鄒衍九州之說，必當在〈禹貢〉成書之後，據此，〈禹貢〉之著成時代，不得遲至鄒衍之時。⑷《左傳》魯哀公九年云：「城邗溝，通江淮。」杜預注：「於邗江築城穿溝，東北通射陽湖，西北至末口入淮，通糧道也。」而〈禹貢〉揚州所言之貢道，乃「沿于江海，達於淮泗。」可見〈禹貢〉著成時，江淮間尚無河流溝通，〈禹貢〉之作成時代，不早於春秋亦明矣。

《孟子外書》者，《孟子》七篇以外之篇章也。漢趙岐〈孟子題辭〉云：「又有《外書》四篇——〈性善〉、〈辯文〉、〈說孝經〉、〈為政〉。其文不能弘深，不與內篇相似，似非孟子本真，後世依仿而託也。」此《孟子外書》之稱，首度出現之說，趙岐以其為依託，不為之注，後世遂僅傳今之七篇，《外書》則罕見。《唐書·藝文志》未見著錄，是唐代已不傳矣。南宋孫奕❻嘗見此書。《履齋

---

❻ 宋代有二孫奕，一字景山，閩縣人，仁宗皇祐元年（一〇四九）進士，神宗元祐初官福建轉運使。一字季紹，號履齋，南宋寧宗時嘗官侍從。此指後者。

示兒編》云：

> 昔嘗聞前輩有云，親見館閣中有《孟子外書》四篇，曰〈性善辯〉、曰〈文說〉、曰〈孝經〉、曰〈為政〉。則時人以「性善辯文」為一句，「說孝經為正」為一句，甚乖旨趣，古文辯、辨，正、政通用。

惟孫奕所見之《孟子外書》，著錄宋代藏書之重要書目如《崇文總目》、《郡齋讀書志》、《直齋書錄解題》、《遂初堂書目》、《玉海》、《宋史·藝文志》、《文獻通考·經籍考》等，均未著錄，足見當時傳本已罕見。明代此書又出，即今見之本。書中有胡震亨〈跋〉，云：

> 吾友叔祥客濟南，得《孟子外書》見寄，惜第四篇〈為正〉，殊闕不全，真秘冊也。

清代丁杰、翟灝等已疑此書之偽。丁氏於《孟子外書疏證》云：

> 此書雜採他書引《孟子》文，兼及其不云孟子者，綴輯敷衍，往往氣不貫穿。人名事蹟，譌謬甚多。後人徵引，或由傳聞失實，豈有身接其人，目擊其事，與其徒著書，而紀錄不真者乎！姚叔祥好造偽書，此為叔祥偽造無疑。

翟氏則於所著《四書考異》云：

> 《鹽鐵論》引孔子曰：「吾於河廣，知德之至也。」明李詡誤以孔子為孟子，類舉為《孟子》逸文，而此遂掰入篇中。則此書更出李詡後矣。

丁氏以書中「人名事蹟，譌謬甚多」而疑其偽；翟氏以今本掰入李詡誤引之文，而斷其偽作時代，在李詡之後。按：詡，字厚德，萬曆間江陰人，少為諸生，坎坷不

第，年八十餘而卒。著有《世德堂吟稿》、《名山大川記》諸書，皆已亡佚❼。屈先生則進而提出更有力之證據，以證今本《孟子外書》係偽託。

屈先生之言曰：

> 姚本的〈文說篇〉中，有這樣一段：「子上謂孟子曰：『舜之詰禹曰：「人心惟危，道心惟微。惟精惟一，允執厥中。」子其識之。』」這不但證明了姚本的《孟子外書》，其著成時代，當在偽古文《尚書》盛行之後，而且，可以知道它一定產生在真西山的《大學衍義》盛行了以後。因為自真西山把「人心惟危⋯⋯」，定為「十六字心傳」之後，大家才特別重視這十六個字，認為是「聖學之淵」。姚本《孟子外書》，特別把這十六個字提出來，可見此本的作者，是受了《大學衍義》的影響。那麼，說這書是姚士粦偽作的，大概不冤枉他。❽

屈先生在丁、翟二氏的基礎上，提出更明確的證據，今本《孟子外書》之偽，終成定讞。

2.訓釋經義多有新解

諸經從漢代以後，訓釋者甚多。以《毛詩》為例。自三家《詩》亡，《毛詩》獨傳。歷來注釋《毛詩》者甚眾，舉其重要者言之：漢代鄭玄作《箋》，魏王肅作《詩解》，唐孔穎達作《正義》，宋歐陽修有《詩本義》、王質有《詩總聞》、朱熹有《詩集傳》，明代郝敬作《毛詩原解》、胡廣等撰《詩經大全》二十卷、何楷作《詩經世本古義》二十八卷，迄清代，訓釋者尤多，其中以胡承珙《毛詩後箋》三十卷、馬瑞辰《毛詩傳箋通釋》三十二卷，陳奐《詩毛氏傳疏》三十卷等最著。其他諸經，如《尚書》、《周易》、《三禮》、《三傳》等，均是註家甚多。前人說解經義，多據《爾雅》、《說文解字》、《廣雅》、《釋名》等書，今人詁經，

---

❼　其事蹟具清潘介祉輯《明詩人小傳稿》卷十一。清咸豐間著者手稿本，今藏臺北國家圖書館。

❽　詳見〈《孟子》七篇的編者和《孟子外書》的真偽問題〉，原載《孔孟學報》七期，民國五十三年四月出版，頁一～八。後收在《屈萬里全集》第十七冊。

必需援引新資料，方得以超越前人。屈先生訓釋經學之作，專書有《詩經釋義》、《詩經詮釋》、《尚書釋義》、《尚書今註今譯》、《周易集釋初稿》、《周易批注》等；單篇論文有〈經義新解舉例〉、〈周易古義補〉等。屈先生之解經，多有超越前人者，主要有三項：

(1)多用甲骨文及金文以釋經：近世陸續出土之甲骨文及青銅器文字，頗有能訂正《說文解字》之疎誤或補前代字書之不足者，以之釋經，每能解前人之所未解，定前人之所不能定。屈先生於古文字之學造詣既深，以之解經，多見其功。今舉數例言之。

①《尚書·高宗肜日》篇，〈書序〉云：「高宗祭成湯，有飛雉升鼎耳而雊；祖己訓諸王，作《高宗肜日》。……」《史記·殷本紀》云：「帝武丁祭成湯，明日，有飛雉登鼎耳而呴。……武丁崩，子帝祖庚立。祖己嘉武丁之以祥雉為德，立其廟為高宗，遂作〈高宗肜日〉及〈訓〉。」屈先生於《尚書釋義》云：

> 〈書序〉謂高宗祭成湯，祖己作此以訓于王。《史記》謂祖庚（武丁子）立，祖己立武丁之廟，作〈高宗肜日〉，皆非是。蓋甲骨文關於肜祭之記載甚多，肜字作彡或彡，如云：「乙酉卜，貞，王賓卜丙，肜日。」又云：「壬寅卜，貞，王賓卜壬，彡日。」肜日上之人名，乃被祭之祖先，而非主祭之人。以此例之，『高宗肜日』，乃後人之祭武丁，而非武丁之祭成湯也。又武丁之稱高宗，疑至早亦不前於殷代末葉；而祖己之稱，則確知當在其孫輩以後。篇中既著祖己之名，知亦非祖庚時祖己之作。以此證之，本篇乃後人所作，以述祖庚祭武丁之時、祖己戒王之事者也。以文辭覘之，本篇之著成，亦當在〈盤庚〉三篇之後。

此屈先生用甲骨文辨〈高宗肜日〉非武丁之祭成湯，乃後人之祭武丁也。同時並考訂其著成時代。

②《詩·大雅·文王之什·文王》：「儀刑文王，萬邦作孚。」毛公於「作」字無說。〈鄭箋〉云：「儀注文王之事，則天下咸信而順之。」惟「作」字釋為「則」，後世不多見。屈先生於《詩經註釋》云：

儀，式也。刑，法也。言以文王為法式也。按：甲骨文以乍為則；作，從
乍，亦當與則通。孚，信也。言萬邦則信孚於周也。

屈先生又於〈甲骨文、金文與經學〉❾一文中云：

甲骨文中常見的 ⩗ 字，也就是金文中常見的 ⼷ 字。這個字隸定之後作
「乍」。在金文裡，通常把它當「作」字用。甲骨文中，除了把它當「作」
字用以外，還常常地把它當「則」字用。乍或作當「則」字用，在後世文字
學、訓詁學等書中，是已經湮沒不聞了。由於甲骨文這一個意義的發現，我
們又讀通了不少的古書的句子。最顯著的《詩・大雅・文王》之篇的「儀刑
文王，萬邦作孚」的「作」字，把它解作「則」字，是多麼的文從字順喲！

此乃用甲骨文與金文，補鄭玄之不足者也。

⑵善用成語以詁經：以成語釋經，肇自王國維。王氏〈與友人論詩書中成語
書〉❿云：

《詩》《書》為人人誦習之書，然於《六藝》中最難讀，以弟之愚闇，於
《書》所不能解者，殆十之五；於《詩》亦十之一二，此非獨弟所不能解
也。漢、魏以來諸大師未嘗不強為之說，然其說終不可通，以是知先儒亦不
能解也。其難解之故有三：譌闕，一也（原註：此以《尚書》為甚）；古語
與今語不同，二也；古人頗用成語，其成語之意義，與其中單語分別之意義
又不同，三也。唐、宋之成語，吾得由漢、魏、六朝人書解之；漢、魏之成
語，吾得由周、秦人書解之。至於《詩》《書》，則書更無古於是者，其成
語之數數見者，得比校之而求其相沿之意義，否則不能贊一辭。若但合其中

---

❾ 原載《中央日報》〈學人〉二十一期，民國四十六年二月二十六日。後收在《屈萬
里全集・屈萬里先生文存》第二冊頁四三七～四四六。
❿ 載《觀堂集林》卷二。

之單語解之，未有不齟齬者。

王氏復舉數例，其關於《詩經》者，如：

> 不淑，不弔，猶言不幸。
>
> 陟降，猶言往來。
>
> 舍命，與勇命同意，即傳布命令。
>
> 神保，為祖考異名。
>
> 配命，謂天所畀之命。
>
> 彌性，即彌生，猶言永命。
>
> 不庭方，為不朝之國。
>
> 戎工，為兵事。

屈先生解經，亦每以成語說之，曾先後撰〈罔極解〉❶及〈詩三百篇成語零釋〉❷二文，多所創發。以「罔極」一語為例。《詩經·蓼莪》云：

> 父兮生我，母兮鞠我；拊我畜我，長我育我；顧我復我，出入腹我；欲報之德，昊天罔極。

鄭玄《箋》云：

> 之，猶是也。我欲報父母是德，昊天乎！我心無極！

朱熹《詩集傳》云：

---

❶ 原載《大陸雜誌》一卷一期，民國三十九年七月出版，後收在《屈萬里全集·書傭論學集》，頁一六一～一六四。

❷ 原載《清華學報》新一卷二期，民國四十六年四月出版，後收在《屈萬里全集·書傭論學集》頁一六五～一九三。

　　罔，無；極，窮也。言父母之恩如此，欲報之以德，而其恩之大，如天無
　　窮，不知所以為報也。

鄭、朱二人所說雖不盡相同，惟釋「罔極」為無極、無窮則一。考《詩經》三百篇中，「罔極」一詞除見於〈蓼莪〉外，尚有七處：

　　〈衛風·氓〉：「女也不爽，士貳其行。士也罔極，二三其德。」
　　〈魏風·園有桃〉：「不知我者，士也罔極。」
　　〈小雅·何人斯〉：「為鬼為蜮，則不可得。有靦面目，視人罔極。」
　　〈小雅·青蠅〉：「讒人罔極，交亂四國。」
　　又：「讒人罔極，構我二人。」
　　〈大雅·民勞〉：「無從詭隨，以謹罔極。」
　　〈大雅·桑柔〉：「民之罔極，職涼善背。」

朱子《詩集傳》於「罔極」之「極」字，率以至、窮、已、止諸義釋之。於〈氓〉之「士也罔極」，釋曰：「極，至也。」於〈園有桃〉之「謂我士也罔極」，釋曰：「罔極，言其心縱恣，無所至極。」於〈何人斯〉之「視人罔極」，釋曰：「無窮極之時。」於〈青蠅〉之「讒人罔極」，釋曰：「極，猶已也。」於〈民勞〉之「以謹罔極」，釋曰：「罔極，為惡無窮極之人也。」於〈桑柔〉之「民之罔極」，則釋曰：「言民之貪亂而不知所止者。」大抵所釋不一，尤於〈園有桃〉、〈民勞〉、〈桑柔〉三則，屈先生謂其「增文解經，尤為牽強。」[13]。屈先生以為「極」有中義、正義。鄭玄於「以謹罔極」及「民之罔極」皆訓極為中。於「以謹罔極」，且云：「罔，無；極，中也。無中，所行不得中正。」《周禮·天官》：「設官分職，以為民極。」鄭玄〈注〉云：「極，中也。」孫詒讓《正義》云：「極訓中，猶言中正。」《漢書·倪寬傳》：「天子建中和之極。」顏師古〈注〉云：「極，正也。』引《周禮》此文。顏訓與《正義》亦相成也。屈先生據

────────────────

[13]　詳見〈罔極解〉。

此，以為「罔極者，謂無中正之行，猶詩人所謂無良，今語所謂缺德也。」❹又云：「此義既明，則三百篇罔極之語，皆可迎刃而解。〈氓〉之『士也罔極，二三其德』者，謂其夫無良，三心二意也。〈園有桃〉之『不知我者，謂我士也罔極』者，言不知我之人，乃謂我之為人無良也。〈何人斯〉之『有靦面目，視人罔極』者，言小人不自知其惡，尚靦顏人前，而示人以無良也。〈蓼莪〉之『欲報之德，昊天罔極』者，言欲報答是德（父母生鞠拊畜長育顧復等德），而昊天無良。意謂天奪其父母而去也。〈青蠅〉之『讒人罔極，交亂四國』及『讒人罔極，構我二人』者，言讒人無良，或煽亂於四國，或使我二人結怨也，〈民勞〉之『無縱詭隨，以謹罔極』者，言勿恣於詭譎，應慎其無良也。〈桑柔〉之『民之罔極，職涼善背』者，言民之無良，習於背信也。蓋罔極為詩人罵物之習語，見於三百篇者，義皆無殊。彼訓極為窮、為至、為已、為止諸義者，皆非《詩》之本旨也。」❺

〈詩三百篇成語零釋〉一文，共釋「周行」、「不瑕」、「德音」、「不忘」、「九皋」、「有北」、「匪人」、「匪民」、「無競」、「昭假」、「敦」等十一辭。「周行」一辭，三見於《詩》，《毛傳》或釋為周之列位，或釋為至道；《鄭箋》則概以周之列位說之。屈先生則以行甲骨文 ，象四達之通衢，乃釋「周行」為周室之官道，所以行達官、輸粟賦者。「不瑕」之語，《詩》中屢見，瑕或作遐。其語或用於句首，或用於句尾，而義亦互殊。屈先生以其用於句尾者，諸家說解，大致可通；其用於句首者，則迄今尚無達詁。《毛傳》、《鄭箋》或釋為遠，或釋為過，屈先生細繹詩旨，論定瑕若遐者，乃使語調曼長之助詞，非有何意義也。「德音」一辭，《詩》中凡十二見，《毛傳》、《鄭箋》異訓紛紜，或釋為聲音語言，或釋為德行，或釋為教令，或釋為聲譽。屈先生以為「德音」有二義：一是斥他人語言之敬詞，猶今語「高論」「卓見」之比，非必其論皆高而其見皆卓也；一是聲譽之義，則德音猶言「令聞」「令譽」耳。以此按之，〈日月〉之「德音無良」者，謂「其言無良」也；〈谷風〉之「德音莫違」者，謂「莫違其言」也；至於〈有女同車〉之「德音不忘」、〈狼跋〉之「德音不瑕」、〈南山有

---

❹ 詳見〈罔極解〉。
❺ 詳見〈罔極解〉。

臺〉之「德音不已」者，皆謂令譽之無盡無休也。「不忘」一辭，《詩》中數見，如〈鄭風·有女同車〉：「彼美孟姜，德音不忘。」〈秦風·終南〉：「壽考不忘。」〈小雅·蓼蕭〉：「其德不爽，壽考不忘。」〈小雅·鼓鐘〉：「淑人君子，懷允不忘。」〈大雅·嘉樂〉：「不愆不忘，率由舊章。」前之說《詩》者，率訓忘為遺忘，然以之說「壽考不忘」，甚為不辭；以釋他經，亦殊費解。屈先生以為「忘」、「亡」古通用，亡，滅也，絕也，是不忘即不失、不絕，亦即不已。以此按之：「德音不忘」，美其聲譽之長在；「壽考不忘」，則頌其長壽難老耳。「九皋」一辭，見〈小雅·鶴鳴〉：「鶴鳴于九皋，聲聞于野。」《毛傳》云：「皋，澤也。」《鄭箋》云：「皋，澤中溢出水所為坎，自外數至九，喻深遠也。」屈先生謂此乃感於澤之不可有九，於是求其說不得乃強為之辭者。屈先生以為九皋者，猶《易》之九陵，九，高也；皋，丘也；鶴鳴于九皋者，即鶴鳴于高丘也。「有北」一辭，見於〈小雅·巷伯〉：「取彼譖人，投畀豺虎；豺虎不食，投畀有北。」《毛傳》云：「北方寒涼而不毛。」屈先生以為「有北」者，死地也，蓋古俗直以北方為死地，以豺虎不食之人而投之死所，固其宜矣。「匪人」一辭，見於〈小雅·四月〉：「先祖匪人，胡寧忍予！」《鄭箋》云：「匪，非也。……我先祖非人乎？……」又〈何草不黃〉：「哀我征夫，獨為匪民。」《毛傳》、《鄭箋》於「匪民」皆無說。屈先生以為：鄭玄訓匪為非，是也，惟以疑問語氣說之則非也。匪人、匪民義同，猶今語「不是人」，斥人之惡則用是語，傷己之過亦用是語。〈四月〉憾先祖之靈不能救己之困，故以惡語詈之；〈何草不黃〉哀己如牛馬之勞而不得息，故以此語自傷耳。「無競」一辭，《詩》中亦多見，毛氏釋「無」為語助詞，無義，釋競為彊，屈先生考《左傳》及《周書》、金文，以為「無競」者退讓不爭之謂。〈昭假〉一辭，《詩》中凡五見，分別見於〈大雅·雲漢〉、〈烝民〉、〈周頌·噫嘻〉、〈魯頌·泮水〉、〈商頌·長發〉等。《毛傳》率以至釋假，《鄭箋》則或訓為至，或訓為升。屈先生據金文考之，以為昭假者，用為主動語氣，則猶今語之「顯靈」；用為被動語氣，則為祈神「顯靈」。「敦」字見於《詩》者有二：一是〈大雅·常武〉：「鋪敦淮濆。」《鄭箋》云：「敦，當作屯。……陳屯其兵於大防之上以臨敵。」一是〈魯頌·閟宮〉：「敦商之旅。」《鄭箋》云：「敦，治。」屈先生以兩敦字皆明為殺伐之義，鄭說並非

也，謂此敦字，或作憝、譈、辜。《孟子・萬章篇》引《尚書・康誥》：「殺越人于貨，閔不畏死，凡民罔不譈。」而說之云：「是不待教而誅者也。」譈，今本《尚書》作憝。譈，即敦也。〈宗周鐘〉：「王辜伐其至，戜伐乃都。」《周書・世俘篇》：「凡憝國九十有九國。」辜、憝亦皆《詩》之敦，皆殺伐之義。

㈡在甲骨學方面

屈先生在古文字學上之成就，一部分是金文研究，大部分則是在甲骨文方面之論著。

在甲骨文方面之論著，在專書方面，有《殷虛文字甲編考釋》一書（上下兩冊）❻。論文方面，有〈甲骨文从比二字辨〉❼、〈臮不蹟解〉❽、〈仁字涵義之史的觀察〉❾、〈河字意義的演變〉❿、〈岳義稽古〉⓫、〈釋大〉等⓬。《殷虛文字甲編考釋》一書，是根據民國二十四年（一九三五），中央研究院歷史語言研究所第一次至第九次發掘所得之有字甲骨為基礎，從事考釋。此書寫作之旨，先生於〈凡例〉中列舉三事：一曰「拓片不清晰者，可藉釋文而辨其字」；二曰「不專習甲骨文者，可藉釋文得利用其材料」；三曰「己有創見，藉以質正於學林」。

---

❻ 此書於民國五十年（一九六一）六月，由中央研究院歷史語言研究所出版，共上下兩冊。後收在《屈萬里全集》。

❼ 此篇原載《中央研究院歷史語言研究所六同別錄》，後又載入該所《集刊》第十三本，民國三十七年（一九四八）出版。後又收在《書傭論學集》，頁二四五～二五〇，臺北開明書店印行，民國五十八年（一九六九）三月。

❽ 本篇原載《中央研究院歷史語言研究所六同別錄》，後又載入該所《集刊》第十三本，民國三十七年（一九四八）出版。後又收在《書傭論學集》，頁二五一—二五四。

❾ 此篇原載《民主評論》第五卷二十期，民國四十三年（一九五四）十二月。後收在《書傭論學集》頁二五五～二六七。

❿ 本篇原載《中央研究院歷史語言研究所集刊》第三十本，民國四十八年（一九五九）出版。後又收在《書傭論學集》頁二六八～二八五。

⓫ 此篇原載《清華學報》新二卷一期，民國四十九年（一九六〇）五月出版。後又收在《書傭論學集》頁二八六～三〇六。

⓬ 此篇原載《中央研究院歷史語言研究所集刊外編》第四種，民國四十九年（一九六〇）出版。後又收在《書傭論學集》頁三〇七～三一七。

此書之作，主要分兩階段：先是將近四千片甲骨拼綴於二二三版；其次則是考釋。拼綴工作，備極辛苦，先生於〈自序〉中，述其辛苦云：「拼綴工作的甘苦，不是局外人所能想像得到的。每次擺出了幾百片甲骨之後，便凝神注目地去尋找它們的『姘頭』。有時聚精會神地看上幾天，而結果卻一無所獲。但有時卻於無意之中，拼合起一版來。『眾裡尋他千百度，驀然回首，那人卻在燈火闌珊處。』辛稼軒的詞句，正可以替拼綴甲骨的情景寫照。」拼綴之結果，共得二二三版，其中十六版，是全用《甲編》未著錄之甲骨碎片拼合而成者，同時，改正前人所拼錯者及《甲編》編輯時疏略之處。

考釋工作，尤為艱難。先是於每版甲骨，首著其號碼，次著其實物之特徵，然後識別其時代。共分五時期：盤庚遷殷至武丁為第一期；祖庚、祖甲為第二期；廩辛、康丁為第三期；武乙、文丁為第四期；帝乙、帝辛為第五期。全書新識及訂正舊說者達七十餘字。

至於單篇論文，則每多以甲骨文考訂史料。例如〈岳義稽古〉一文，即以甲骨文中之岳字，論定先秦典籍中之岳字，非指後人所稱之四岳或五岳，以正後人於岳字之誤解。〈自不跌解〉一文，乃釋甲骨文之自為師，師者，眾也，或指恆人，或謂軍旅。釋跌、震同聲，義亦相通。震者，驚也，警也，亦騷動也。此二字既得其解，卜辭中所習見之「今夕自亡跌」等語，其語乃明。〈甲骨文从比二字辨〉一文之所以作，蓋前之說甲骨文者，率謂从比二字不分，先生乃辨此二字字形雖相似，然字義則異。比字作親近解，从字或訓自或訓于。二字既解，然後卜辭中習見之「比某人」或「勿比某人」等語，乃可渙然冰釋。

(三)目錄版本學方面

屈先生自民國十八年（一九二九）在其家鄉山東省魚臺縣立圖書館工作，其後先後在山東省立圖書館及國立中央圖書館工作。其工作主要在善本圖書及拓片之考訂及編目。積數十年所見眾多善本秘笈，撰就甚為繁富之著作，在目錄版本學方面，貢獻極為卓著。

屈先生在目錄版本學方面之貢獻，主要有四：

1.訂定中國善本書及拓片之編目規則

前人所編古籍目錄，於版本項之著錄，甚為簡略，但云「宋刊本」、「元刊本」、「明刊本」、「活字本」等，讀者難以詳知其刊刻時代及地點。且各家著錄方式不同，讀者每感茫然，無所適從。民國三十年（一九四一），屈先生任職於國立中央圖書館，擔任編纂及特藏組主任，其主要工作即考訂善本書及金石拓片。於是草擬善本圖書及拓片之編目規則。所擬訂之〈善本圖書編目規則〉，共三十四則：

(1)版本之著錄，首朝代、元號、紀年，次處所，最後著錄版本之類別（如刊本、活字本、抄本等）。各項如有未具，且無法考知者，闕之。

(2)凡雕版之書，通稱「刊本」。

(3)凡據舊本影摹上版，行款悉如原式者，曰「覆刊本」。其所據之祖本，應表著之。

(4)凡確知為覆刊宋本或元本，而不能詳其祖本刻於何年何處者，可依其半葉行數，題云：某年某處覆刊宋幾行本，或元幾行本。

(5)凡書板年久漫漶殘損，經後世修補印行者，曰「修補本」。其原刊及修補之年代與處所，應儘可能表著之

(6)凡後人用舊板增刊評語或序跋等印行者，曰「增刊……本」。其原刊及增刊者之年代與處所，應儘可能表著之。

(7)書有殘缺經抄補者，曰「抄補本」，或曰「配補……抄本」。其原刊者及抄補者之年代處所，應儘可能表著之。

(8)書有殘缺，以他本配補者，曰「配補……本」。其原本及配本之刊刻年代與處所，應儘可能表著之。

(9)名手寫刻之書，曰「某人寫刊本」。其年代及寫者，應表著之。

(10)凡刻書人之地望，與刻書之處所非一地者（如書帕本等），應著其刻處。原題有用古地名者，應從其原題。其刻處可由刻者之官銜表現者，必要時得著其官銜。

(11)凡朝代元號已知，而刊板之年未詳者，可於元號下著一「間」字，曰「某代……（元號）間某處某氏刊本」。如並刊處未詳者，可但題云：「某

代……（元號）間刊本」。

⑿凡朝代可定而元號年月未詳者，可題云：「某代某處某氏刊本」。如並刊處未詳，而能斷其為某代初葉或中葉、末葉所刊者，可題云：「某代初葉刊本」、「某代中葉刊本」、「某代末葉刊本」；或就書口形狀及半葉行數，題云：「某代刊黑口（或白口、花口）幾行本」。

⒀凡朝代可定，而元號年月及刻處均未詳，但有刻板時編校人之題署者，可以編者或校者之姓名著錄之。

⒁凡朝代可定，而元號年月及刊處均未詳，且無編校人之題署，但能審知為官刻或坊刻者，可題曰：「某代官刊本」，或「某代坊刊本」。

⒂凡私家之齋室名，書坊之坊名，以及寺觀名號等，如原書中有題署者，應表著之。

⒃凡官刻之書，應著其官署名稱。如為內府所刻而未詳其刻於何署者，可但題云：「內府刊本」。

⒄凡醵貲刻板之書，曰「集貲刊本」。

⒅凡叢書中之單本，曰「某某叢書本」；合刻書之單本，曰「某某合刻本」。

⒆凡書板易主，新主用原板（未經修補）印行者，曰「某某印本」。原刊者及印行者之年代處所，應儘可能表著之。

⒇凡以特殊墨色印行者，應依其墨色表著之。

㉑凡套印之書，朱墨二色者，曰「朱墨套印本」。三色以上者，曰「某某幾色套印本」。畫譜等書，以彩色印者，曰「彩色印本」。

㉒凡以公牘紙印者，應表著之。

㉓凡活字本，其活字以膠泥製者，曰「膠泥活字本」：木製者，曰「木活字本」：不能辨識為何種活字者，但曰「活字本」。

㉔凡著者手寫稿本，曰「手稿本」；他人清寫後經著者手自改訂之本，曰「手定底稿本」；他人清寫者，曰「清稿本」。

㉕凡抄本之出於名家手筆者，曰「某人手抄（或寫）本」。

㉖凡藏書家倩抄手傳抄之本，應著錄藏書家之里籍姓氏及其齋室名稱。

㉗凡刊本或寫本卷子，曰「卷子本」。其寫本之傳寫年代或傳寫人未詳但能審

其抄於何代者，可依其時代題云：「六朝人寫卷子本」，或「唐人寫卷子本」等。

㈦凡抄本之年月及抄者俱不能詳，但能審知其抄於何代者，可依其時代，題云「明抄本」或「清初抄本」等。如並時代亦不能確定，但能審知為非近時傳抄者，可題云：「舊抄本」。

㈧凡抄本之年代及抄者俱不能詳，但能審知為近時傳抄者，可但題云「抄本」。

㉚凡據舊本影寫而行款無異者，曰「影鈔……本」。其所據之祖本，應表著之。

㉛凡據舊本影寫，但知原本之為宋為元（餘類推），而不能詳其為何年何處刊行者，可題云：「影鈔宋幾行本」，或「影鈔元幾行本」。

㉜凡椎搨之本，以墨搨者，曰「墨拓本」；以朱搨者，曰「朱拓本」；以藍搨者，曰「藍拓本」；餘類推。椎搨之時代及搨者，如能審知，應依刊本例著之。

㉝凡鈢印鈐拓之本，曰「鈐印本」。鈐拓時代之處所，如能審知，應依刊本例著之。

㉞凡板式、書品之特異者，應斟酌情形表著之。

此三十四例，係屈先生據多年來考訂無數善本秘笈之經驗，編訂而成。目前，全世界編訂善本書目均據此規則，其影響、貢獻甚著。

此外，屈先生曾先後在山東省立圖書館及國立中央圖書館任職多年，此二館均藏有大量之金石拓片。金石拓片之編目規則，從未之有。屈先生於民國三十七年（一九四八）擬訂〈拓片編目規則〉，此規則分「通則」、「卡片目錄」、「書本目錄」參章。「卡片目錄」分「總記」、「拓片名稱」（附數量之稱謂）、「作者」、「時代」、「板本」、「附註」、「號碼」七項。共五十六則。此項編目規則亦為全世界所採用。

2.為「版本學」之研究奠定基礎

「板本」一詞，始於北宋。《宋史·崔頤正傳》：「咸平（九九八～一○○三）初，又有學究劉可名言諸經版本多舛誤，真宗令擇官詳正，因訪達經義者，

（李）至方參知政事，以頤正對。」又〈邢昺傳〉：「真宗景德二年（一〇〇
五），上幸國子監閱庫書，問昺經版幾何？昺曰：『國初不及四千，今十餘萬，
經、傳、正義皆具。臣少從師業儒時，經具有疏者百無一二，蓋力不能傳寫。今版
本大備，士庶家皆有之，斯乃儒者逢辰之幸。』」迨南宋，「板本」一詞，則已常
見。惟以板本為研究者，則始於清代。其中以黃丕烈《士禮居藏書題跋記》（六
卷）、《蕘圃藏書題識》（十卷）等書，多載論歷代版刻之優劣、考訂各書版刻之
流傳等資料。清末葉德輝所撰《書林清話》（十卷），則多記刻書源流、官刻與私
人刻書之情形及板本相關之知識，如裝訂、紙張等。惟黃氏之書，評述版本之資
料，散見於各篇題識中；葉氏之書，雖彙聚版本資料於一編，然未能建構為一門有
系統之學術。將研究版本之事，建立一系統之學科者，肇自屈先生與昌彼得（瑞
卿）先生合著之《圖書版本學要略》一書❷。

　　屈先生於此書〈自序〉中，述此書撰寫之經過。略云：「萬里服役圖書館界，
先後歷十餘年。因司中文舊籍考訂編目之事，欲覓一簡明適用之板本學書，而迄不
能得。乃發憤搜集材料，擬輯編為書，以就正於國人。此意動於抗戰之前，在山東
圖書館執役時也。八年期間，雖未克悉在圖書館界服務；而搜集材料之事，則未嘗
或輟。至勝利還都，以任職中央圖書館之便，所見異本益多，所得材料漸富；於是
董而理之，開始屬稿。迨三十七年（一九四八）秋，稿成甫半，而中原板蕩，京華
騷動，又復流寓臺灣。由於職業之更易，遂無暇及此；舊稿擱置篋中，蓋四年於茲
矣。友人昌彼得先生，英年績學，相與共事於中央圖書館同司考訂善本圖書之事者
多年。昌君於此道學驗既豐，於明本書之鑒別，尤具隻眼。既亦避地在臺，故時獲
賞奇析疑之樂。客冬談及此稿，承其慨允為之續成。於是抒其卓識，匡我不逮；爬
羅疏通，甫半年而全稿以定。……」

　　此書共四卷：卷一〈前篇〉，旨在考述古代圖書名稱、圖書形製之演變、璽印
及石刻之傳拓與書刻之關係。卷二〈源流篇〉，旨在考述五代至清代之刻書概況，
並兼述歷代活字本、套印本、石印本、影印本。卷三〈鑒別篇〉，論述從板式、字
體、行款、刻工、紙張墨色、諱字等鑒別板本真偽之方法及書估作偽之技倆。卷四

---

❷　此書於民國四十二年（一九五三）六月，由中華文化出版事業委員會印行。

〈餘論〉，旨在論述考訂善本書之重要參考書目、善本書目板本項之著錄方法及圖書板本習用語（術語）等。末附圖版二十二幅。此書之貢獻，為板本學確立研究之方法及使繁雜之板本知識，構成一有系統之學術。

在「版本學」之研究領域中，「善本書志」之撰述，為一項重要之工作。「善本書志」之撰寫體例及方法，亦為屈先生所創發。前人考訂善本書，或考其內容，或記其版式行款，無一定之體例與方法。屈先生曾撰〈善本圖書之編目〉㉔一文。其中論「善本書識（志）」之撰寫，宜兼及板式行款，牌記或題識、刻工姓名、避諱字、收藏印記、缺卷缺葉、批校題跋、校勘記或該本之優點等項目。此項創發，已成為世人撰寫「善本書志」依循之通則。

3.考訂善本圖書

屈先生既為善本書之編目訂定規則，復為版本學之研究奠定基礎，於教學研究工作之餘，亦多從事善本圖書之考訂工作。此項工作分四項敘述：

一是從事善本書目之編訂。民國二十一年（一九三二），先生任職於省立山東圖書館，撰成《山東圖書館圖書分類方法》，由該館油印出版，為山東圖書館書目之編製，奠定基礎。民國二十九年（一九四〇），先生任職於國立中央圖書館，擔任特藏組主任，於是完成《國立中央圖書館善本書目初稿》，於民國三十六年（一九四七），由該館油印出版。茲編為今日《國立中央圖書館善本書目》（增訂本）之藍本㉕。民國五十四年（一九六五）秋，先生應美國普林斯敦大學高深研究所之聘，為該所研究員及該校圖書館訪問書誌學者，在美期間，完成《普林斯敦大學葛思德東方圖書館中文善本書志》一書，於民國六十四年（一九七五）一月，由臺灣藝文印書館出版。按：美國普林斯敦大學葛思德東方圖書館（The Gest Library of Princeton University），藏有三萬冊中國善本圖書。第二次世界大戰期間，前國立北平圖書館王重民先生在美國，曾為之作志，積稿四冊；其後胡適之先生任職於普林斯敦大學圖書館，核王氏稿，發現問題甚多。屈先生赴美一載，而成茲編。普林

㉔ 此篇原載《主義與國策》四十二期，民國四十四年（一九五五）一月出版。今收在《屈萬里全集》中《屈萬里先生文存》第三冊頁九五七～九六五。

㉕ 《國立中央圖書館善本書目初稿》，今收在《屈萬里全集》第十六種。民國七十四年（一九八五）臺北聯經出版事業公司印行。

斯敦大學葛思德東方圖書館館長童世綱先生序此書云：「教授屈君翼鵬，潛心墳典，博通經史；玄覽中區，播風外域。歲次乙巳，以普林斯敦高深研究所之禮聘，停斾於葛館。檢王君之舊稿，寫琳琅之新志。校訂刪補，附益述詳，錄序跋則節繁摘要，記行格而並及高廣，究板本之傳衍，著優劣之所在。不特為讀書治學之津梁，亦便鑒古辨偽之參證。其表彰國粹，嘉惠士林者，不亦多乎。」此書於書賈作偽，以明本充宋元本，或以殘帙充全帙者，於作偽之迹，考訂甚詳。童先生序中所言，誠非虛譽。

　　二是考訂古籍之流傳及真偽。我國古籍，由於流傳既久，又屢經傳抄、傳刻，於是流傳之經過多難詳考，真偽羼雜者亦復不少。不考一書之流傳經過，則無以知何者為善本？何者為劣本？不考古籍之真偽，則易為偽書所欺，影響研究成果之可信度。先生每謂為學必求其真理，於資料之引用，尤不可不辨「直接資料」與「間接資料」㉖因此，於古籍之流傳及真偽之考訂，論著極多。〈十三經註疏板刻述略〉㉗、〈明釋藏雕印考〉㉘、〈漢石經周易為梁丘氏本考〉㉙等篇，均是考訂古籍流傳之作。〈舊雨樓藏漢石經殘字辨偽〉㉚、〈普林斯敦大學所藏中文善本書質疑〉㉛等篇，則屬考訂偽書之作。〈普林斯敦大學所藏中文善本書質疑〉一文，所疑之書有四類：一是攘竊他人之作品偽充己作者。此類有《福壽全書》（六卷，明崇禎間刊本，題雲間陳眉公輯，鹿城顧錫疇定）、《新鍥簪纓必用增補秘笈新書》（十六卷，明萬曆十九年刊本，題宋先賢謝疊山公編次，明翰林李九我增補）、

㉖　說見《古籍導讀》。

㉗　此篇原載《學原》第三卷三、四期合刊，民國四十年（一九五一）四月出版。後收在《書傭論學集》頁二一六～二三六。

㉘　此篇原載《國學彙編》第二冊，民國二十三年（一九三四）山東齊魯大學文學院國學研究所出版。後收在《屈萬里先生文存》頁一一七九～一一八四。

㉙　此篇原載《國立中央圖書館館刊》復刊第一號，民國三十六年（一九四七）三月出版。後收在《書傭論學集》頁一～六。

㉚　此篇原載《書目季刊》二卷一期，民國五十六年（一九六七）九月出版，後收在《屈萬里先生文存》第一冊，頁二五～三五。

㉛　此篇原載《圖書館學報》十期，民國五十八年（一九六九）十二月出版，後收在《屈萬里先生文存》第三冊，頁一一三九～一一五六。

《彙書詳註》（三十六卷，明萬曆刊本，題王鳳洲彙苑詳註，金閶世裕堂梓行）、《類選註釋駱丞全集》（四卷，明萬曆刊本，題上海顧從敬類選，雲間陳繼儒註釋，吳郡陳仁錫參訂）、《唐詩紀》（一百七十卷，明萬曆刊本，題吳郡黃德水彙編，鄆郡吳琯校訂）等五書；二是襲取他人刻本冒充己刻者。此類有《性理標題彙要》（二十二卷，明崇禎間刊本，題詹淮撰，陳仁卿訂）、《明辨類函》（六十四卷，明萬曆二十四年刊本，題鍾惺校）；《二十子》（存七十卷，明萬曆刊本，題明新安黃之宷校）。三是以明刻本冒充古本者。此類有《史記評林》（一百三十卷，明凌稚隆輯，明翻刻萬曆四年本）、《群書考索》（存一百三十卷，宋章俊卿編，明正德三年建陽劉氏慎獨齋刊本）；《集千家註批點補遺杜工部詩集》、（二十卷，題宋劉辰翁評點，黃鶴補註，明代初年刊本）等。四是以殘本冒充全本者。此類有《青蘿館詩前集》四卷《正集》存三卷（明徐中行撰，明隆慶刊本）；《唐詩拾遺》（十卷，明高棅編，明崇禎間新安汪氏校刊本）；《蘇雋》（存三卷，明王世元編，明萬曆四十一年刊本）等三種。

4.撰寫善本書志

　　屈先生既首創撰寫善本書志之規範，本身亦常撰寫善本書志。除《普林斯頓大學葛思德東方圖書館中文善本書志》一書外，復撰有下列各書之善本書志：《漢隸分韻》（七卷，元刊本）、《廣韻》（五卷，南宋初年婺州刊巾箱本）、《偽齊錄》（二卷，穴硯齋抄本）、《南唐書》（三十卷，清嘉慶間黃蕘圃門僕鈔本）、《南唐書》十八卷《音釋》一卷（明虞山毛氏汲古閣重校刊本）、《新編方輿勝覽》（七十卷，宋咸淳三年建安刊本）、《新定續志》（十卷，宋景定三年刊本）、《金石昆蟲草木狀》（二十六卷，明萬曆間文俶女士彩繪原本）、《職官分紀》（五十卷，明鈔本）、《新編婚禮備用月老新書》（二十四卷，南宋末年坊刊本）、《桯史》（十五卷，明覆元刊本）、《王建詩集》（十卷，明崇禎間上黨馮氏抄本）、《權載之集》（五十卷存八卷，南宋初年刊本）、《昌黎先生集》（四十卷殘存二卷，宋刊本）、《賈浪仙長江集》（七卷，明初奉新縣刊本）、《注東坡先生詩》（四十二卷存十九卷，宋嘉泰二年淮東倉司刊本）、《滄浪嚴先生吟卷》（三卷，元前至元三十七年刊本）、《滄浪先生吟卷》（二卷，明嘉靖十二年彭城清省堂刊本）、《唐音輯注》（十二卷，明初建安葉氏廣勤堂刊本）、《精選

名儒草堂詩餘》（三卷，元刊清江陰繆氏藝風堂鈔補本），《盤洲樂章》三卷（明虞山毛氏汲古閣影鈔宋刊盤洲文集本），《梅屋詩餘》一卷《石屏長短句》一卷（明虞山毛氏汲古閣影宋精鈔本）。此等作品，自民國三十一年（一九四二）起，陸續發表在《圖書月刊》，今則全部收錄在《屈萬里先生文存》第四冊。屈先生所撰善本書志，為今日海內外撰寫善本書志之範本。

三、對中國圖書館事業之貢獻

屈先生與圖書館之淵源甚早。民國十八年（一九二九），屈先生擔任其家鄉山東省魚臺縣立圖書館館長，為其獻身圖書館事業之始。其後，先後在省立山東圖書館（一九三二年至一九三九年）、國立中央圖書館（一九四〇年至一九四三年，一九四五年至一九四九年）任職。民國五十五年（一九六六）九月至五十七年（一九六八）四月間，復擔任國立中央圖書館館長。先後在圖書館任職二十餘年。其間於古籍之維護整理、考訂研究及圖書館功能之發揚等，均有卓越之貢獻。

在山東省立圖書館工作期間，除從事善本書之考訂編目外，最著者為將該館圖書文物，安全運抵四川。山東圖書館創始於清宣統元年（一九〇九）。最初由山東提學史羅正鈞先生擘畫經營，奠定基礎。民國十八年（一九二九），向湖老人王獻唐先生擔任館長，經費漸裕，收藏漸富。抗戰初期，所藏圖書已達二十餘萬冊，其中有善本書三萬六千餘冊。此外，所藏鐘鼎彝器、泉幣、鉢印、封泥、甄瓦、石刻、書畫等，亦甚繁富，館藏之富，僅次於國立北京圖書館。民國二十六年（一九三七）七月，日本來侵，華北阽危。時屈先生任編藏部主任。一日，王獻唐先生謂先生曰：「本館為吾東文獻所薈萃，脫有不測，吾輩將何以對齊魯父老？擬就力之所及，將比較珍祕者十箱，移曲阜至聖奉祀官府。顧此事重要，可以肩其任者，惟余與子耳。津浦車時遇敵機攻擊，往即冒險，然欲為吾魯存茲一脈文獻，又不容苟辭，子能往，固善，否則余當自往。」先生聞言，不計道途之艱險，慨然請行，願與此纍纍十箱文物共存亡。民國二十六年（一九三七）十月十二日晚出發，先是至曲阜，濟南緊張後，輾轉至漢口，然後再至四川，已是次歲春天矣。所運送之文物，共計金石器物七百三十四品，書籍四百三十八種，二千六百五十九冊又一百八

十三卷，書七十一件，畫六十七件。翼鵬先生將此次押運文物之經過，撰為〈載書飄流記〉一文。館長王獻唐先生曾撰題詞冠諸卷端。題詞包括四首絕句及跋語。四首絕句云：「心力拋殘意漸狂，十年柱下訝多藏；可憐一炬奎樓火，不待銅駝已斷腸。」「悺國十年是此君，倒行猶自說忠藎；華林玉軸干何事，一例樓頭哭絳雲。」「故家喬木歎陵遲，文獻千秋苦自支；薪火三齊留一脈，抱殘忍死待明夷。」「酒入愁腸日作芒，回頭忍淚說滄桑；夜來展讀西臺記，一覺閻浮夢已涼。」跋語云：「去冬敵陷魯地，余與翼鵬道兄運圖書文物入川，辛苦備嘗，所撰〈載書飄流記〉，皆實錄也。竭兩夜力籀讀一過，題四截句冊耑，亦長歌當哭之意。君在曲阜，嚴稽文獻，旁及輿地，皆精確縝密，足備掌故，異日脩志者當有取於斯，不祇作《金石錄》後敘觀也。」此篇〈載書飄流記〉，稿藏篋中近四十年，至民國六十五年（一九七六），屈先生始倩人鈔錄一過，並改題為〈載書播遷記〉，分上下兩篇，發表於《山東文獻》第二卷三、四兩期，並附載〈山東省立圖書館第一次運往曲阜金石典籍書畫目錄〉。此篇不僅為山東省之重要文獻，亦為中國圖書館史之重要史料。

屈先生在國立中央圖書館任職期問，對中國圖書館事業之貢獻，可分兩階段論之。第一階段為在大陸時期，第二階段為在臺灣時期。

國立中央圖書館於民國二十二年（一九三三）成立籌備處，於二十九年（一九四〇）八月一日正式成立。屈先生於該館成立之初，即進入該館工作，直至民國三十八年（一九四九），其中除有兩年在中央研究院歷史語言研究所研究外，均在該館擔任編纂及特藏組主任。特藏組之職掌為從事善本書及金石拓片之保管、編目、考訂、閱覽及傳佈。中央圖書館之善本書多達十餘萬冊，主要是購自吳興張氏適園、劉氏嘉業堂、江寧鄧氏群碧樓、番禺沈氏等私人藏書及接收南京陳群澤存書庫所得。屈先生將此十餘萬冊善本書編成《國立中央善本書目初稿》，並制訂中文舊籍及拓片之編目規則，此在前文已言之，不再重複。

民國五十五年（一九六六）秋，屈先生從美國普林斯敦大學講學回國，即應聘擔任國立中央圖書館館長。

屈先生擔任國立中央圖書館館長之初，即發表〈國立中央圖書館計畫中的幾件

工作〉一文❸，提出幾件亟須努力以赴之工作：一是大量補充人文科學與社會科學圖書；二是善本圖書之閱覽與傳佈；三是恢復館刊；四是擴展與國際文教機構合作業務。此四事在屈先生擔任館長期間，均順利完成。

《臺灣公藏中文人文社會科學聯合目錄》之編輯，則是屈先生對中國圖書館事業另一重要之貢獻。

圖書館之藏書，需編製完善之目錄，始能為學者所利用。國內圖書館所藏文史資料，除善本書外，復有為數甚富之官書、期刊及清代以後印行之線裝書。此等資料，分散於各學術機構，學者每苦於無一完善之聯合目錄，頗感不便。屈先生有鑒於此，乃徵得中美人文社會科學合作委員會之同意，由其補助從事國內圖書館藏書聯合目錄之編輯。當時決定編輯之聯合目錄是：一、中文善本書聯合目錄；二、中文人文社會科學官書聯合目錄；三、中文人文社會科學期刊聯合目錄；四、中文普通本線裝書聯合目錄；五、中華民國出版圖書目錄彙編續輯。目前，此五項工作，均已完成。此項聯合目錄之編輯工作，不僅方便中外學人檢索資料，亦為日後國內圖書館所進行之館際合作，奠定良好而穩固之基礎。

四、結論

綜觀屈先生一生，其工作單位大致有二：民國三十八年（一九四九）四十三歲以前，大部分時間任職於圖書館界；民國三十九年（一九五○）四十四歲以後，則大部分時間任職於中央研究院歷史語言研究所及國立臺灣大學。在圖書館任職，主要在考訂善本書，成就其目錄版本學之造詣。在中央研究院歷史語言研究所工作，其主要研究工作與甲骨文有關，得以在古文字學領域卓有所成；屈先生在民國二十三年（一九三四）年二十八時，即出版其經學專著《漢魏石經殘字二卷校錄一卷》❸，其後在臺灣大學所講授者，如《周易》、《尚書》、《詩經》等，多與經學有關，不少經學著作，亦陸續完成。民國六十一年（一九七二），即以在甲骨文、經

---

❸ 此篇載《教育與文化》第三五一、三五二期合刊本，民國五十六年（一九六七）三月出版。

❸ 由山東省立圖書館出版。今收在《屈萬里全集》第十五冊。

學及目錄版本學等領域有特殊成就，膺選中央研究院院士。屈先生在學術方面之成就，不僅在此三方面，屈先生曾撰有《史記今註》及《讀老劄記》二書，又有多篇考訂上古史之論文，是其在乙部及丙部之學，亦多創發也。至於其在中國圖書館事業之貢獻，尤其深遠，是以一併論之。

　　屈先生曾自述其治學過程，少時曾游學於經學家李雲林（繼璋）、思想史學者夏溥齋（濟泉）、文字學家丁佛言及以詩文名家之呂今山諸先生之門，奠定其深厚之國學基礎。屈先生之能成為一代著名學者，固有良好師承，其勤奮及嚴謹之治學態度，亦為重要原因。嘗自述平生治學，以三事自誓：一是絕對服從真理；二是絕不作意氣之爭；三是絕不用連自己都不相信之理由，以增強自己之論據㉞。屈先生逝世後，論其生平及治學成就之紀念文章甚多，然尚未見有系統深入論述者。本篇之作，一則可供學者更深入瞭解屈先生學術精邃之處，一則或可供研究近代學術史及中國圖書館事業史者所取資。

（原載《應用語文學報》第五號，二〇〇三年六月）

㉞　詳見《書傭論學集・自序》，民國五十八年（一九六九）三月，臺北開明書店印行。今收在《屈萬里全集》第十四冊。

懷念一生獻身學術著作如林的「書傭」
──屈萬里院士其人其書

劉兆祐

「書傭」是先師屈翼鵬（萬里）院士所自號。他為甚麼謙稱自己為「書傭」呢？這是因為屈先生從十九歲那年擔任山東魚臺縣立圖書館長起，先後在省立山東圖書館、國立中央圖書館工作過，民國五十五年（一九六六），並出任國立中央圖書館館長，先後在圖書館界工作了數十年，為我國圖書的保存、整理和研究，付出了極大的心血。即使離開圖書館界的一段時間，在臺灣大學，在中央研究院歷史語言研究所教學與研究，也從來沒有離開過書本。「琳琅萬卷，昕夕摩挲，足以慰情，亦可以療飢」，這幾句話，是他常用來形容自己與書為伍的快樂，也可以做為他一生的寫照，所以，他謙虛的自號為「書傭」。

治學以三原則自誓

屈先生在民國紀元前五年（一九〇七）九月十五日，出生於山東省魚臺縣的谷亭鎮。七歲在鄉塾讀書，後來先後入濟寧省立第七中學和北平郁文學院讀書，後因九一八事變，於是輟學返鄉。屈先生以如此毫不顯赫的學歷，卻能在民國六十一年（一九七二）以「對先秦史料之考訂，中國古代經典（《詩》《書》《易》等）及甲骨文之研究，均有成就，尤精於中國目錄校勘之學」，當選為中央研究院院士，是由於他長時間勤奮苦學的成果。

他曾在《書傭論學集》裏，自述平生治學，以三原則自誓：一、絕對服從真

理；二、絕不作意氣之爭；三、絕不用連自己都不相信的理由，來增強自己的論據。他做學問既然如此重視證據，尊重證據，而尋求證據的惟一途徑，就是埋首於書堆文物中。

從下面的幾件事，可以看出屈先生深厚的學問根柢，是從「寂寞」和「艱辛」的歷程中獲致的！

民國五十五年（一九六六），我正在唸研究所，那時屈先生正主持國立中央圖書館館務。他為了讓我方便寫論文，要我到特藏組充當臨時人員，一方面幫忙校對各種文稿，一方面也順便蒐集資料寫論文。中央圖書館有十四萬冊善本書，其中宋代文獻尤為豐富，我的論文題目和宋代文獻有關，所以我的月薪雖只有新臺幣四百元，校對文稿的工作也很辛苦，但是我工作得很愉快，這不僅是由於我有機會看到很多珍本秘笈，更重要的一點是，我得以追隨一位我敬佩的師長，得以有更多的時間，霑潤他的春風化雨。而我印象最深刻的是：屈先生雖身為館長，但是在館務繁忙之餘，仍利用有限的時間，從事研究。他有時候提閱一些善本書。當時中央圖書館的善本書，都還裝在木箱裏，提書不很方便。他為了方便我和工友提書，他會告訴我，那一本書書帙是什麼顏色，一共有多少冊，大小如何等。他不僅可以說出每一部書的外觀，對每一部書的內容，更是熟悉得如數家珍。當時我老是覺得很驚奇，何以他對十幾萬冊的善本書，會如此瞭解。一直到六十二年（一九七三），那年他六十七歲，我開始著手撰寫〈屈翼鵬先生著述年表〉，準備做為他七十歲生日的獻禮，詳細檢閱中央圖書館的檔案時，才發現原來中央圖書館的十幾萬冊善本書，每一部都經過他親手編目和考訂，難怪他那麼熟悉了。一直到現在，每當我到中央圖書館借閱善本書時，除了有一分和前賢相對晤談的喜悅外，同時也感受得出屈師在生前摩挲這些珍籍所留下的手澤和心血。

還有一件事是，記得我第一次到屈先生家時，見到老師的客廳，懸掛著孔達生（德成）先生所寫匾幅「靜侍齋」。我問師母這三字的由來。師母告訴我，屈老師每天從早到晚都在研究室，只有在夜深了困倦時才回家休息。所以在他們結婚時，孔先生特地送了這幅字，為的是時時提醒屈老師，多多留在家中陪師母。屈先生這種不眠不休用功的情形，可以從一段他自己的序文中得到寫照。民國四十年（一九五一）左右，屈先生以中央研究院歷史語言研究所從第一次到第九次發掘所得的有

字甲骨為基礎，從事「考釋」的工作。這種「考釋」的工作極不容易，因為這些甲骨大約有四千片，散在一堆，要把這些散亂的四千片甲骨，拼綴為有次序的資料，就不是一件容易的事。拼綴完了，還得一一考釋，使學者能正確使用這些甲骨上的文獻，以為研究古史的資料。單單拼綴的工作，就費時好幾年，才把約四千片的甲骨拼綴成二二三版，他在這本厚達四十萬言名為《殷虛文字甲編考釋》一書的序文裏，借辛稼軒「眾裏尋他千百度，驀然回首，那人只在燈火闌珊處」的詞句，以比況在深夜「燈火闌珊」中拼綴甲骨的甘苦情景。屈先生年輕時擔任大成至聖先師奉祀官府文書主任，與孔先生一同讀過書，他們誼同兄弟，相知甚深。孔先生題這三個字，固然是跟屈先生開玩笑，也可以看出屈師廢寢忘食的治學精神。

善飲好客，自奉甚儉

屈先生的好客和善飲是眾所熟知的。在悅賓樓和會賓樓，可以時常看到他請客。十幾年前，教育部把學術獎頒給他。朋友和學生見了他，不免隨便說聲要他請客。凡是說過要他請客的人，後來都受到了邀約，五萬元的獎金，遠不敷請客的支出。即使在他得了肺癌，在家中養病期間，對一些遠到來的客人，他仍然要盡地主之誼。他說養病期間，「只做主人，不做客人。」就在他第一次住院治療的時候，韓國教授團訪問臺北，其中有不少是曾在臺灣求學受業於屈先生的。儘管這些外國學生不肯讓老師請客，累壞了身子，最後還是拗不過他的誠摯，讓他盡了地主之誼。

屈先生雖是好客，自奉卻是甚儉。他家中用的家具，二十多年來沒有更換過。民國六十四年（一九七五）左右，才買了冰箱。南港的中央研究院很少淹水，可是六十六年的一次颱風，卻使中研院淹了水，屈先生的宿舍也泡了水，地板屋頂都毀壞不堪，蛇鼠可以隨時竄進屋子，師母想找人來修葺，他堅持不肯。一天，師母在房間發現了一條蛇皮，擔心家中有蛇。於是老師和師母細心的在家中每個角落搜索，終於發現一條蛇伏蜷在放電扇的紙盒裏。他們用一條舊的被單，裹住了盒子，丟到野外。不久，家中有腐臭的氣味，師母在天花板上找到幾隻死鼠，還有幾隻在地板下不易找，這時候，屈先生才勉強答應找工人來修。

播遷文物，歷盡險阻

　　屈先生在學術上的貢獻，最主要的有兩部分：一是寫下了許多不朽的傳世經典之作；一是對我國圖書文獻的保存和整理，貢獻甚鉅。

　　談起屈先生對圖書文獻的保存和整理，可以遠溯到他弱冠時在家鄉——山東魚臺縣立圖書館擔任館長開始，此後，先後在省立山東圖書館和國立中央圖書館任職，貢獻圖書館事業，長達二十年。在這期間，對我國圖書，尤其是古籍文物的維護、考訂以及圖書館功能的發揚等，都有卓越的建樹。

　　民國二十六年（一九三七）七月，日寇侵略我國，華北阽危，那時屈先生正在省立山東圖書館擔任編藏部主任。山東省立圖書館創始於清宣統元年（一九○九），最早由山東提學使羅正鈞先生擘劃經營，備極辛勞，奠定了良好的基礎。民國十八年，向湖老人王獻唐先生擔任館長，經費漸裕，蒐集也漸多。抗戰初期，藏書已達二十餘萬冊，善本書也有三萬六千多冊。戰端初啟，王獻唐先生擬遷書於離戰區較遠的省份，以維護文物的安全。可是當時館中同事多已請假，而且津浦火車，日日遭敵機轟炸，非常危險。一天，王獻唐館長對屈先生說：「本館為吾東文獻所薈萃，脫有不測，吾輩將何以對齊魯父老？擬就力之所及，將比較珍秘者十箱，移曲阜至聖奉祀官府。顧此事重要，可以肩其任者，惟余與子耳。津浦車時遇敵機襲擊，往即冒險，然欲為吾魯存茲一脈文獻，又不容苟辭。子能往，固善，否則余當自往。」屈先生聽了這番話，不計道途之艱險，慨然請行，願與此纍纍十箱文物共存亡。二十六年十月十二日晚出發，先是到曲阜，濟南緊張後，輾轉到了漢口，然後再到四川，已是次年春天了。一路上歷盡艱難與危險，「一日，予以公務赴滋陽，將抵泗濱，見河沙映日，一白無際，憶李太白東魯門泛舟之詩·意栩栩然。旋聞軋軋機聲，自南而至，視之凡四架，予乃避入叢林，則見冢上洞孔密布，蓋敵度林中必有匿人，以機槍所致也。因復趨出，偃臥道側，以察其肆虐之狀。是時我高射礮齊發，烟花綴空，如白雲朵朵。機槍則密如連珠，時雜以轟炸聲，儼如置身戰陣間也。」這是他記述當時危險的一段文字。

　　這次運送的文物，共計金石器物七百三十四品，書籍四百三十八種二千六百五十九冊又一百八十三卷，字七十一件，畫六十七件。到了四川，一切安頓好了，屈

先生把這次押運文物入川的經過，寫成〈載書飄流記〉一文。王獻唐館長稱譽這篇文章「嚴稽文獻，旁及輿地，皆精確縝密，足備掌故，異日修志者當有取於斯，不祇作金石錄後敘觀也。」這篇〈載書飄流記〉的原稿，一直藏在屈先生的書篋中將近四十年，未曾發表。直到民國六十五年（一九七六），屈先生請人鈔錄一過，並改題為〈載書播遷記〉，發表在《山東文獻》二卷三、四兩期。它不僅是山東省的重要文獻，也是中國圖書館史的一項重要史料。

摩挲考訂善本書

屈先生在學術上的另一貢獻，是對善本書的考訂。

什麼叫做「善本書」呢？從漢代以來，就有不同的各種說法。較正確的說法是：刊刻或鈔寫的時間較早而校勘精細，錯誤較少又沒有殘缺的本子。從前不少的知識份子，把「善本書」當作骨董來欣賞，而不是用來從事研究，這自然是一種錯誤。例如明代的朱大韶，最愛宋代所刻的古書，聽說吳門故家有一部宋刻《後漢紀》，居然不惜以最心愛的美婢換得這部書。這位美婢臨行時於壁上題詩：「無端割愛出深閨，猶勝前人換馬時；他日相逢莫惆悵，春風吹盡道旁枝。」朱大韶每當看了這首詩，就懷念起這位又美麗又有文才的女婢，終於抑鬱而死。

屈先生認為「善本書」的價值，在於提供學術研究時較直接的資料。但是「善本書」和一般圖書不同，有時候雖是同一部書，每由於版本的不同，內容和文字都會有很大的差異，有的訛誤較多，有的錯字較少；有時候雖是同一部書，有的完整，有的以殘損冒充原本。不論是錯字或殘損，都會影響學術研究的結果。以錯字來說明，明代陸深的《儼山外集》，就記載了一則笑話：明初有一位名醫名叫戴元禮，有一次到南京，看見一家診所，求醫的人很多，元禮想，這一定是位名醫，並且一定有特殊的藥方。所以每天都去看，可是所看到的，都是很常見的藥方。有一天，他看見醫生告訴病人，煎藥時一定要放一塊「錫」下去煎。元禮聽了，很覺奇怪，他從來沒有見過這樣的藥方，遂問那醫生，醫生說，這是古方。可是元禮還是很疑惑，於是找遍了醫書，終於發現了那個藥方，但是不是要加「錫」，而是「餳」，「餳」就是麥芽糖，於是叫那醫生趕緊改正，不然就會鬧出人命來。可見

「善本書」需經考訂的重要。

　　屈先生是在民國二十九年進入中央圖書館工作，一直到民國三十八年，都是負責善本書的考訂工作。中央圖書館的善本書，主要是購自吳興張氏適園、劉氏嘉業堂、江寧鄧氏群碧樓、番禺沈氏等私家的藏書，加上抗戰勝利後，接收了南京的澤存書庫。那時候，屈先生擔任特藏組主任，和在該組任職的昌彼得（瑞卿）先生昕夕從事善本書的考訂工作。要把十幾萬冊的善本圖書，一一考訂編目，不是一件簡單的事情，除了要有淵博的學識外，遲要有不畏艱辛的毅力。《國立中央圖書館善本書目初稿》第一輯，終於在民國三十六年完成，由中央圖書館印行。這一部書目，不僅是中央圖書館的首部善本書目，而更重要的意義是：其完善的、精細的編輯體例，為日後全世界關於中國善本書目的編纂，奠定了正確的範例。

出長國立中央圖書館

　　臺靜農先生曾說過：「學者多不善治事，翼鵬獨不然。每任勞怨，不辭繁劇，明正練達，最為朋儕所欽挹。」屈先生這種又能讀書又善治事的特長，是他多年來慢慢磨練獲得的。屈先生在民國二十年冬初進省立山東圖書館工作時，館長王獻唐先生就勉勵他「治事期如銀行之整飭不紊，治學期如學校之師友講習。」而他多年來的治學做事，雖謙稱「雖未能盡副所期，然既竭吾力，寸心尚安。」臺先生的稱讚，也非過譽。由於他既有崇高的學術地位，做事又明快，所以在民國五十五年秋，屈先生從美普林斯頓大學講學回國後，教育部長閻振興先生，就邀聘他出長國立中央圖書館。但是，屈先生淡泊名利，一再婉辭，然終拗不過閻部長的誠懇，只好答應一年聘期。

　　屈先生出任中央圖書館館長雖為期不長，卻對我國的圖書館事業，做了不少有深遠影響的貢獻。

　　由於篇幅的關係，這裏只舉述兩件事，說明屈先生的貢獻。

漢學研究重鎮的建立

一是大量充實人文科學和社會科學的圖書。國立中央圖書館目前是全國唯一的國家圖書館,理論上,應該收藏各學科的圖書文獻,以應全國學人的需要。可是以短絀的經費,要收藏各學科的圖書,誠非易事。就以科技方面的圖書來說,目前設有理工學院的大學,多數已有豐富的藏書;各種最新的科技期刊,也大致具備。中央圖書館以有限的經費,實在沒有必要,也不可能複購這類科學圖書。即使購買了,也難以超越國內著名的大學,更遑論成為世界性的某種性質的藏書重鎮了。所以當時屈先生就決定以有限的經費,作重點的發展,俾中央圖書館能成為世界上某方面的藏書的重鎮。他想以既有的十四萬多冊善本圖書為基礎,再增購人文科學和社會科學的圖書,期使中央圖書館與中央研究院、故宮博物院等機構,使臺北地區成為全世界研究漢學的重鎮。那時候,中央圖書館所最缺少而亟待補充的資料是民國四十二年(一九五三)以前出版的文史資料、清代刊印的圖書及日本歐美學者有關漢學的著作。民國五十六年(一九六七),屈先生向閻振興部長請求撥款二百萬元,經核准了一百萬元,大量收購了當時上述中央圖書館所缺少的文獻。他的這一措施,不僅使中央圖書館在漢學資料的收藏更形充實,提高國人研究文史工作的水準,成為世界漢學的重鎮,同時,也為今後在經費不很充裕的國內圖書館事業,指出了一條可行的方向。

編輯漢學文獻聯合目錄

其次,《臺灣公藏中文人文科學聯合目錄》編輯工作的進行,也是屈先生在中央圖書館長任內對我國圖書館事業所做的重要貢獻。

圖書館的藏書,想要能讓海內外學人充分利用,目錄的編製是最重要的工作。國內圖書館所藏的文史資料,除了善本書以外,還有為數不少的官書(政府出版品)、期刊及清代以來印行的線裝書。就以官書來說,各圖書館藏有不少早期各級政府、議會及公營事業機關的出版品,這些出版品,包括各種法令、規章、公報、議事錄、調查統計與研究報告等,是研究各個時代制度的最原始資料。再以期刊來

說，當時國內藏有清朝同治年間以來的期刊為數不少。就其內容加以分類，有屬於博物館學的、教育的、社會學的、文史的……這些屬於人文社會科學的期刊，約有兩千多種。這些資料，各收藏單位雖都有目錄卡片供讀者檢索，可是多數的圖書館都還沒有出版詳細而完整的書目。因此國內外的研究工作者，每每為了查閱資料，須跑遍各圖書館，深為不便。屈先生有鑒於此，乃徵得中美人文社會科學合作委員會的同意，由其補助從事國內圖書館藏書聯合目錄的編輯工作。參加的單位，有：中央圖書館、中央研究院歷史語言研究所、故宮博物院、國防研究院、臺灣大學、師範大學、東海大學及省立臺北圖書館（今中央圖書館臺灣分館）。先後編輯完成的聯合目錄有：⑴《中文善本書聯合目錄》；⑵《中文人文社會科學官書聯合目錄》；⑶《中文人文社會科學期刊聯合目錄》；⑷《中文普通本線裝書聯合目錄》；⑸《中華民國出版圖書目錄彙編續輯》。

　　這種漢學文獻聯合目錄的編輯工作，不僅方便中外學人查閱資料，也為日後國內圖書館所進行的館際合作，奠定了良好而穩固的基礎。

屈先生治學的主要成就

　　在民國六十二年秋，我通過過教育部的博士學位評定考試後，我想做的第一件事，就是撰寫屈先生的著述年表。因為從民國五十五年，他開始指導我寫碩士論文以迄我完成博士論文，由於時時向他請益，對他的博學，越加敬仰。我想一方面藉著寫他的著述年表，對他的治學過程，能深入瞭解，以為今後自己治學的指南，一方面，也用以表達做為一個學生對所敬仰的老師的感激於萬一。

　　但是，當我著手撰寫的時候，我才發那是一項艱巨的工作。因為屈先生的著述太多，其中不少早期的著述，在臺灣已很難覓到，他自已也沒有底稿。於是根據各種索引及目錄，先把他所有的著述，按照發表的先後排比，然後在中外圖書館一一設法找出，詳細閱讀。經過了四年的撰寫，即到了民國六十六年（一九七七），才把他的著述年表寫成。那年農曆九月十五日，欣逢他七十歲的生辰，故舊門生等，同謀編纂慶祝論文集為壽。於是我就以〈屈翼鵬先生七十著述年表〉做為賀禮。

　　綜觀他的著作，可以看出他一生論學的主要成就，大致在四個方面：

　　一是經學——這是屈先生一生致力最多的一門學問。從漢朝到現在，兩千多年來、用心於經學的學者固然不少，但是尚待解決的問題仍然很多。屈先生在這方面的著作，有很多是超越前賢，自成一家之言的。他在經學方面之所以能邁越前賢，除了他能博覽前人的著作外，最主要的因素是他能善用近人新發現的資料，如石經、甲骨文、鐘鼎文及其他史料，言前人所未言，發前人所未發。就以漢石經的《周易》來說，很多學者都相信當代金石學家馬衡先生以為是京氏本的說法。民國十八年（一九二九）十二月，馬氏撰〈漢熹平石經周易殘字跋〉，發表在《國立北京大學圖書部月刊》一卷二期，就力主漢石經的《周易》，用的是京氏（房）本，當時很多著名的學者，如錢玄同、胡適之、顧頡剛等先生都同意馬氏的說法。民國二十一年（一九三一），屈先生正任職於省立山東圖書館，那裏藏有一塊漢熹平石經的殘石，屈先生從殘石正反兩面的文字研究、開始懷疑馬氏的說法。後來屈先生又見到了張溥泉先生所藏的另一塊熹平石經《周易》殘石，遂確定了漢石經《周易》的祖本，不是京氏本，而是梁丘氏（賀）本，於是撰了〈漢石經周易為梁丘氏本考〉一文，發表在《國立中央圖書館館刊》第一期。最近，我看到馬衡先生晚年在大陸上所寫的〈漢石經易用梁丘本證〉一文，他已承認漢石經《周易》的祖本應是梁丘氏本，而不是京氏本，馬先生承認「此皆昔考證之疏，故詳辨之，以糾前失。」馬先生卒於一九五五年，他這種勇於改正前說的學者風範，實在很令人敬佩，而屈先生遠在四十年前，還很年輕時就能有如此卓越的見解，委實很不容易，這就是由於他治學一向重視文物證據的成果。

　　屈先生在經學方面的著述很多，專書就有《漢魏石經殘字二卷校錄一卷》、《漢石經周易殘字集證》、《漢石經尚書殘字集證》、《漢魏易例述評》、《尚書集釋》、《詩經詮釋》等，單篇論文不勝列舉。

　　二是古文字學——自從清朝末年發現了甲骨文後，甲骨文的研究，便成了一項專門學問。研究甲骨文，不僅可以解決東漢許慎《說文解字》一書寫成後在文字學上所存在的許多問題，更重要的是，可以用甲骨文的知識，解決古書上的許多問題。民國五十三年（一九六四）十月間，屈先生曾以深入淺出的方式，在國立中央圖書館做了一次以〈談談甲骨文〉為題的演講·。那次講演，除了講述甲骨文發現的經過、甲骨文的收藏和傳佈及近百年來甲骨文的研究情形以外，他並列舉了甲骨

文在學術上的主要貢獻有三：一是在經學方面，二是在文字學方面，三是在歷史方面。他舉「若」字為例說，這個字漢代以後都當作「擇菜」或「香草」，但是在先秦上古的典籍裡，這個字卻只有當做「順」解釋，才說得通。而在甲骨文裏，「若」字的寫法就像一個人跪在地上用手整理頭髮使順的情形，這樣看來，許慎以來的解釋顯然是錯了。屈先生在古文字學方面，最重要的專書是《殷虛文字甲編考釋》，全書共四十萬字，真是巨構。單篇論文有〈甲骨文从比二字辨〉、〈𠂤不跡解〉、〈仁字涵義之史的觀察〉等。

三是在史學方面——屈先生在史學方面的研究，大部分在上古史方面。他充分利用古文字、地下文物及民俗方面的資料，考訂古史，因此常能有超越前人的說法。在這方面的著作，有〈謚法濫觴於殷代論〉、〈讀周書世俘篇〉等數十篇。其中〈我國傳統古史說之破壞和古代信史的重建〉一文，提出他對古史重建的看法。他以為從民國六、七年到三十年前後，是破壞傳統古史說最激烈的時代，以致很多人對自己民族的來源，產生了懷疑。如今由於考古學的發達，地下文物出土者已漸多，今後應該多利用這些甲骨文、金文、石器、陶器、骨器等，重建古代信史，恢復古史的原貌。今天，大家正在提倡復興文化及歷史尋根．屈先生的這篇文章，指出了正確的方向。

四是文史資料的討論方面——屈先生生平治學，最重視證據，所以對文物資料的考辨，也就益加重視。他重視目錄學、板本學、校勘學、辨偽學，就是由於這些學問，都是檢驗文史資料的基本學識與方法。我舉一則輕鬆有趣的例子來說明屈先生在這方面的貢獻。我們知道，「舉案齊眉」是人們用來讚美賢慧妻子的成語。這個典故，出於《後漢書》的〈逸民傳〉裡梁鴻和孟光這對夫妻的故事。史書上說，孟光很賢慧，每次梁鴻一回來，孟光就已做好了飯菜，「不敢於鴻前仰視，舉案齊眉。」這個「案」到底是什麼呢？一直是千年來為大家所爭論不休的問題。有的人以為史書上說孟光這個女人「狀肥醜而黑，力舉石臼。」因此以為「案」就是「飯桌」，但是，在丈夫面前把整個飯桌舉起，畢竟不合理。屈先生以民俗的眼光來研究，他以為所謂「案」，是一種仍存於日本的就食之具，叫做「御膳」，是一種方形的木盤，四周有邊欄，底下有四隻矮腳，開飯時就把飯和菜等，放在木盤裏端出。屈先生說日本的許多風俗習慣，還保留著我國古代的習俗，他後來把這個考

證，寫了一篇「案」，發表在《大陸雜誌》，解決了千年來的爭訟。屈先生在這方面的著作，專書有《圖書版本學要略》和《先秦文史資料考辨》，論文則有〈十三經註疏板刻述略〉、〈說乘石〉、〈滕王閣序的兩個問題〉等。

《屈萬里先生全集》

　　屈先生的著述既然如此豐富，對學術的貢獻又如此的深遠，因此，屈先生不幸於六十八年二月十六日因肺癌去世後，他的遺著的整理出版，便成為海內外學術界所關切的一件大事。他的故舊門生，為了完成這件事，特地成立了「屈萬里先生遺著整理小組」，推請龍宇純、丁邦新、張以仁、陳瑞庚、黃沛榮、李偉泰、周鳳五諸先生及筆者等共八位，整理他的遺著，希望彙為全集，達成學術界人士的希望。

　　屈先生在生前已出版的專書有：

⑴《山東圖書館圖書分類法》，民國二十一年左右，省立山東圖書館出版。

⑵《漢魏石經殘字二卷校錄一卷》，民國二十二年，省立山東圖書館出版。

⑶《國立中央圖書館善書本書目初稿》，民國三十六年，南京國立中央圖書館出版。

⑷《詩經釋義》，民國四十一年，中華文化出版事業委員會出版。

⑸《圖書版本學要略》（與昌彼得先生合著），民國四十二年，中華文化出版事業委員會出版。

⑹《詩經選注》，民國四十四年，國立編譯館出版。

⑺《尚書釋義》，民國四十五年，中華文化出版事業委員會出版。

⑻《殷虛文字甲編考釋》，民國五十年，中央研究院歷史語言研究所出版。

⑼《漢石經周易殘字集證》，民國五十年，中央研究院歷史語言研究所出版。

⑽《史記今註》（與勞榦先生合著），民國五十二年，中華叢書委員會出版。

⑾《漢石經尚書殘字集證》，民國五十二年，中央研究院歷史語言研究所出版。

⑿《古籍導讀》，民國五十三年，開明書店出版。

⒀《書傭論學集》，民國五十八年，開明書店出版。

⒁《先秦漢魏易例述評》，民國五十八年，臺灣學生書局出版。

⒂《明代史籍彙刊初輯》（主編，劉兆祐撰敘錄），民國五十八年，臺灣學生書局出版。

⒃《明代史籍彙刊二集》（主編，劉兆祐撰敘錄），民國五十九年，臺灣學生書局出版。

⒄《雜著秘笈叢刊》（主編，劉兆祐撰敘錄），民國六十年，臺灣學生書局出版。

⒅《尚書今註今譯》，民國五十八年，臺灣商務印書館出版。

⒆《普林斯敦大學葛思德東方圖書館中文善本書志》，民國六十四年，藝文印書館出版。

⒇《明清未刊稿彙編初輯》（與劉兆祐同編），民國六十五年，聯經出版事業公司出版。

⒇《明清未刊稿彙編二輯》（與劉兆祐同編），民國六十八年，聯經出版事業公司出版。

屈先生生前大致已完成，但未刊印，由「遺著整理小組」整理完成的計有：

⑴《讀易三種》。

⑵《尚書集釋》。

⑶《尚書異文彙錄》。

⑷《詩經詮釋》。

⑸《先秦文史資料考辨》。

其中《詩經詮釋》，係由屈師母親自整理。至於屈先生的單篇論文，則由林慶彰先生與筆者共同整理，編為《屈萬里先生文存》，也收在《全集》中。

以上這些著述中，《明代史籍彙刊》初集、二集，《雜著秘笈叢刊》、《明清未刊稿彙編》初輯、二輯，係輯刊古籍，篇幅過鉅，未收在《全集》，《圖書版本學要略》與《史記今註》二書，係分別與昌彼得、勞貞一先生合著，所以也暫不收；《詩經釋義》、《詩經選注》、《詩經詮釋》三書，只收最後完成的《詩經詮釋》，《尚書釋義》經增訂為《尚書集釋》，故前者不收。《山東圖書館圖書分類法》與《漢魏石經殘字二卷校錄一卷》，國內未覓得傳本，只好一時付諸闕如。其

餘的,都已收在《全集》,由聯經出版事業公司出版。

　　【後記】承《新書月刊》之邀,囑我寫一篇關於屈先生的「其人其書」,一時不知從何下筆。屈先生逝世後,我雖寫了〈不平凡的「書傭」〉、〈屈翼鵬先生與國立中央圖書館〉、〈屈翼鵬先生對中國圖書館事業的貢獻〉與〈關於《屈萬里先生文存》〉、〈屈萬里先生著述年表〉等文章,但要用有限的篇幅,談他浩如煙海的學問和著述,卻真的一時不知如何寫起。這篇文章雖是勉強寫成了,但未及寫的地方仍然很多,例如很少人知道屈先生擅長寫詩,他有一本未曾公開的詩集——《流離寫憂集》,不但詩有唐風之純美,更是一部詩史,這些,留待以後再寫了。

　　　　　　　　　　　　　　(原載《新書月刊》四期,一九八四年一月)

屈萬里先生之文獻學

劉兆祐

一、前言

　　屈萬里先生（1907－1979），字翼鵬，山東省魚臺縣人。少時，即讀畢四子書及《毛詩》、《綱鑑易知錄》等書。後入以發揚東方文化為宗旨的東魯中學，從齊魯名理學家夏溥齋（濟泉）先生游。民國十七年（1928）夏，行屆卒業，適日本侵華，造成濟南慘案，乃輟學返魚臺任縣立圖書館館長，並在師範講習所兼授國文。十八年（1929），曾遊學北平，進郁文學院。二十年（1931）九月十八日，東北釁起，乃退學返回山東。旋蒙齊魯大學國學研究所所長欒調甫先生薦介於著名學者山東省立圖書館館長王獻唐先生，從館員洊升編藏部主任。二十六年（1937）七月，蘆溝橋變作，乃隨王獻唐館長，躬運館藏善本圖書及金石器物，經曲阜、濟南、漢口等地，輾轉安抵四川。二十九年（1940），任職國立中央圖書館。三十一年（1942），入中央研究院歷史語言研究所考古組任甲骨文研究之助理員。民國三十四年（1945），對日戰爭結束，中央圖書館遷回南京，重返該館，任編纂、特藏組主任。三十八年（1949）間，國立中央圖書館疏遷善本古籍來臺，敦請先生為臺灣辦事處主任。同年春，應國立臺灣大學傅孟真（斯年）校長聘，在該校任教。四十六年（1957）起，由國立臺灣大學與中央研究院歷史語言研究所合聘，從事教學與研究工作。曾先後擔任國立中央圖書館館長、國立臺灣大學教授兼中國文學系主任暨中國文學研究所所長、中央研究院歷史語言研究所所長、國家科學委員會國家研究講座教授、胡適講座教授、中山講座教授，並曾應聘為新加坡南洋大學客座教

授、美國普林斯敦大學（Princeton University）高深研究所研究員。曾獲中山學術著作獎。六十一年（1972），膺選為中央研究院院士。屈先生的生平事蹟，參見劉兆祐撰〈屈萬里（1907－1979）〉。❶

　　屈先生著述繁夥，生前已刊行的專書有：1.《山東圖書館分類法》❷；2.《漢魏石經殘字二卷校錄一卷》❸；3.《國立中央圖書館善本書目初稿》❹；4.《詩經釋義》❺；5.《圖書版本學要略》（與昌彼得先生合著）❻；6.《詩經選註》❼；7.《尚書釋義》❽；8.《殷虛文字甲編考釋》❾；9.《漢石經周易殘字集證》❿；⑽《史記今註》（與勞榦先生合著）⓫；11.《漢石經尚書殘字集證》⓬；12.《古籍導讀》⓭；13.《書傭論學集》⓮；14.《先秦漢魏易例述評》⓯；15.《明代史籍彙刊

❶　劉兆祐，〈屈萬里（1907－1979）〉，載於：《中華民國名人傳》第五冊（臺北：近代中國出版社，1986.6.30），頁133－150。

❷　此書傳本已罕見，正確出版年月俟考。屈先生在民國二十一年（1932）至二十八年（1939）間，任職於省立山東圖書館，歷任館員、編藏部主任，此書當是這段時間所撰。

❸　此書於民國二十三年（1934），由山東省立圖書館出版，今收在《屈萬里全集》（臺北：聯經出版事業公司，1985.2）第十五種。

❹　此書於民國三十六年（1947），由南京國立中央圖書館油印出版。今收在《屈萬里全集》（臺北：聯經出版事業公司，1985.2）第十六種。

❺　此書於民國四十一年（1952）四月，由臺北中華出版事業委員會出版，列為《現代國民基本知識叢書》第1輯。

❻　此書於民國四十二年（1953）六月，由臺北中華出版事業委員會出版。

❼　此書於民國四十四年（1955）五月，由國立編譯館出版，正中書局印行。

❽　此書於民國四十五年（1956）八月，由臺北中華出版事業委員會出版。

❾　此書於民國五十年（1961）六月，由中央研究院歷史語言研究所出版。今收在《屈萬里全集》（臺北：聯經出版事業公司，1985.2）第六種。

❿　此書於民五十年（1961）十二月，由中央研究院歷史語言研究所出版。今收在《屈萬里全集》（臺北：聯經出版事業公司，1985.2）第十五種。

⓫　此書於民國五十二年（1963）四月，由中華叢書委員會出版。今收在《屈萬里全集・屈萬里先生文存》（臺北：聯經出版事業公司，1985.2）第二冊。

⓬　此書於民國五十二年（1963）七月，由中央研究院歷史語言研究所出版。今收在《屈萬里全集》（臺北：聯經出版事業公司，1985.2）第十種。

⓭　此書於民國五十三年（1964）九月，由臺灣開明書店出版。今收在《屈萬里全集》（臺北：聯經出版事業公司，1985.2）第十二種。

初輯》（主編，劉兆祐撰敘錄）❻；16.《明代史籍彙刊二輯》（主編，劉兆祐撰敘錄）❼；17.《雜著秘笈叢刊》（主編，劉兆祐撰敘錄）❽；18.《尚書今註今譯》❾；19.《普林斯敦大學葛思德東方圖書館中文善本書志》❿；20.《明清未刊稿彙編初輯》（與劉兆祐同編）⓫；21.《明清未刊稿彙編二輯》（與劉兆祐同編）⓬。

未刊印的專書有：1.《讀易三種》⓭；2.《尚書集釋》⓮；3.《尚書異文彙錄》⓯；4.《詩經詮釋》⓰；5.《先秦文史資料考辨》⓱；6.《流離寫憂集》⓲；

---

❹ 此書於民國五十八年（1969）三月，由臺灣開明書店印行。今收在《屈萬里全集》（臺北：聯經出版事業公司，1985.2）第十四種。

❺ 此書於民國五十八年（1969）四月，由臺灣學生書局印行。今收在《屈萬里全集》（臺北：聯經出版事業公司，1985.2）第八種。

❻ 此書於民國五十八年（1969）十二月，由臺灣學生書局印行。

❼ 此書於民國五十九年（1970）十二月，由臺灣學生書局印行。

❽ 此書於民國六十年（1971）五月，由臺灣學生書局印行。

❾ 此書於民國五十八年（1969）九月，由臺灣商務印書館印行。今收在《屈萬里全集》（臺北：聯經出版事業公司，1985.2）第九種。

❿ 此書於民國六十四年（1975）一月，由臺北藝文印書館印行。今收在《屈萬里全集》（臺北：聯經出版事業公司，1985.2）第十三種。

⓫ 此書於民國六十五年（1976）七月，由臺北聯經出版事業公司印行。

⓬ 此書於民國六十八年（1979）七月，由臺北聯經出版事業公司印行。

⓭ 此書包括《周易集釋初稿》、《學易劄記》、《周易批注》三書。經黃沛榮教授整理。今收在《屈萬里全集》（臺北：聯經出版事業公司，1985.2）第一種。

⓮ 此書經李偉泰教授、周鳳五教授整理，今收在《屈萬里全集》（臺北：聯經出版事業公司，1985.2）第二種。

⓯ 此書經劉兆祐教授、林慶彰教授整理，今收在《屈萬里全集》（臺北：聯經出版事業公司，1985.2）第三種。

⓰ 此書經屈夫人費海瑾教授整理，並經裴溥言教授校訂，今收在《屈萬里全集》（臺北：聯經出版事業公司，1985.2）第五種。

⓱ 此書經陳瑞庚教授、周鳳五教授整理，今收在《屈萬里全集》（臺北：聯經出版事業公司，1985.2）第四種。

⓲ 此編為屈先生自民國二十七年（1938）以來所寫詩作，題「翼鵬未定稿」。經整理後，今收在《屈萬里全集》（臺北：聯經出版事業公司，1985.2）第十七種《屈萬里先生文存》第四冊，頁1599－1608。

7.《風謠選》㉙；8.《讀老劄記》。㉚另有已發表的單篇論文數百篇。

屈先生去世後，聯經出版社出版《屈萬里全集》，共二十二冊，都四百餘萬言。關於屈先生的著述，可參閱下列文獻：㈠〈懷念一生獻身學術著作如林的「書傭」——屈萬里院士其人其書〉，劉兆祐撰，1984 年一月，《新書月刊》第四期。㈡〈《屈萬里先生文存》編後記〉，劉兆祐、林慶彰同撰，1982 年四月二日，《聯合報》。㈢〈屈萬里先生著述年表〉，劉兆祐撰，1985 年三月，《中國書目季刊》第十八卷第四期，《屈翼鵬院士逝世六周年紀念特刊》。

屈先生著述既多，其於學術上之成就，亦屬多方面。1972 年屈先生膺選中央研究院院士時，中央研究院發布的新聞稿，譽其「對先秦史料之考訂，中國古代經典（《詩》、《書》、《易》等）及甲骨文之研究，均有成就，尤精於中國目錄校勘之學」。筆者曾撰〈屈翼鵬先生與國立中央圖書館〉（1979 年四月七日，《書和人》361 期）、〈屈翼鵬先生對中國圖書館事業的貢獻〉（1979 年三月十六日，《出版與研究》第四十二期）二文，論述屈先生在中國圖書館事業上的貢獻。又撰〈屈萬里先生之學術成就及對中國圖書館事業之貢獻〉一文（2003 年六月，《應用語文學報》第五號）。今則專論屈先生在文獻學方面之成就與貢獻。屈先生的文獻學，可從三方面來討論：一是文獻之整理與保存；二是提出運用文獻方法的理論；三是強調非圖書資料的重要。

二、文獻之整理與保存

屈先生對整理與保存文獻的理論與成就，可分下列幾項來論述：

㉙ 此編包括〈民間歌謠全集〉、〈江淮民間文藝集〉、〈臺灣采風錄〉、〈情歌三百〉、〈吳歌乙集〉、〈閩歌甲集〉、〈福州歌謠甲集〉等。經整理後，今收在《屈萬里全集》（臺北：聯經出版事業公司，1985.2）第十七種《屈萬里先生文存》第四冊，頁 1611－1659。

㉚ 此編共收劄記八十一篇，篇末題有「四十五年（1956）八月三十日讀訖。翼鵬」等字。經整理後，今收在《屈萬里全集》（臺北：聯經出版事業公司，1985.2）第十七種《屈萬里先生文存》第五冊，頁 1923－2047。

㈠訂定善本書的編目規則

前人所編古籍目錄,於版本項的著錄,甚為簡略,僅云「宋刊本」、「元刊本」、「明刊本」、「活字本」等,讀者很難據以正確詳知其刊刻時代及地點。且各家著錄方式不同,用詞不一致,讀者每感茫然,無所適從。民國三十年(1941),屈先生任職於國立中央圖書館,擔任編纂及特藏組主任,其主要工作即考訂善本書及金石拓片。於是開始草擬善本圖書及拓片的編目規則。屈先生於民國四十一年(1952)所撰〈中文舊籍目錄版本項著錄舉例〉❸一文的前言,於訂定善本書編目規則的過程,有詳細的敘述,他說:

> 民國三十年(1941),余服役于國立中央圖書館,為草擬善本圖書編目規則;時當抗戰堅苦之際,中央圖書館總辦公處僻處鄉村,參考書至感缺乏,故該稿殊多疏略。抗戰勝利後,中央圖書館藏書逾百萬冊,為急於應用起見,遂印行《國立中央圖書館中文圖書編目規則》,此善本圖書編目規則稿,亦併入付印,書為商務印書館出版,初版時日則三十五年九月也。爾時中央圖書館所藏善本圖書已達十二萬冊,余既司善本圖書考編之事,因得徧窺全豹,遇有可以補訂舊稿之例,即隨手劄記。如是兩載,所積頗多,因將該規則重訂一過,於三十七年秋藏事。時中原戰事已急,京華騷動,中央圖書館所藏善本,旋即東遷,余亦浮海而東。斯稿藏之行篋,忽忽已三歲矣。竊念吾國舊籍之目錄,於板本項須求其詳,務在使人見其目即確知為何本,始能盡其用。而各公私家舊籍目錄,於此項往往著錄至簡,如云:「宋刊本」、「明刊本」等,固太簡略;即如「元至元刊本」、「明嘉靖刊本」之類,亦未能著其特徵使人見其目即知其書也。筆者有感於此,曩與中央圖書館特藏組同人,曾發弘願,矯此舊習。顧以中原板蕩,斯業未竟。迄今思之,猶有餘喟焉。善本圖書之目錄,於版本項,固應詳悉著錄,即普通本漢籍,亦應爾爾,此理易明。爰將斯稿之述板本部分,略加釐訂,用求正於方

---

❸　屈萬里,〈中文舊籍目錄版本項著錄舉例〉,《大陸雜誌》,4:6(1952.3),頁16-18。

家。以其皆例證也，故以舉例標題。倘因此稿之刊布，而引起圖書館界之注意，則企予望之矣。四十一年（1952）二月十四日附記。

　　這一段話，可以視為屈先生所提出具有建設性、影響性的善本編目理論。所擬訂之善本圖書編目規則，共 34 則：

　1.板本之著錄，首朝代、元號、紀年、次處所，最後著板本之類別（如刊本、活字本、抄本等）。各項如有未具，且無法考知者，闕之。

　　例 1：如明江西布政司刊《蘇文忠公全集》，可題云：明嘉靖十三年江西布政司刊本。

　　例 2：如明茅元禎刻《玉臺新詠》，可題云：明萬曆己卯（七年）吳興茅元禎刊本。

　　例 3：如會通館活字本《文苑英華辨證》，可題云：明正德丙寅（元年）錫山華氏會通館活字本。

　　例 4：如小山堂鈔本《唐闕史》，可題云：清雍正丙午（四年）仁和趙氏小山堂鈔本。

　2.凡雕板之書，通稱「刊本」。

　3.凡據舊本影摹上板，行款悉如原式者，曰「覆刊本」。其所據之祖本，應表著之。

　　例 1：如明郝梁覆刻宋本《大玄經》，可題云：明嘉靖甲申（三年）郝梁覆刊宋兩浙茶鹽司本。

　　例 2：如明袁褧覆刊宋本《文選》，可題云：明嘉靖己酉（二十八年）吳郡袁褧覆刊宋廣都裴氏本。

　4.凡確知為覆刊宋本或元本，而不能詳其祖本刻於何年何處者，可依其半葉行數，題云：某年某處覆刊宋幾行本、或元幾行本。

　　例：如明正德間覆刊宋十行本《孝經註疏》（非修補舊板者），可題云：明正德六年覆刊宋十行本。

　5.凡書版年久漫漶殘損，經後世修補印行者，曰「修補本」。其原刊及修補之年代與處所，應盡可能表著之。

例 1：如明正德間修補元刊本《金陵新志》，可題云：元至正四年集慶路刊明正德十五年南監修補本。

例 2：如明成化間修補宋本《東萊集》，可題云：宋嘉泰四年壽州呂氏刊明成化間修補本。

例 3：如明弘治至嘉靖間遞修元刊本《資治通鑑》，可題云：元至元間興文署刊明弘治至嘉靖間修補本。

6.凡後人用舊版增刊評語或序跋等印行者，曰「增刊……本」。其原刊及增刊者之年代與處所，應儘可能表著之。

例 1：如坊肆就宋本增刊評語之《世說新語》，可題云：宋寶慶三年劉應登刊宋元間坊肆增刊評語本。

例 2：如明永樂間原刊正統間增刊序跋之《守黑齋遺稿》，可題云：明永樂十五年上虞葉氏刊正統五年增刊序跋本。

7.書有殘缺經抄補者，曰「抄補本」，或曰「配補……抄本」。其原刊者及抄補者之年代處所，應儘可能表著之。

例 1：如藝風堂抄補元刊本《草堂詩餘》，可題云：元鳳林書院刊清江陰繆氏藝風堂影元抄補本。

例 2：如配補舊抄本之宋刊《麗澤論說集錄》，可題云：宋嘉泰間壽州呂氏刊本配補舊抄本。

8.書有殘缺，以他本配補者，曰「配補……本」。其原本及配本之刊刻年代與處所，應儘可能表著之。

例 1：如以元本配宋本之《王狀元集註東坡先生詩》，可題云：南宋末年建安萬卷堂刊本配補元廬陵書堂刊本。

例 2：如以元彭寅翁刊本配補中統刊本之《史記》，可題云：元前至元二十五年安福彭寅翁刊本配補中統二年刊本。

9.凡名手寫刻之書，曰「某人寫刊本」。其年代及寫者，應表著之。

例：如元宋璲寫刊《淵穎吳先生集》，可題云：元至正二十六年金華宋璲寫刊本。

10.凡刻書人之地望，與刻書之處所非一地者（如書帕本等），應著其刻處。原

題有用古地名者，應從其原題。其刻處可由刻者之官銜表現者，必要時得著其官銜。

例1：如詹事講刊《緣督集》，可題云：明萬曆癸未（十一年）詹事講宣城刊本。

例2：如孫甫刊《直講李先生文集》，可題云：明正德戊寅（十三年）南城知縣孫甫刊本。

11.凡朝代元號已知，而刊板之年未詳者，可於元號下著一間字，曰「某代……（元號）間某處某氏刊本」。如並刊處未詳者，可但題云，「某代……（元號）間刊本」。

12.凡朝代可定而元號年月未詳者，可題云，「某代某處某氏刊本」。如並刊處未詳，而能斷其為某代初葉或中葉、末葉所刊者，可題云：「某代初葉刊本」，「某代中葉刊本」，「某代末葉刊本」；或就其書口形狀及半葉行數，題云：「某代刊黑口（或白口、花口）幾行本」。

13.凡朝代可定，而元號年月及刻處均未詳，但有刻板時編校人之題署者，可以編者或校者之姓名著錄之。

例1：如史朝富編刊之《龍川文集》，可題云：明魯江史朝富編刊本。

例2：如劉懋賢等校刊之《海瓊玉蟾先生文集》，可題云：明新安劉懋賢等校刊本。

14.凡朝代可定，而元號年月及刊處均未詳，且無編校人之題署，但能審知為官刻或坊刻者，可題曰：「某代官刊本」，或「某代坊刊本」。

15.凡私家之齋室名，書坊之坊名，以及寺觀名號等，如原書中有題署者，應表著之。

例1：如沈辨之刻本《韓詩外傳》，可題云：明嘉靖間吳郡沈氏野竹齋刊本。

例2：如泰宇書堂刻本《草堂詩餘》，可題云：元至正癸未（三年）廬陵泰宇書堂刊本。

例3：如大明禪寺刻本《天童覺和尚頌古集》，可題云：元至正二年大明禪寺刊本。

16. 凡官刻之書，應著其官署名稱。如為內府所刻而未詳其刻於何署者，可但題云：「內府刊本」。

17. 凡醵貲刻板之書，曰：「集貲刊本」。

例：如開元寺醵貲刻本之《改併五音類聚四聲篇》，可題云：明萬曆二十七年晉安開元寺集貲刊本。

18. 凡叢書中之單本，曰「某某叢書本」；合刻書之單本，曰「某某合刻本」。

例 1：如汲古閣刻本《詩地理考》，可題云：明末虞山毛氏汲古閣刊《津逮秘書》本。

例 2：如吳琯刊《山水經》合刻本之《水經註》，可題云：明萬曆十三年新安吳氏刊《山水經》合刻本。

19. 凡書板易主，新主用原版（未經修補）印行者，曰「某某印本」。原刊者及印行者之年代處所，應盡可能表著之。

例：如掃葉山房所印汲古閣刻本之《十七史》，可題云：明末虞山毛氏汲古閣刊清初蘇州掃葉山房印本。

20. 凡以特殊墨色印行者，應依其墨色表著之。

例：如明內江蕭氏刊藍印本《史鉞》，可題云：明嘉靖二十七年內江蕭氏刊藍色印本。

21. 凡套印之書，朱墨二色者，曰「朱墨套印本」。三色以上者，曰「某某幾色套印本」。畫譜等書，以彩色印者，曰「彩色印本」。

例 1：如元刊朱墨套印本《金剛經》，可題云：元至正初年資福寺刊朱墨套印本。

例 2：如閔刻《春秋公羊傳》，可題云：明天啟元年烏程閔氏刊朱墨藍三色套印本。

例 3：如彩色印《十竹齋畫譜》，可題云：明崇禎四年刊彩色印本。

22. 凡以公牘紙印者，應表著之。例如宋刊公牘紙印本《北山小集》，可題云：宋乾道淳熙間刊公牘紙印本。

23. 凡活字本，其活字以膠泥製者，曰「膠泥活字本」；銅製者，曰「銅活字本」；木製者，曰「木活字本」；不能辨識為何種活字者，但曰「活字

本」。

24.凡著者手寫稿本，曰「手稿本」；他人清寫後經著者手自改訂之本，曰「手定底稿本」；他人清寫者，曰「清稿本」。

例1：如翁方綱手寫本《復初齋集》，可題云：清乾隆至嘉慶間著者手稿本。

例2：如桂馥手訂之《晚學集》稿本，可題云：清乾隆間著者手定底稿本。

例3：如沈炳巽《續唐詩話》清抄稿本，可題云：清乾隆間歸安沈氏清稿本。

25.凡抄本之出於名家手筆者，曰「某人手抄（或寫）本」。

例：如王乃昭手寫本《杜東原詩集》，可題云：清初虞山王乃昭手寫本。

26.凡藏書家倩抄手傳抄之本，應著錄藏書家之里籍姓氏及其齋室名稱。

例：如泰氏雁里草堂抄本《廣川書跋》，可題云：明嘉靖間錫山泰氏雁里草堂抄本。

27.凡刊本或寫本卷子，曰「卷子本」。其寫本之傳寫年代或傳寫人未詳但能審其抄於何代者，可依其時代題云：「六朝人寫卷子本」，或「唐人寫卷子本」等。

28.凡抄本之年月及抄者俱不能詳，但能審知其抄於何代者，可依其時代，題云：「明抄本」或「清初抄本」等。如並時代亦不能確定，但能審知為非近時傳抄者，可題云：「舊抄本」。

29.凡抄本之年代及抄者俱不能詳，但能審知為近時傳抄者，可但題云「抄本」。

30.凡據舊本影寫而行款無異者，曰「影鈔……本」。其所據之祖本，應表著之。

例1：如汲古閣影宋鈔本《群經音辨》，可題云：明末虞山毛氏汲古閣影抄宋紹興壬戌（十二年）寧化縣學刊本。

例2：如小琅嬛福地影宋鈔本《李群玉詩集》，可題云：清琴川張氏小琅嬛福地影抄宋臨安府陳解元書籍舖刊本。

31.凡據舊本影寫，但知原本之為宋為元（餘類推），而不能詳其為何年何處刊

行者，可題云：「影鈔宋幾行本」，或「影鈔元幾行本」。

32. 凡椎搨之本，以墨搨者，曰「墨拓本」；以朱搨者，曰「朱拓本」；以藍搨者，曰「藍拓本」；餘類推。椎搨之時代及搨者，如能審知，應依刊本例著之。

33. 凡鈢印鈐拓之本，曰「鈐印本」。鈐拓時代之處所，如能審知，應依刊本例著之。

34. 凡板式、書品等之特異者，應斟酌情形表著之。

屈先生此篇刊布後，昌彼得先生撰〈中文舊籍目錄板本項著錄舉例補訂〉❸❷一文，訂補數條。屈先生匯合兩文，略加修改，題曰〈善本書目板本項著錄略例〉，輯入屈萬里、昌彼得合著的《圖書板本學要略》一書中。1959 年七月，臺北國立中央圖書館（今國家圖書館）印行《國立中央圖書館中文圖書編目規則》，其中乙編之一〈善本圖書編目規則〉第二章〈書目〉部分，即據此增訂著錄。

目前全世界編纂中文古籍書目，都根據屈先生所創發的編目規則製訂，足見其貢獻之巨。

㈡擬訂拓片的編目規則

屈先生曾先後在山東省立圖書館及國立中央圖書館任職多年，此二館均藏有大量的金石拓片。歷來著錄金石拓片者，都沒有完善的規範。民國三十五年（1946），國立中央圖書館印行的《國立中央圖書館中文圖書編目規則》（上海商務印書館出版）一書中，附有拓片規則，這是規範拓片編目最早的規則。民國三十七年（1948）十月，當時屈先生擔任國立中央圖書館特藏組主任，以該館舊有的拓片編目規則，「在灌輸常識上之作用較大，而於實際應用上之作用較小」（語見〈擬拓片編目規則〉之前言），乃趁工作之暇，撰作〈擬拓片編目規則〉一文。後以時局動盪，此稿置諸篋底，未得刊布。直至民國四十三年（1954）四月十三日，

---

❸❷　昌彼得，〈中文舊籍目錄板本項著錄舉例補訂〉，《大陸雜誌》，4：11（1952.6），頁 5。

始刊載於《中華日報》第六版《圖書雙週刊》第四期❸。此篇分三章：第一章〈通則〉；第二章〈卡片目錄〉，分「總記」、「拓片名稱（附數量之稱謂）」、「作者」、「時代」、「板本」、「附註」、「號碼」等七項；第三章〈書本目錄〉。今摘錄第二章中的「拓片名稱」、「作者」、「時代」、「板本」、「附註」等項的規則，這幾項是拓片編目工作中最重要的部分。

1.拓片名稱（附數量之稱謂）

(1)拓片以原器之名稱為名稱。但如銅器之僅拓款識及器形，或造像之僅拓題記不及形像者，應盡可能於名稱中表現之。

(2)甲骨文字僅殷代有之，名稱上可無庸著其朝代。其他器物，應儘可能表著之。如「周毛公鼎」、「秦瓦鋸」、「唐開成石經」等。

(3)凡拓片彙集成冊，題有總名者，應就其總名著錄。其內容有分著之必要時，應作分析卡片。

(4)凡甲骨刻辭之單幅拓片，應就其文字之要點，定其名稱。

(5)凡銅器陶器等之有款識者，應就其作器之人，定其名稱。銘文中不著作器人名者，應就其銘文之要點，定其名稱。

(6)凡銅器陶器等之無款識者，應就其花紋或其他特異之點，定其名稱。

(7)凡石刻之有題額者，應從其題額；無題額而另有標題者，從其標題；有題額又有標題，而二者不一致者，應從其為世人所習用之名稱，而註其另一名稱於附註項。

(8)凡有題額或有標題之石刻，應照錄其題署之全文。

(9)凡石刻之無題額又無標題者，應尋繹原文，定其名稱。

(10)凡石刻原有本名，而流俗相沿，又別立名稱者，應仍用本名，而註其俗名於附註項。

(11)凡題名、經幢、造像等之出於多人者，應以第一人為代表，名下著一「等」字。

---

❸　此篇已收在《屈萬里全集》（臺北：聯經出版事業公司，1985.2）第十七種《屈萬里先生文存》第三冊，頁 997－859。

⑿凡有蓋之器，於名稱之末，著「幷蓋」二字；僅存器蓋者，於名稱之末，著一「蓋」字；器本有蓋，後世亡佚者，於名稱下加括號，著「蓋佚」二字。石刻之有題額者，其著錄之例仿此。

⒀拓片數量之稱謂，凡單幅者稱「幅」，裝訂成冊者稱「冊」，左右捲舒者稱「卷」，立幅稱「軸」。

2.作者

⑴凡撰文者，書畫者，題額者之著錄，姓名上並著其朝代。姓名下，於撰文者，題曰「撰文」；書者，曰「書」；畫者，曰「畫」；題額用篆字者，曰「篆額」，用隸書、正書等者，曰「題額」。

⑵凡原器不著撰文人、書畫人、題額人等姓名，但可以考知者，應據考定者著錄之。

⑶凡撰文人、書畫人、題額人之署名，係後人補刻，而實錯誤或誤否未定者，應仿圖書例，曰「題某代某人撰文」或「題某代某人書」等。

⑷凡書或畫之成於眾手，三人以內者，應全部題著其姓名：三人以上者，以第一人為代表，其下著一「等」字。

⑸凡舊器已佚，後人重書付刻者，曰「某代某人重書」。

⑹凡後人集前人所書之字付刻者，口「某代某人集某代某人書」。

⑺凡帝王之姓名，以其廟號代之。

⑻凡撰文人、書寫人、題額人，有二項出於一手者，題曰「某代某人撰文並書」，或「某代某人書並題額」等。三項俱出於一手者，題曰「某代某人撰文並書兼題額」。

3.時代

⑴凡金石等有元號年月者，應著錄之。

⑵凡銅器之僅有干支，而不能知其為何王何年者，即不必著錄其干支。

⑶凡石刻撰文之年月與立石之年月不同者，以立石之年月為準。

⑷凡石刻之年月未詳，但能知其約略時代者，可但著元號，如「唐開元間」、「宋元豐間」等。

⑸凡石刻於元號下但著干支者，應於干支下加括號註明其年數。

(6)凡碑帖等之重刻者，除著其當時年月外，並應著其重刻年月。

4.板本

(1)凡傳搨之本，通曰「拓本」。傳搨之年代及傳拓人，應仿善本圖書例，儘可能考證著錄之。

(2)傳搨之確實年月未詳，但能知其出於何代者，可依其時代，題曰「宋拓本」、「元拓本」、「明拓本」等。

(3)清代搨本，能審知其出於初葉或中葉者，可題曰「清初拓本」、「清中葉拓本」。出於晚清至現代者，但題曰「拓本」。

(4)傳搨之年代未詳，但能審知其非近代所搨者，曰「舊拓本」。

(5)凡以朱色或藍色等傳搨者，曰「朱拓本」或「藍拓本」等。

(6)凡鉤勒者，曰「雙鉤本」。墨填雙鉤本空處，使字呈白文如搨本狀者，曰「廓填本」。依原文形狀縮寫者，曰「縮摹本」。其年代及處所，如能審知，應仿影鈔善本圖書例著錄之。

(7)凡影印者，曰「影印本」。其影印之年代與處所及所據之祖本，如能審知，應仿影刻善本圖書例著錄之。

(8)凡石印本、放大本、縮印本，應各著其印製之年代及處所。

(9)凡彙集各種拓本為一編，其拓本不出於一時或一處者，應依拓本之要點，斟酌情形表著之，曰「彙集……拓本」。

5.附註

(1)凡重刻、坊刻，或贋品等，其情形未能在名稱或作者兩項中表出者，應附註之。

(2)凡銘文字數或行款等，應附註之。

(3)凡釋文、題跋等，應附註之。

(4)凡曾經名人收藏，有印記可證者，應附註之。

(5)凡石刻之書體，為篆、為隸、為正書、行書、草書等，應附註之。

(6)凡原器之出土處所及時日，或所在地，或收藏者，應各就其情形附註之。

(7)凡石刻之有立石人或刻字人者，應附註之。

(8)凡殘缺不完者，應附註之。

這些拓片的編目規則，目前為全世界各圖書館所採用。

㈢編訂善本書目

　　屈先生除了訂定善本書的編目規則外，也實際致力於善本書目的編訂，一方面俾善本圖書得以完善的保存留傳，一方面也方便學者的考訂取資。

　　民國二十一年（1932，先生任職於省立山東圖書館期間，撰成《山東圖書館圖書分類法》一書，由該館油印出版，為山東圖書館書目之編製，奠定基礎。民國二十九年（1940），先生任職於國立中央圖書館，擔任特藏組主任，完成《國立中央圖書館善本書目初稿》，於民國三十六年（1947），由該館出版，茲編為今日《國立中央圖書館善本書》（增訂本）之藍本。民國五十四年（1965）秋，先生應美國普林斯敦大學高深研究所之聘，為該所研究員暨該校圖書館書誌訪問學者。在美期間，完成《普林斯敦大學葛思德東方圖書館中文善本書志》一書，於民國六十四年（1975）一月，由臺灣藝文印書館出版。按：美國普林斯敦大學葛思德東方圖書館（The Gest Library of Princeton University），藏有三萬冊中國善本圖書。第二次世界大戰期間，前國立北平圖書館王重民先生在美國，曾為之作志，積稿四冊；其後胡適之先生任職於普林斯敦大學圖書館，核王氏稿，發現問題甚多。屈先生赴美一載，而成茲編。普林斯敦大學葛思德東方圖書館館長童世綱先生序此書云；「教授屈君翼鵬，潛心墳典，博通經史；玄覽中區，播風外域。歲次乙巳，以普林斯敦高深研究所之禮聘，停旆於葛館。檢王君之舊稿，寫琳琅之新志。校訂刪補，附益述詳，錄序跋則節繁摘要，記行格而並及高廣，究板本之傳衍，著優劣之所在。不特為讀書治學之津梁，亦便鑒古辨偽之參證。其表彰國粹，嘉惠士林者，不亦多乎。」此書於書賈作偽，以明本冒充宋元本，或以殘帙冒充全帙者，於作偽之跡，考訂甚詳。

　　民國五十五年（1966）秋，屈先生從美國普林斯敦大學講學回國，即應聘擔任國立中央圖書館館長。屈先生在館長任職期間，徵得中美人文社會科學合作委員會之同意，由其補助從事國內圖書館藏書聯合目錄之編輯。當時決定編輯的聯合目錄是：1.《中文善本書聯合目錄》；2.《中文人文社會科學官書聯合目錄》；3.《中文人文社會科學期刊聯合目錄》；4.《中文普通本線裝書聯合目錄》；5.《中華民

國出版圖書目錄彙編續輯》。其中《中文善本書聯合目錄》及《中文普通本線裝書聯合目錄》兩種，即屬古籍書目，均已出版。

㈣維護文獻

屈先生在維護文獻方面，有二事最為重要：一是對日戰爭期間，山東省立圖書館文物的維護；二是對日戰爭勝利後，妥善接收陳群「澤存書庫」的善本書。山東圖書館創始於清宣統元年（1909），最初由山東提學史羅正鈞先生擘畫經營，奠定基礎。民國十八年（1929），向湖老人王獻唐先生擔任館長，經費漸裕，收藏漸富。抗戰初期，所藏圖書已達二十餘萬冊，其中有善本書三萬六千餘冊。此外，所藏鐘鼎彝器、泉幣、鉥印、封泥、甎瓦、石刻、書畫等，亦甚繁夥，館藏之富，僅次於國立北京圖書館。

民國二十六年（1937）七月，日本來侵，華北阽危，時屈先生任編藏部主任。一日，王獻唐先生對屈先生說：「本館為吾東文獻所薈萃，脫有不測，吾輩將何以對齊魯父老？擬就力之所及，將比較珍祕者十箱，移曲阜至聖奉祀官府。顧此事重要，可以肩其任者，惟余與子耳。津浦車時遇敵機攻擊，往即冒險，然欲為吾魯存茲一脈文獻，又不容苟辭。子能往，固善，否則余當自往。」先生聞言，不計道途之艱險，慨然請行，願與此纍纍十箱文物共存亡。民國二十六年（1937）十月十二日晚出發，先是至曲阜，濟南緊張後，輾轉至漢口，然後再至四川，已是次年春天了。所運送的文物，共計金石器物 734 品，書籍 438 種，2659 冊又 183 卷，書 71 件，畫 67 件。

屈先生將此次押運文物的經過，撰為〈載書飄流記〉一文，館長王獻唐先生曾撰題詞冠諸卷端。題詞包括四首絕句及跋語，四首絕句云：「心力拋殘意漸狂，十年柱下詡多藏；可憐一炬奎樓火，不待銅駝已斷腸。」「愒國十年是此君，倒行猶自說忠懃；華林玉軸干何事，一例樓頭哭絳雲。」「故家喬木歎陵遲，文獻千秋苦自支；薪火三齊留一脈，抱殘忍死待明夷。」「酒入愁腸日作芒，回頭忍淚說滄桑；夜來展讀西臺記，一覺闇浮夢已涼。」〈跋〉語云：「去冬敵陷魯地，余與翼鵬道兄運圖書文物入川，辛苦備嘗，所撰〈載書飄流記〉，皆實錄也。竭兩夜力籀讀一過，題四截句冊耑，亦長歌當哭之意。君在曲阜，嚴稽文獻，旁及輿地，皆精

確縝密，足備掌故，異日脩志者當有取於斯，不祇作《金石錄》後敘觀也。」此篇〈載書飄流記〉，稿藏篋中近四十年，至民國六十五年（1976），屈先生始倩人鈔錄一過，並改題為〈載書播遷記〉，分上下兩篇，發表於《山東文獻》第二卷三、四兩期，並附載〈山東省立圖書館第一次運往曲阜金石典籍書畫目錄〉。此篇不僅為山東省之重要文獻，亦為中國圖書館史之重要史料。

「澤存書庫」，為陳群所有。陳群，字人鶴，福建閩侯人。生於清光緒十六年（1890），卒於民國三十四年（1945）。早年赴日本留學，先後就讀於明治大學及東洋大學。返國後，為孫中山先生所賞識，在廣州擔任大元帥府祕書。北伐戰爭時，在武漢擔任中央執行委員會及國民政府委員聯席會議的黨代表。對日戰爭爆發後，投靠汪精衛，出任偽政府的內政部長。1945 年日本宣布投降，陳群服毒自殺。❸❹

陳群早年並未以藏書聞名，自擔任偽政府內政部長後，才開始大肆搜藏。他在上海和南京，各建造一所書庫，由汪精衛命名。汪氏取《禮記・玉藻》「父沒而不能讀父之書，手澤存焉爾」之義，命為「澤存書庫」。

「澤存書庫」的藏書，一部分是陳氏自己蒐購而來，一部分則是戰爭期間各公私藏書家、文獻機構等，不及疏運後方而散落的文物，由各地方偽組織接收後轉送偽內政部者。南京的澤存書庫，有善本圖書四千四百餘部，四萬五千冊左右，其中不乏宋元刊本及稿本。宋刊本如宋曾穜所撰《大易粹言》一書，澤存書庫藏有南宋建安劉叔剛刊本，殘存卷一至卷三十七、卷四十四至卷六十六，共六十卷十二冊。此本版匡高 19.1 公分，寬 13.4 公分，卷前載淳熙二年（1175）曾穜〈自序〉；次〈總序〉，錄元符二年（1099）程頤〈易傳序〉及紹興四年（1134）邵雍〈易說序〉二篇。〈總序〉後有「建安劉叔剛宅刻梓」木記。每半葉十二行，行二十三字。宋諱匡、恆、貞、桓、慎、敦字缺筆。書前有咸豐己未（九年，1859）韓應陛手書題記。又藏有《尚書》十三卷七冊，宋孝宗時建安王朋甫刊本。此本板匡高 15.6 公分，寬 10.8 公分，首載孔安國〈尚書序〉，序後有木記云：「五經，書肆

---

❸❹ 陳群事蹟，參見東亞問題調查會編，《最新支那要人傳》（日本東京：朝日新聞，1941），頁139；蘇精，《近代藏書三十家》（臺北：傳記文學出版社，1983.9），頁169－172。

屢嘗刊行矣。然魚魯混殽，鮮有能校之者。今得狀元陳公諱應行精加點校，參入音釋彫開，於後學深有便矣，士夫詳察。建安錢塘王朋甫咨。」每半葉十行，行十九字，小註雙行，行二十五字，版心白口，避宋諱至慎字，光宗以下廟諱不避。除了這些善本外，另有汪精衛「雙照樓」寄存的五千冊。在上海的澤存書庫，以收藏日文書為主，有十萬冊之多。除了澤存書庫，陳群在蘇州也有藏書，其中有善本書二九三部，宋元本有八十餘部。

抗戰勝利後，澤存書庫先是由教育部上海區接收委員會接收，再轉交復員回京的國立中央圖書館。南京的澤存書庫，改為國立中央圖書館北城閱覽室，專供善本書庫及特藏組辦公之用。屈先生當時為中央圖書館特藏組主任，負責接收清點的工作，自民國三十五年（1946）四月起，費時半載始清點完畢，凡書上鈐有藏書章者，都予發還。至於無主的圖書，則分發給羅斯福記念圖書館及西安圖書館等。民國三十八年（1949）中央圖書館遷臺，澤存書庫的善本圖書，多數也運來臺灣。澤存書庫的善本書，今日猶得倖存於世，屈先生當時清點及保存工作的完善，居功最偉。❸❺

三、提出運用文獻方法的理論

熟悉文獻的目的，在於能用正確的方法，將文獻運用於研究工作。關於運用文獻的方法，屈先生提出幾個正確的方法：

㈠要講究版本

屈先生在《古籍導讀》一書中說：「惟但就古籍而言，則傳寫傳刻之時代有先後之別，寫時或刻時之校勘工作亦有精粗之異。則雖同為間接材料，而間接之程度，亦自不同。然則孰為較佳之本？孰為訛誤較多之本？實不容不知。此圖書板本之學，所以為士林所尚也。」

---

❸❺　關於陳群的藏書情形，可參閱：蘇精，《近代藏書三十家》。（見前註）

　　屈先生在〈讀古書為什麼要講究版本〉**㊱**一文中，提出治學過程中，運用圖書文獻時，要講究版本的道理有三：

1.欲辨圖書真偽不能不講究板本

　　屈先生以《竹書紀年》為例。他說：

> 像《竹書紀年》，他在史學書裡，佔有重要地位。但現在的通行本，卻不是晉太康年間，汲冢裡的真貨，而是後人仿製的偽品。《四庫全書總目提要》裡，曾列舉證據，證明現行的本子，不是後魏酈道元所見之本，不是唐劉知幾、李善、瞿曇悉達、司馬貞、楊士勛等所見之本，也不是宋王存、羅泌、羅苹、鮑彪、董逌等所見之本。因而四庫館臣疑心它是「明人鈔合諸書以為之」。這話雖然還不成定論，但現在通行本《竹書紀年》是假書，不是汲冢真本，卻是毫無疑義的。因此，清人朱右曾便把古書裡所引的《竹書紀年》之文輯錄出來，編成了《汲冢紀年存真》二卷；後來王國維先生又加以校補，編成了《古本竹書紀年輯校》一卷（刊入《海寧王靜安先生遺書》）；更後，錢穆先生又把它校補了一番，列在《先秦諸子繫年考辨》裡。這些輯本，所收的《竹書紀年》原文，雖已無多，但卻是真貨。所以，我們如果採用《竹書紀年》的史料，只有根據這些輯本。而輯本中如果見到王、錢兩氏之本，那麼，朱本也就可以不讀了。……古書類此似的偽本多得很，假若不弄明白是什麼本子，那麼你所得到的知識，很可能都是假的；倘若你根據偽本的材料而有所撰述，那便是自欺欺人。這樣說來，讀書能不講究本子嗎？

2.欲知圖書有無殘闕不能不講究板本

　　屈先生說：「真正做學問的人，對於一部書，必定要讀它的全本，決不肯只讀殘本或節本，這道理是無庸說明的。但，如果不講究板本，就有很多殘本書和節本書而被人認做全本。」

　　關於殘本方面，屈先生舉《皇朝類苑》一書為例。他說：

㊱　屈萬里，〈讀古書為什麼要講究版本〉，《中國文選》，60 期（1972.4），頁88－94。

　　宋人江少虞著的《皇朝類苑》一書，記載著宋代的許多掌故。江氏的〈自序〉，說這書是七十八卷二十八門，可是《四庫》著錄之本和近代刻本，卻只有六十三卷二十四門。《四庫全書總目提要》，還說江氏〈自序〉「分二十八門」的話，是傳寫之訛。近年中央圖書館買到了一部日本元和七年（當明天啟元年）的活字本，這活字本是根據宋代的麻沙本排印的，它正是七十八卷二十八門，比《四庫全書》本多了〈談諧戲謔〉、〈神異幽怪〉、〈詐妄謬誤〉、〈安邊禦寇〉四門。假使人們不見這個活字本，豈不是許多史料都被埋沒了嗎？

　　至於節本方面，屈先生舉《權載之文集》為例。他說：

　　譬如唐人權德輿的《權載之文集》，《四庫全書》裡所收的是十卷本，是根據著明嘉靖二十年劉大謨序刻本著錄的。但此書全本是五十卷。……王漁洋《居易錄》裡曾說，顧宸藏有五十卷本，劉體仁的兒子名凡的曾抄了一部送給王漁洋。而現在中央圖書館裡藏有宋蜀刻本的殘卷（存卷四十三至五十），上面有劉體仁的印記，那必然是抄給王漁洋時所據的底本之殘餘了。這個五十卷本，既有傳抄本流傳，到了嘉慶年間，大興朱珪就據以刻板，於是這五十卷的足本，纔復行於世。現在來讀這部書，自然不能捨掉五十卷本而去讀十卷本了。

3.欲免受錯字的欺騙不能不講究板本

　　屈先生說：

　　譬如《水經注》一書，清初人所讀的都是明嘉靖以後的刻本，錯字多得幾乎沒法子讀。後來戴震用《永樂大典》本校對的結果，共補了明刻本所缺漏的二千一百二十八字，刪去了妄增的一千四百四十八字，糾正了臆改的三千七百一十五字。短短的一部《水經注》，竟有七千字以上的錯誤，叫人怎麼去讀！所以戴震的校本刊行之後，明嘉靖刻本，萬曆乙酉（十三年）吳琯刻本

和萬曆乙卯（四十三年）李長庚刻本等，就都可以束之高閣了。

㈡要辨別偽書

屈先生在《古籍導讀》中說：「讀書之目的在求真，所讀者如為偽書，即不能得真實之知識。」又說：「吾國古籍，偽者頗多。有本無其書，而後人憑空杜撰者；有原書已亡，而後人偽撰以充真本者；有後人所著述古之書，而被更後之人誤認為當時之作品者；有雜取古代多人之著作，輯為一編，而標名為一家之書，致真偽參半者。倘不知其書之偽，而誤用其材料以證古事，則其結論之不可信，自不待言。」屈先生舉例說：

> 即以近代之書而論：蘇過所著《斜川集》，世無傳本。清乾隆間徵求是書，作偽者乃鈔劉過《龍洲集》並雜以謝薖之詩文（謝書名《謝幼槃集》）以當之，坊間遂刻梓以傳。故今日所見之刊本《斜川集》，大率皆雜有謝薖詩文之劉過《龍洲集》也。（惟《知不足齋叢書》本，乃周永年自《永樂大典》輯出者，為真《斜川集》。）吾人如據偽本《斜川集》以研究蘇過之生平及作品風格，焉得不謬以千里乎？

屈先生既然強調運用文獻時應注意辨別偽書，其著述中亦多辨偽之作。重要的有：

1. 〈舊雨樓藏漢石經殘字辨偽〉（載《書目季刊》二卷一期，民國五十六年九月）。
2. 〈《尚書》與其作者〉（載《中央月刊》五卷一期，民國六十一年十月）。
3. 〈今本尚書的真偽〉（載《幼獅月刊》三卷十二期，民國四十四年十二月）。
4. 〈尚書中不可盡信的材料〉（載《新時代》一卷三期，民國五十年三月）。
5. 〈論語公山弗擾章辨證〉（載《中山學術文化集刊》五集，民國五十九年三月）。

6.〈孟子七篇的編者和孟子外書的真偽問題〉（載《孔孟學報》七期，民國五十三年四月）。

7.〈談竹書紀年〉（載《書目季刊》九卷二期，民國六十四年九月）。

四、強調非圖書資料的重要

所謂「非圖書資料」，就是指不是記載在書本上的文獻，例如石刻、甲骨文、青銅器、生活日用品、天文及生活習俗等。

屈先生在〈文物資料和圖書資料之互相關係〉**㉟**一文中說：

> 一般人稱呼文物資料，最常聽到的有兩個名詞：其一，叫做「古董」；另一，則叫做「古玩」。從這兩個名詞看來，在一般人心目中，這些物事，都不過是些高雅的陳設品，具有欣賞的價值，或昂貴的商品價值而已。但，一些有識見的學者，則利用文物作為學術研究的資料。而且，早在漢代就有人從事斯業了。許叔重的《說文解字》，收了很多的籀文。這些籀文，就是從當時出土的鼎彝中採錄的。……可惜的是以前雖已有不少學者，利用文物資料，創下了一些輝煌的成績，但直到現在，還有很多的學人，不肯、甚至於不知道利用文物資料來從事研究工作，以致因循陳說，難有創見。同時又有些人，只固執著文物資料，而不肯、甚或沒有能力利用圖書資料，以致只能作報告式的文章，而不能有互證式的著作。

屈先生在這篇文章裡所列舉的非圖書資料有四項：一是甲骨文，二是青銅器，三是石刻，四是其他文物。

在甲骨文資料與圖書資料的相互關係方面，他舉了王國維、羅振玉等人的研究為例。他說：

㉟ 屈萬里，〈文物資料和圖書資料之互相關係〉，《南洋大學李光前文物館文物彙刊》，創刊號（1972.5），頁1—5。

民國六年（1917），王國維利用甲骨文資料和圖書資料互證，作了〈殷卜辭中所見先公先王考〉和〈續考〉兩篇重要的文章（見《觀堂集林》）。在這兩篇文章裡，他利用甲骨文、《山海經》、《楚辭》的〈天問〉、《呂氏春秋》、《漢書·古今人表》……等資料，證明了「王亥」確是殷代的先公。由於羅振玉在古文字學方面的造詣，認識了上甲、報乙、報丙、報丁等字，王氏從而證明了《史記·殷本紀》和《漢書·古今人表》之誤。因為《史》、《漢》兩書所載這四代殷先公的次序，是：上甲、報丁、報乙、報丙；而甲骨文的次序，則是上甲、報乙、報丙、報丁。他利用甲骨文和《太平御覽》（卷八十三）所引《竹書紀年》的資料，證明了殷中宗是祖乙，而不是大家公認的太戊；並且證明了祖乙是仲丁之子，而不是河亶甲之子，或河亶甲之弟。此外，關於殷代帝王的世系，他根據甲骨文資料，並且證明了凡是《史記·殷本紀》和《漢書·古今人表》不同的地方，都是〈古今人表〉之誤。他這些重要的發現，自然不能不使學術界吃驚。

關於青銅器資料和圖書資料的互證方面，屈先生舉了兩個例子，其中一例是《尚書》裡〈康誥〉篇的寫作時期。他說：

譬如《尚書》的〈康誥〉篇，《左傳》（定公四年）、〈書序〉和《史記》，都說是周成王平定了武庚之亂以後，把康叔封在殷的舊地，建立了衛國。這篇〈康誥〉，就是成王封康叔於衛時的誥辭。歷代的經師們，大都相信這個說法。在清末以前，只有宋代的胡寅和蔡沈，懷疑它是周武王誥康叔的書。但，康叔封於衛時，武王早已死了，怎能再誥康叔？所以一般人很少相信胡、蔡兩氏的說法。可是〈康誥〉裡誥康叔的人，既說：「孟侯，朕其弟，小子封。」又稱「寡兄」。成王是康叔的姪兒，即使他做了君王，也絕不應該爬高輩分，把叔父叫做弟弟、叫做小子，而自己冒充大哥。說經的人，以為這是周公的口氣，所以他可以稱康叔為弟。但，〈康誥〉明明地說「王若曰」，周公雖然攝政，當時只把他叫做「公」，而不稱他為「王」。這情形在各篇周誥的資料中，表現得很清楚。因此，這篇西周初年的重要文

獻，究竟是何王封康叔於何地而作，便成了二千多年來不能解決的問題。傳世的青銅器有「康侯鼎」，它的銘文只有六個字，就是「康侯 ♆ 作寶隣」。清末的金文學家劉心源，認識了 ♆ （羊）就是「封」字，是康叔的名字。他又根據宋忠註解《世本》的說法，知道康叔初封於康，後來才徙封於衛。因為他曾被封於康，所以稱為康侯。顧頡剛由於劉氏這一說的啟示，曾說〈康誥〉是武王誥康叔之書，其事當在康叔封康之後；並且證明《周易》晉卦卦辭的康侯，也就是康叔（見顧氏所作〈周易卦爻辭中的故事〉，載《古史辨》第三冊）。我在作《尚書釋義》時，由於兩家的啟示，從而悟到〈康誥〉乃是周武王封康叔於康時的誥辭，並非在於封康之後。因為是封於康，所以標題叫做〈康誥〉；武王是康叔的哥哥，所以語辭中稱康叔封為弟，而自稱為寡兄。這樣，前面所說的那些矛盾，就都不存在了。這一解說如果能夠成立，則應歸功於劉氏以古器物資料和圖書資料互證的成績。

關於石刻資料和圖書資料的互證方面，屈先生除了列舉前人的研究成果外，又以其研究成果為例。他說：

現在，再以我個人的經驗為例：我曾用宋代和近代出土的漢石經殘字資料，作過兩本小書，一本是《漢石經周易殘字集證》，一本是《漢石經尚書殘字集證》。在《周易》方面，證知漢石經的經文，是用的梁丘賀本。它分為十二篇，和呂祖謙復原的古本相同。用來和今本比較，今本多了「彖曰」、「象曰」、「文言曰」等一千零二十個字；此外，今本多了大約七十個字，脫掉了十多個字；章節的次序，也有不同的地方。在《尚書》方面，知道漢石經是用的小夏后本。經文和後世傳本不同的地方很多；單就〈盤庚篇〉來說，和唐石經互校的結果，證知唐石經有衍文十六個字，有脫文四個字，另有不同的字二十一個。唐石經本和今本大致相同；《尚書》本來就難讀，又加上這麼多的衍文、脫文和異文，自然就增加了更多的困難。

在其他文物資料和圖書資料互證方面，屈先生舉了「璣組」、「織貝」、「清

明上河圖」、「案」等四事為例。《尚書・禹貢》裡，談到荊州的貢物有「厥篚玄纁璣組」。傳統的說法，認為「璣」是不圓的珍珠，「組」是佩帶玉器等物用的絲繩。屈先生則根據臺灣原住民和東南亞許多地方的民族，都有作為裝飾用的貝珠串，屈先生用張光直先生的說法，也認為「璣組」就是貝珠串。《尚書・禹貢》篇裡，又談到揚州的貢物有「織貝」。鄭康成認為「織貝」就是《詩經・小雅・巷伯篇》所說的「貝錦」，是一種織有貝殼形花紋的絲織品。日本的尾崎秀真，根據臺灣原住民和東南亞部分土著的工藝品中，有一種是用絲線穿貫細小的貝珠，然後用以織成衣服或裙子等物，這種東西就是〈禹貢〉的織貝。宋代張擇端所繪的《清明上河圖》，是一幅人所共知的名畫。臺北的故宮博物院藏有一幅《清明易簡圖》，有人曾經撰文，說它是張擇端的親筆。近人翁同文教授，根據畫中的榜額和招牌，有「奎章閣」和「新安程氏……」等字樣，證明它是明人的手跡。因為「奎章閣」是元代才有的，而「新安程氏」在商界著名，乃是明代以來的事。《後漢書・逸民傳》中，談到梁鴻的妻子孟光給梁鴻送飯時「舉案齊眉」，一般人都認為孟光既然能「力舉石臼」，所以孟光所舉的「案」，就是類似桌子的東西。宋代的呂少衛，把「案」釋為「椀」。一直到明代的陳繼儒在《枕談》一書中，根據《楚漢春秋》「漢王賜臣玉案之食」一語，證知「玉盤而下有足者曰玉案」。段玉裁《說文解字注》「案」字下引戴震說：「案者，椸禁之屬。」段玉裁進一步申明說：「今之上食木盤近似。」屈先生則根據保留中國文化較多的日本，無論在家庭或餐館，在送飯時常用一種約半公尺見方或長方形的木盤，把飯菜送到食者面前，這種盤子就是「案」。

屈先生的著作中，《漢石經尚書殘字集證》、《漢石經周易殘字集證》、《漢魏石經殘字》、《殷虛文字甲編考釋》等專書及〈甲骨文資料對於書本文獻之糾正與補闕〉❸、〈從殷虛出土器物蠡測我國古代文化〉❸、〈兕觥問題重探〉❹、晚

---

❸　屈萬里，〈甲骨文資料對於書本文獻之糾正與補闕〉，《大陸雜誌》，28：11（1964.6），頁1－4。

❸　屈萬里，〈從殷墟出土器物蠡測我國古代文化〉，《孔孟月刊》，11：12（1973.8），頁 12－14。

清齊魯學者對於金石學方面的貢獻〉 ❹、〈木屐〉 ❷、〈瑚璉質疑〉 ❸、〈習俗與經義〉 ❹、〈民俗與經義〉 ❺、〈臺俗求野錄〉 ❻等單篇論著,都是以非圖書資料考訂圖書資料的重要作品。

五、結論

屈先生在文獻學理論的創發及成就,可歸納出幾項重要的地方:

㈠屈先生認為要妥善保存文獻,要讓學者正確使用文獻,必需先要有完善的目錄。要求目錄完善,則必需有嚴謹的編目規則。宋代的鄭樵,在《通志·校讐略》中,曾提出多項編目的理論,包括圖書的分類、類人與類書的問題、佚書的著錄及解題的撰寫方法等。屈先生則提出了善本書的編目規則、拓片的編目規則及善本書志的寫作規範等。這些規則和規範,是鄭樵及歷代學者所未曾提出討論的。這些都是屈先生具有創發性的理論和著述。

㈡為體現這些編目的規則和書志寫法的理論,屈先生手編多種善本書目,並撰寫書志,如《國立中央圖書館善本書目初稿》、《普林斯敦大學葛思德東方圖書館中文善本書志》等。這些書目的分類、體例及善本書志的撰寫方式,今日已成為全世界編輯中文善本書目及撰寫中文善本書志的典範。

㈢文獻有真偽之辨,有直接與間接之分,屈先生所提出運用文獻的重要方法,如講究版本、辨別真偽等,都是運用文獻時應有的基本觀念。

㈣宋代鄭樵於《通志·金石略》中,列舉金石之功用,鄭氏可以說是正式提出金石文獻價值的最早學者。屈先生則除了金石文獻外,復提出甲骨文、文物資料、

---

❹ 屈萬里,〈兕觥問題重探〉,《中央研究院歷史語言研究所集刊》,第四十三本第四分,頁 533 －542。

❹ 屈萬里,〈晚清齊魯學者對於金石學方面的貢獻〉,《春秋》,9:5 (1968.11),頁 4－6。

❷ 屈萬里,〈木屐〉,《大陸雜誌》,21:10 (1960.11),頁 1－3。

❸ 屈萬里,〈瑚璉質疑〉,《孔孟月刊》,5:7,(1967.3),頁 25－28。

❹ 屈萬里,〈習俗與經義〉,《臺灣新生報》,(1959.5.29),版6。

❺ 屈萬里,〈民俗與經義〉,《孔孟月刊》,13:11 (11975.8),頁 35－38。

❻ 屈萬里,〈臺俗求野錄〉(上、下)《臺灣新生報》(9949.3.19 及 1949.3.22) 版 4。

生活習俗等非圖書資料的重要性，大大擴充了從鄭樵以迄王國維等學者討論非圖書
資料的範圍。為非圖書資料與圖書互證的關係，建立了豐富的事證。

（原載《國家圖書館館刊》93 年 2 期，2004 年 12 月）

屈翼鵬先生對中國圖書館事業的貢獻

劉兆祐

　　業師屈翼鵬（萬里）先生，不幸於二月十六日晨病逝臺灣大學附屬醫院，海內外人士一致認為這是學術界莫大的損失。

　　翼鵬師在學術上的成就，報刊上已多論述。民國六十一年（一九七二），他由於「對先秦史料之考訂，中國古代經典（詩書易等）及甲骨文之研究，均有成就，尤精於中國目錄校勘之學」，當選中央研究院院士，可以說是實至名歸。關於他的著作，我曾恭撰〈屈萬里先生七十著述年表〉一文，刊載在《屈萬里先生七秩榮慶論文集》裡，可藉以概見他的研究工作對學術的深遠影響。這裡我要敘說的是屈先生對我國圖書館事業的貢獻。

　　在民國十八年（一九二九），屈師在他的家鄉山東省魚臺縣擔任縣立圖書館館長，是他獻身圖書館事業的開始。此後，他先後在省立山東圖書館（民國二十一年至二十八年）和國立中央圖書館（民國二十九年至三十二年，三十四年至三十八年）工作過。民國五十五年（一九六六）九月至五十七年四月間，並擔任國立中央圖書館館長。翼鵬師在圖書館工作期間，對我國古籍的維護、考訂以及對圖書館功能的發揚等，都有卓越的建樹。

　　屈師愛護文物，重於自己的生命。在他服務於山東省立圖書館時，更充份的表現出這種寧願以身殉書的崇高精神。民國二十六年（一九三七）七月，日寇侵略我國，華北阽危，那時屈師在山東圖書館擔任編藏部主任。山東圖書館創始於清宣統元年，最早由山東提學使羅正鈞先生擘劃經營，備極勤勞，奠定了良好的基礎。民國十八年，向湖老人王獻唐先生擔任館長，經費漸裕，蒐集也漸多。抗戰初期，藏書已達二十餘萬冊，善本書也有三萬六千多冊。王獻唐先生尤留心於鄉邦文獻的蒐

羅，也兼及鐘鼎彝器、泉幣、鈢印、封泥、甎瓦、石刻及書畫等的收藏，特闢「羅泉樓」以展覽泉幣，建「奎虛書藏」以儲書籍文物，又傳拓所藏石經、封泥、甎瓦等以廣流傳，於是山東圖書館之名大振。戰端初啟，王獻唐先生擬遷書物於遠省，以維護文物的安全，可是當時館中同事多已請假，而且津浦火車，日日遭敵機轟炸，非常危險。一日，王獻唐先生告訴翼鵬師說：「本館為吾東文獻所薈萃，脫有不測，吾輩將何以對齊魯父老？擬就力之所及，將比較珍秘者十箱，移曲阜至聖奉祀官府。顧此事重要，可以肩其任者，惟余與子耳。津浦車時遇敵機襲擊，往即冒險，然欲為吾魯存茲一脈文獻，又不容苟辭。子能往，固善，否則余當自往。」翼鵬師聽了這番話，不計道途之艱險，慨然請行，願與此纍纍十箱文物共存亡。二十六年（一九三七）十月十二日晚出發，先是到曲阜，濟南緊張後，輾轉到了漢口，然後再到四川，已是次年春天了。一路上歷盡艱難與危險。所運送的文物，共計金石器物七百三十四品，書籍四百三十八種二千六百五十九冊又一百八十三卷，書七十一件，畫六十七件。到了四川，一切安頓好了，翼鵬師把這次押運文物的經過，撰為〈載書飄流記〉一文。館長王獻唐先生曾撰題詞冠諸卷端。題詞包括四首絕句和一段跋。四首絕句是這樣的：「心力拋殘意漸狂，十年柱下詡多藏；可憐一炬奎樓火，不待銅駝已斷腸。」「憫國十年是此君，倒行猶自說忠勤；華林玉軸干何事，一例樓頭哭絳雲。」「故家喬木歎陵遲，文獻千秋苦自支；薪火三齊留一脈，抱殘忍死待明夷。」「酒入愁腸日作芒，回頭忍淚說滄桑；夜來展讀西臺記，一覺閻浮夢已涼。」跋語是這樣的：「去冬敵陷魯地，余與翼鵬道兄運圖書館文物入川，辛苦備嘗，所撰〈載書飄流記〉，皆實錄也。竭兩夜力籀讀一過，題四截句冊耑，亦長歌當哭之意。君在曲阜，嚴稽文獻，旁及輿地，皆精確縝密，足備掌故，異日脩志者當有取於斯，不祇作《金石錄》後敘觀也。」這篇〈載書飄流記〉，一直藏在書篋中將近四十年，直到民國六十五年，翼鵬師才請人抄錄一過，並改題為〈載書播遷記〉，分上下兩篇發表在《山東文獻》第二卷三、四兩期，並附載了〈山東省立圖書館第一次運往曲阜金石典籍書畫目錄〉。這篇文章，不僅是山東省的重要文獻，也將成為中國圖書館史的一項重要史料。

　　目前國內圖書館所藏的善本書，多數集中在中央圖書館、故宮博物院及中央研究院歷史語言研究所的傅斯年圖書館，其中以中央圖書館所藏最富，有十四萬多

冊。中央圖書館的善本書，由於具有很多特色，所以一直是中外研究文史的學者所重視的瓌寶。談到其特色，最主要的是它藏有很多珍貴的刊本，很豐富的宋明資料及為數可觀的名家稿本。就以珍貴的刊本來說，中央圖書館所藏，有很多是目前全世界僅存的孤本或罕見的珍本。例如宋紹興間（一一三一～一一六二）國子監本《漢書》；宋淳熙（一一七四～一一八九）刊本《文選》李善注；紹興崇化書坊本《文選》五臣注；宋紹興間（一一九○～一一九四）眉山程舍人宅刊本《東部事略》；宋嘉定（一二○八～一二二四）至景定（一二六○～一二六四）間臨安府陳解元宅書籍鋪刊本《南宋群賢小集》；金刻的《雲齋廣錄》、《地理新書》；元刻的《國朝名臣事略》、《呂氏春秋》、《中州集》等，都是極其珍貴的善本。再以名家稿本來說，中央圖書館所藏明清兩代名家稿本，約五百部。其中像明代王穉登的手稿《南有堂集》、王思任的手稿《王季重詩文稿》、文俶女士彩繪的《金石昆蟲艸木狀》，清代錢謙益和季振宜合編的《唐詩》、翁方綱的手稿《復初齋文稿》、潘介祉的《明詩人小傳稿》、文廷式的《純常子枝語》等，除具極高的學術價值外，能親睹前代學者的遺墨，又兼備了美術價值。今天，中外學人能很方便的檢閱這些善本圖書，是由於這十幾萬冊的琳瑯萬卷，都經過了精審的編目和考訂，而翼鵬師不僅對中央圖書館所藏善本圖書的編目和考訂，費盡了無限的心血，同時也為近代我國善本圖書的編目規則，奠定了規範。

翼鵬師是在民國二十九年（一九四○）進入國立中央圖書館，一直到三十八年（一九四九），都是在負責善本書的編訂工作。國立中央圖書館從成立以來，當時的館長蔣慰堂（復璁）先生一直把善本書的蒐藏視為該館的重要工作之一。除了平時零星的收購以外，民國二十九年至三十年間，在淪陷區也不斷的進行收購的工作。當時國內幾個著名的藏書家，如吳興張氏適園、劉氏嘉業堂、江寧鄧氏群碧樓、番禺沈氏等的舊藏圖書，都先後為中央圖書館購得。抗戰勝利後，又奉命接收南京澤存書庫，該館善本圖書，日益豐富。那時候，屈師正擔任特藏組主任，並負責設在南京頤和路的北城閱覽室。北城閱覽室是專供閱覽中文舊籍及善本圖書的。屈師除了日常的行政工作外，和當時也在該組任職的昌瑞卿（彼得）先生昕夕從事善本書的考訂工作。善本圖書和一般圖書不同，有時雖是同一部書，每由於版本的不同，內容和文字都會有很大的差異，有的訛誤較多，有的錯字較少；有時候雖是

同一部書，有的完整，有的以殘損冒充完本；因此考訂的工作很重要。如果對刊刻的年代及撰人等不作正確的考訂，讀者引用資料時，將遭遇到很多的困難。要把那麼多的善本書，一一考訂編目，不是件簡單的事情，除了要有淵博的學識外，還要有不畏艱辛的毅力。《國立中央圖書館善本書目初稿》第一輯，終於在民國三十六年（一九四七）完成，由中央圖書館以油印出版。這本書目一共五卷：卷一經部、卷二史部、卷三子部、卷四集部、卷五叢書。這一部書目，不僅是中央圖書館首部善本書目，同時，其完善的、精細的編輯體例，也為日後我國善本書目的編纂，奠定了正確的範例。

翼鵬師在山東省立圖書館和早期在國立中央圖書館工作的一段時間，主要的貢獻在善本圖書的考訂。民國五十五年（一九六六）秋，屈師出任國立中央圖書館館長，他對我國圖書館事業，得以有更廣泛的貢獻。民國五十四年（一九六五）夏，屈師應美國普林斯頓高深研究所及普林斯頓大學之聘，為該校圖書館書誌訪問學者，次年夏季回國。那時候，中央圖書館館長蔣慰堂先生轉任故宮博物院院長，所以當時的教育部長閻振興先生便邀聘屈師擔任館長。

由於篇幅的關係，這裡只舉述兩件事，說明屈師在任館長期間對中國圖書館事業的共獻。

一是大量充實人文科學和社會科學的圖書。國立中央圖書館目前是全國惟一的國家圖書館，理論上，應該收藏各學科的圖書文獻，以應全國學人的需要。可是以短絀的經費，要收藏各學科的圖書，誠非易事。就以科技方面的圖書來說，目前設有理工學院的大學，多數已有豐富的藏書，各種最新的期刊，也大致應有盡有。中央圖書館以有限的經費，實在沒有必要，也不可能複購這類科學圖書。即使購買了，也難以超越國內著名的大學。所以屈師當時即決定以有限的經費，作重點的發展，俾中央圖書館能成為世界上某方面藏書的重鎮。他想以既有的十四萬多冊善本圖書為基礎，再增購人文科學和社會科學的圖書，期使中央圖書館成為全世界研究漢學的中心。那時候，中央圖書館所最缺少而亟待補充的資料是民國四十二年以前出版的文史資料、清代刊印的普通圖書及日本歐美的學者有關漢學的著作。民國五十六年（一九六七），屈師向閻振興部長請求撥二百萬元，經核准了一百萬元，大量收購了當時上述中央圖書館所缺少的資料。他的這一措施，不僅使中央圖書館在

漢學資料的收藏更加充實，提高國人研究文史工作的水準，同時，也為今後在財力不很充裕的國內圖書館事業，指出了一條可行的方向。

其次，《臺灣公藏中文人文社會科學聯合目錄》編輯工作的進行，也是翼鵬師在中央圖書館館長任內對我國圖書館事業所做的重要貢獻。

圖書館的藏書，想要能為海內外學人充份利用，目錄的編製是最重要的工作。國內圖書館所藏文史資料，除了善本書以外，還有為數不少的官書、期刊及清代以來印行的線裝書。就以官書來說，各圖書館藏有不少早期各級政府、議會及公營事業機關的出版品，這些出版品，包括各種法令、規章、公報、議事錄、調查統計與研究報告等，是研究各個時代制度的最原始資料。再以期刊來說，當時國內圖書館藏有清朝同治年間以來的期刊為數不少，就其內容加以分類，有屬於博物館學的、教育學的、社會學的、文史的……，這些屬於人文社會科學的期刊，約有兩千多種，這些資料，各收藏單位雖都有目錄及卡片供讀者檢索，可是多數的圖書館都還沒有出版詳細而完整的書目，因此國內外的研究工作者，每每為了查閱資料，須跑遍各圖書館，深為不便。翼鵬師有鑒於此，乃徵得中美人文社會科學合作委員會的同意，由其補助從事國內圖書館藏書聯合目錄的編輯工作。參加的單位，除了中央圖書館外，尚有中央研究院歷史語言研究所、故宮博物院、國防研究院、臺灣大學、師範大學、東海大學及省立臺北圖書館（今改為中央圖書館臺灣分館）。當時決定編輯的聯合目錄種類是：一、《中文善本書聯合目錄》；二、《中文人文社會科學官書聯合目錄》；三、《中文人文社會科學期刊聯合目錄》；四、《中文普通本線裝書聯合目錄》；五、《中華民國出版圖書目錄彙編續輯》。現在，除了普通線裝書聯合目錄的索引還正在編製中外，其他部份都已先後完成。

這種聯合目錄的編輯工作，不僅方便中外學人查閱資料，也為日後國內圖書館所進行的館際合作，奠定了良好而穩固的基礎。

由於屈師的一再懇辭，五十七年（一九六八）四月，辭卸了館長職務，回到臺灣大學教書及中央研究院繼續從事研究工作。昱年八月，他擔任臺灣大學中國文學系主任暨中國文學研究所所長。六十年（一九七一）九月，擔任中央研究院歷史語言研究所所長。屈師雖然離開了圖書館的工作，可是對中國圖書館事業的發展與前途，仍極關切。他一直希望充實國內圖書館的漢學資料，俾臺灣成為名實相符的漢

學中心。民國六十五年（一九七六）三月，他撰寫〈漢學和漢學中心〉一文，在報刊上發表。文中就人才與資料兩項，舉證臺北地區實際上已成為世界漢學研究中心，並闡論發揚之道。同年五月，他又撰寫〈關於漢學研究中心的兩個問題〉發表。所提兩個問題，一為亟待補充的漢學圖書，一為成立外籍學人服務中心。充分表現他對中國圖書館事業蓬勃發展的關切和期待。

民國五十七年（一九六八），屈師從發表過的著作裡，選了二十九篇與論學有關的論文，彙為《書傭論學集》出版。他在自序裡說：「因為這些文章，都是論學之作；又因為我曾服務於圖書館界達十餘年，曾用『書傭』二字作為自己的別號，所以就把這本集子，定名為《書傭論學集》。」這固然是他的謙虛，也說明了他對我國圖書館事業所灌注的心血和熱愛。

現在，這位一生奉獻於圖書館和學術界的一代學者，已離我們而去，他對我國圖書館事業的貢獻，將獲得人們深摯的敬意和永遠的懷念。

（原載《出版與研究》42 期，1979 年 3 月）

屈翼鵬先生與國立中央圖書館

劉兆祐

　　翼鵬師在《書傭論學集》的自序裡說：「因為這些文章，都是論學之作；又因為我曾服務於圖書館界達十餘年，曾用『書傭』二字作為自己的別號，所以就把這本集子，定名為《書傭論學集》」。事實上，翼鵬師從民國十八年（一九二九）在他的家鄉山東省魚臺縣擔任縣立圖書館館長開始，先後獻身於圖書館達二十年之久。這二十年中，以在國立中央圖書館工作的歲月最長，貢獻也最鉅。

　　屈師是從民國二十九年（一九四〇）進入中央圖書館工作。先是擔任編纂，其後擔任特藏組主任。一直到民國三十八年（一九四九），都是在負責善本書的編訂工作。國立中央圖書館自成立以來，當時的館長蔣慰堂（復璁）先生一直把善本書的蒐藏視為該館的重要工作之一。除了平時零星的收購以外，民國二十九（一九四〇）年至三十年（一九四一）間，在淪陷區也不斷進行收購的工作。當時國內幾個著名的藏書家，例如吳興張氏適園、劉氏嘉業堂、江寧鄧氏羣碧樓、番禺沈氏等的藏書，都先後為中央圖書館購得。抗戰勝利後，又奉命接收南京澤存書庫；中央圖書館的善本書，增至十二萬多冊。那時候，翼鵬師正擔任特藏組主任，並負責設在南京頤和路的北城閱覽室。北城閱覽室是專供閱覽中文舊籍及善本書的。屈師除了日常的行政工作外，和當時也在特藏組任職的昌瑞卿（彼得）先生昕夕從事善本書的考訂工作。善本書和一般圖書不同，有時候雖是同一部書，每由於版本的不同，內容和文字都會有很大的差異；有時候雖是同一部書，有的完整，有的以殘損冒充完本；因此考訂的工作很重要。要把那麼多的善本書，一一考訂編目，不是一件簡單的事情。除了要有淵博的學識外，還要有不畏艱辛的毅力。《國立中央圖書館善本書目初稿》第一輯，終於在民國三十六年（一九四七）完成，由中央圖書館以油

印出版。這本書目，一共五卷：卷一經部，卷二史部，卷三子部，卷四集部，卷五叢書。這部書目，是中央圖書館的第一部善本書目。其價值和意義，不僅是方便學者檢索資料，為中央圖書館善本書的傳佈閱覽，奠定了基礎，同時，也為近世善本書目所著錄的範圍和善本書目著錄的方法，訂下了範例。因為舊時善本書目，著錄的項目大多不完備。以作者一項來說，往往只題著者和注釋者，而於批校者、評論者、增補者、刪訂者等、多略而不著；再以版本項來說，大多只說是宋刊本、元刊本，或明刊本，而於刊刻的元號、年代、刊刻處所、刻者姓氏等，也都不夠詳細。至於著錄的範圍，更是隨各人的喜惡而有不同。翼鵬師的《國立中央圖書館善本書目初稿》，對於這些都力求完整詳盡，為當世善本書目的編錄，立了規範。民國四十五年和五十六年，中央圖書館善本書目先後兩次增訂出版，也都以這本最原始的書目為藍本。今天，中央圖書館的十餘萬冊琳瑯善本圖書，學者得以很方便的索閱，得以很正確的利用其資料，翼鵬師實在灌注了太多的心血。

民國五十五年（一九六六）秋，翼鵬師出任國立中央圖書館館長，對中央圖書館做了更多貢獻。先是五十四年（一九六五）夏，屈師應美國普林斯頓高深研究所及普林斯頓大學之聘，為該校圖書館訪問書誌學者，次年夏季回國。那時候，中央圖書館館長蔣慰堂先生轉任故宮博物院院長，所以當時的教育部長閻振興先生便邀聘屈師擔任館長。當時的中央圖書館，不論在人力和財力上，都極度困難。翼鵬師在五十五年（一九六六）十二月十八日的《中央日報》上，發表了〈國立中央圖書館的現狀和願望〉一文，一方面他提出了未來數年內業務發展的重點，將以中央圖書館所藏的十多萬冊善本書為基礎，使中央圖書館成為名實相副的漢學資料中心。另一方面，他也就中央圖書館的困難，提出呼籲。那些困難中，最重要的是購書費不足、書庫不敷及編制的員額太少。在購書費方面，他的期望是：「粗略的估計，中央圖書館如能一次得到臨時費新臺幣二百萬元，用以初步補充所缺的中日韓文和西文的重要圖書，以後每年有二萬美金的購書費，以收集國外出版有關人文和社會科學的圖書（特別是與漢學有關的）；那麼，我相信三年之後，將能成立一個在國內最完備的漢學研究中心。」在書庫方面，他希望「最好能建一座可以容納五十萬冊圖書的書庫，一方面可以將善本圖書集中管理，一方面可以容納未來十餘年內新增的圖書。」這些期望，都非常平實，這是由於翼鵬師曾經在中央圖書館工作很長

的時間，深切瞭解中央圖書館的特色和使命，才能提出如此切合實際的呼籲。這些期望，也為中央圖書館的發展，指出了一條正確而可行的方向。

民國五十六年（一九六七）三月，屈師又撰〈國立中央圖書館計畫中的幾件工作〉一文，發表在《教育與文化》第三五一、三五二期合刊本裡，更具體的提出了他的工作計畫。他在〈引言〉裡頭說，中央圖書館在某些方面，已具有基礎，但是，有待於擴展的業務還很多。他衡量中央圖書館的財力和人力，提出幾件必須努力以赴的工作：

一是大量補充人文科學和社會科學圖書；

二是善本書的閱覽和傳佈；

三是恢復館刊；

四是擴展與國際文教機關合作業務。

這些重要的工作，翼鵬師都先後完成，現在扼要述說於下。

「大量補充人文科學和社會科學圖書」，是翼鵬師在館長任內很重要的一項工作。國立中央圖書館是目前全國惟一的國家圖書館，理論上，應該收藏各學科的圖書文獻，以應全國學人的需要。可是以短絀的經費，要收藏各學科的圖書，誠非易事。就以科技方面的圖書來說，目前設有理工學院的大學，多數已有豐富的藏書，各種最新的期刊，也大致應有盡有。中央圖書館以有限的經費，實在沒有可能，也沒有必要再複購這類科學圖書。即使購買了，也難以超越國內著名的大學。所以屈師當時即決定以有限的經費，作重點之發展，俾中央圖書館能成為世界上某方面藏書的重鎮。他想以既有的十四萬多冊善本圖書為基礎，再增購人文科學和社會科學的圖書，期使中央圖書館成為全世界研究漢學的中心。民國五十五年（一九六六）十一月二十八日，他在中央圖書館第三二六次館務會議上，說明今後館務發展的方針時說：「總統最近倡導中華文化復興運動，本館應以實際之具體工作響應之。因此本館在今後之業務上，應以現藏之善本書為基礎，運用有限之財力，在人文科學、社會科學，尤其國內外漢學研究方面之圖書，作重點之收購，以收宣揚中華文化之實效。」五十六年（一九六七）元月十二日，他更親筆寫了一封給教育部長的信，請求撥款兩百萬元以充實這方面的圖書。這封信已成為中央圖書館的重要文獻，所以特地迻錄於下：

「部長鈞鑒：

　　自　總統號召中華文化復興運動以來，全國風起影從，鈞部且擬定中華文化復興運動推行綱要，積極進行。甚盛甚盛。在此綱要中之第㈢及第㈨兩項，與職館業務有關，已擬就代辦事項，遴送社教司，以供參考。此外，尚有兩事，似甚重要，謹為　鈞座陳之：

一、中央圖書館亟應大量補充與漢學有關之圖書。職館所藏善本圖書逾十四萬冊，就其質量而言，皆為世界任何大圖書館所不及。其中孤本祕笈，可供專門研究之資料極多。在最近三個月中，即有自美國哈佛大學、英國倫敦大學、日本京都大學等校之教授及研究生，來利用此項資料。亦在此三個月中，美國有四所大學、日本一所大學，委託職館對所需之資料，攝成微影膠捲。本國從事研究工作之人士，利用善本圖書者，三閱月來，每月常在百人以上，將來必日益增多。國人從事漢學研究者日眾，傳播漢學資料於國外之機會日多，此誠一可喜之現象也。

惟職館所藏之善本圖書雖多，而普通圖書則甚感缺乏。蓋播運來臺之時，因交通工具極端困難，故除將館藏善本圖書全部運來外，普通圖書僅攜來一萬餘冊。四十三年復館後，因限於經費，所藏之書，皆係徵繳所得臺灣出版之本。因是，清代出版之書，及民國以來迄四十二年前出版之書，職館大都未有。夫以惟一之國立圖書館，於本國二百餘年以來出版之普通圖書，竟多未入藏，對國人而言，既覺汗顏；對外籍來參考資料之人士言，尤難啟口。憑此而欲發揚中華文化，其條件之不足，自不待言。此其一。歐美人士，研究漢學者日眾；日本人士從事此學者尤多。因是，外國此類出版品甚夥，而本國各圖書館收藏之者則殊少。漢學已成為世界之顯學，外國人士所著有關漢學之圖書，本國學人如未見及，則不但將蒙見聞寡陋之譏；且既有多量資料未能利用，自必影響其研究之成果。故大量收購日本及歐美各國有關漢學之著作，似亦刻不容緩之事。此其二。粗略估計，如能籌措臨時購書費二百萬元，以一百萬元補充本國出版普通圖書，另以一百萬元購置日本及歐美每各國所出與漢學有關之圖書，以及人文學科、社會學科等重要圖書。有此根基，與

館藏十萬餘冊善本圖書相配合，益以中央研究院及故宮博物院所藏圖書及文物，則自由中國，可成為真正之漢學研究中心。復興中華文化，此似為最切要之工作。（研究數理科學及生物科學之人士，皆集中於各大學及各研究所，而各大學及各研究所，因有長期科學會之補助，其圖書設備均大致敷用。故此類書籍，職館可以緩購。）

二、儘量收購匪區出版之學術性書刊。兵法云：知己知彼，百戰百勝。文化學術之戰，亦何嘗不然？我政府為嚴防匪幫宣傳刊物之惑亂人心，因禁止其進口，本為至當之舉。然學術性刊物亦在嚴禁之列，則不無可商。舉例言之，如十餘年來，因共匪驅策饑餓之民眾，修路決河，所得之古物甚夥。此類古物，對於我國古史研究，有重大價值。匪區將此類物事，多已印成書刊，陷在匪區之學人，據此以作研究工作者亦眾。凡此書刊，我學人俱不能見。既不能見此項資料，又不能知彼輩據此資料研究之成果，則吾人之學術水準，勢將落彼輩之後，而為國際學術界所輕視。考古學如此，他如歷史、語言學、地質學、生物學，乃至物理、化學，亦莫不然。且我國八年抗戰之光榮史蹟，與夫共匪殘暴之血腥事實，足以示後世或昭炯戒者，其重要資料，如不及時收集，將來亦必湮滅。如是，則任由匪黨捏造之歪曲歷史，流傳人間，其問題尤為嚴重。為補救計，謹擬下列兩項辦法：㈠寬籌專款，委託香港集成圖書公司，儘量收集匪區出版之新舊圖書。一面由鈞部、中央黨部、警備總司令部及職館派員，合組一審查委員會。同時於中央黨部或中央圖書館闢一特藏室，以儲此類書刊。集成圖書公司將匪區書刊寄來後，先由審查委員會詳細審查，凡屬學術性者，即交特藏室；非學術性之書刊，則交國際關係研究所。特藏室派妥人負責管理；凡真正從事研究工作之學人，需參考此項圖書者，經過申請及保證手續後，可以入室閱覽。㈡請警備總司令部將歷年所沒收及將來應沒收之違礙書刊，全部移交審查委員會予以審查；審查結果，依㈠項辦法處理。

萬里一介書生，不諳政事。以上所陳，未審有無一當。敬乞　尊裁。」

　　信中第二項，後來經過多年的籌劃，現在已有初步的成果。至於第一項，教育部撥了一百萬元，大量收購了中央圖書館所缺少的資料。他的這一措施，不僅使中央圖書館在漢學資料的收藏上更加充實，同時，也為今後在財力不很充裕的國內圖書館事業，提供了重點發展的途徑。

　　其次，在善本書的閱覽和傳佈方面，翼鵬師分成三個重點去做：一是從事《臺灣公藏中文人文社會科學聯合目錄》的編輯，二是整理印行善本書，三是攝製善本縮影微捲。翼鵬師本身是一位學術地位崇高的學者，深知資料對學術研究工作的重要性。民國六十一年（一九七三），他以「對先秦史料之考訂，中國古代經典（《詩》《書》《易》等）及甲骨文之研究，均有成就，尤精於目錄校勘之學」，當選為中央研究院院士。由一位學有專精的學者領導圖書館，最能注意到如何方便學者利用館藏的豐富資料。他在好幾篇文章裡，都提到了提供館藏的豐富文獻資料，方便學者使用的主張。在〈國立中央圖書館主辦的臺灣公藏中文人文社會科學聯合目錄編輯工作〉（五十七年二月十九日，《中國一周》九三〇期）一文中說：「方今漢學已成為世界的顯學，環球各國政府與民間對漢學之研究，均甚為重視。然而中外學人對我國圖書資料之查閱，則多感不便。推其原因，乃由於我國圖書尚無聯合目錄可供利用之故。所以中文圖書聯合目錄的編製工作，實為推動目前此一國際文化運動的當務之急。」國內圖書館所藏文史資料，除了善本書以外，還有為數不少的官書、期刊及清代以來印行的線裝書。就以官書來說，各圖書館藏有不少早期各級政府、議會及公營事業機關的出版品。這些出版品，包括各種法令、規章、公報、議事錄，調查統計與研究報告等，是研究各個時代制度的最原始資料。再以期刊來說，當時國內圖書館藏有清朝同治年間以來的期刊為數不少。就其內容加以分類，有屬於博物館學的、教育學的、社會學的、文史的……，這些屬於人文社會科學的期刊，約有兩千多種。這些資料，各收藏單位雖都有目錄卡片供讀者檢索，可是多數的圖書館都還沒有出版詳細而完整的書目，因此國內外的研究工作者，每每為了查閱資料，須跑遍各圖書館，深為不便。翼鵬師乃徵得中美人文社會科學合作委員會的同意，由其補助從事國內圖書館圖書聯合目錄的編輯工作。參加的單位，除了中央圖書館外，尚有中央研究院歷史語言研究所、故宮博物院、國防研究院、臺灣大學、師範大學、東海大學、省立臺北圖書館（今改為中央圖書館臺

灣分館）。當時決定編輯的聯合目錄種類共分：一、《中文善本書聯合目錄》；二、《中文人文社會科學官書聯合目錄》；三、《中文人文社會科學期刊聯合目錄》；四、《中文普通本線裝書聯合目錄》；五、《中華民國出版圖書目錄彙編續輯》。《善本書聯合目錄》與《普通本線裝書聯合目錄》，先由各館分別編成分類目錄，再由中央圖書館編製書名索引與著者索引。其他三種聯合目錄，則由中央圖書館指派專人負責與各大圖書館連絡，從事編輯。現在，各種目錄都已先後出版。這種聯合目錄的編輯工作，不僅方便中外學人查閱資料，也為日後國內圖書館所進行的館際合作，奠定了良好而穩固的基礎。

在整理和印行古籍方面，翼鵬師也大力推動。他認為：戰亂是圖書的最大剋星，當此世界局勢動盪不定的時候，大戰有隨時爆發的可能，為了使館藏的許多孤本和罕見的秘笈，得以化身千百，即使戰事發生，也不致有文武道盡之歎（詳見〈國立中央圖書館計畫中的幾件工作〉）。五十六年四月，擬訂了一個「影印善本書辦法」，經教育部核定施行。當時，除了國立中央圖書館本身影印整理了不少善本古籍外，臺灣各出版社大量影印古籍，宣揚中華文化，可以說是「影印善本圖書辦法」之頒訂所促成的。

中央圖書館的善本書多達十餘萬冊，不是短時間內可以全數整理印行的，為了加速傳佈善本書，於是商請亞洲協會捐助二千美元，哥倫比亞大學貸款三千美元，於五十六年七月成立了「縮影室」，攝製館藏的善本書和各種圖書資料，以應各研究機構與讀者之要求，服務社會。

《國立中央圖書館館刊》的復刊，也是屈師在館長任內所完成的。中央圖書館在抗戰期間曾印行《圖書月刊》；抗戰勝利後，有《館刊》和《學觚》兩種刊物。遷臺以後，因限於經費，無法復刊，以致在臺灣，要看到一種圖書館的專業性刊物而不可得。翼鵬師於是和臺灣學生書局商訂合作辦法，恢復《館刊》的印行。當時屈師所預定的館刊內容，「將包括讀書指導、本館善本書志、本國出版新書提要、書評、各國圖書館概況，各國學術消息，以及本館每月收到的送繳書目等。希望藉著這一刊物，讓國內文教界人士，多瞭解一些國外學術界的近況，並希望國外圖書館，由於新書提要的介紹，而多買些有價值的中國書刊。而且，過去的善本書志，多注重欣賞或文字的校勘。本館館刊中的善本書志，將注重各書傳本的源流，以及

此本和他本的比較，以明各本的優劣，好讓讀者擇善而從。」（見〈國立中央圖書館計畫中的幾件工作〉）民國五十六年（一九六七）五月，《館刊》新第一卷第一期正式發行。停止了十八年，久為國內外學術界人士所期待的《館刊》，於焉復刊。

關於擴展與國際文教機關合作業務方面，屈師在館長任內，除了繼續國際書刊的交換以外，還開創了兩項有意義的工作：一是代國外學人蒐集有關漢學資料，二是代國外圖書館鑒別中國善本圖書。前項措施，旨在使臺灣成為名實相符的漢學資料中心，後者則旨在使全世界的善本圖書，獲得正確的考訂和編目。

綜觀屈師先後在中央圖書館工作的十餘年時間，無不以「圖書館從業人員是文教界人士的公僕」為工作信條，竭盡所能，使圖書館的資料，廣為各界人士充分使用。

由於屈師的一再懇辭，五十七年（一九六八）春天，他辭卸了館長職務，回到國立臺灣大學教書及中央研究院繼續從事研究工作。翌年八月，他擔任臺灣大學中國文學系主任暨中國文學研究所所長。六十年（一九七一）九月，擔任中央研究院歷史語言研究所所長。他擔任中央圖書館館長雖只有一年半的時間，可是對中央圖書館所做的貢獻，卻是鉅大的，且有深遠的影響。

屈師雖然離開了圖書館的工作，可是對中央圖書館及整個中國圖書館事業的發展和前途，仍極關切。他一直希望充實國內圖書館的漢學資料，俾臺灣成為名實相符的漢學中心。民國六十五年（一九七六）三月，他撰寫〈漢學和漢學中心〉一文，在報刊上發表。文中就人材與資料兩項，舉證臺北地區實際上已成為漢學研究中心，並闡論發揚之道。同年五月，他又撰寫〈關於漢學研究中心的兩個問題〉發表。所提兩個問題，一為亟待補充的漢學圖書，一為成立外籍學人服務中心。這兩篇文章，都充分表現他對中央圖書館及中國圖書館事業蓬勃發展的關切和期待。

最後，我恭錄二首屈師在抗戰期間任職於中央圖書館時所寫的詩：

書懷 三十年春寓江津白沙鎮國立中央圖書館

一

傭書原是舊生涯，脈望蟫魚願匪奢；孤客莫吟王粲賦，木天深處足為家。

二

　　拚將身世等長恩，衣紫腰金那足論；好是攤書小窗靜，古香冉冉勝蘭蓀。

　　這兩首詩，載於他未刊手稿詩集《流離寫憂集》裡，那種愛書及以館為家的精神，躍然紙上。

　　現在，這位一生奉獻於圖書館和學術界的一代學者，已離我們遠去，他對我國圖書館事業的貢獻，將獲得人們深摯的敬意和永遠的懷念。

　　　　　　（原載《國立中央圖書館館刊》新十六卷一期，一九八三年四月）

不平凡的「書傭」

劉兆祐

　　翼鵬師從十九歲那年擔任山東魚臺縣立圖書館長，先後在圖書館界工作了數十年，為我國圖書的保存、整理和研究，付出了極大的心血；同時，他一生從事教學和研究工作，從來沒有離開過書本。「琳瑯萬卷，昕夕摩挲，足以慰情，亦可以療飢」，這幾句話，是他常用以形容自己與書為伍的快樂，也可以做為他一生的寫照，所以他自號「書傭」。

　　他，實在是一位不平凡的「書傭」。

　　屈師最叫人敬佩的，是他沒有顯赫的學歷——他只畢業於東魯中學的高中部，在北平郁文學院唸過一段時間——而他在學術上的成就，是眾所信服的。民國六十一年（一九七二），他以「對先秦史料之考訂，中國古代經典（《詩》《書》《易》等）及甲骨文之研究，均有成就，尤精於中國目錄校勘之學」，當選為中央研究院院士，這種崇高的成就，完全是他一生攻苦勤奮的結果。記得多年前，我第一次到南港屈師丈的家——那時我還未受業於翼鵬師，屈師母費海瑾師是我民國四十一年（一九五二）就讀省立臺北師範學校時的導師；直到民國五十六年（一九六七）才由屈師指導我撰寫碩士論文——老師的客廳，懸掛著一條孔達生先生所寫匾幅「靜侍齋」。我問師母這三字的由來。師母告訴我，屈老師每天從早到晚都在研究室，只有在夜深了困倦時才回家休息。所以在他們結婚時，孔先生特地送了他們這條匾幅，為的是時時提醒屈老師，多多留在家中。屈師年輕時擔任大成至聖先師奉祀官府文書主任，與孔先生一同讀過書，他們相知甚深，誼同兄弟，孔先生題這三個字，固然是跟屈師開玩笑，也可以看出屈師廢寢忘食的治學精神。

　　在學生的心目中，翼鵬師一直是令人敬愛的師長。他上課認真，廣徵博引，聽

他講課，如沐春風。即使在病中，他仍念念不忘學生的課業。就在上個月十六日，是東吳中文研究所博士班研究生「文史資料討論」上學期最後一週的上課，那時候，他又住進臺大醫院七一五病房繼續治療，並在肺裡抽出一千西西的積水，體力很弱，他要我轉告研究生照常上課。我實在不放心，便勸他等這次治療後再補課不遲。可是他堅持要上課，並且說：「上上課，一方面可以讓學生多得到些，一方面也可以活動活動。」翼鵬師的個性很強，勸他休息是不會答應的，於是提議讓研究生到病房來上課，他勉強笑著答應了。當時，他清癯的臉上已有顯著的倦容，看他一定要上課，我內心湧上一層不忍及傷感的陰影，久久不能拂去。他就是那麼一位做事認真不苟，負責盡職的老師。

翼鵬師的好客和善飲是眾所熟知的。在悅賓樓和會賓樓可以時常看到他請客。十年前，教育部把學術獎頒給他，朋友和學生見了他，不免隨便說聲要他請客。凡是說過要他請客的人，後來都受到了邀約。他在家中養病其間，雖婉拒了好友們的邀飲，可是對遠道來的客人，他仍然要盡地主之誼，他說養病其間，「只做主人，不做客人」。就在去年夏天，韓國教授訪問團訪問臺北，其中有不少是曾在臺灣求學受業於翼鵬師的，儘管這些外國學生不肯讓老師請客，累壞了身子，最後還是拗不過他的誠摯，讓他盡了地主之誼。

屈師雖然好客，自奉卻是甚儉。他家中用的家具，二十多年來沒有更換過。三、四年前，才買了冰箱。南港的宿舍，前年颱風泡了水，地板屋頂都毀壞不堪，蛇鼠可以隨時竄進屋子，師母想找人來修葺，他堅持不肯。一天，師母在房間發現了一條蛇皮，擔心家中有蛇。於是老師和師母細心的在家中每個角落搜索，終於發現一條蛇伏蜷在放電扇的紙盒裡，他們用一條舊的被罩，裹住了盒子，丟到野外。不久，家中有腐臭的氣味，師母在天花板上找到幾隻死鼠，還有幾隻在地板下不易找，這時候，屈老師才勉強答應找工人來修。

翼鵬師一生幫助朋友，照顧後輩，提攜學生，可是從來不願驚擾別人。他常常告訴學生，有事只要撥電話給他，不用到南港，因為路上很費時間，不如多讀點書。前年七月，他剛從普林斯頓大學講學回國，咳嗽不停，到醫院照了片，發現右肺有個小黑點，診斷為肺結核鈣化。七月，正是各校碩士和博士論文審查考試的時候，他忙著為學生看稿，沒能進一步檢查。再過了半年，肺部仍感不適再檢查時，

小黑點已長得像拳頭大的瘤，但是已太晚了！他就是這麼一位只懂得關心別人，不懂得關心自己的長者。

翼鵬師在學術上能有卓越的成就，因素很多，最主要的是他一生淡泊名利，數十年如一日的在學問的千山疊障中，披荊斬棘，踽踽向前。民國五十五年（一九六六）夏，他從普林斯頓大學回國，當時的教育部長閻振興先生邀請他出任國立中央圖書館館長，他一再婉辭，後來拗不過閻部長的誠懇，只好答應一年聘期。翌年聘期一滿，他一再的請辭，閻部長也拗不過他堅定的辭意，也只好讓他回臺大教書及中研院研究。六十一年（一九七二），他當選中央研究院院士，一天我去看他，他開玩笑的說了一則深具意義的話，他說：「當選院士和沒當選前是一樣的，現在我到南港街上理髮，還是沒有人半價優待我。」是的，他總是常常勉勵學生讀書治學是一段漫長而寂寞的路程，不要奢望名利，那會迷失了治學的方向。他總是如此執著的、腳踏實地的走在學問的漫長路途上。

翼鵬師有一雙很濃很濃的眉毛，眉宇間流露著無比的自信。他自信他會健康起來，他自信可以活到八十歲。他病中還是不忘著述，他除了繼續撰寫未完稿的《尚書集解》和《周易集釋》外，他還想改寫《詩經釋義》、《尚書釋義》和《古籍導讀》三書。前兩書，他想寫得更充實些；後者他認為太深了，想寫得再淺顯些，讓一般初讀古籍的人，也能閱讀。而今，這些願望，都成了悼念者聲聲的歎息。

多年來，翼鵬師一直都是我為學和做人處事的的一盞明燈，如今，明燈遽然熄滅。他生前手握烟斗時滿足的微笑，宴席間飲酒時的豪情，講課時的風趣……瑣事一一浮現眼前，不禁熱淚盈眶。

（原載《聯合報》副刊，一九七九年二月二十八日）

《屈萬里先生文存》編後記

劉兆祐・林慶彰

　　先師屈翼鵬先生以經學、古文字學、史學、目錄板本學名重當世。海內外學者景仰先生之學術者，每以未能遍讀先生之著作為憾。民國六十八年（一九七九）二月十六日先生謝世後，故舊門生即成立「屈萬里先生遺著整理小組」，整理編輯先生之遺著，彙為全集，以饗眾望。

　　先生之著作甚夥，已單行者有《詩經釋義》、《圖書板本學要略》、《詩經選注》、《尚書釋義》、《殷墟文字甲編考釋》、《漢石經周易殘字集證》、《漢石經尚書殘字集證》、《古籍導讀》、《書傭論學集》、《先秦漢魏易例述評》、《尚書今註今譯》等十一種。另未刊者有《周易集釋初稿》、《尚書集釋》、《尚書異文彙錄》、《先秦文史資料考辨》等，經整理皆已彙入《全集》中。此外，單篇之學術論文，可啟發後學者實多，謹加以蒐集整理，顏曰《屈萬里先生文存》，亦列為《全集》之一種。

　　為保存文獻之完整，凡先生之單篇學術論文，均收錄之。若同一論文，有經先生改寫增訂者，則僅收增訂之文。此類論文有數篇，為方便讀者覆按，將篇目臚列如左：

1. 〈宋嘉泰二年淮東倉司刊本「注東坡先生詩」四十二卷、「目錄」二卷、「年譜」一卷〉（善本書志），原載國立中央圖書館《圖書月刊》第三卷二期（民國三十二年二月）；後改寫題〈跋國立中央圖書館藏宋刊本注東坡先生詩〉，載《圖書館學報》第一期（民國四十八年一月）。

2. 〈十三經注疏板刻述略〉，原載國立中央圖書館《圖書月刊》第三卷五、六期合刊（三十四年十二月）；後重訂載《學原》第三、四期合刊（民國四十

年四月）。

3.〈詩國風曾經潤色說〉，原載《幼獅月刊》第五卷六期（民國四十六年六月）；後增訂改題〈論國風非民間歌謠的本來面目〉，載《中央研究院歷史語言研究所集刊》第三十四本（民國五十二年十二月）。

已收各篇論文，性質相近者，歸為一類。各類論文之次序，亦依內容排列。全書計分：經學與儒家思想、古文字學、史學、金石器物學、圖書文獻學、序跋、善本書志、雜著、讀老劄記、詩集（《流離寫憂集》）、風謠選、附錄等十二類。關於編輯體例，茲有數點需說明者：

1.國立中央圖書館《圖書月刊》第二卷三期（民國三十一年十月）起，至第三卷三、四期合刊（民國三十三年五月）止，有「善本書志」一欄，所載善本書題識數十篇，皆不題作者姓名，惟文中時有「里案」二字，可知為先生之作，並收入「善本書志」一類中。

2.民國四十五年八月，先生曾就《四部叢刊》本《河上公注老子》加以批點，朱墨爛然。中央研究院歷史語言研究所曾以之影入該所《集刊》第五十一本第四分（民國六十九年），題曰〈屈萬里先生手批老子〉，今為方便讀者參考，將批語重新謄錄，改題曰〈讀老劄記〉。

3.先生來臺後，即有編選各地風謠之計畫，遺稿中有《風謠選》一冊，所采各地風謠書近十種，其中頗有今已罕見者，極有功於文獻，今一併收入，仍題曰《風謠選》。

4.書末〈附錄〉分三部分：其一為報章雜誌訪問先生之報導；其二為見於《屈翼鵬先生哀思錄》及《哀思錄》未及收錄之悼念文字。此二類文字，有助於瞭解先生之治學歷程及其立身處事，故一併收錄；其三為先生之著作年表，本年表就《哀思錄》所附之〈屈萬里先生著述年表〉重新增補數十篇，先生之著述目錄，備具於此。

5.先生早年之論文，有僅用斷句排版者，為求格式一致，均改為新式標點；文中之雙行夾注，為排版方便，亦移作文末注釋，如：〈易損其一考〉者是。各論文有先生親自校訂，或改正誤字，或增刪語句者，則依先生校改之本收錄。此類論文頗多，如僅改正誤字者，文末不一一加編者案語；如改動字數

甚夥者，於文末加編者案語略作說明，如〈胡適之先生安葬文〉者是。先生之筆名有尺蠖、屈軼、學者、書傭、翼鵬等，各論文以筆名發表者，亦於編者案語中表出。

本編在纂輯過程中，曾遍訪國內各大圖書館，至於國外各圖書館，亦託人查訪，以求資料之完備，然仍有數篇遍訪不得，茲將篇目列出，尚祈博雅君子檢示，以為再版時補入：

1.〈全唐詩所收杜牧、許渾二家雷同詩〉，（北平）《華北日報》〈圖書週刊〉第十期，民國二十四年一月。

2.〈站在中國圖書館立場上對於圖書分類法文學分類的商榷〉，（北平）《華北日報》〈圖書週刊〉，民國二十四年七月二十九日、八月五日、八月十二日。

3.〈評楊樹達著「周易古義」〉，（北平）《華北日報》〈圖書週刊〉，期數及刊載日期待查。

4.〈「雕菰樓易義」評介〉，國立中央圖書館《圖書月刊》第一卷六期，民國三十年間，以「尺蠖」筆名發表。

5.〈關於周易之年代思想〉，《讀書通訊》第四十六期，民國三十一年七月。

本書編輯其間，多蒙各界先進及友人檢示資料，甚為感激。惟先生著述甚夥，論文散見國內外各報章雜誌，以侷促海島，遺漏不免，敬請海內外先進，惠予補正。

一九八二年四月十日

〈關於周易之年代思想〉一文，經託陳衡力先生印自美國國會圖書館，以收入《文存》中。

編者又誌　一九八三年一月二十日

（原載《聯合報》副刊，一九八二年四月二十日）

屈萬里先生傳

劉兆祐

　　屈萬里（一九〇七～一九七九），字翼鵬，自號書傭。清光緒三十三年（一九
〇七）九月十五日，誕生於山東省魚臺縣的谷亭鎮。父鴻生，係遜清生員；太夫人
李氏。先生器幹沉凝，幼知志學，七歲就讀鄉塾，十六歲時，赴濟南就讀省立第七
中學，後轉入以發揚東方文化為宗旨之東魯中學。民國十八年（一九二九），曾遊
學北平，進郁文書院。二十年（一九三一）九月，東北釁起，乃退學回到山東。先
生整個求學過程，僅如此而已，並無顯赫學歷，可是卻能在民國六十一年（一九七
二）以「對先秦史料之考訂，中國古代經典（《詩》、《書》、《易》等）及甲骨
文之研究，均有成就，尤精於中國目錄校勘之學」，膺選為中央研究院院士，是由
於他長時間勤奮苦學的成果。

　　談到先生在學術上能有如此卓越的成就，與他的治學過程及機緣有關。先生幼
時，民國初造，局勢不安，羣盜如毛，一夕數驚，十一歲時才讀畢《四書》及《毛
詩》。他的父親則利用寒暑假，教他讀韓昌黎文，小學畢業時，已圈讀《綱鑑易知
錄》。在就讀東魯中學時，利用課餘詳細研讀《資治通鑑》及《續資治通鑑》。這
些治學過程，奠定他後日文史研究工作篤實的基礎。談到機緣，則是先生一方面先
後從游於當時名儒碩學，如從呂今山（鴻陞）先生學詩文，從李雲林（繼璋）先生
治經學，從丁佛言先生學《說文》，從夏溥齋（繼泉）先生學《明儒學案》，從王
獻唐先生治金石；一方面則先後工作於山東省立圖書館、國立中央圖書館及中央研
究院歷史語言研究所。這三個機構，都藏有豐富的圖書文獻。這些機緣，加上先生
的聰穎好學，成就他深邃的學術造詣。

　　民國十八年（一九二九），先生就在家鄉魚臺縣立圖書館工作，擔任館長。民

國二十一年（一九三一），由齊魯大學國學研究所所長欒調甫先生薦介於山東省立圖書館館長王獻唐先生，從館員洊升到編藏部主任。

山東省立圖書館創始於清宣統元年（一九〇九），最早由山東提學使羅正鈞擘劃經營，備極勤勞，奠定了良好的基礎。民國十八年（一九二九），向湖老人王獻唐先生擔任館長，經費漸裕，蒐集也漸多。抗戰初期，藏書已達三十餘萬冊，善本書也有三萬六千多冊。王獻唐先生是著名的金石學家，所以除了留心於鄉邦文獻的蒐羅外，也兼及鐘鼎彝器、泉幣、鉥印、封泥、甄瓦、石刻及書畫等收藏。特闢「羅泉樓」以展覽泉幣，建「奎虛書藏」以儲書籍文物，又拓所藏石經、封泥、甄瓦等以廣流傳，於是山東圖書館之名大振。戰端初啟，王獻唐先生擬遷圖書文物於遠省，以維護其安全，可是當時館中同事多已請假，而且津浦火車，日日遭敵機轟炸，非常危險。一日，王獻唐先生告訴先生說：「本館為吾東文獻所薈萃，脫有不測，吾輩將何以對齊魯老父？擬就力之所及，將比較珍秘者十箱，移曲阜至聖奉祀官府。顧此事重要，可以肩其任者，為予與子耳。津浦車時遇敵機攻擊，往即冒險，然欲為吾魯存茲一脈文獻，又不容苟辭。子能往，固善，否則余當自往。」先生聽了這番話，不計道途的艱險，慨然請行，願與此纍纍十箱文物共存亡。二十六年（一九三七）十月十二日晚出發，先是到曲阜，濟南緊張後，輾轉到了漢口，然後再到四川，已是次年春天了。一路上歷盡艱難與危險，所運送的文物，共計金石器物七百三十四品，書籍四百三十八種二千六百五十九冊又一百八十三卷，字七十一件，畫六十七件。到了四川，一切安頓好了，先生把這次押運文物的經過，撰寫〈載書飄流記〉一文。館長王獻唐先生曾撰題詞冠諸卷端。題詞包括四首絕句和一段跋。四首絕句是這樣的：「心力拋殘意漸狂，十年柱下詡多藏；可憐一炬奎樓火，不待銅駝已斷腸。」「愓國十年是此君，倒行猶自說忠懇；華林玉軸干何事，一例樓頭哭絳雲。」「故家喬木歎陵遲，文獻千秋苦自支；薪火三齊留一脈，抱殘忍死待明夷。」「酒入愁腸日作芒，回頭忍淚說滄桑；夜來展讀西臺記，一覺閻浮夢已涼。」跋語是這樣的：「去冬敵陷魯地，余與翼鵬道兄運圖書館文物入川，辛苦備極，所撰〈載書飄流記〉，皆實錄也。竭兩夜力籀讀一過，題四截句冊端，亦長歌當哭之意。君在曲阜，嚴稽文獻，旁及輿地，皆精確縝密，足備掌故，異日脩志者當有取於斯，不祇作《金石錄》後敘觀也。」這篇〈載書飄流記〉後附錄〈山

東省立圖書館第一次運往曲阜金石典籍書畫目錄〉，不僅是山東省的重要文獻，也將是中國圖書館史的重要史料。

民國二十九年（一九四〇），先生進入中央圖書館，一直到民國三十八年（一九四九），其中除了有兩年多時間在中央研究院歷史語言研究所外，都在該館擔任編纂及特藏組主任。特藏組的主要職掌是從事善本書及金石拓片的保管、編目、考訂、閱覽和傳佈。中央圖書館的善本書共有十餘萬冊，主要是購自吳興張氏適園、劉氏嘉業堂、江寧鄧氏群碧樓、番禺沈氏等私家的藏書，加上抗戰勝利後，接收了南京的澤存書庫。善本書和一般圖書不同，有時候雖是同一部書，每由於版本的不同，內容和文字都會有很大的差異；有時候雖是同一部書，有的完整，有的以殘損冒充完本；因此考訂的工作很重要。要把那麼多的善本書，一一考訂編目，不是一件簡單的事情。除了要有淵博的學識外，還要有不畏艱辛的毅力。《國立中央圖書館善本書目初稿》第一輯，終於在民國三十六年（一九四七）完成，由中央圖書館以油印出版。共五卷：卷一經部，卷二史部，卷三子部，卷四集部，卷五叢書。這部書目，是中央圖書館的第一部善本書目，其價值和意義，不僅是方便學者檢索資料，為中央圖書館善本書的傳佈閱覽，奠定了基礎；同時，也為近世善本書目所著錄的範圍和善本書目著錄的方法，訂下了範例。因為舊時善本書目，著錄的項目大多不完備。以作者一項來說，往往只題著者和注釋者，而於批校者、評論者、增補者、刪訂者等，多略而不著；再以版本項目來說，大多只說是宋刊本、元刊本，或明刊本，而於刊刻的元號、年代、刊刻處所、刻者姓氏等，也都不夠詳細。至於著錄的範圍，更是隨各人的喜惡而有不同。《國立中央圖書館善本書目初稿》，對於這些都力求完整詳盡，為當世善本書目的編錄，立了規範。民國四十五年（一九五六）和五十六年（一九六七），《中央圖書館善本書目》先後兩次增訂出版，也都以這本最原始的書目為藍本。今天，中央圖書館的十餘萬冊琳瑯善本圖書，學者得以很方便的索閱，得以很正確的利用其資料，先生整理、考訂、編目之功最多。

民國三十二年（一九四三）春天，先生由中央圖書館的工作，借調到中央研究院歷史語言研究所，從事研究工作。先生到中央研究院工作以後，一方面由於歷史語言研究所的豐富文獻，奠定了先生日後在甲骨文及古史方面的成就，一方面也得以有機會追隨傅斯年先生等著名學者從事研究，對先生治學態度和方向，都有深遠

的影響。在民國五十七年（一九六八），先生把他關於經學、文字學、史學方面的單篇論文，選了二十九篇，輯為《書傭論學集》刊行，在自序裡說：「也是為了研究《周易》的緣故，在抗戰的末期，我進了中央研究院歷史語言研究所，研究甲骨文。在近乎三年的歲月中，關於《周易》方面，收穫的並不多；但由於傅孟真（斯年）先生的啟示，才確切地知道作研究工作必得靠真實的資料，才知道原始資料之勝於傳述資料，才知道鑒別資料的重要性。因而對於以前所篤信的遠古史事，才知道很多事出於後人的傳說，而未可盡信。於是，從那時到現在，這二十多年所從事的，大部分是鑒別資料和解釋資料的工作，而且是偏重於先秦時期的。本集所收的論文，也就是在這一途徑所得的一點成果。」

民國三十八年（一九四九），先生進國立臺灣大學工作。先是擔任校長傅斯年先生的秘書及文書組主任，隨即受聘在中國文學系任教。此後一直到去世前，都由中央研究院和國立臺灣大學合聘，從事研究和教學工作。在臺灣大學，講授過《周易》、《詩經》、《尚書》、《古籍導讀》、經學專題討論等課程。

民國五十四年（一九六五）夏，先生應美國普林斯頓高深研究所（The Institute for Advanced Study at Princeton）及普林斯頓大學（Princeton University）之聘，為該所研究員及該校圖書館訪問書誌學者，為期一年。其間並應加拿大多倫多大學之聘，為該校東亞學系訪問教授。在美國一年期間，完成了《普林斯敦大學葛思德東方圖書館中文善本書志》一書，並撰成《普林斯頓大學所藏中國善本書辨疑》一文，就該校所藏三萬冊中文善本書之偽刻者，一一考訂辨證。

民國五十五年（一九六六）秋，從美國普林斯敦大學講學回國後，教育部長閻振興邀聘他出長國立中央圖書館，但是，先生淡泊名利，一再婉辭，然終拗不過閻部長的誠懇，只好答應一年聘期。

當時的中央圖書館，不論在人力和財力上，都極度困難。先生在五十五年十二月十八日的《中央日報》上，發表了〈國立中央圖書館的現狀和願望〉一文，一方面提出來未來數年內業務發展的重點，將以中央圖書館所藏十多萬冊善本書為基礎，使該館成為名實相符的漢學資料中心。另一方面，他也就中央圖書館的困難，提出呼籲。那些困難中，最重要的是購書費不足、書庫不敷及編制的員額太少。在購書方面，他的期望是：「粗略的估計，中央圖書館如能一次得到臨時費新臺幣二

百萬元，用以初步補充所缺的中、日、韓文和西文的重要圖書，以後每年有二萬美金的購書費，以收集國外出版有關人文和社會科學的圖書（特別是與漢學有關的）；那麼，我相信三年之後，將能成立一個在國內最完備的漢學研究中心。」在書庫方面，他希望「最好能建一座可以容納五十萬冊圖書的書庫，一方面可以將善本圖書集中管理，一方面可以容納未來十餘年內新增的圖書。」這些期望，都非常平實，這是由於先生曾經在中央圖書館工作很長的時間，深切瞭解中央圖書館的特色和使命，才能提出如此切合實際的呼籲。這些期望，也為中央圖書館的發展，指出了一條正確而可行的方向。

民國五十六年（一九六七）三月，先生又撰〈國立中央圖書館計畫中的幾件工作〉一文，發表在《教育與文化》第三五一、三五二期合刊本裡，更具體的提出了他的工作計畫。他在〈引言〉裡說，中央圖書館在某些方面，已具有基礎，但是，有待於擴展的業務還很多。他衡量中央圖書館的財力和人力，提出幾件必須努力以赴的工作：一是大量補充人文科學和社會科學圖書；二是善本書的閱覽和傳佈；三是恢復館刊；四是擴展與國際文教機構合作業務。這些重要的工作，先生都先後完成。

「大量補充人文科學和社會科學圖書」，是先生在館長任內很重要的一項工作。國立中央圖書館是目前全國惟一的國家圖書館，理論上，應該收藏各學科的圖書文獻，以應全國人的需要。可是以短絀的經費，要收藏各學科的圖書，誠非易事。就以科技方面的圖書來說，目前設有理工學院的大學，多數已有豐富的藏書，各種最新的期刊，也大致應有盡有。中央圖書館以有限的經費，實在沒有可能，也沒有必要再複購這類科學圖書。所以先生當時即決定以有限的經費，作重點之發展，俾中央圖書館成為全世界的漢學中心。民國五十五年十一月二十八日，他在中央圖書館第三二六次館務會議上，說明今後館務發展的方針時說：「總統最近倡導中華文化復興運動，本館應以實際之具體工作響應之。因此本館在今後的業務上，應以現藏之善本書為基礎，運用有限之財力，在人文科學、社會科學，尤其國內外漢學研究方面之圖書，作重點之收購，以收宣揚中華文化之實效。」五十六年元月十二日，先生更親筆寫了一封給教育部長的信，請求撥款兩百萬元以充實這方面的圖書。這封信已成為中央圖書館的重要文獻。信是這樣的：

「部長鈞鑒：

自　總統號召中華文化復興運動以來，全國風起影從，鈞部且擬定中華文化復興運動推行綱要，積極進行。甚盛甚盛。在此綱要中之第㊁及第㊈兩項，與職館業務有關，已擬就代辦事項，逕送社教司，以供參考。此外，尚有兩事，似甚重要，謹為　鈞座陳之：

一、中央圖書館亟應大量補充與漢學有關之圖書。職館所藏善本圖書逾十四萬冊，就其質量而言，皆為世界任何大圖書館所不及。其中孤本祕笈，可供專門研究之資料極多。在最近三個月中，即有自美國哈佛大學、英國倫敦大學、日本京都大學等校之教授及研究生，來利用此項資料。亦在此三個月中，美國有四所大學、日本一所大學，委託職館對所需之資料，攝成微影膠捲。本國從事研究工作之人士，利用善本圖書者，三閱月來，每月常在百人以上，將來必且日益增多。國人從事漢學研究者日眾，傳播漢學資料於國外之機會日多，此誠一可喜之現象也。

惟職館所藏之善本圖書雖多，而普通圖書則甚感缺乏。蓋播運來臺之時，因交通工具極端困難，故除將館藏善本圖書全部運來外，普通圖書僅攜來一萬餘冊。四十三年復館後，因限於經費，所藏之書，皆係徵繳所得臺灣出版之本。因是，清代出版之書，及民國以來迄四十二年前出版之書，職館大都未有。夫以惟一之國立圖書館，於本國二百餘年以來出版之普通圖書，竟多未入藏，對國人而言，既覺汗顏；對外籍來參考資料之人士言，尤難啟口。憑此而欲發揚中華文化，其條件之不足，自不待言。此其一。歐美人士，研究漢學者日眾；日本人士從事此學者尤多。因是，外國此類出版品甚夥，而本國各圖書館收藏之者則殊少。漢學已成為世界之顯學，外國人士所著有關漢學之圖書，本國學人如未見及，則不但將蒙見聞寡陋之譏；且既有多量資料未能利用，自必影響其研究之成果。故大量收購日本及歐美各國有關漢學之著作，似亦刻不容緩之事。此其二。粗略估計，如能籌措臨時購書費二百萬元，以一百萬元補充本國出版普通圖書，另以一百萬元購置日本及歐美各國所出與漢學有關之圖書，以及人文學科、社會學科等重要圖書。有此根基，與館

藏十萬餘冊善本圖書相配合，益以中央研究院及故宮博物院所藏圖書及文物，則自由中國，可成為真正之漢學研究中心。復興中華文化，此似為最切要之工作。（研究數理科學及生物科學之人士，皆集中於各大學及各研究所，而各大學及各研究所，因有長期科學會之補助，其圖書設備均大致敷用。故此類書籍，職館可以緩購。）

二、儘量收購匪區出版之學術性書刊。兵法云：知己知彼，百戰百勝。文化學術之戰，亦何嘗不然？我政府為嚴防匪幫宣傳刊物之惑亂人心，因禁止其進口，本為至當之舉。然學術性刊物亦在嚴禁之列，則不無可商。舉例言之，如十餘年來，因共匪驅策饑餓之民眾，修路決河，所得之古物甚夥。此類古物，對於我國古史研究，有重大價值。匪區將此類物事，多已印成書刊，陷在匪區之學人，據此以作研究工作者亦眾。凡此書刊，我學人俱不能見。既不能見此項資料，又不能知彼輩據此資料研究之成果，則吾人之學術水準，勢將落彼輩之後，而為國際學術界所輕視。考古學如此，他如歷史、語言學、地質學、生物學，乃至物理、化學，亦莫不然。且我國八年抗戰之光榮史蹟，與夫共匪殘暴之血腥事實，足以示後世或昭炯戒者，其重要資料，如不及時收集，將來亦必湮滅。如是，責任由匪黨捏造之歪曲歷史，流傳人間，其問題尤為嚴重。為補救計，謹擬下列兩項辦法：㈠寬籌專款，委託香港集成圖書公司，儘量收集匪區出版之新舊圖書。一面由鈞部、中央黨部、警備總司令部及職館派員，組合一審查委員會。同時於中央黨部或中央圖書館闢一特藏室，以儲此類書刊。集成圖書公司將匪區書刊寄來後，先由審查委員會詳細審查，凡屬學術性者，即交特藏室；非學術性之書刊，則交國際關係研究所。特藏室派妥人負責管理；凡真正從事研究工作之學人，需參考此項圖書者，經過申請及保證手續後，可以入室閱覽。㈡請警備總司令部將歷年所沒收及將來應沒收之違礙書刊，全部移交審查委員會予以審查；審查結果，依㈠項辦法處理。

萬里一介書生，不諳政事。以上所陳，未審有無一當。敬乞　尊裁。」

信中第二項，經各單位會商同意，在中央圖書館設一特藏室。至於第一項，教育部撥了一百萬元，大量收購了中央圖書館所缺少的資料。先生的這一措施，不僅使中央圖書館在漢學資料的收藏上更加充實，同時，也為今後在財力不很充裕的國內圖書館事業，指出了一條可行的方向。

其次，臺灣公藏中文人文社會科學聯合目錄之編輯工作的進行，也是先生在中央圖書館館長任內對中央圖書館及全國圖書館事業所做的重要貢獻。

圖書館的藏書，想要能為海內外學人充分利用，目錄的編製是最重要的工作。國內圖書館所藏文史資料，除了善本書以外，還有為數不少的官書（政府出版品）、期刊及清代以來印行的線裝書。就以官書來說，各圖書館藏有不少早期各級政府、會議及公營事業機關的出版品，這些出版品，包括各種法令、規章、公報、議事錄、調查統計與研究報告等，是研究各個時代制度的最原始資料。這些資料，各收藏單位雖都有目錄卡片供讀者檢索，可是多數的圖書館都還沒有出版詳細而完整的書目。因此國內外的研究工作者，每每為了查閱資料，需跑遍各圖書館，深為不便。先生有鑒於此，乃徵得中美人文社會科學合作委員會的同意，由其補助從事國內圖書館藏書聯合目錄的編輯工作。參加的單位，有：中央圖書館、中央研究院歷史語言研究所、故宮博物院、國防研究院、臺灣大學、師範大學、東海大學及省立臺北圖書館（今中央圖書館臺灣分館）。先後編輯完成的聯合目錄有：一、《中文善本書聯合目錄》；二、《中文人文社會科學官書聯合目錄》；三、《中文人文社會科學期刊聯合目錄》；四、《中文普通本線裝書聯合目錄》；五、《中華民國出版圖書目錄彙編續輯》。這種漢學文獻聯合目錄的編輯工作，不僅方便中外人士查閱資料，也為日後國內圖書館所進行的館際合作，奠定了良好而穩固的基礎。

由於先生的一再懇辭，五十七年（一九六八）二月，辭卸了館長職務，回到臺灣大學教書及中央研究院繼續從事研究工作。先生出任中央圖書館館長雖為期不長，卻對我國的圖書館事業做了不少有深遠影響的貢獻。❶

---

❶ 關於屈萬里先生對中國圖書館事業及國立中央圖書館的貢獻，參閱劉兆祐著：一、〈屈翼鵬先生對中國圖書館事業的貢獻〉，載民國六十八年三月十六日，《出版與研究》第四十二期；二、〈屈翼鵬先生與國立中央圖書館〉，載民國六十八年四月七日，《書和人》，第三六一期；三、〈屈翼鵬先生與國立中央圖書館〉，載民國七十二年四月，《國立中央圖書館館刊》第十六卷一期。

民國五十七年八月，先生繼臺靜農先生擔任國立臺灣大學中國文學系主任暨中國文學研究所所長，為期四年。在這期間，他舉辦學術研討會、擬定研究生必讀書目，又加開「中國近三百年學術史」（碩士班）、「文史資料討論」（博士班）等必修科目，使學生接受嚴格的治學方法訓練。在主持系（所）務的四年當中，對系（所）務的設計與推動，有不可磨滅的貢獻。❷

民國五十九年（一九〇七）夏，先生應新加坡南洋大學之聘，為該校中文系客座教授及該校亞洲文化研究所高級研究員，講學一年。後來又受聘為該校各屆高級學位校外考試委員，協助南洋大學中文系教學及研究水準之提高，貢獻甚大，備受南洋大學師生之讚揚與愛戴。❸

民國六十一年（一九七二），膺選為中央研究院院士。六十二年（一九七三）元月，繼任歷史語言研究所第四任所長。丁邦新院士說：「史語所開創以來，有過三位所長，那是傅斯年先生、董作賓先生、李濟先生，都是史語所創辦期中的前輩大師。李濟先生因病請辭，先生由代理而真除。雖然那時他已經六十七歲，實在還是承先啟後的第一位接棒人！先生對於公事，真是一絲不苟，儉樸廉明，使全所同仁得以在安定中求進步。在七年代所長及所長任內，所裡出版了十七部彙刊和單刊，十九冊史料，三本考古報告，兩種圖集，兩種引得，七本集刊；開創國內訪問學人的制度；同時費盡辛苦爭取到一座四層樓加地下室圖書館的新書庫，使史語所十五年內不再有書滿之患。」❹

民國六十七年（一九七八）四月初，先生不性罹患肺癌，經過十個多月的治療，藥石罔效，於六十八年（一九七九）二月十六日在臺灣大學附屬醫院逝世，春秋七十有三，安葬臺北縣林口鄉。墓園背山臨水，可以遙望山東故鄉，蔣總統經國先生頒「績學貽芬」輓額，嚴前總統靜波先生頒「碩學績德」輓額、陳槃先生撰墓碑銘，孔德成先生書銘。是月五月二十八日，蔣總統經國先生頒臺統褒字第四五九

---

❷　參閱周鳳五先生撰，〈屈翼鵬先生與臺大中文系〉，載民國六十八年四月七日，《書和人》，第三六一期。

❸　一九七九年二月二十一日新加坡《星洲日報》。

❹　參閱丁邦新先生撰，〈屈翼鵬先生與歷史語言研究所〉，載民國六十八年四月七日，《書和人》，第三六一期。

號令褒揚。元配劉氏，中道謝世。子三：長世鐸，次世銘，幼世釗。女世賢，適王。孫男女若干人，均陷大陸。繼配費海瑾女士，出江西奉新望族，國立暨南大學教育系畢業，任教於臺灣省立臺北師範專科學校，講授教育概論、教材教法等課程，民國四十七年來歸先生，溫恭淑慎，伉儷情深。先生近二十餘年得以無內顧之憂，專心學術與公務，得力於夫人的扶持。

先生著作等身，生前已刊的專書有：一、《山東圖書館圖書分類法》；二、《漢魏石經殘字二卷校錄一卷》；三、《國立中央圖書館善本書目初稿》；四、《詩經釋義》；五、《圖書版本學要略》（與昌彼得先生合著）；六、《詩經選注》；七、《尚書釋義》；八、《殷虛文字甲編考釋》；九、《漢石經周易殘字集證》；十、《史記今註》（與勞榦先生合著）；十一、《漢石經尚書殘字集證》；十二、《古籍導讀》；十三、《書傭論學集》；十四、《先秦漢魏易例述評》；十五、《明代史籍彙刊初輯》（主編，劉兆祐撰敘錄）；十六、《明代史籍彙刊二輯》（主編，劉兆祐撰敘錄）；十七、《雜著秘笈叢刊》（主編，劉兆祐撰敘錄）；十八、《尚書今註今譯》；十九、《普林斯敦大學葛思德東方圖書館中文善本書志》；二〇、《明清未刊稿彙編初輯》（與劉兆祐同編）；二一、《明清未刊稿彙編二輯》（與劉兆祐同編）。未印刊之專書有：一、《讀易三種》；二、《尚書集釋》；三、《尚書異文彙錄》；四、《詩經詮釋》；五、《先秦文史資料考辨》；六、《流離寫憂集》；七、《風謠選》；八、《讀老劄記》。另有已發表之單篇論文數百篇。先生逝世後，其門生為使其著作完整的流傳於世，特將已刊行的專書、論文及未刊的手稿，彙為《屈萬里全集》，共二十二鉅冊，都四百餘萬言，由聯經出版事業公司印行。❺

綜觀先生一生，他是經師，也是人師；他是既能讀書又善治事的學者。他對學生的課業，督促甚嚴，但對學生的關懷，卻極熱心，《論語》上所說的「望之儼

---

❺ 關於屈先生之著述及學術上之貢獻，參閱：一、劉兆祐撰，〈懷念一生獻身學術著作如林的「書傭」——屈萬里院士其人其書〉，載民國七十三年元月，《新書月刊》，第四期。二、劉兆祐、林慶彰同撰，〈「屈萬里先生文存」編後記〉，載民國七十一年四月二十日，《聯合報》。三、劉兆祐撰，〈屈萬里先生著述年表〉，載民國七十四年三月，《書目季刊》，第十八卷第四期，《屈翼鵬院士逝世六周年紀念特刊》。

然,即之也溫」,正是先生的寫照。談到讀書,他自述平生治學,以三事自誓:一是絕對服從真理;二是絕不作意氣之爭;三是絕不用連自己都不相信的理由,來增強自己的論據。❻這種心胸,是何等的開闊!至於治事,臺靜農先生說過:「學者多不善治事,翼鵬獨不然,每任勞怨,不辭繁劇,明正練達,最為朋儕所欽挹。」❼這些風範,都令他的故舊門生,懷念不已!

(原載《中華民國名人傳》第五冊,一九八六年八月)

---

❻　《書傭論學集》,〈自序〉,民國五十八年三月,臺北開明書店印行。

❼　〈屈萬里先生全集序〉,載《屈萬里全集》第一種《讀易三種》卷耑,民國七十二年六月,臺北,聯經出版事業公司出版。

參考文獻

　　本書所參考文獻極多，主要有五類：一是屈先生之著作，包括專書、單篇論文、序跋等。二是記述屈先生學術、事蹟等之詩文、論著。三是屈先生與友人、門生來往之書信。四是屈先生友人之著作、日記、書信及傳記等。五是國家圖書館大陸時期檔案。其中單篇文章、私人函件、屈先生友人之著作及本譜中所涉人、事之相關文獻等，以所涉甚夥，無法一一列舉。此所列出者，僅限於書中引用較多者。

壹、屈萬里先生著作

《屈萬里全集》十七種二十二冊　屈萬里著　1983 年 6 月至 1985 年 2 月　臺北
　　聯經出版事業公司陸續印行

　　1.《讀易三種》

　　2.《尚書集釋》

　　3.《尚書異文彙錄》

　　4.《先秦文史資料考辨》

　　5.《詩經詮釋》

　　6.《殷虛文字甲編考釋》（上）

　　7.《殷虛文字甲編考釋》（下）

　　8.《先秦漢魏易例述評》

　　9.《尚書今註今譯》

　　10.《漢石經尚書殘字集證》

　　11.《漢石經周易殘字集證》

　　12.《古籍導讀》

　　13.《普林斯頓大學葛思德東方圖書館中文善本書志》

14.《書傭論學集》

15.《漢魏石經殘字》

16.《國立中央圖書館善本書目初稿》

17.《屈萬里先生文存》（1～6）冊

《尚書釋義》　屈萬里著　1956 年 8 月　臺北　中華文化出版事業公司印行

《詩經釋義》　屈萬里著　1952 年 4 月　臺北　中華文化出版事業公司印行

《圖書版本學要略》　屈萬里、昌彼得著　1953 年 6 月　臺北　中華文化出版事業公司印行

貳、其他文獻

《中國近六十年來圖書館事業大事記》　張錦郎、黃淵泉編著　1974 年　臺北　臺灣商務印書館印行

《中華民國當代名人錄》（1～5 冊）　《中華民國當代名人錄》編輯委員會編 1978 年～1985 年　臺北　臺灣中華書局印行

《王獻唐先生之生平及其學術研究》　丁原基著　1983 年　臺北　東吳大學中國文學研究所

《國史館現藏民國人物傳記史料彙編》（1～34 輯）　國史館編　1988 年～2009 年　臺北　國史館印行

《中央研究院院士屈翼鵬先生哀思錄》　屈萬里先生治喪委員會編　1979 年 5 月 臺北　屈萬里先生治喪委員會印行

《中國藏書家辭典》　李玉安、陳傳藝編　1989 年 9 月　武漢　湖北教育出版社印行

《山東藏書家史略》　王紹曾、沙嘉孫著　1992 年 12 月　山東大學出版社出版 濟南　山東省新華書店印行

《王獻唐日記》　丁原基編　2001 年　臺北　編者印本

《屈萬里書信集‧紀念文集》　山東省圖書館、魚臺政協編　2002 年 9 月　濟南 齊魯書社印行

《近代華人生卒簡歷表》　胡健國編著　2004 年　臺北　國史館印行

《當代名人手札》　方祖燊編　2005 年 1 月　臺北　正中書局印行

《顧頡剛日記》　顧頡剛著　2007 年　臺北　聯經出版事業公司印行

《王獻唐師友書札精選》　山東圖書館編　2009 年　山東圖書館印行

國立中央圖書館 1949 年以前檔案　臺北　國家圖書館

國家圖書館出版品預行編目資料

屈萬里先生年譜

劉兆祐著. – 初版. – 臺北市：臺灣學生，2011.02
面；公分

ISBN 978-957-15-1510-6 (精裝)

1. 屈萬里 2. 年譜

783.3986   99023212

屈 萬 里 先 生 年 譜　(共一冊)

著　作　者：劉　　　　兆　　　　祐
主　編　者：國　立　編　譯　館
　　　　　　10644臺北市和平東路一段一七九號
　　　　　　電　話：(02)33225558
　　　　　　網址：http://www.nict.gov.tw
著作財產權人：國　立　編　譯　館
發　行　者：臺 灣 學 生 書 局 有 限 公 司
　　　　　　106臺北市和平東路一段七五巷十一號
　　　　　　郵 政 劃 撥 帳 號：00024668
　　　　　　電　話：(02)23928185
　　　　　　傳　眞：(02)23928105
　　　　　　E-mail：student.book@msa.hinet.net
　　　　　　http://www.studentbooks.com.tw

展　售　處：國 家 書 店 松 江 門 市
　　　　　　104臺北市松江路209號一樓
　　　　　　電　話：02-2518-0207(代表號)
　　　　　　國家網路書店http://www.govbooks.com.tw
　　　　　　臺 中 五 南 文 化 廣 場
　　　　　　400臺中市中區中山路6號
　　　　　　電話：04-22260330　傳眞：04-22258234

定價：精裝新臺幣七○○元

西 元 2011 年 2 月 初 版

78302　　　有著作權‧侵害必究
ISBN 978-957-15-1510-6 (精裝)
GPN：1010000201